Barbara Hennig
Görlitzer Str. 3
38165 Lehre

Change Management

Es gibt inzwischen hinreichend Literatur über das »Was« und das »Warum« der notwendigen Veränderungsprozesse in Unternehmen. Dies hingegen ist das erste Buch, das konkret und anhand zahlreicher Beispiele zeigt, wie man solche Veränderungen durchführt – aus der Praxis für die Praxis. Ein Großteil des Buches besteht aus dem dafür notwendigen Instrumentarium: Hier fassen die Autoren auf jeweils wenigen Seiten das für die Praxis wichtigste *How-to-do-it* zusammen zu Themen, zu denen bisher wenig Praxisgerechtes veröffentlicht wurde (etwa Kommunikation, Umgang mit Widerstand der Betroffenen gegen Veränderungen, Gestaltung von Workshops) oder zu denen der Praktiker erst ganze Bücher durchforsten müßte (z. B. Organisationsdiagnose, Projektmanagement, Ergebnisverbesserung).

Die Autoren zeigen, welche völlig neuen Strukturen erforderlich sind, die vom Netzwerk-Modell und von Prozeßketten sowie von einer team- und kundenorientierten Kultur ausgehen. Klaus Doppler und Christoph Lauterburg beschreiben die typischen Phasen von Veränderungsprozessen, die zentralen Handlungsmaximen sowie die wichtigsten Situationen, die im Verlauf solcher Prozesse auftreten.

Klaus Doppler (München) und *Christoph Lauterburg* (Buchberg/Schweiz) sind seit vielen Jahren selbständige Organisations- und Managementberater. Sie haben sich auf die Begleitung von Entwicklungs- und Veränderungsprozessen spezialisiert und beraten angesehene Unternehmen sowie staatliche Institutionen und Verwaltungen beim strukturellen und kulturellen Umbau. Sie sind führende Köpfe im Feld der Organisationsentwicklung, Mitgründer der Gesellschaft für Organisationsentwicklung und Mitherausgeber der gleichnamigen Zeitschrift. Von Christoph Lauterburg erschien *Vor dem Ende der Hierarchie* (Düsseldorf 2. Auflage 1980).

Klaus Doppler, Christoph Lauterburg

Change Management

Den Unternehmenswandel gestalten

Campus Verlag
Frankfurt/New York

Die Deutsche Bibliothek – CIP-Einheitsaufnahme

Doppler, Klaus:
Change-Management : den Unternehmenswandel gestalten /
Klaus Doppler ; Christoph Lauterburg. – 5. Aufl. –
Frankfurt/Main ; New York : Campus Verlag, 1996
ISBN 3-593-35324-5
NE: Lauterburg, Christoph:

5. Auflage 1996

Das Werk einschließlich aller seiner Teile ist urheberrechtlich geschützt. Jede Verwertung
ist ohne Zustimmung des Verlags unzulässig. Das gilt insbesondere für Vervielfältigungen,
Übersetzungen, Mikroverfilmungen und die Einspeicherung und Verarbeitung
in elektronischen Systemen.
Copyright © 1994 Campus Verlag GmbH, Frankfurt/Main
Umschlaggestaltung: Atelier Warminski, Büdingen
Satz: Leingärtner, Nabburg
Druck und Bindung: Fuldaer Verlagsanstalt, Fulda
Gedruckt auf säurefreiem und chlorfrei gebleichtem Papier.
Printed in Germany

Inhalt

Vorwort 13
Vorwort zur 4. Auflage 17

Teil I
Szenarium 2000

1. Kapitel
Zustandsbild und Perspektiven 21

Signale 21
Rahmenbedingung Nr. 1: Verknappung der Ressource Zeit 22
Rahmenbedingung Nr. 2: Verknappung der Ressource Geld 24
Rahmenbedingung Nr. 3: Dramatische Steigerung der Komplexität 29
Die neuen Herausforderungen 30
Darwin regiert 40

2. Kapitel
Organisation: »Design for Change« 47

Neue Aufgaben – neue Strukturen 47
Perfektion im Modell: Das Netzwerk 48
Strukturprinzip: Prozeßketten 50
Quantensprung ins dritte Jahrtausend 51
Gefragt: Motivation und Identifikation 52
Unternehmenskultur: Fünf Schlüsselfaktoren 53
Überlebensstrategie und Zukunftssicherung 57

3. Kapitel
Führung: Das neue Bild des Managers 59

Führung gestern – Führung morgen 59
Schwerpunktverlagerung 60
Führung wird neu definiert 61
Beruf: Manager der Veränderung 62
Anforderungsprofil für die neunziger Jahre 66
Vom Würdenträger zum Spielertrainer 68
Strategischer Engpaß Führungskapazität 70

Teil II
Den Wandel gestalten: Grundsätze des Vorgehens

1. Kapitel
Die Psycho-Logik des Mißlingens 75

Kaltstart 76
Alles Gute kommt von oben 77
Das »Not invented here«-Syndrom 78
Die falsche Frage 79
Die Lösung ist Teil des Problems 80
Menschenbild und Organisationsmodell 80
Anforderungsprofile und Verhaltensappelle 81
Abwiegeln – oder die Wahrheit auf Raten 82
Dramatisieren – oder das Geschäft mit der Angst 83
Insellösungen 84
Etikettenschwindel – oder die »hidden agenda« 86
Die Glaubwürdigkeitslücke 87

2. Kapitel
Schlüsselfaktoren erfolgreichen Vorgehens 89

Energie wecken und Vertrauen schaffen 89
Denken in Prozessen statt Strukturen 92
Das Unternehmen auf sein Umfeld ausrichten 94
Vernetzung durch Kommunikation 95
Von außen nach innen organisieren 96
Lernen sicherstellen 97

3. Kapitel
Phasen des Prozesses und ihre Tücken 101

Die ersten Überlegungen 101
Gezielte Sondierungen 102
Schaffen der Projektgrundlagen 103
Kommunikationskonzept 104
Datenerhebung 104
Diagnose und Kraftfeldanalyse 105
Konzeptentwicklung und Maßnahmenplanung 107
Pilotprojekte und Praxistests 108
Entscheidung 108
Umsetzungsbegleitung 109

4. Kapitel
Führung im Wandel 111

Drei gravierende Hemmschuhe 111
Zeitgemäße Rollen des Managers 114
Die Zukunft: Mehr Gruppe 118
Schlüsselfaktor: Sozialkompetenz 121
Das Problem überzähliger Mitarbeiter/innen und Führungskräfte . . 125

5. Kapitel
Hierarchie und Macht: Feinde der Veränderung? 139

Die Problematik der traditionell-hierarchischen Organisation . . . 140
Eine Gegenüberstellung 142
Weshalb Machtverhältnisse so schwer zu verändern sind 143
Kernelemente der Machtbildung 143
Strategien der Machtveränderung 146
Ein altes Tabu wird entzaubert 147

6. Kapitel
Charta des Managements von Veränderungen 151

Primat des Transfers 151
Zielorientiertes Management 153
Keine Maßnahme ohne Diagnose 155
Ganzheitliches Denken und Handeln 156
Beteiligung der Betroffenen 158
Hilfe zur Selbsthilfe 159
Prozeßorientierte Steuerung 161

Sorgfältige Auswahl der Schlüsselpersonen 164
Lebendige Kommunikation 168

Teil III
Blick in die Werkstatt

1. Kapitel
Instrumente und Verfahren der Unternehmensentwicklung 173

Viele Wege führen nach Rom – ein Überblick 173
Der einzelne als Adressat von Maßnahmen 175
Bei der Gruppe ansetzen 179
Das ganze Unternehmen im Blick 185
Die Bedeutung von Außensichten 187
Über das einzelne Instrument hinaus 188

2. Kapitel
Organisationsdiagnose 193

Die Vogelperspektive und die Froschperspektive 194
Vollerhebung oder repräsentativer Querschnitt? 194
Inhalt der Befragung 195
Wie soll befragt werden? 197
Externes Institut – oder »Do-it-yourself«? 200
Der Interview-Leitfaden 209
Was geschieht mit den Daten? 210
Organisationsdiagnose als Management-Instrument 211

3. Kapitel
Führen durch Zielvereinbarung 213

Sinn und Nutzen von Zielen 213
Was sollte man nicht mit »Zielen« verwechseln? 215
Was für Ziele können im Bereich der Führung gesetzt werden? . . . 216
Zieldiktat und Zielvereinbarung 217
Individuelle Ziele und Gruppenziele 220
Die wichtigsten Grundsätze 220
Der Prozeß der Zielvereinbarung 224

Schriftliche Dokumentation 226
»Grau, teurer Freund, ist alle Theorie ...« 228
Zielvereinbarung ad absurdum geführt 229
Ist die Orientierung an Zielen noch zeitgemäß? 230

4. Kapitel
Moderation 233

Die Rolle des Moderators 234
Die »Essentials« – oder worauf es vor allem ankommt 234
Die konkreten Aufgaben des Moderators 235
Hinweise für den praktischen Einsatz 248
Plenum und Gruppenarbeit 251

5. Kapitel
Persönliches Feedback 255

Kollektive Milieuschädigung 255
Die Bedeutung von Feedback 256
Konkrete Fragen und Antworten 256
Ablauf einer Feedback-Runde 261
8 Regeln für persönliches Feedback 262
Anleitung zum persönlichen Feedback 265
Wann sind Feedback-Übungen nicht angezeigt? 272
Wichtigste Feedback-Regel: Beschreiben – nicht bewerten 273

6. Kapitel
Prozeßorientiertes Projektmanagement 277

Eine Checkliste 278
Im Vorfeld zu klärende Fragen 278
Für den Projektverlauf entscheidende Faktoren 285

7. Kapitel
Umgang mit Widerstand 293

Wie entsteht Widerstand? 294
Widerstand als verschlüsselte Botschaft 294
Wie erkennt man Widerstand? 295
Konstruktiver Umgang mit Widerstand 296
Der Problemlöser ist selbst das Problem 303

8. Kapitel
Gestaltung der Kommunikation 305

Kommunikation und Veränderung 305
Das eigentliche Defizit: Verständigung 306
Die geregelte Kommunikation im Unternehmen 307
Kommunikation zwischen außen und innen 308
Netzwerk regelmäßiger Führungsbesprechungen 309
Das ergänzende Instrumentarium 317
Die informelle Kommunikation 324
Gesetzmäßigkeiten der Kommunikation 328

9. Kapitel
Die Kunst der Gestaltung von Workshops 335

Was ist ein »Workshop«? 335
Typische Anlässe für Workshops 335
Der Anfang liegt vor dem Beginn 337
Konzeption und Planung 341
Durchführung 350

10. Kapitel
Konfliktmanagement 369

Die Normalität von Konflikten 369
Dramaturgie der Konfliktbildung 370
Grundvoraussetzungen für eine Konfliktregulierung 373
Phasenmodell der Konfliktregelung 375
Konfliktregelung zwischen zwei Gruppen 378
Gesucht: Konfliktfähigkeit 383

11. Kapitel
Veränderung der Unternehmenskultur 389

Kultur als Steuerungssystem 390
Ausdrucksformen 391
Einflußfaktoren 392
»Ist« und »Soll« 397
Wege zur Veränderung 398

12. Kapitel
Ergebnisverbesserung 409

Kostensenkungs- und Ertragspotentialermittlung 409
Sieben Todsünden 410
Der konstruktive Ansatz 416
Wege zur Verbesserung der Ergebnisse 419

13. Kapitel
Coaching 427

Alter Wein in neuen Schläuchen? 427
Fragen und Antworten 428
Konzeptionelle und methodische Grundlagen des Team-Coachings . 431

14. Kapitel
Kriterien erfolgreicher Unternehmensführung 443

Ein Fragebogen zur Selbsteinschätzung 443

15. Kapitel
Qualifikation für Change Management 451

Ein Fragebogen zur Selbsteinschätzung 452

Ausblick und Perspektiven 457

Renaissance des Autoritären 458
Statt »Spielregeln für Sieger« eine neue Art von Solidarität 459
Schnelligkeit und Konsequenz in der Umsetzung 462

Literaturempfehlungen 463

Dank 464

Abbildungsverzeichnis

1 Anatomie der Wirtschaftskrise 28
2 Die neuen Herausforderungen 31
3 Hierarchische Organisation und Netzwerkorganisation 49
4 Kultur 54
5 Interdependente Unternehmensdimensionen 56
6 The story about four people 65
7 Anforderungsprofile – früher und künftig 67
8 Veränderung – ein Entwicklungsprozeß 70
9 Schritte im Veränderungsprozeß und ihre Tücken 106
10 Charta des Managements von Veränderungen 152
11 Die zehn wichtigsten »To do's« und »Not to do's« 166/67
12 Instrumente, Methoden und Verfahren der Unternehmensentwicklung 174
13 Einsatz eigener Mitarbeiter als Befrager 201
14 Diagnostische Grundhaltung 203
15 Methodische Hinweise für die Gesprächsführung 204/5
16 Interview-Leitfaden 206-9
17 Hitparade der Mißerfolgsfaktoren (Zielvereinbarung) 219
18 Formblatt-Muster Zielvereinbarung 227
19 Checkliste der Essentials (Zielvereinbarung) 231
20 Die Aufgaben des Moderators im Überblick 238
21 Visualisierung 250/51
22 Persönliches Feedback – Grad der Strukturierung 260
23 Ablauf einer Feedback-Runde 261
24 8 Regeln für persönliches Feedback 262/63
25 Bereiche der menschlichen Persönlichkeit 264
26 Anleitung zum persönlichen Feedback 265-67
27 Durchführung einer Feedback-Klausur 268/69
28 Vorbereitung der ersten Feedback-Klausur 270/71

29 Wann sind Feedback-Übungen *nicht* angezeigt? 272/73
30 Checkliste »Projektarbeit« 279
31 Muster einer Projektmatrix 286
32 Allgemeine Symptome für Widerstand 296
33 »Widerstand« – vier Grundsätze 302/3
34 Workshop – Checkliste zur Sondierungsphase 340
35 Organisation von Workshops 346
36 Workshop – Checkliste zur Konzeption und Vorbereitung . . . 349
37 Workshop – Beispiel eines Fragebogens zum Einstieg 354-56
38 Workshop – Checkliste zur Durchführung 362/63
39 Workshop – Sicherung des Transfers 365
40 Workshop – Hauptsächliche Gefahren 366
41 Modelle menschlichen Konfliktverhaltens 374
42 Konfliktlösungstreffen – Fragen und Antworten 378/79
43 Konfliktlösungstreffen – Ablauf der Tagung 380/81
44 Konfliktlösungstreffen – Spielregeln 382
45 Konfliktlösungstreffen – Leitfragen zur Vorbereitung der
   Präsentation 384/85
46 Zehn goldene Verhaltensregeln für Konfliktmanager 386/87
47 Unternehmenskultur – fundamentale Faktoren (nur bedingt
   beeinflußbar) 393
48 Unternehmenskultur – unternehmensspezifische Faktoren
   (weitgehend beeinflußbar) 395
49 Unternehmenskultur – Normen und Werte 405-7
50 Ergebnisverbesserung – Auftrag: Potentialermittlung 420/21
51 Ergebnisverbesserung – Auftrag: Einbezug der Kunden 421
52 Ergebnisverbesserung – Auftrag: Beteiligung der Mitarbeiter/
   innen 423
53 Ergebnisverbesserung – Auftrag: Darstellung der Projektergebnisse 424
54 Ergebnisverbesserung – Auftrag: Phasenplan und Terminziele . 425

Vorwort

Wer ein Buch schreiben will, sollte sich immer drei Fragen stellen. Erstens: Was für ein Buch soll es werden? Zweitens: Zu wessen Nutzen und Frommen soll es sein? Drittens: Ist es nicht schon geschrieben worden – womöglich mehrmals und viel besser?

Dies sind die Antworten, die wir uns und Ihnen geben können:

Erstens: Das vorliegende Buch soll ein »Kochbuch« sein für das Management von Veränderungen in Unternehmen und Institutionen. Ein Buch, das Mut macht, notwendige Veränderungen anzupacken, das die wichtigsten Handlungskonzepte aufzeigt und methodische Anleitung gibt für das praktische Vorgehen in konkreten Projekten. Mit anderen Worten: ein »Do-it-yourself«-Handbuch für Unternehmens- und Organisationsentwicklung.

Zweitens: Gebraucht werden kann es – so hoffen wir – von Menschen, die in Organisationen Veränderungs- und Entwicklungsprozesse leiten oder begleiten: von Unternehmern und Führungskräften, Organisations- und Personalfachleuten, Trainern und Beratern. Oder von Menschen, die bei organisatorischen Veränderungen in ihrem beruflichen Umfeld problematische Erfahrungen gemacht haben – und die neugierig sind, ob es sinnvollere Vorgehensweisen gibt als diejenigen, die sie bisher kennengelernt haben.

Drittens: Das Buch ist leider schon mehrfach geschrieben worden – zumindest was das Thema anbetrifft. Es war uns schlicht unmöglich, einen Titel zu finden, von dem man mit Sicherheit sagen könnte, daß er nicht irgendwann irgendwo bereits erschienen ist. Aber die meisten Bücher zum Thema Change Management, die wir kennen, befassen sich vorwiegend mit grundsätzlichen Aspekten und Perspektiven des Wandels. Wir wollten aus der Praxis für die Praxis schreiben. Konkret. Zum Anfassen und Umsetzen.

In Teil I befassen wir uns mit der Frage, warum Veränderung notwendig geworden ist, in welcher Form sie stattfindet und wo sie hinführt.

In Teil II beschreiben wir die Gesetzmäßigkeiten von Veränderungsprozessen sowie die Grundsätze, die beachtet werden müssen, damit Veränderungen effizient umgesetzt und sozial verträglich gestaltet werden können.

In Teil III geht es um das methodische Instrumentarium: das Vorgehen in konkreten Projekten sowie in besonderen Situationen, die im Verlaufe von Entwicklungs- und Veränderungsprozessen auftreten können. Sie finden hier das Wichtigste zu den einzelnen Methoden und Verfahren auf jeweils wenige Seiten komprimiert. Aber mit »Rezepten« ist es hier genau wie beim Kochen: Sie sind an und für sich noch keine Garanten für den Erfolg. Wenn der Abend etwas werden soll, muß man die Gäste kennen, die man bewirten will, über eine feine Nase verfügen, eigene Ideen dazutun – und vor allem: *ein gutes Klima schaffen!*

Sie können in diesem Buch wie in einem Kochbuch schmökern, quer reinlesen oder gezielt das herauspicken, was Sie gerade brauchen.

Wenn eines Tages jemand zu uns sagt: »Ihr Buch hat mir geholfen, einen Veränderungsprozeß in meinem Verantwortungsbereich erfolgreich zu gestalten« – dann werden wir sagen: »Ziel erreicht!«

Vorwort zur vierten überarbeiteten Auflage

Wir haben Teil III *(Blick in die Werkstatt)* um die Kapitel *Coaching, Persönliches Feedback, Moderation* sowie *Führen durch Zielvereinbarung* ergänzt und einen Fragebogen zur Beurteilung der *Qualifikation für Change Management* hinzugefügt. Die Themen *Personalabbau, Hierarchie und Macht* sowie *Veränderung der Unternehmenskultur* wurden etwas ausgebaut. Im übrigen haben wir aufgrund persönlicher Hinweise von Freunden und Kollegen eine Reihe kleinerer redaktioneller Änderungen vorgenommen.

Viele Reaktionen auf dieses Buch zeigen uns, daß besonders Teil III, *Blick in die Werkstatt*, für die Praxis als nützlich betrachtet wird. Doch gute Instrumente garantieren noch kein erfolgreiches Change Management. Entscheidend ist der Geist, in dem sie angewendet werden. Wer keine echt partnerschaftliche und menschenorientierte Grundeinstellung hat, der wird die beschriebenen Methoden einsetzen wie ein Computerprogramm – und damit letztlich nur Widerstände erzeugen. Wer andererseits partnerschaftliches und prozeßorientiertes Denken und Handeln mit Basisdemokratie verwechselt, der wird falsche Erwartungen wecken, gewaltige Ängste erzeugen und chaotische Prozesse anzetteln, die er anschließend nicht mehr steuern kann. Und wer glaubt, die Veränderung von oben verordnen, organisieren und verwalten zu können, wird gar nicht erst aus den Startlöchern kommen. Die echte Veränderung beginnt immer bei einem selbst – beim eigenen, persönlichen Engagement.

Teil I
Szenarium 2000

1. Kapitel
Zustandsbild und Perspektiven

Signale

Wo man heute in der Wirtschaft, zum Teil auch in öffentlichen Institutionen und Verwaltungen hinkommt, sind die Führungskräfte aller Stufen zunehmend stärker gefordert und belastet – oft bis an die Grenze des Zumutbaren. 12 Stunden Präsenz im Geschäft sind vielerorts schon guter Durchschnitt. Den ganzen Tag über jagt eine Sitzung die andere. Über Mittag Besprechungen, abends Essen mit Kunden. Aktenstudium und Vorlagen erarbeiten: am Wochenende. Mitarbeitergespräche: selten. In Ruhe nachdenken: in den Ferien – oder gar nicht.

Fusionen, Pleiten und Massenentlassungen sind an der Tagesordnung. Überall wird umorganisiert. Pläne sind überholt, bevor man sie realisiert hat. Und wenn irgendwo ein Manager sein Budget einhält, wird womöglich ein Prüfverfahren eingeleitet, weil alle denken, da sei wohl nicht alles mit rechten Dingen zugegangen.

Angst vor der Zukunft zeigt bei Führungskräften steigende Tendenz. Wer mit Ärzten spricht, kriegt zu hören, wie vielen, die in der Wirtschaft Verantwortung tragen, die Belastungen ihres Berufes auf die Gesundheit schlagen. Den einen erwischt es beim Kreislauf, den zweiten beim Verdauungstrakt, den dritten beim Alkoholspiegel im Blut. Schlafstörungen, Kopfschmerzen, Tranquilizer und Antidepressiva haben Hochkonjunktur.

Was ist los?

Die Welt hat sich radikal verändert. Unternehmerisches Wirtschaften und betriebliches Management vollziehen sich heute unter ganz anderen Voraussetzungen als noch vor wenigen Jahren. Es gibt drei neue Rahmenbedingungen, und diese entscheiden weitgehend über Erfolg oder Mißerfolg: *Verknappung der Ressource Zeit, Verknappung der Ressource Geld, dramatische Steigerung der Komplexität.*

Rahmenbedingung Nr. 1:
Verknappung der Ressource Zeit

Die gesamte Wirtschaft steht unter einem gewaltigen Leistungs- und Veränderungsdruck. Dies hat zunächst mit der technologischen Entwicklung zu tun, vorab auf den Gebieten der Mikroelektronik, der Informatik und der Telekommunikation. Es sind im wesentlichen der Computer und das Fernsehen, die den Umbruch verursacht haben. Sie machen es möglich, Information beliebig zu kanalisieren und praktisch ohne Zeitverzug zu transportieren. Dies hat zu einer unerhörten Beschleunigung aller Geschäftsabläufe geführt.

Früher hat ein Einzelhandelsgeschäft allenfalls einmal im Jahr nach einer sorgfältigen Inventur erfahren, wie viele Produkte von welchen Sorten insgesamt über den Ladentisch gegangen sind. Heute beginnen die Topmanager von Einzelhandelsketten mit Hunderten von Filialen ihren normalen Arbeitstag mit dem Studium exakter Zahlen über die landesweiten Verkäufe vom Vortag, wo gewünscht heruntergebrochen auf Hunderte oder Tausende einzelner Produkte sowie auf jede einzelne Verkaufsstelle, garniert mit allen interessanten Vergleichsdaten – und wenn es sein muß, erfolgen noch am gleichen Tag gezielte Korrekturmaßnahmen an der Verkaufsfront. Wie schön waren die Zeiten, als man ein fünf- oder zehnseitiges Exposé der Post übergeben und getrost davon ausgehen konnte, daß Wochen verstreichen würden, bis man die Antwort oder den redigierten Text auf dem Schreibtisch haben würde. Heute, im Zeitalter der Datenfernübertragung, kann man von Glück reden, wenn man einen oder zwei Tage Ruhe hat, weil der Adressat gerade abwesend ist oder nicht sofort Zeit findet, den Text zu bearbeiten. Und wenn man Pech hat, dauert es eine Stunde, der bereinigte Text befindet sich in der Mail-Box oder säuselt aus dem Faxgerät – und schon ist man wieder am Zug.

Gleichzeitig verändern sich die Einstellungen und Verhaltensweisen der Menschen in praktisch allen Lebensbereichen. Alles, was weltweit passiert, wird jedem Bürger und Konsumenten »live« mit Bild und Ton direkt in die gute Stube geliefert. Wie Präsident Kennedy erschossen wird, wie die ersten Astronauten auf dem Mond landen, wie die Menschen in Bangladesch verhungern, was die Exxon Valdez in der Natur von Alaska anrichtet, wie es aus dem Cockpit amerikanischer Jagdbomber aussieht, wenn moderne Luft-Boden-Raketen im Irak ins Ziel gehen, und wie sich über der Wüste für Monate der Tag zur Nacht wandelt, wenn Saddam Hussein alle Erdöl-Bohrlöcher in Brand stecken läßt. Zu alledem erhält man neben Bild und Ton jeden gewünschten sachkundigen Kommentar ins Haus geliefert – und jeder macht sich dazu früher oder später seine eigenen Gedanken.

Dazu kommt: Jedermann ist mobil, der physische Aktionsradius des einzelnen hat sich gegenüber früher um ein Vielfaches gesteigert. Wohnen auf dem Lande, arbeiten in der Stadt; für eine eintägige Geschäftsreise mal schnell einige Tausend Kilometer woandershin; Heli-Skiing in den Rocky Mountains; Schnorcheln auf den Malediven oder vor dem Great Barrier Reef; Spazieren auf der Chinesischen Mauer oder in der sagenumwobenen Inka-Stadt Machu Pichu hoch oben in den Anden. Die Entwicklung der elektronischen Medien und die modernen Verkehrsmittel machen's möglich.

Der Einfluß der Massenmedien und die Konsequenzen der Mobilität sind enorm. Wertvorstellungen, die früher über Jahrzehnte oder gar Jahrhunderte stabil blieben, sind in Frage gestellt. In der Gesellschaft entwickeln sich laufend neue Lebensformen und Lebensgewohnheiten. Konsumentenwünsche und Kundenbedürfnisse ändern sich von heute auf morgen. Ganze Märkte brechen zusammen, ganze Berufe verschwinden – und neue entstehen. Gleichzeitig werden alle Grenzen gesprengt. Internationale Wirtschaftsräume tun sich auf. Auch für kleinere Unternehmen wird weltweite Geschäftstätigkeit plötzlich zur Selbstverständlichkeit. Und je nach politischen und wirtschaftlichen Gegebenheiten wird irgendein Land plötzlich attraktiv oder unattraktiv als Exportmarkt oder als Produktionsstandort.

Mit anderen Worten: Das wirtschaftliche, politische und soziale Umfeld ist hochgradig instabil geworden. Da gibt es zwar neue Chancen, aber auch neue Risiken. Ein Unternehmen, das in diesem turbulenten Umfeld überleben will, muß rasch reagieren, sich kurzfristig sich ändernden Bedingungen anpassen können. Dies bedeutet: rasche Produktinnovation, immer kürzer werdende Produktlebenszyklen sowie – vor- und nachgelagert – entsprechende betriebliche Umstellungen. Der Innovationsdruck ist enorm, der Rhythmus, mit dem Veränderungen in das organisatorische und personelle Gefüge eingesteuert werden, atemberaubend. Geschwindigkeit wird zum strategischen Erfolgsfaktor. Ein pfiffiger Kenner der Szene hat daraus die neue Weltformel für wirtschaftlichen Erfolg abgeleitet:

$$E = Qc^2$$
(Erfolg gleich Qualität mal Lichtgeschwindigkeit im Quadrat)

»Time-based Management« heißt ein neues Erfolgsrezept: der konsequente Versuch, Durchlaufzeiten zu reduzieren. Ein Ersatz für »Total

Quality Management«? Mitnichten. Qualität ist heute noch immer genauso wichtig wie früher – aber sie genügt nicht mehr. Nur wer gleichzeitig auch noch schnell ist, hat im Markt die Nase vorne.

Rahmenbedingung Nr. 2:
Verknappung der Ressource Geld

Daß Geld in letzter Zeit allenthalben knapp geworden ist, hat mittlerweile jeder gemerkt. Aber über die Gründe dafür ist man sich auch unter sogenannten Sachverständigen nicht einig. Die merkwürdigsten Theorien über Wirtschaftszyklen werden herumgereicht. Die Folge davon ist, daß viele immer noch glauben, wir hätten es mit einer momentanen Laune der Weltwirtschaft, das heißt mit einer vorübergehenden konjunkturellen Schwankung zu tun, wie es sie immer wieder mal gegeben hat. Dies ist erstaunlich, denn wer Zeitung liest, wird tagtäglich auf einige fundamentale Tatsachen aufmerksam gemacht.

- *Natürliche Ressourcen gehen zur Neige:* Früher hat man den Reichtum aus dem Boden und aus dem Meer geholt. Doch diese Zeiten sind vorbei. Holz wird knapp. Die Meere sind leer gefischt. Trinkwasser wird zur Kostbarkeit. Der amerikanischen Kornkammer droht angesichts des infolge exzessiver Bewässerung abgesunkenen Grundwasserspiegels zur Wüste zu werden. Kurz: Rohstoffe werden immer teurer.

- *Horrende Folgekosten gesellschaftlicher Fehlentwicklungen:* Die Überalterung der Bevölkerung, die progressive Schädigung des menschlichen Immunabwehrsystems, die galoppierende Zunahme physischer und psychischer Zivilisationskrankheiten führen zu einer exponentiellen Steigerung des Bedarfs an medizinischer Versorgung – und gleichzeitig lassen die Technisierung der Medizin, die Fehlsteuerungen im Gesundheitswesen und das Mißmanagement in den Krankenhäusern die Kosten explodieren. Der Drogenkonsum zerstört einen zunehmenden Anteil unserer Jugendlichen, bringt unermeßliches Leid in zahllose Familien und zieht eine Beschaffungskriminalität nach sich, der die Sicherheitsorgane keines einzigen Landes auf dieser Welt mehr gewachsen sind. Und das organisierte Verbrechen, welches die Volkswirtschaften von innen heraus zersetzt, hat sich mittlerweile zum weltweit bedeutendsten Wirtschaftszweig entwickelt.

- *Wachsende Vielfalt staatlicher Aufgaben:* Die Sicherheitskräfte sind heute schon überfordert, die Gerichte hoffnungslos im Verzug, die Gefängnisse überfüllt, Krankenhäuser, Altersheime, Schulen und Universitäten überlastet. Straßenunterhalt und Müllentsorgung können nicht mehr regelmäßig gewährleistet werden. Gleichzeitig müssen aufgrund der technologischen und gesellschaftlichen Entwicklung laufend neue Gesetze geschaffen werden – und Instanzen, die die Einhaltung dieser Gesetze kontrollieren. Trotz fortschreitenden Leistungsabbaus auf vielen Gebieten können die staatlichen Funktionen nur durch immer höhere Steuern einigermaßen aufrechterhalten werden. Und oft genug sind es die gleichen, die am einen Ort »zuviel Staat« beklagen und am andern Ort lauthals nach mehr staatlicher Intervention verlangen – und immer geht es jeweils um nichts anderes als um das eigene Portemonnaie.

- *Drohender Öko-Kollaps:* Es soll hier nicht behauptet werden, Umweltschutz sei an sich unwirtschaftlich. Im Gegenteil, es tun sich hier neue und lukrative Märkte auf. Aber die heute zwingend gewordene umweltverträgliche Produktion ist für die Industrie mit enormen Investitionen verbunden. Vor allem aber: Die Entsorgung der Altlasten – der Todsünden der Vergangenheit – verschlingt unvorstellbare Summen. Und wir haben nur die Wahl, sie zu bezahlen – oder zugrunde zu gehen.

- *Leben auf Pump:* Massen von *Konsumenten* leben heute auf Pump. Die Mehrheit der Fahrzeuge, die auf unseren Straßen herumfahren, ist nicht bezahlt. Die meisten *Wirtschaftsunternehmen* leben auf Pump – und nicht wenige haben ihre gesamten Aktivitäten mit Fremdkapital finanziert. Beim geringsten Liquiditätsengpaß droht Existenzgefahr – und zunehmend häufiger kommt es zur Pleite. Die große Mehrheit aller *Kommunen, Länder und Nationen* ist hoch verschuldet – und viele sind nicht einmal mehr in der Lage, gerade die Zinsen zu bezahlen. Ob im kleinen oder im großen – irgendeinmal kommt die »Stunde der Wahrheit«. »Guthaben«, die nie und nimmer zurückbezahlt werden können, müssen abgeschrieben werden. Es kommt zu Wertberichtigungen, und diese können – in einer Welt, die insgesamt auf Pump lebt – Kettenreaktionen auslösen, in deren Verlauf Industriekonzerne, Bankenimperien oder Staatshaushalte zusammenbrechen. Das Phänomen »Crash« – im kleinen wie im großen – wird zum Alltagsereignis.

- *Ausgleich zwischen Arm und Reich:* Ob zwischen Ost und West oder zwischen Nord und Süd: Es steht eine Umverteilung unseres Reichtums

bevor. Tatsächlich hat sie schon begonnen: Massen von Wirtschafts-
flüchtlingen werden in Europa zu einer schweren sozialen und politischen Belastung. Und auch hier haben wir nur die Wahl zwischen zwei
kostspieligen Alternativen: Entweder wir helfen den Entwicklungs-
und Schwellenländern beim Aufbau einer eigenen, leistungsfähigen
Wirtschaft – oder wir werden in unseren eigenen Ländern hoffnungslos mit Armen überschwemmt.

- *Ruinöser Verdrängungswettbewerb:* Dieses Problem ist hausgemacht:
  Die gesamte Industrie hat in den vergangenen Jahren unglaubliche
  Überkapazitäten aufgebaut. Jeder hat nach dem Motto geplant: »Die
  Welt ist groß – und sie gehört mir allein.« Wenn nur die Hälfte aller Au-
  tos gebaut würde, welche heute von den verschiedenen Herstellern gebaut werden könnten, würde kein Auto mehr fahren, weil alle Straßen
  verstopft wären. Hunderte von Flugzeugen sind bereits eingemottet
  und haben keine Chance, je wieder in die Luft zu gehen, weil allein schon
  die Überfüllung der Lufträume und die begrenzte Kapazität der Pisten
  und Flughäfen dies nicht zulassen. Ähnliches gilt für das graphische Ge-
  werbe, für den Bausektor, für die Computerindustrie – und für viele andere Branchen. Zu viele Anbieter mit zu großen Kapazitäten stehen sich
  in klar begrenzten Märkten gegenseitig auf den Hühneraugen herum.
  Resultat: Preisverfall – und schwindende Margen. Dies bedeutet: *Jeder
  kriegt für immer mehr Leistung immer weniger Geld.* Nur die Lei-
  stungsfähigsten werden in diesem Ausscheidungskampf überleben.
  Und wann immer ein Unternehmen zusammenbricht, werden Hunderte oder Tausende von Menschen arbeitslos.

- *Kontinuierlich sinkende Zahl der Arbeitsplätze:* Dies ist das langfristig
  wohl gravierendste Problem: Massenarbeitslosigkeit in bisher nicht
  vorstellbaren Dimensionen ist so gut wie vorprogrammiert. Man
  spricht zwar heute gerne von »Strukturbereinigungen« und »Gesund-
  schrumpfung« in der Wirtschaft. Die Vorstellung wird genährt, das
  Hauptproblem sei die Umschulung der Arbeitslosen. Tatsache ist jedoch, daß sich in praktisch allen Märkten immer noch sehr viele Firmen
  tummeln, die keine Chance haben, längerfristig zu überleben. Eine gewaltige Masse von Arbeitsplätzen wird in den nächsten Jahren durch
  Pleiten verlorengehen. Aber auch nach diesem Großreinemachen und
  nach rigorosesten Schlankheitskuren der Überlebenden wird der
  sukzessive Abbau von Arbeitsplätzen weitergehen und durch die
  Neuschaffung von Arbeitsplätzen nicht annähernd zu kompensieren
  sein. Dafür gibt es zwei Gründe. Erstens: Immer mehr Tätigkeiten – und

zwar nicht nur in der Güterproduktion, sondern auch im Dienstleistungsbereich – können heute ohne menschliches Dazutun schneller, präziser und kostengünstiger verrichtet werden. Und wer überleben will, ist gezwungen, diese Möglichkeiten der Rationalisierung und der Automatisierung konsequent zu nutzen. Zweitens: Auch Arbeitsplätze, die nicht automatisiert werden können, verschwinden von der Bildfläche: Sie werden exportiert. Immer mehr Betriebe werden in Europa geschlossen und in irgendeinem Billiglohnland, beispielsweise im Fernen Osten, wieder aufgebaut. Und solange es Länder mit wesentlich tieferem Lebensstandard und Lohnniveau gibt, werden europäische Unternehmen gezwungen sein, Arbeitsplätze zu exportieren.

Insgesamt kann man davon ausgehen, daß durch Schließungen, Rationalisierung und Arbeitsexport 30–40 % der heute existierenden Arbeitsplätze mittelfristig gefährdet sind. Mit jedem einzelnen neuen Arbeitslosen aber sind im wirtschaftlichen Kreislauf drei Vorgänge verbunden: Erstens, beim Staat fallen gewaltige Kosten an. Zweitens, der Staat verliert einen Steuerzahler. Drittens – und dies wird immer gerne übersehen – der Markt verliert einen kaufkräftigen Konsumenten. Ohne Konsum aber keine Konjunktur. Für dieses Problem gibt es zum Zeitpunkt, da dieses Buch geschrieben wird, in der Politik weder echtes Bewußtsein noch realistische Szenarien – und schon gar keine Lösungen. Im Gegenteil, da ist ein ganz erstaunlicher, kollektiver Verdrängungsmechanismus am Werk.

Jede einzelne der genannten Entwicklungen ist ein ernstzunehmender, das wirtschaftliche Wachstum begrenzender Faktor. In der Kombination der Faktoren aber liegt eine gewaltige Brisanz (siehe Abbildung 1). Da muß man schon fragen: *Wer soll das bezahlen?* Wo soll das viele Geld herkommen, das hier gebraucht und verbraucht wird?

Die Antwort ist einfach, aber unbequem: Von uns allen. Von jedem einzelnen Bürger und von jedem einzelnen Unternehmen. Wir werden für gleiche Leistungen immer weniger Geld erhalten – und gleichzeitig immer mehr Steuern zahlen müssen. Geld ist deshalb nicht nur vorübergehend knapp. Geld wird knapp bleiben, und es wird noch knapper werden. Im Klartext: Die genannten tiefgreifenden Verschiebungen im Gefüge der Weltwirtschaft werden nur durch ein markantes *Absinken unseres Lebensstandards* aufgefangen werden können.

Dies bedeutet nicht unbedingt, daß wir in Zukunft weniger gesund leben oder unzufriedener sein werden. Denn Geld macht bekanntlich nicht glücklich. Aber die Zeiten des Wohlstandes sind endgültig vorbei. Lei-

27

Abbildung 1

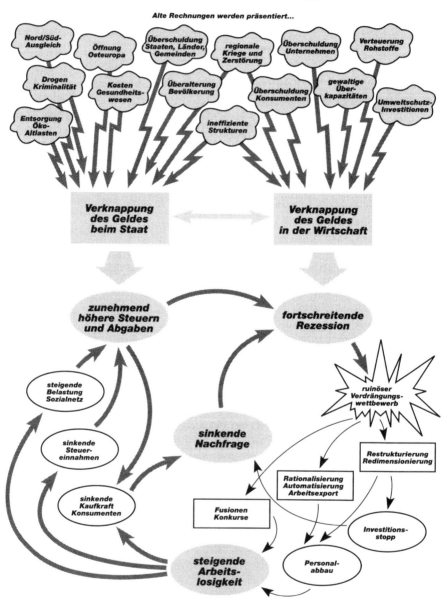

stungs- und Kostenoptimierung werden in den neunziger Jahren zu bestimmenden Faktoren unternehmerischen Denkens und Handelns.

Rahmenbedingung Nr. 3:
Dramatische Steigerung der Komplexität

Dies ist ein genereller Befund: Es passiert heute ständig zuviel gleichzeitig. Ob als Politiker, Manager oder Chefbeamter: Man überblickt nicht mehr alles, was gerade passiert. Man versteht nicht mehr bei allem, warum es passiert – dann, wenn es passiert. Man hat nicht mehr alles einfach »im Griff«. Man kann nicht immer steuern, wenn man meint, es müßte gesteuert werden. Und oft genug ist man Entwicklungen ausgesetzt, deren Verlauf man überhaupt nicht zu prognostizieren vermag.

Vor allem aber: Alles ist zunehmend mit allem »vernetzt«. Was man an einem Ort tut, kann an einem ganz anderen unvorhergesehene Konsequenzen zeitigen. Technische, ökonomische, politische und gesellschaftliche Prozesse beeinflussen sich gegenseitig und entwickeln ihre Eigendynamik. Es kommt zu »Kipp-Effekten« – und von heute auf morgen hat sich ein bisher realistisches Szenario in sein Gegenteil verwandelt. Das heißt: Wir haben es nicht nur mit knappen Ressourcen, sondern auch mit einer zunehmenden Komplexität zu tun. Das Führungsgeschäft ist insgesamt schwieriger geworden.

Dies hängt in erster Linie mit dem rasanten strukturellen und gesellschaftlichen Wandel zusammen. Es ist heute praktisch nichts mehr so, wie es einmal war – und wenn es etwas gibt, das sich verläßlich vorhersagen läßt, dann dies: *Es wird nie mehr so sein, wie es einmal war.* Für viele Menschen aber – nicht nur in der Wirtschaft – hat sich die Veränderung zu schnell vollzogen. Manager und Führungskräfte sind plötzlich und zum Teil völlig unerwartet vor ganz neue Aufgaben gestellt – und diese Aufgaben erfordern zum Teil völlig neue Kenntnisse und Fähigkeiten.

Anhand einiger wichtiger, heute erkennbarer Trends wird nachfolgend aufgezeigt, inwiefern sich die Funktion und die Aufgaben der Führungskräfte im betrieblichen Alltag verändern, welche Komplexität dadurch in ihren Berufsalltag eingesteuert wird – und welche Führungseigenschaften in Zukunft besonders gefragt sein werden (siehe Abbildung 2).

Die neuen Herausforderungen

Durchführen organisatorischer Veränderungen

Zukunftssichernde strategische und unternehmenspolitische Entscheidungen werden in den kommenden Jahren vermehrt zur Verlagerung von Aufgaben und zu neuen Schnittstellen in der Organisation führen – oft mitten durch die einzelnen Betriebe und bis hinunter an die Basis: Umgestaltung der Produktpalette; Reduktion von Verwaltungsaufwand; Verflachung der Hierarchie; Schaffen ergebnisverantwortlicher Geschäftsbereiche; Dezentralisierung im Hinblick auf Markt- und Kundennähe; Fusionen, Kooperationen und Joint-Ventures; Verlagerung von Aktivitäten in andere Länder.

Jede solche Entscheidung bedeutet, daß Massen von Führungskräften aller Stufen während eines halben oder ganzen Jahres zweierlei gleichzeitig bewältigen müssen: Die Aufrechterhaltung des Normalbetriebes – und die Umstrukturierung ihrer Organisationseinheit. Die Führung des normalen Geschäftes – das hat man im günstigsten Fall noch gelernt, obwohl auch hier nicht jeder aus dem vollen schöpft. Vor einer Reorganisation im eigenen Verantwortungsbereich aber stehen heute viele zum ersten Mal in ihrem Leben. Ein solches Projekt erfordert besondere Mechanismen der Planung, Steuerung, Kommunikation und Führung – und in personellen Fragen ist äußerste Umsicht und Sorgfalt gefragt, wenn das Tagesgeschäft einigermaßen normal über die Bühne und im klimatischen Bereich nicht allzuviel Porzellan in die Brüche gehen soll. Dies alles immer unter einem enormen Zeit- und Leistungsdruck. Da ist manch einer – als Mensch und als Manager – schlicht überfordert.

Schaffen eines intakten sozialen Umfeldes

Je größer das Unternehmen, je mehr Technik im Einsatz, je mehr Umstellungen im Betrieb, je höher der Leistungsdruck, desto wichtiger wird – neben anderen Faktoren wie adäquatem Lohn, interessanten Aufgaben oder Selbständigkeit am Arbeitsplatz – ein ersprießliches Zusammenleben und Zusammenwirken im engeren Arbeitsumfeld. Die Menschen sind nicht mehr, wie früher, in einem Dorf und in einer Großfamilie aufgehoben. Vielen fehlt von Haus aus ein Mindestmaß an menschlicher Akzeptanz, Geborgenheit, Zuwendung und Wärme. Sie sind darauf angewiesen, im Arbeitsfeld ein emotionales »Zuhause« zu finden, um sich mit dem Un-

Abbildung 2

Herausforderungen, die in Zukunft den Berufsalltag im Management prägen

Durchführen organisatorischer Veränderungen

Schaffen eines intakten sozialen Arbeitsumfeldes

Abbau hierarchischer Schranken

Leistung erzeugen durch Synergie

Flexibilisierung der Arbeitsformen und Arbeitszeiten

Organisieren von Lernen und Entwicklung

Frauen erobern Schlüsselpositionen

Management von Konflikt- und Krisensituationen

Entlassung von Mitarbeiterinnen und Mitarbeitern

Aushalten innerer Zielkonflikte und Widersprüche

Steuerung und Kontrolle durch Kommunikation

Zukunftsplanung aufgrund komplexer Szenarien

Integration durch Visionen und Leitbilder

ternehmen identifizieren und ihre volle Leistungsfähigkeit entfalten zu können.

Manch einer, der sich darüber beklagt, Arbeitskräfte würden heute nur noch »jobben« und kein Geschäftsinteresse zeigen, sollte zunächst einmal scharf hingucken, wie es um die Qualität der menschlichen Beziehungen in seinem Verantwortungsbereich bestellt ist. Dieser Teil der Führungsaufgabe stellt allerdings spezifische Anforderungen: Freude am Kontakt mit Menschen; Gespür für die emotionale Lage anderer; aber auch eine gewisse Ruhe und etwas Zeit, denn im zwischenmenschlichen Bereich kommt man mit Stoppuhr und Checkliste nicht allzu weit.

Abbau hierarchischer Schranken

Es zeigt sich heute zunehmend, daß tiefgestaffelte Organisationen mit vielen Hierarchieebenen für das Tempo, das heute vorgelegt werden muß, zu schwerfällig und ineffizient sind. Die Wege müssen verkürzt, die Anzahl der Ebenen muß reduziert werden. »Flachere Hierarchie« heißt das Motto. Flachere Hierarchie aber bedeutet breitere Führungsspannen: Der einzelne Vorgesetzte hat mehr direkt unterstellte Mitarbeiter. Dies wiederum bedeutet eine massiv erhöhte Komplexität im Führungsprozeß; Mehr Mitarbeiter suchen Einzelaudienz; ein größerer Kreis sitzt am Tisch der Führungsbesprechungen; die Koordination wird aufwendiger; eine größere Vielfalt von Sachfragen muß im operativen Tagesgeschäft bewältigt werden. Dies, wie gesagt, bei allgemein erhöhtem Tempo.

Aber auch in flachen Hierarchien ist man nicht gefeit gegen Entfremdungen zwischen Spitze und Basis. Das Führungskonzept nach Harzburger Modell – vielen Führungskräften in Fleisch und Blut übergegangen – funktioniert nicht mehr. Die kaskadenartige Delegation scharf abgegrenzter Aufgaben von Stufe zu Stufe führt zu einer fatalen Verdünnung der relevanten Information sowohl von oben nach unten wie auch von unten nach oben. Die Basis weiß nicht mehr, »was die dort oben eigentlich tun«, geschweige denn, warum sie es tun – und das Management weiß nicht mehr, was die Menschen an der Basis interessiert, was sie bewegt und was sie brauchen, um ergebnisorientiert arbeiten zu können.

Der Dienstweg hat zwar nicht ausgedient als Weg der betrieblichen Entscheidungen und der Aufgabenkoordination. Qualifizierte Führung im Unternehmen aber setzt voraus, daß die Vorgesetzten aller Ebenen über mehrere Stufen hinweg kommunizieren. Direkte Kontakte zur übernächsten Stufe sind notwendig, um zu erfahren, was dort angekommen ist und was nicht. Direkter Kontakt zur Basis und gutes Zuhören sind notwendig, um zu spüren, was sich im Betrieb tut. »*Management by wandering around*« wird zum vielleicht wichtigsten Führungsinstrument überhaupt. Dies bei einem Kalender, in dem man kaum eine Rasierklinge zwischen die Sitzungstermine kriegt.

Leistung erzeugen durch Synergie

Die Kunst der Führung besteht heute zunehmend darin, mit Ressourcen, die auch der Konkurrenz zur Verfügung stehen, durch Synergieeffekte eine höhere Gesamtleistung zu erzielen. Dies hängt unter anderem von den Strukturen ab: Die Aufgaben müssen sinnvoll gebündelt sein. Es hängt aber auch, entscheidend sogar, vom Verhalten der Menschen ab – davon, wer mit wem in welcher Art und Weise kommuniziert und kooperiert. Dies gilt für das Zusammenspiel im Rahmen einer Konzernorganisation genauso wie für das Zusammenspiel von Mitarbeitern und Arbeitsgruppen im Betrieb. Darauf Einfluß zu nehmen ist eine Kernfunktion der Führung.

Damit aber werden im Führungsalltag spezifische Fähigkeiten wichtig: die Kunst geschickter Sitzungsleitung; Konferenz- und Tagungsgestaltung; Moderation von Ideenfindungs- und Problemlösungsprozessen; Teambildung und Teamentwicklung; Projekt-Management; Konfliktbewältigung. Dies ist nichts grundsätzlich Neues. Aber die Bedeutung nimmt angesichts der in den neunziger Jahren gegebenen Rahmenbedingungen für betriebliches und unternehmerisches Management erheblich zu. Know-how und Kompetenzen, die man früher bei Spezialisten in zentralen Fachfunktionen wie Bildungswesen oder Organisation fallweise abgerufen hat, gehören zunehmend zum unverzichtbaren Führungsinstrumentarium der Linienvorgesetzten.

In größeren, insbesondere in multinationalen Unternehmen bedeutet Synergie nicht zuletzt auch das Vernetzen unterschiedlicher Kulturen. Interkulturelles Management ist zu einem Thema geworden. Aber auch in ein und demselben Land kann Kulturarbeit gefragt sein, wenn verschiedene Unternehmen durch Aufkäufe oder Fusionen in einem Konzern integriert werden sollen. Manch ein Wirtschaftskapitän hat unter dem Motto »Synergien nutzen« gewaltige Imperien zusammengekauft – und außer Volumen nichts erreicht. Wenn an den Kulturen der einzelnen Unternehmen nicht intensiv gearbeitet, die Bereitschaft zur Kooperation nicht gezielt entwickelt wird, ist und bleibt ein Konzern nicht mehr als die Summe seiner Einzelteile.

Flexibilisierung der Arbeitsformen und Arbeitszeiten

Attraktivität als Arbeitgeber und Bindung qualifizierter Mitarbeiter an das Unternehmen bleiben zukunftssichernde Erfolgsfaktoren – und diese setzen flexible Arbeitsformen voraus: Teilzeitarbeit, Heimarbeit, Job-sharing, Job-rotation. Insbesondere das Potential der Frauen – das in vielen Bereichen möglicherweise entscheidende Nachwuchspotential für anspruchsvolle Fach- und Führungsfunktionen – kann auf breiterer Basis nur dann aktiviert werden, wenn flexible Arbeitseinsatzmöglichkeiten vorhanden sind – und zwar nicht nur für die Frauen, die im Falle einer Schwangerschaft geeignete Ausstiegs- bzw. Teilzeit- und Wiedereinstiegsmöglichkeiten brauchen, sondern auch für deren Ehemänner. Es gibt heute immer mehr Männer, die bereit sind, Hauswirtschaft und Kinderbetreuung partnerschaftlich zu teilen – und als Kind, ohnehin nicht gerade in die beste aller Welten gesetzt, kann man solche Bestrebungen der Eltern nur begrüßen. Aber dann muß auch der Vater flexible Einsatzmöglichkeiten finden, damit die Mutter beruflich am Ball bleiben kann.

Im Hinblick auf eine konsequentere Flexibilisierung der Arbeitszeit, zumal in Führungsfunktionen, ist in der Wirtschaft und in der Verwaltung noch einiges Umdenken erforderlich. Zugegeben: Den Vorstandsvorsitz sollte man nicht in Heimarbeit, nicht als Halbtagsjob und auch nicht unbedingt im Job-sharing vergeben. Aber in den meisten Firmen und Verwaltungsbetrieben gibt es neben der obersten Führungsfunktion noch weitere Arbeitsplätze. Man würde gar nicht glauben, auf wie viele Möglichkeiten man in der Praxis kommt, wenn man den Organisationsplan mit unverstelltem Blick durchforstet. Gratis allerdings ist dies nicht zu haben. Die Ausbildungskosten pro Arbeitsplatz steigen. Und vor allem: Flexible Arbeitsformen bedeuten eine Komplizierung der Führung im betrieblichen Alltag. Die Leute sind nicht immer alle zur gleichen Zeit da. Man braucht geeignete elektronische Medien. Es entsteht zusätzlicher Koordinationsaufwand.

Organisieren von Lernen und Entwicklung

Für immer mehr Menschen, insbesondere für die jüngere Generation, wird Lernen zum entscheidenden Merkmal eines attraktiven Arbeitsplatzes. Das gezielte Fördern individueller Entwicklung – sowohl bezüglich des fachlichen Know-how als auch bezüglich der Persönlichkeit – wird zu einer wichtigen Grundlage erfolgreicher Personalpolitik. Während früher das Lernen in Kursen und Seminaren, das Arbeiten im Betrieb stattfand, kommt es heute zunehmend zu einer Integration: Gelernt wird vor allem »on-the-job«, problem- und erfahrungsorientiert, am Arbeitsplatz. Damit aber wird der Vorgesetzte zum zentralen Förderer und Begleiter individueller Entwicklung durch sinnvolle Delegation von Aufgaben, partnerschaftliche Zielvereinbarung, offene und auf gegenseitiger, konstruktiver Kritik beruhende Gespräche über Leistungsergebnisse und Zusammenarbeit – aber auch durch Aufzeigen von Perspektiven für die weitere berufliche Laufbahn. Nichts begeistert Menschen stärker als ihr eigener Fortschritt. Wer als Vorgesetzter etwas dafür tut, hat Mitarbeiter, die ihr Bestes geben.

Dies aber bleibt: Entwicklungsgespräche erfordern Zeit. Jeder Mitarbeiter muß seinen individuellen Fähigkeiten und seiner persönlichen Lernkurve entsprechend gefördert werden. Überforderung führt genauso zu Leistungsblockaden wie Unterforderung. Vor allem aber: Man hat nie voll ausgebildete Mitarbeiter. Wer nämlich seine Aufgabe einigermaßen beherrscht, ist eigentlich fällig für den nächsten Entwicklungsschritt.

Frauen erobern Schlüsselpositionen

Dieser Trend ist vorprogrammiert: Frauen gelangen vermehrt in Führungspositionen – in der Politik genauso wie in der Wirtschaft und in der Verwaltung. Diese Entwicklung wird in ihrer Bedeutung für das qualitative Wachstum unserer Gesellschaft immer noch unterschätzt.

Wo immer Frauen dabei sind, wird das Klima offener, die Diskussion lebendiger, in komplexen Problemsituationen kommt man schneller zum Kern der Sache – was nicht immer angenehm ist, aber effizient. Frauen haben, neben einer Intelligenz, die derjenigen der Männer in keiner Weise nachsteht, einen unmittelbareren Zugang zu den Emotionen – zu ihren eigenen und zu denjenigen ihrer Mitmenschen. Und Gefühle machen nun mal weniger Umwege als der analytische Verstand. Sie sind häufig die kürzeste Verbindung zwischen zwei Punkten – etwa einem Symptom und seiner Ursache. Ob Frauen im Durchschnitt auch mutiger sind, mehr Zivilcourage haben als Männer, ist umstritten – in der Praxis entsteht jedenfalls häufig dieser Eindruck. Aber möglicherweise hat dies damit zu tun, daß Frauen seltener als alleinernährendes Familienoberhaupt im Berufsleben stehen und sich deshalb mit geringerer Rücksicht auf Verluste exponieren können. Außer Zweifel steht jedenfalls, daß formale Macht, Taktik und Karriereüberlegungen bei Frauen nicht den gleichen Stellenwert haben wie bei Männern. Dies führt zu einer anderen Ökonomie der Kräfte.

Und sicher ist dies: Es ist nicht nur für Frauen schwierig, sich in einer Männerwelt zu behaupten. Es ist auch für Männer nicht einfach, sich auf Frauen als gleichwertige Partnerinnen im Arbeitsfeld einzustellen. Etwa auf eine fähige Kollegin, die alle Gebote kollegialer Konkurrenzrituale mißachtet und ihre Energie voll in die gestellte Aufgabe und in die Kooperation mit anderen investiert. Plötzlich eine tüchtige Frau als Chefin zu haben ist erst recht kein Zuckerschlecken. Und wenn der Zufall es will, daß sie auch noch eine gewisse Attraktivität besitzt, muß manch einer sein Verhaltensrepertoire erst einmal gründlich sortieren, bevor er wieder handlungsfähig wird.

Management von Konflikt- und Krisensituationen

Meinungsverschiedenheiten und Interessenkollisionen zwischen einzelnen Personen, Mitarbeiter-Gruppen oder Organisationseinheiten sind im betrieblichen Alltag etwas ganz Normales: Zielkonflikte zwischen zwei Ressorts, Meinungsverschiedenheiten zwischen Kollegen, Krisenherde in einzelnen Abteilungen, mal hier ein Konflikt mit einer Gewerkschaft, mal dort eine Auseinandersetzung mit einer Behörde. In einer Zeit kaum mehr beherrschbarer Technologien und nicht mehr überblickbarer Datenflüsse ist eigentlich kein Unternehmen ganz gefeit gegen größere Pannen, Unfälle oder Fehlleistungen, die es schlagartig in Konflikt mit fremden Interessen oder ins Scheinwerferlicht der Öffentlichkeit bringen können.

Führungskräfte sind deshalb heute zunehmend häufiger mit kritischen Situationen konfrontiert – sei es als *Konfliktpartner*, z. B. als Vertreter der Interessen einer bestimmten Funktion im Unternehmen oder als Vertreter der Interessen des Unternehmens in überbetrieblichen Gremien, sei es als *Konfliktmanager*, z. B. wenn im eigenen Verantwortungsbereich einzelne Mitarbeiter nicht kooperieren oder ganze Abteilungen einen Grabenkrieg führen. Solche Aufgaben erfordern sowohl Belastungsfähigkeit als auch Sensibilität, Know-how im Managen von Krisensituationen sowie eine hochentwickelte Dialogfähigkeit. Man glaubt gar nicht, wie viele Vorgesetzte sich angesichts schwelender Konflikte hinter ihrem Schreibtisch verkrümeln. Ihr Verhalten ist das Resultat von Fluchtimpulsen. Sie haben Angst vor ihren eigenen Mitarbeitern.

Entlassung von Mitarbeiterinnen und Mitarbeitern

Dies ist etwas vom Schlimmsten, was einer Führungskraft passieren kann: daß sie aus wirtschaftlichen Gründen gezwungen ist, Entlassungen durchzuführen. Nur eines ist noch schlimmer, nämlich selbst entlassen zu werden. Leider gibt es keinen Zweifel: Entlassungen gehören in Zukunft mal hier und mal da zum Führungsgeschäft. Aber auf das Wie kommt es an. Am bequemsten ist es, sich hinter dem Sozialplan zu verstecken und den gesamten Vorgang der Personalabteilung zu überlassen, die man ansonsten das ganze Jahr über als ineffizient und bürokratisch abqualifiziert hat.

Doch wer seine Führungsaufgabe ernst nimmt und dem Image seines Unternehmens keinen Schaden zufügen will, kann es sich nicht leisten, Entlassungen in bürokratischer Manier abzuwickeln. Er muß sich persönlich mit den Betroffenen einlassen und auseinandersetzen – und wer nicht von Stein ist, dem geht so etwas unter die Haut. Zumal in einer Zeit, da viele kaum eine Chance haben, einen neuen Arbeitsplatz zu finden. Wenn sich deshalb in der Führung jemals die Frage stellt: »flüchten oder standhalten?« – dann hier.

Aushalten innerer Zielkonflikte und Widersprüche

Als Führungskraft wird man in Zukunft vermehrt Situationen ausgesetzt sein, in denen eigene Interessen, Bedürfnisse oder Wertvorstellungen miteinander in Widerstreit geraten können. Da gibt es zum einen Widersprüche zwischen eigenen emotionalen Bedürfnissen und äußeren Sachzwängen – wie beispielsweise im Falle von Entlassungen aus wirtschaftlichen Gründen. Dann gibt es im beruflichen Alltag laufend Widersprüche zu verkraften zwischen der eigenen Meinung – so man eine hat – und der Notwendigkeit offizieller Stellungnahme als Funktionsträger und Interessenvertreter des Unternehmens. Da kann man nicht immer sagen, was man persönlich denkt und empfindet. Da wird man sich selbst mal hier und mal da untreu. Daß allerdings viele Führungskräfte sich mehr prostituieren, als zur Lebenserhaltung unbedingt notwendig wäre, steht auf einem anderen Blatt.

Last not least: Es ergeben sich laufend Widersprüche zwischen persönlichen Ansichten und der im Umfeld vorherrschenden Meinung. Hierarchischer Druck durch Vorgesetzte sowie Gruppendruck durch Kollegen oder Mitarbeiter gehören wohl zu den häufigsten und gleichzeitig schwersten Belastungen im Arbeitsleben von Führungskräften. Vielen Funktionsträgern in der Wirtschaft und in der Verwaltung ist die Fähigkeit, unabhängig zu denken und selbstverantwortlich zu handeln, im Laufe der Jahre erfolgreich abtrainiert worden. Innere Konflikte und Widersprüche werden glatt verdrängt, und manch ein Lebenskünstler nimmt überhaupt nicht mehr wahr, was eigentlich in ihm vorgeht. Und nun stehen wir da, mit einer jungen Generation kritischer Menschen, die alles hinterfragen, denen nichts heilig ist – und die nur bereit sind, mitzugehen, wenn die Fragen, die in der Luft liegen, aufgenommen und die Probleme, die vorhanden sind, angepackt werden.

Steuerung und Kontrolle durch Kommunikation

Führungskräfte auch mittlerer Stufen sind zunehmend häufiger gefordert als Meinungsmacher auf dem politischen Parkett. Unternehmen und Öffentlichkeit sind immer stärker miteinander vernetzt. Information verbreitet sich intern wie extern zunehmend schneller. Gerüchte, Stimmungsbilder und Meinungstrends entwickeln ihre Eigendynamik. Dazu kommt: Unsere gesamten Lebensgrundlagen sind gefährdet – technische und politische Kontrollsysteme erweisen sich immer häufiger als defizitär. Die Menschen sind deshalb immer weniger bereit, die Politik den Politikern, die Forschung den Wissenschaftlern und die Wirtschaft den Unternehmen zu überlassen. Es wird sich eingemischt, man ist als Manager zur Auseinandersetzung gezwungen. »Image« wird zu einem zentralen Machtfaktor, und zwar sowohl unternehmensintern wie auch in den Beziehungen nach außen. Vertrauen in eine Person – gerechtfertigt oder nicht – mobilisiert die Massen, breite Akzeptanz einer Idee vermag Berge zu versetzen.

»Wer die Öffentlichkeit verliert, ist nicht mehr König«, sagte schon Aristoteles. Umgang mit Großgruppen, Öffentlichkeit und Medien wird zu einem zunehmend wichtigeren Arbeitsfeld für Manager. Damit aber werden auch neue Fähigkeiten und Eigenschaften wichtig: Glaubwürdigkeit in Aussage und Ausdruck; Spontaneität; Schlagfertigkeit; Gespür. Jeder Fernsehzuschauer weiß aus eigener Erfahrung, wie schnell ein Politiker bei ihm verspielt hat, wenn er mit hohlen Phrasen um sich wirft, der Diskussion ausweicht oder immer dann durch Abwesenheit glänzt, wenn kritische Fragen gestellt werden.

Zukunftsplanung aufgrund komplexer Szenarien

Bei Lichte betrachtet, hat man es heute in den meisten Zweigen der Wirtschaft mit der Nicht-Planbarkeit der Zukunft zu tun. Die Konjunktur, der Dollar, die Zinsen, der Energiepreis, die Absatzmärkte, die Konkurrenz, die politische Situation in den einzelnen Regionen dieser Erde – all dies läßt sich nicht mehr, wie früher, einfach von einer Planperiode in die nächste extrapolieren. Langfristige strategische Planung, ja sogar mittelfristige Planung, beruht zunehmend auf Szenarien. Man hat es immer mit mehreren möglichen Zukünften zu tun. In einem derart turbulenten, mit so hohen Risiken behafteten Umfeld geht es im wesentlichen um zweierlei:

Erstens: *Beweglichkeit und Anpassungsfähigkeit.* Anstatt das Unplanbare zu planen, muß das Unternehmen alle Kräfte darauf konzentrieren, rasch auf neue Gegebenheiten im Markt reagieren zu können. »Design for Change« ist angesagt. Flexibilität der Strukturen und Abläufe, Mobilität und Polyvalenz der Mitarbeiter werden zu strategischen Erfolgsfaktoren.

Zweitens: *Rückbesinnung auf Kern-Kompetenzen.* Was können wir besonders gut? Wo sind wir besser als unsere Konkurrenten? Man plant nicht mehr alle möglichen Aktivitäten, die auch noch interessant wären. Man konzentriert vielmehr alle Kräfte auf das, was man wirklich beherrscht – und sorgt dafür, daß man auf diesem Gebiet auch in Zukunft besser ist als andere. Dies bedeutet: Qualifizierte Arbeitskraft wird zur entscheidenden Ressource.

Doch Flexibilität erfordert eine grundlegend andere Organisation. Mit Verschieben von Kästchen im Organigramm ist es da nicht getan. Und: Qualifizierte Mitarbeiter in flexiblen Strukturen erfordern von den Vorgesetzten menschen- und prozeßorientierte Formen der Führung.

Integration durch Visionen und Leitbilder

Die effizientesten Organisationen, die größten politischen und sozialen Kräfte auf dieser Welt – Religionen, Reformbewegungen und Revolutionen – gehen zurück auf einige wenige zentrale »Botschaften«, die das einzelne Individuum in wichtigen emotionalen Bedürfnissen ansprechen, ihm einen Sinn und faßbare Ziele vermitteln und sein Verhalten – zum Guten oder Schlechten für andere – in eine bestimmte Richtung steuern. Nun ist ein Industrieunternehmen zwar keine religiöse Veranstaltung. Aber Führung durch Sinngebung erweist sich auch in der Wirtschaft als

39

einzig möglicher Weg, um Menschenmassen in großen und komplexen Organisationen auf ein gemeinsames Ziel hin zu orientieren. Eine »Philosophie zum Anfassen« ist gefragt. Da helfen nicht irgendwelche abstrakten, in wissenschaftlichem Jargon abgefaßten und drei Aktenordner füllenden Strategiepapiere in den Schubladen des obersten Managements sowie einiger Spezialisten in der Planungsabteilung. Da geht es um einige wenige einfache, bis an die Basis verständliche und durchkommunizierte, durch praktische Führungsmaßnahmen unterstützte und durch Vorbildwirkung glaubwürdig gemachte Ideen und Grundsätze, die jedem Mitarbeiter den Nutzen der Unternehmensleistung für den Kunden sowie die Bedeutung seines individuellen Beitrages zum gemeinsamen Erfolg plausibel machen.

Die zunehmende Bedeutung der Identifikation zieht sich wie ein roter Faden durch die Bestseller der Management-Literatur – von Drucker und Peters/Waterman bis hin zu Carlzon und Iacocca. Aber das Erzeugen von Identifikation setzt geistige Führerschaft, Kommunikation im emotionalen Bereich und persönliches Engagement seitens des Managements voraus. Da muß man sich kritisch mit Zeit- und Wertfragen auseinandersetzen – und sich offen dazu äußern. Da können keine grauen Mäuse, keine Technokraten und keine Frühstücksdirektoren gebraucht werden. Dieser Satz stammt von Antoine de Saint-Exupéry: »*Wenn Du ein Schiff bauen willst, fang nicht an, Holz zusammenzutragen, Bretter zu schneiden und Arbeit zu verteilen, sondern wecke in den Männern die Sehnsucht nach dem großen, weiten Meer.*«

Darwin regiert

Zur Zeit, da dieses Buch geschrieben wird, ist in der Wirtschaft der Teufel los. Um zu verstehen, was sich da abspielt, und wohin dies führen wird, muß man die Entwicklung in der Zeitachse berücksichtigen. Bei langfristiger Betrachtung kann man – sehr vereinfacht – drei Phasen unterscheiden:

1. Der Boom

Dies liegt hinter uns: das unkontrollierte Wachstum. Die Zeit, in der das Geld scheinbar nur so herumlag. Die Zeit, in der allenthalben Amateure und Hasardeure im Markt mitmischen und sich buchstäblich dumm und dämlich verdienen konnten. Die phasenweise überhitzte Konjunktur; das Wohlstandssyndrom, das sich in der Folge entwickelt hat; die nicht mehr angemessenen Begehrlichkeiten, die allenthalben geweckt wurden; das Besitzstandsdenken, das diese Begehrlichkeiten zum legitimen Anspruch erhoben und zementiert hat. Die Spekulation, der Wucher, die Verschuldung und die Umweltzerstörung, die damit einhergegangen sind.

In dieser Zeit hat man nicht unbedingt eine Strategie gebraucht, um Geschäfte zu machen. Weder hohe Produktivität noch hohe Qualität waren verlangt, damit der Absatz funktionierte. Man konnte sich ungestraft überkomplexe Produktsortimente und Organisationsstrukturen, tiefgestaffelte Hierarchien, massenhaft inkompetente Funktionsträger in Schlüsselpositionen und unglaubliche Kommunikationslücken im Management leisten. Und wenn die Kapazität zum Engpaß wurde, hat man nicht die Organisation und die Abläufe optimiert, sondern einfach mehr Leute eingestellt. Die Kosten, so schien es, spielten überhaupt keine Rolle.

Ob man es heute wahrhaben will oder nicht: Das unkontrollierte Wachstum ist seinerzeit nicht einfach wie Manna vom Himmel über die Wirtschaft gekommen. Das Wachstum ist vielmehr von der Wirtschaft selbst zur Philosophie erhoben und buchstäblich herbeiorganisiert worden. Jeder Finanzchef, der etwas auf sich hielt, hat seiner Mitwelt bis auf die dritte Stelle hinter dem Komma genau vorgerechnet, wie viele Prozent Wachstum zwingend notwendig seien, um auch nur die Teuerung zu kompensieren. Kein Wachstum, so wurde argumentiert, bedeute Rückschritt, ja Lebensgefahr.

Aus der Biokybernetik stammt folgender Grundsatz: »*Die Funktion eines Systems muß unabhängig sein von Wachstum.*« Dies ist keine neue Weisheit. Das wußte man schon immer. Und auch dies wußte die Industrie genau: Forciertes Wachstum ist tödlich. Die effizientesten Unkrautvertilgungsmittel sind Wachstumshormone. Sie lassen die Pflanzen zu schnell wachsen – und zugrundegehen. Doch all dies wollten die Wachstumseuphoriker nicht hören. »Ohne Wachstum geht es nicht«, hieß die Devise.

Heute will's keiner gewesen sein. Es ist erstaunlich, wie viele Menschen, denen das Kurzzeitgedächtnis abhanden gekommen ist, in Spitzenpositionen überleben können.

2. Die Rezession

Dies ist die Gegenwart: der wirtschaftliche Rückgang – und zwar nicht einfach eine konjunkturelle Schwankung, wie wir sie immer wieder mal gehabt haben; nein, eine krisenhafte Phase tiefgreifender Strukturbereinigung. Die Ressourcen sind knapp, die Märkte eng, der Konkurrenzkampf knallhart geworden. Die tieferen Ursachen dafür haben wir eingangs erläutert.

Neben Unternehmen, denen der Absatz eingebrochen ist und die ums nackte Überleben kämpfen, gibt es andere, die die Gunst der Stunde nutzen, um Restrukturierungen durchzuführen, die eigentlich seit Jahren angestanden hätten. Dies akzentuiert lediglich die ohnehin schon eingeläutete Krise. Investitionsstopp und Personalabbau lassen die Nachfrage zurückgehen – und wenn die Nachfrage laufend zurückgeht, geraten immer mehr Unternehmen in existentielle Nöte. So einfach ist das. Und jetzt wird die Spreu vom Weizen getrennt: Es findet ein Selektionsprozeß nach gutem, altem Darwinschem Muster statt. Das Prinzip: Überleben des jeweils Stärkeren.

Quantitatives Wachstum ist in dieser Phase nicht mehr möglich. Qualitatives Wachstum wäre gefragt. Doch was dies bedeutet – davon haben viele, die heute an der Spitze von Unternehmen sitzen, keine blasse Ahnung. Wenn ihr Markt und ihre Kunden schrumpfen, schrumpfen sie einfach mit. Eine Redimensionierung folgt der anderen. Doch Schrumpfen allein ist kein Überlebenskonzept. In vielen Unternehmen stehen tiefgreifende Restrukturierungen an, die nur Sinn machen, wenn sie auf intelligenten, langfristigen strategischen Überlegungen beruhen – d. h., es muß eine überzeugende Antwort auf die Frage vorliegen: *»Welches sind die Kernaktivitäten, mit denen wir aufgrund unseres spezifischen Know-hows in der Zukunft Erfolg haben können und auf die wir uns konzentrieren müssen?«* Es genügt keineswegs, die Strukturen anzupassen. Fast noch wichtiger ist es, die Führung, die Kommunikation und die Kooperation zu optimieren. Es muß gelingen, unternehmerisches Denken und Handeln an die Front und an die Basis zu bringen. Dies ist ein anspruchsvoller Entwicklungsprozeß.

Wer statt dessen immer mehr abmagert und sich nicht gleichzeitig fit trimmt, findet mit der Zeit kein Futter mehr und stirbt früher oder später an Unterernährung. Und exakt dies passiert zur Zeit mit vielen Unternehmen, die letztlich kein Zukunftskonzept haben, sondern lediglich defensiv auf die für sie widrigen Marktverhältnisse reagieren. Sie werden im Zuge des Großreinemachens ganz einfach aus dem Markt geschüttelt.

Das Ausmaß des Preisverfalls macht aber das Leben auch denjenigen schwer, die im Grunde durchaus gesund sind. Auch sie sind nicht mehr in der Lage, angemessene Erträge zu erwirtschaften. Der Grund: Praktisch jeder, der um seine Existenz kämpft, versucht vor seinem Untergang – an den er nicht glauben mag, bis er stattfindet –, vom Markt, wenn schon nicht Erträge, dann zumindest Deckungsbeiträge zu kriegen. Da gibt es Unternehmen, die mit ihren Preisen bis auf die variablen Kosten zurückgehen. Dadurch zögern sie zwar ihr eigenes Ende lediglich hinaus, »versauen« aber gleichzeitig den Markt für alle. Die Frage ist letztendlich nur, wer dies am längsten durchhält und am Schluß übrigbleibt.

Manch einer hat zu Zeiten des Booms so viel leichtes Geld verdient, daß es seine Zeit dauert, bis alle Reserven aufgebraucht sind. Mit jedem Unternehmen, das dann die Bilanz deponiert, werden zwar gewisse Marktanteile frei. Da der Markt aber insgesamt schrumpft, kann immer nur ein Teil von den Überlebenden »geerbt« werden. Die Durststrecke wird deshalb auch für die Gesunden und Kräftigen lang und mühsam.

Doch eines darf nicht unerwähnt bleiben: Die Krise wäre nicht halb so schwer zu bewältigen, wenn nicht jeder so täte, als hätte er die bisherigen Annehmlichkeiten aufgrund großartiger Leistungen erworben – und als würde man ihm jetzt einen sauer verdienten Rechtsanspruch streitig machen. Wir leiden unter einem krankhaften, kollektiven Wohlstands- und Verwöhnungssyndrom. Allein schon die Aufforderung, eine andere Aufgabe zu übernehmen, wird von vielen als Zumutung betrachtet. Leute, die während des Booms, ohne mit der Wimper zu zucken, die Stelle gewechselt hatten, wenn sie woanders noch ein bißchen mehr verdienen konnten, halten es für die größte soziale Ungerechtigkeit, wenn sie heute aufgrund notwendiger Restrukturierungen eine Kündigung erhalten. Manager, die für Personalentlassungen gewaltigen Ausmaßes verantwortlich zeichnen, finden nichts dabei, jährlich ihre gewohnten 10 oder 15 % mehr zu verdienen. Und manch ein Unternehmer, der sich in der Vergangenheit ohne sonderliche Anstrengung dumm und dämlich verdient hat, macht heute den Staat oder die Gewerkschaften für die Schwierigkeiten in seinem Geschäft verantwortlich. Da kann man nur sagen: Wir haben nicht eine Krise – wir *sind* die Krise.

3. Der normale Markt

Dies ist die Zukunft: der bereinigte, gesunde, normalisierte Markt. Wer wissen möchte, was das ist, studiert am besten in einem Provinzstädtchen

43

eines südlichen Landes den wöchentlichen Markt – dort, wo dieser noch eine echte Versorgungsfunktion erfüllt und noch nicht zu einer Touristenattraktion verkommen ist. Da hat praktisch jeder Konkurrenz, aber man lebt friedlich nebeneinander. Die Kunden prüfen das Angebot sehr kritisch. Preiswürdigkeit hat Vorrang, denn der Fünfer muß dreimal gewendet werden. Qualität spricht sich herum: Der eine Anbieter hat viele Stammkunden – der andere nicht. Doch bei aller Vielfalt bleibt das Angebot überschaubar. Da gibt es keine Luxusgüter, denn die kann sich hier niemand leisten. Aber es gibt alles, was man zum Leben und Arbeiten braucht. Die Menschen sind ärmlich gekleidet, viele sind ungepflegt. Aber nur wenige wirken unzufrieden. Die Szene ist nicht gekennzeichnet von Hektik, Turbulenzen und Konflikten, sondern von außerordentlich lebhaften menschlichen Kontakten, von Lebensfreude, vom Gespräch. Die Ware ist eine Sache, der Kontakt mit den anderen, die Informationsbörse, der Treff die andere. Die Umsätze sind letztlich bescheiden. Da wird keiner reich. Aber alle haben zu leben.

Dies läßt sich zwar nicht in allen Punkten auf die zukünftigen Märkte der Wirtschaft übertragen. Aber soviel ist sicher: Die Märkte werden weniger Teilnehmer als heute aufweisen. Die Konkurrenz wird weiterhin hart sein, aber wer in der Lage ist, mitzumischen, wird wieder einigermaßen zufriedenstellende Erträge erwirtschaften können. Kundenorientierung, Qualität und Innovationskraft sowie – damit im Zusammenhang – Flexibilität werden die entscheidenden Erfolgsfaktoren sein. Nicht möglichst breite Diversifikation wird das Überleben sichern, sondern technisches Spitzen-Know-how und hohe Professionalität in der Marktbearbeitung. Rückbesinnung auf die Kernkompetenzen ist angesagt – und das Schaffen eines Arbeitsumfeldes, in dem qualifizierte Fach- und Führungskräfte sich persönlich für den Kunden und für den Erfolg des Unternehmens einsetzen.

Angesichts der zum Teil verheerenden fundamentalen Einflußfaktoren müßte man eigentlich befürchten, eine Stabilisierung der Wirtschaft – auch auf tieferem Niveau – sei von vornherein gar nicht mehr möglich, der totale Crash – von nicht wenigen Prognostikern klar vorhergesagt – sei unausweichlich. Aber es gibt auch positive Trends. Der wichtigste: Die Automatisierung von Arbeitsvorgängen führt zu enormen, für den Laien manchmal kaum vorstellbaren Produktivitätssteigerungen. Produkte und Dienstleistungen von bisher nicht dagewesener Qualität können zu vergleichsweise geringen Preisen angeboten werden. Schlanke Organisation und qualifizierte Führung in denjenigen Unternehmen, die überleben, ergänzen und verstärken diesen Trend. Es werden aber auch laufend neue

Märkte erschlossen und damit – wenn auch in begrenztem Umfange – Arbeitsplätze geschaffen. Die fortschreitende globale Vernetzung der nationalen Wirtschaften, die Öffnung nach Osten, das zunehmende Umweltbewußtsein, die neuen Bedürfnisse in einer sich wandelnden Gesellschaft sind nicht nur mit Risiken, sondern auch mit Chancen verbunden. Man darf dies alles zwar nicht überschätzen, vor allem nicht in Relation zur äußerst kritischen weltwirtschaftlichen Großwetterlage. Aber die positiven Kräfte müssen auch in Rechnung gestellt werden, wenn man Zukunftsforschung betreibt.

Last not least: Im Gegensatz zu Horrorszenarien, wonach im Jahre 2000 »in jeder Branche weltweit nur noch zwei bis drei Grosskonzerne« überleben werden, wird es für wirklich dynamische und innovative kleine und mittlere Unternehmen viele interessante Tätigkeitsfelder und neue Herausforderungen geben. Die Bäume werden zwar nicht mehr in den Himmel wachsen. Der Markt wird sich insgesamt auf einem sehr viel tieferen Niveau als heute einpendeln. Aber es wird, bei allgemein tieferem Lebensstandard, wieder einen normal funktionierenden Markt geben – und damit Chancen für gesundes Unternehmertum.

2. Kapitel
Organisation: »Design for Change«

Neue Aufgaben – neue Strukturen

Wenn Zeit und Geld knapp werden und gleichzeitig die Komplexität zunimmt, kann man nicht mehr so weiterwirtschaften wie in der Vergangenheit. Die Herausforderung für das einzelne Unternehmen lautet:

Schnellere und wirtschaftlichere Bewältigung
einer zunehmenden Vielfalt
sich rasch ändernder Aufgaben.

Dies hat Konsequenzen für die Organisation. Daß in der Sowjetunion zentral gesteuerte Planwirtschaft mit ausgeprägt hierarchischen und arbeitsteiligen Organisationsformen ineffizient war und zu Bürokratismus sowie Demotivation an der betrieblichen Front geführt hat, das haben alle Schlaumeier hier im Westen immer schon gewußt. Nicht alle aber hatten bemerkt, daß es bei uns in großen Organisationen ähnliche Strukturprobleme gibt.

Der Trend führt heute in den meisten Großunternehmen weg von der klassischen funktionalen Gliederung, einem hochgradig zentralistischen und arbeitsteiligen Strukturkonzept. Wer überleben will, muß folgende Voraussetzungen schaffen:

- *Nähe zum Markt und zum Kunden*
  durch Verkürzung der Wege
- *Rasche Reaktionsfähigkeit und hohe Flexibilität*
  durch Verlagerung operativer Entscheidungskompetenzen an die Front bzw. Basis
- *Steigerung der Produktivität und der Qualität*
  durch Motivation, Kommunikation und Kooperation

- *Optimierung der Kosten*
durch Straffen der Produktpalette, Reduktion des administrativen
Überbaus, Vereinfachung von Abläufen.

Hierbei geht es nicht um kosmetische Retuschen, sondern um ein
grundsätzliches *Reengineering der Geschäftsprozesse* (siehe Literaturempfehlungen: Hammer/Champy: Business Reengineering). Und dies
sind die organisatorischen Konsequenzen, die heute allenthalben gezogen
werden:

»Dezentralisierung«
»Regionalisierung«
»Profit-Center-Organisation«
»Holding-Struktur«
»Lean Production«
»Lean Management«
»Projekt-Organisation«
»Total Quality Management«

Perfektion im Modell: Das Netzwerk

Eines ist nun höchst bemerkenswert: Alle diese Konzepte laufen in der
Konsequenz auf eine ganz bestimmte Organisationsform hinaus, nämlich
auf eine *Netzwerk-Struktur.* Diese zeichnet sich aus durch: *flache Hierarchie; hohe Selbständigkeit der einzelnen Organisationseinheiten; hohe
Vielfalt lokal unterschiedlicher Organisationsformen; Gesamtsteuerung
über gemeinsame Ziele und Strategien.* Dies gilt sowohl für die Gesamtorganisation, etwa eine Konzernstruktur mit einem differenzierten Netz
von Tochtergesellschaften und Profit-Centern, wie auch für die Fein-
struktur einzelner Betriebe mit dem heutigen Trend hin zu Projekt-Organisation, Fertigungsinseln, teilautonomen Arbeitsgruppen und ähnlichen
Formen flexibler Arbeitsorganisation (siehe Abbildung 3).

Nicht von ungefähr ist die Netzwerkorganisation in der Natur, als Ergebnis der Evolution über Millionen von Jahren, besonders verbreitet. Sie
ist allen anderen Organisationsformen in folgenden Punkten klar überlegen: Sie bewältigt mit Abstand das *höchste Maß an Komplexität;* sie
gewährleistet eine *rasche Reaktion auf Veränderungen im Umfeld;* die
Organisation vermag sich *besonders flexibel an neue Gegebenheiten anzupassen;* und sie ist insgesamt *weniger stör- und krisenanfällig:* Pannen und

Abbildung 3

Hierarchisch-arbeitsteilige Organisation

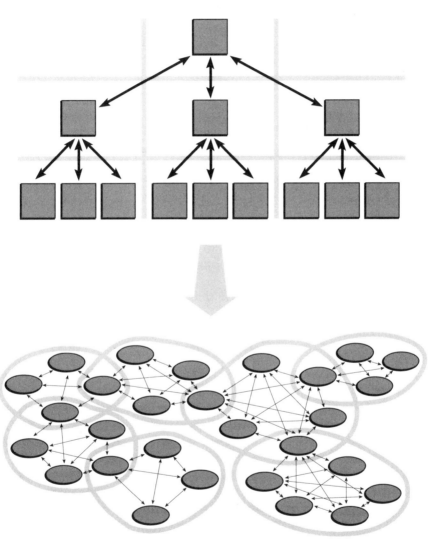

Netzwerkorganisation

Unfälle können zwar ein Teilsystem außer Betrieb setzen – aber es ist praktisch kaum mehr möglich, daß durch Ausfall einer zentralen Funktion die gesamte Organisation lahmgelegt wird. Und da alle wichtigen Teilfunktionen in die einzelnen Subsysteme integriert sind, können Ausfälle an einem Ort verhältnismäßig leicht an einem anderen kompensiert werden. Dies erhöht die Gesamtproduktivität, die Regenerationsfähigkeit und damit die Überlebensfähigkeit der Organisation.

Strukturprinzip: Prozeßketten

Von den Bauhaus-Architekten stammt der Grundsatz: *»Structure follows function«*. Am Anfang steht die Idee: die Vision – und die Formulierung eines Leitbildes. Daraus leiten sich die Ziele der Organisation ab – und Strategien, um diese Ziele zu erreichen. Aus diesen Grundlagen ergeben sich konkrete Aufgaben – und Prozesse, die zur Erfüllung dieser Aufgaben erforderlich sind. Auf *funktionsfähige Prozesse* und *sinnvolle Prozeßketten* – und auf nichts anderes – muß die Gestaltung der Organisation heute ausgerichtet sein.

Zu Zeiten der Stabilität und Kontinuität, als die Aufgaben über lange Zeit unverändert bestehenbleiben konnten, hat man in Kästchen des Organigramms – und, wenn man sehr fortschrittlich war, in Stellenbeschreibungen – gedacht. In einer instabilen Umwelt aber sind die Aufgaben, und damit die Prozesse zu deren Bewältigung, einem ständigen Wandel unterworfen. Das organisatorische Denken entwickelt sich zu einem Denken in rasch sich ändernden Prozeßketten. Flexible, auf begrenzte Zeit angelegte Projektorganisation – früher mal hier und mal da zur Erfüllung spezieller Aufgaben im Rahmen der Forschung und Entwicklung eingesetzt – wird im Vergleich zur Linienorganisation immer wichtiger. In vielen Bereichen ist schon heute jede auf Dauer angelegte organisatorische Lösung die begründungspflichtige Ausnahme.

Wenn alles im Fluß ist, wird rasche und qualifizierte Verständigung zur Überlebensfrage. Die Informationsströme müssen an die Prozeßketten gekoppelt werden. Etablierte Hierarchien, wo noch vorhanden, sind für Informationen nicht durchlässig genug. Jede Zwischenstufe verändert die Botschaft – falls sie sie überhaupt weitergibt; denn niemand würde etwas weitergeben, das ihm schaden könnte; jeder aber wird eine Duftmarke dazutun, von der er annimmt, daß sie für ihn nützlich sein könnte.

Effektivität und Produktivität in einer Situation kontinuierlichen Wandels setzen voraus, daß die Information dann, wenn sie verfügbar ist, auf dem direktesten Wege dorthin gebracht wird, wo sie gebraucht wird – und der direkte Weg führt entlang der Prozeßfolge. Dies bedeutet: Hierarchische Positionen geraten mehr und mehr aus dem Strom der relevanten Information. Es kommt zu einer schleichenden Umverteilung von Macht. Mehr noch: Die Hierarchie hat aufgehört, sich selbst zu legitimieren. Jede hierarchische Stufe gerät in Beweisnotstand. Sie muß, will sie überleben, ihre Existenz durch das begründen, was sie im Rahmen definierter Prozeßketten an Mehrwert schafft. In den monströsen Pyramiden gewachsener Hierarchien gelingt dies nicht immer. Die Hierarchien beginnen abzuflachen. Die Wege werden kürzer.

Quantensprung ins dritte Jahrtausend

Was leider weithin verkannt wird, ist der Umstand, daß es sich bei diesem Konzept nicht um eine normale Anpassung der Organisation handelt. Wir haben es vielmehr mit einem *radikalen strukturellen Umbruch* zu tun. Den neuen Konzepten liegt ein völlig anderes Organisationsmodell zugrunde. Wir bewegen uns weg von der klassischen, auf Arbeitsteilung und Hierarchie beruhenden Organisation, hin zu einem Netzwerk selbständiger, hochintegrierter und im operativen Bereich selbststeuernder Betriebe und Gruppen.

Damit diese Organisation wirklich funktioniert, genügt es nicht, zentrale Funktionen zu zerschlagen oder aufzuteilen und an die Peripherie zu verlagern. Da geht es nicht darum, durch Verschieben einiger Kästchen im Organigramm die Aufgaben etwas anders zu verteilen. Es geht vielmehr darum, die Aufgaben grundsätzlich anders anzupacken. Zwei Voraussetzungen sind hierbei entscheidend:

Erstens: Selbststeuerung erfordert ein *hohes Maß an Kommunikation und Kooperation* innerhalb der einzelnen Gruppen und Organisationseinheiten. Die Fähigkeit zu echter Teamarbeit auf allen Stufen wird zu einem zentralen Erfolgsfaktor. Wie die Autoren des Buches »The Wisdom of Teams« feststellen: »*Real teams are the most common characteristic of successful change efforts at all levels.*«

Zweitens: Sinnvolle Koordination im Gesamtverbund setzt voraus, daß auf allen Stufen *unternehmerisch gedacht und im Gesamtinteresse gehandelt* wird. Konkret: Es muß allenthalben funktions-, ressort- und betriebsübergreifend kommuniziert und kooperiert werden – selbsttätig und selbstverantwortlich, wohlgemerkt, denn da gibt es keine machtvolle zentrale Steuerung mehr. Wie der Chef eines Schweizer Maschinenbaukonzerns allen Mitarbeiterinnen und Mitarbeitern nahegelegt hat: »*Handle im Auftrag, handle ohne Auftrag, handle gegen den Auftrag – aber handle im Interesse des Unternehmens!*«

Wir haben es also bei der Netzwerkorganisation mit einem hochgradig *interaktiven Organismus* zu tun. Offene und lebendige Kommunikation ist die Grundlage der Steuerung und der Selbstregulierung. Sie ist letztlich die einzig taugliche Alternative zu dem auf straffer hierarchischer Gliederung beruhenden Steuerungsmodell. Oder etwas vereinfacht: *Kommunikation ist die Alternative zur Hierarchie.*

Dies ist ein Quantensprung, der vergleichsweise demjenigen vom guten alten VW Käfer zu einem hochgezüchteten Ferrari Testarossa entspricht. Doch Zwölf-Zylinder-Power und 48-Ventil-Technik allein genügen nicht für eine ersprießliche Reise. Wenn das Gerät nicht an der nächstliegenden Wand zu Schrott gefahren werden soll, muß es richtig gesteuert werden. Da gibt es einen kritischen Engpaßfaktor – und der heißt Mensch. Exakt gleich verhält es sich bei einem so hochdifferenzierten und sensiblen Organisationsmodell wie der Netzwerkorganisation. Dreierlei ist von Mitarbeitern und Führungskräften gefordert: persönliches Engagement, Kommunikationsfähigkeit und Kooperationsbereitschaft.

Der letztere Punkt ist der schwierigste. Wenn wirklich kooperiert werden soll, muß Kooperation konsequent belohnt und mangelnde Kooperation ebenso konsequent bestraft werden. Unser Führungsinstrumentarium ist aber fast ausnahmslos darauf angelegt, Einzelleistung und Einzelverantwortung zu züchten und zu prämieren. Und so stehen wir heute da, mit Heerscharen von Einzelkämpfern und Solotänzern, die man – vor allem wenn sie mal Direktoren geworden sind – manchmal gar nicht mehr umerziehen, sondern nur noch auswechseln kann.

Gefragt: Motivation und Identifikation

Trotz teilweise widriger Rahmenbedingungen: Von den meisten Mitarbeitern und Führungskräften kann man im Prinzip Einsatz, Kommunikation und Kooperation kriegen – unter zwei Voraussetzungen: erstens, hohe *Job-Motivation* – und zweitens, hohe *Identifikation mit dem Unternehmen.* Motivation entsteht durch interessante Arbeit, anspruchsvolle Aufgaben und angemessene Handlungsspielräume. Die notwendigen

Rahmenbedingungen dafür können noch verhältnismäßig leicht geschaffen, das heißt durch die Einführung neuer Arbeitsformen gezielt organisiert werden. Mit der Identifikation ist es schwieriger. Sie setzt etwas voraus, das man nicht von heute auf morgen herbeiorganisieren, sondern nur durch sorgfältige Entwicklungsarbeit aufbauen kann: *eine starke und lebendige, auf Offenheit und Vertrauen beruhende Unternehmenskultur.*

Es mag manch einen irritieren, daß in einem Kapitel, das eigentlich von »Organisation« handelt, über »Kultur« gesprochen wird. Doch exakt hier zeigt sich, wie grundlegend der Umbruch ist, der sich zur Zeit im Management vollzieht. Den genannten, zukunftsorientierten Strukturmodellen liegt ein neues, ganzheitliches Organisationsverständnis zugrunde. Genauso wie ein Datenverarbeitungssystem nicht nur aus »Hardware«, sondern auch aus einer ganz bestimmten »Software« besteht – genauso zeichnet sich eine Organisation nicht nur durch »harte Faktoren«, technische und administrative Strukturen und Abläufe, sondern auch durch unterschiedlich ausgestaltete »weiche Faktoren« aus: die Motivation der Mitarbeiter etwa; das Arbeitsklima; den Führungsstil; den Informationsfluß; die Art und Weise der Entscheidungsbildung im Unternehmen; oder die Leichtigkeit bzw. Schwerfälligkeit, mit der notwendige Veränderungen realisiert werden.

Genauso wie die »Software« sich im Laufe der Jahre als der eigentliche Engpaßfaktor der EDV-Systeme herausgestellt hat, zeigt sich heute, daß bei der modernen Leistungsorganisation die Kunst der Fuge nicht so sehr im Strukturkonzept liegt, sondern vielmehr in der Gestaltung der »weichen Faktoren«, d. h. in der Entwicklung einer entsprechenden Unternehmenskultur. Und genau wie bei den technischen Systemen müssen »Hardware« und »Software« auch in sozialen Systemen sorgfältig aufeinander abgestimmt sein. Den Grundsatz *»Structure follows Strategy«* führt heute jeder auf den Lippen, der gerne als Manager betrachtet werden möchte. Der zweite, nicht minder wichtige Satz muß von vielen erst noch gelernt werden: *»Culture follows Strategy«* (vgl. Abbildungen 4 und 5).

Unternehmenskultur: Fünf Schlüsselfaktoren

Die wesentlichen Elemente einer veränderungsfreundlichen Unternehmenskultur (vgl. dazu auch Teil III, 8. Kap. *»Veränderung der Unternehmenskultur«*) sind in einem Buch von Clifford/Cavanaugh mit dem Titel *»The Winning Performance – in a changing environment«* besonders klar

Abbildung 4

Kultur

**Kultur ist die Summe der Überzeugungen,
die eine Gruppe, ein Volk oder eine Gemeinschaft
im Laufe ihrer Geschichte entwickelt hat,
um mit den Problemen
der internen Integration *(Zusammenhalt)*
sowie der externen Anpassung *(Überleben)*
fertig zu werden.**

**Sie ist die Summe der Regeln
(»To do's« und »Not to do's«),
die so gut funktionieren,
daß sie zu »ungeschriebenen Gesetzen« werden
und jeder nachfolgenden Generation
als die »richtige« Art
des Denkens, des Fühlens und des Handelns
weitergegeben werden.**

---

zusammengefaßt. Es handelt sich, ähnlich wie bei *»In Search of Excellence«* von Peters/Waterman, um eine empirische Studie. Die Autoren haben eine größere Anzahl von Firmen untersucht, die sich in besonders turbulenten Märkten im internationalen Wettbewerb besonders erfolgreich behauptet haben. Es haben sich fünf Faktoren herauskristallisiert, die in der Tat die entscheidenden Voraussetzungen für ein dynamisches Management des Wandels darstellen:

- *Kreative Unruhe*
  Die Veränderungen im Umfeld, in der Strategie des Unternehmens, in den zur Bewältigung der Zukunftsaufgaben des Unternehmens notwendigen Strukturen und Abläufen sowie in den erforderlichen Skills *bringen* nicht nur Unruhe ins System, sondern *erfordern* nachgerade Unruhe im System. Pioniergeist, kreative Unruhe und Experimentierfreude auf allen Stufen sind unabdingbar notwendige Ingredienzen der Veränderungskultur. Jeder bürokratischen Verkalkung muß von vornherein und kompromißlos entgegengetreten, neue Ideen, Mobilität und Umstellungsbereitschaft müssen konsequent belohnt werden. Da muß

radikal umdenken, wer bisher jegliche »Unruhe in der Belegschaft« als existentielle Gefahr für das Unternehmen von vornherein zu vermeiden versucht hat.

- *Konfliktfähigkeit*
  Strukturen und Abläufe, Spielregeln und Verhaltensweisen, Informationskanäle und Entscheidungswege müssen verändert, Althergebrachtes und Liebgewordenes müssen durch Neues und Ungewohntes ersetzt werden. Dies geht nicht ohne Spannungen und Konflikte ab. Meinungen, Interessen und Bedürfnisse prallen aufeinander. Eine *konstruktive Streitkultur* wird zum Erfolgsfaktor: Die Fähigkeit, Spannungsfelder frühzeitig zu orten und Konflikte nicht zu verdrängen, sondern auf den Tisch zu bringen und konstruktiv auszutragen.

- *Zusammengehörigkeitsgefühl*
  Das Gefühl des Dazugehörens und des Beteiligtseins. »Wir« anstelle von »die dort drüben«, »die dort unten« oder »die dort oben«. Auf Offenheit, Vertrauen und gegenseitiger Akzeptanz beruhender Gemeinschaftssinn. Das sagt sich so einfach, aber mit dekorativen Floskeln und frommen Wünschen ist es hier leider nicht getan. Wer im operativen Tagesgeschäft keinen Einfluß auf Entscheidungen hat und bei der erstbesten konjunkturellen Schwankung riskiert, auf der Straße zu landen, kommt nicht auf die Idee, in der »Wir«-Form zu sprechen. Unternehmen, in denen ein ausgeprägtes »Wir«-Gefühl spürbar ist, bieten ihren Angestellten ausdrücklich *keine Arbeitsplatz-Sicherheit*, wohl aber ein hohes Maß an *Beschäftigungs-Sicherheit*. Und wenn Not am Manne ist, werden solidarisch finanzielle Opfer verlangt: progressiv nach oben und bis in die Unternehmensleitung steigende Gehaltseinbußen – damit niemand entlassen werden muß.

- *Sinnvermittlung*
  Die Kunst, jeder Mitarbeiterin und jedem Mitarbeiter – bis hinunter an die Basis – die Philosophie und die Ziele des Unternehmens, den Sinn des Tuns im Dienste des Kunden und der Gesellschaft sowie den Stellenwert des eigenen, individuellen Beitrages zum gemeinsamen Ganzen verständlich zu machen. Dies ist in einem Entwicklungshilfe-Unternehmen oder in einer Rehabilitationsklinik einfacher als in einer Zigarettenfabrik oder in einem Rüstungsbetrieb. Aber je klarer dem einzelnen ist, welchem höheren Sinn seine tägliche Arbeit dient, desto eher ist er bereit, sich persönlich für das Unternehmen, in dem er tätig ist, zu engagieren – und, wenn notwendig, zusätzliche Belastungen in Kauf zu nehmen.

- *Kommunikation*
  Dies ist eine besonders wichtige Erkenntnis: Man kann gar nicht zuviel kommunizieren. Man kann höchstens falsch informieren. Und: Die formale Organisation ist grundsätzlich nicht in der Lage, das Maß an direkter und persönlicher Kommunikation sicherzustellen, das in Zeiten lebhafter Veränderungen im Unternehmen notwendig ist. Die informelle Kommunikation muß konsequent gefördert und genutzt werden. Ebenen-übergreifende Informationsveranstaltungen und Arbeitstagungen müssen organisiert werden. Miteinander reden, anstatt Papier zu produzieren – so heißt die Devise. Und: »Management by wandering around« erweist sich als einzige Möglichkeit, bei der heute herrschenden Komplexität des betrieblichen Geschehens die erforderliche Orientierung und Gesamtsteuerung im Unternehmen noch einigermaßen zu gewährleisten.

Abbildung 5

Interdependente Unternehmensdimensionen

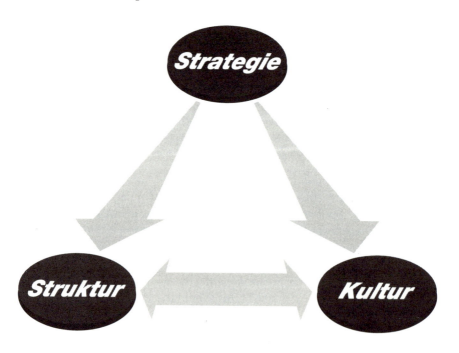

Jedes Unternehmen hat seine eigene, unverwechselbare Identität. Sie drückt sich in vielen konkreten Eigenheiten aus – sowohl was die Struktur, als auch was die Kultur betrifft. Aber genau wie bei der Struktur gibt es auch bei der Kultur Grundprinzipien, die unter bestimmten Bedingungen erfolgversprechender sind als andere. In den heutigen Zeiten des Umbruchs sind die genannten fünf Faktoren ganz klar der Maßstab, an dem kein Unternehmen, das im harten Wettbewerb bestehen will, vorbeikommt.

Überlebensstrategie und Zukunftssicherung

Zeitdruck, tendenzielle Überlastung, Gefahr der Überforderung und gleichzeitig die Notwendigkeit, neue Aufgaben zu übernehmen und neue Fertigkeiten zu erwerben – all dies unter einen Hut zu bringen ist für Mitarbeiter und Führungskräfte nur in einem Umfeld möglich, in dem ein einigermaßen angstfreies Klima herrscht, einem Umfeld, in dem man auch über persönliche Erfahrungen, eigene Unsicherheiten und berufliche Schwierigkeiten miteinander spricht: in einer offenen und lebendigen, partnerschaftlichen und teamorientierten Führungskultur.

Nun wird leider »Unternehmenskultur« mancherorts immer noch als Modetrend oder Luxusartikel betrachtet. In Wahrheit geht es hierbei aber nicht einfach um individuelle Lebensqualität im Arbeitsbereich. Es geht vielmehr um Fragen, die für die Zukunft des Unternehmens von entscheidender Bedeutung sind, nämlich

- ob die Probleme im Unternehmen rechtzeitig erkannt und gelöst werden. Eine offene und lebendige Unternehmenskultur, in der kritisch gedacht und gesprochen wird, ist das beste *Frühwarnsystem*, das es gibt;

- ob Mitarbeiter und Führungskräfte sich mit dem Unternehmen identifizieren und sich für den gemeinsamen Erfolg engagieren, oder ob sie einfach »jobben« und bei der ersten sich bietenden Gelegenheit abwandern – eine Frage, die relevant ist für den *Aufbau und die Erhaltung von Know-how* im Unternehmen;

- vor allem: ob, wie rasch und wie konsequent *Management-Entscheidungen sowie organisatorische Veränderungen im Betrieb umgesetzt werden können* – angesichts des raschen Wandels die Gretchenfrage.

Die demographische Entwicklung in den neunziger Jahren ist vorprogrammiert. Das Angebot vor allem an jüngeren Arbeitskräften geht deutlich zurück. Es wird zu einem harten Kampf um jede qualifizierte Kraft kommen. Da stellt sich dann die Frage, wem es am besten gelingt, qualifizierte Mitarbeiterkapazität aufzubauen, zu entwickeln und zu nutzen.

In Sachen Technologie, in Sachen Verwaltung, aber auch in Sachen Marktbearbeitung findet man heute eigentlich in allen namhaften Firmen einen in etwa vergleichbaren Standard – ein hohes professionelles Niveau. Da muß man schon Klimmzüge machen, wenn man sich von der Konkurrenz abheben will. Die Unternehmenskultur wird sich als immer wichtigeres Unterscheidungskriterium und dereinst möglicherweise als entscheidender Konkurrenzvorteil herausstellen.

3. Kapitel
Führung: Das neue Bild des Managers

Führung gestern – Führung morgen

Der Trend zu dezentraler Selbststeuerung der Mitarbeiter hat mehrere Ursachen. Zum einen: Die Menschen sind beruflich qualifizierter als früher und deshalb durchaus in der Lage, dispositive Aufgaben zu übernehmen. Zum zweiten: Vor allem die Vertreter der jüngeren Generation haben heute eine andere Einstellung zur Arbeit. Selbständigkeit gehört zu den wichtigsten Motivatoren. Handlungsspielraum ist einer der entscheidenden Aspekte eines attraktiven Arbeitsplatzes. Zum dritten: Die meisten Chefs sind ohnehin derart überlastet, daß sie gar nicht mehr in der Lage sind, sich, wie viele es früher gewohnt waren, persönlich um jede einzelne Sachaufgabe zu kümmern.

Das ist aber nicht alles. Der Trend ist mitbedingt durch die technologische Entwicklung.

In der Vergangenheit bestand ein wesentlicher Teil der Führungstätigkeit auf mittleren Stufen darin, Information aufzunehmen, aufzubereiten, zu kanalisieren und weiterzugeben. Informatik macht es heute möglich, die für die Selbststeuerung vor Ort notwendige »Management-Information« in adäquate Portionen abgepackt und noch viel schneller als früher direkt zu den Adressaten an der Front zu transportieren. Die moderne Datenverarbeitung ermöglicht überhaupt erst Selbständigkeit und Handlungsfähigkeit an der Basis in diesem Umfang – und der Konkurrenzdruck zwingt dazu, diese Möglichkeiten zu nutzen.

Dies bedeutet nicht, daß in Zukunft kein mittleres Management mehr gebraucht wird. Die Gesamtzahl der auf den verschiedenen Ebenen tätigen Führungskräfte wird allerdings deutlich zurückgehen. Vor allem aber: Vorgesetzte werden in Zukunft eine andere Funktion haben.

Schwerpunktverlagerung

Die Aufgaben der Vorgesetzten verlagern sich im wesentlichen in drei Richtungen.

1. *Zukunftssicherung:* Blick nach vorn: Was muß heute getan werden, damit die Aufgaben auch in Zukunft erfüllt werden können? Sicherstellen der notwendigen Infrastruktur sowie der für die laufende Arbeit notwendigen Ressourcen – mit geringstmöglichem Kostenaufwand.

2. *Menschenführung:* Ausbildung und Betreuung der Mitarbeiterinnen und Mitarbeiter; Entwicklung funktionsfähiger Teams; Zielvereinbarung und Kontrolle der Zielerreichung; Beratung und Unterstützung bei speziellen Problemen.

3. *Management des permanenten organisatorischen Wandels:* Koordination von Tagesgeschäft und Projektarbeit; Steuerung des Personaleinsatzes; Bereinigung von Meinungsverschiedenheiten und Konfliktsituationen; Sicherstellen der internen und externen Kommunikation; und: sorgfältige Behandlung heikler Personalfälle.

Dies ist, bei Lichte betrachtet, ein anderer Beruf. Massen von Führungskräften sind fast über Nacht dazu gekommen wie die Jungfrau zum Kind. Sie haben diese Aufgaben nicht gesucht, sie sind dafür nicht ausgebildet worden – und sie wissen im Grunde auch nicht, wie sie sie anpacken sollen.

Es wird gelegentlich behauptet, die meisten Führungskräfte würden einen beträchtlichen Teil ihrer Zeit und Energie dafür einsetzen, ihre Position zu sichern. Sie würden Information unter taktischen Gesichtspunkten und nicht im Gesamtinteresse des Unternehmens handhaben. Und viele würden ihre Mitarbeiterinnen und Mitarbeiter bei der Erfüllung ihrer Aufgaben eher behindern als unterstützen. Man muß sich in den verschiedensten Betrieben vor Ort sachkundig gemacht, mit vielen Frauen und Männern persönlich über ihre tägliche Arbeit gesprochen und bei der Lösung organisatorischer Probleme mitgewirkt haben, um festzustellen: Exakt so ist es.

Viele Führungsfunktionen könnten zusammengelegt werden – und jede dritte oder vierte Position könnte man ersatzlos streichen. So unglaublich es klingt: Der Wegfall des Vorgesetzten von heute auf morgen würde in vielen Fällen nicht nur keine Lücke hinterlassen, sondern im Gegenteil bei Mitarbeiterinnen und Mitarbeitern in erheblichem Maße blockierte Energien freisetzen. Viele untere und mittlere Führungskräfte, vor allem solche der älteren Jahrgänge, befinden sich heute in der Situation des Heizers auf den amerikanischen Elektroloks von anno dazumal. Sie haben eine Funktion erlernt, die nicht mehr gebraucht wird – und die Funktion, die heute gefragt wäre, setzt ein ganz anderes Spektrum von Neigungen, Einstellungen, Kenntnissen und Fertigkeiten voraus. Und dazwischen klafft eine unüberbrückbare Lücke.

Führung wird neu definiert

Wenn man die Veränderung, die sich zur Zeit vollzieht, auf einen Nenner bringt, dann besteht die Funktion der Führung nicht mehr im wesentlichen darin, Arbeit vorzubereiten, Aufgaben zu verteilen und das Tagesgeschäft zu koordinieren, sondern darin,

Rahmenbedingungen zu schaffen, die es normalintelligenten Mitarbeiterinnen und Mitarbeitern ermöglichen, ihre Aufgaben selbständig und effizient zu erfüllen.

Dazu ist zunächst einmal eine andere Auffassung von der eigenen Aufgabe als Vorgesetzter notwendig. Wer die Organisationseinheit, der er vorsteht, als *seinen Laden*, die darin tätigen Menschen als *seine Leute*, den Output als *seine Leistung* und die Zielerfüllung als *seine höchstpersönliche Verantwortung* betrachtet, der läuft in der Tat in seiner Abteilung herum wie ein Hund, der sein Revier sichert – und handelt sich damit in einer netzwerkartig aufgebauten Organisation von vornherein nur Scherereien ein.

In einem so hoch vernetzten System, wie die moderne Leistungsorganisation es darstellt, entspricht die Funktion des Chefs nicht mehr derjenigen des dynamischen Machers und Obersteuerers, sondern viel eher derjenigen eines *Trainers, Coaches und Beraters* – das heißt im Grunde: eines hochqualifizierten Dienstleisters. Manch ein Manager alter Schule mag so etwas gar nicht gerne hören, denn Berater und Dienstleister sind für ihn »Kastraten« – Leute, die keine Befehlsgewalt besitzen und demzufolge keine Verantwortung zu tragen haben. Doch dies dokumentiert im Grunde lediglich, wie tiefgreifend der Wandel ist, mit dem wir es zu tun haben.

Die Kernfragen, die sich der Führung stellen, lauten:

– *Was brauchen die Mitarbeiterinnen und Mitarbeiter für Qualifikationen?* Wer muß was lernen, damit der erforderliche Leistungspegel erreicht wird?

61

– *Was brauchen die Mitarbeiterinnen und Mitarbeiter an Informationen, Mitteln und persönlicher Unterstützung, damit sie die Aufgaben, die anstehen, selbständig und erfolgreich bewältigen können? Und:*
– *Was kann bzw. muß im Hinblick auf die Optimierung von Aufwand und Nutzen im Betrieb verändert werden?*

Peter Drucker weiß hier Rat: »*Wenn Du wissen willst, was in Deinem Unternehmen verbessert werden kann, frage Deine Mitarbeiter!*« Dem wäre nur noch beizufügen: »*Und frage Deine Kunden!*«

Den permanenten Prozeß der Leistungs- und Kostenoptimierung ganzheitlich zu steuern und zu begleiten – dies ist eine der zentralen Funktionen moderner Führung.

Beruf: Manager der Veränderung

Massen von Führungskräften leiden heute an ihrem Schicksal, weil sie den Übergang vom Fachmann zum Manager nie als Berufswechsel erkannt und nachvollzogen haben. Ebenso viele werden morgen leiden – und Leid über andere bringen –, weil sie die Notwendigkeit der nächsten beruflichen Neuorientierung nicht erkennen und nachvollziehen: den Übergang vom klassischen Manager zum »*Change Agent*«.

Die Wurzel dieses Problems heißt Angst. Veränderung wirkt immer bedrohlich – und zwar desto mehr, je stärker man selbst davon betroffen ist. Wer beruflich schwerpunktmäßig mit Veränderungen befaßt ist, zumal in leitender Funktion, sollte aber seine eigene Angst vor Veränderung möglichst bewältigt haben. Dazu ist es zunächst einmal notwendig, die Natur von »Veränderung« und »Entwicklung« zu verstehen – und die Möglichkeiten sowie die Grenzen eigener Einflußnahme realistisch einzuschätzen. Wenn man erst mal weiß, womit man es zu tun hat, ist schon viel gewonnen.

Was die Natur von »Veränderung« und »Entwicklung« anbetrifft, so ist es heilsam, von folgenden Erkenntnissen auszugehen:

1. Es ist immer alles in Bewegung.

Letztlich ist nichts wirklich stabil. Alles ist immer im Fluß. Das einzige, was tatsächlich Bestand hat, ist der Wandel. Veränderung ist im Grunde der Normalzustand. Was wir als »stabil« empfinden, sind letztlich nur Zustände, deren Veränderung wir nicht wahrzunehmen vermögen. Wer dies einmal verstanden und akzeptiert hat, wird schon mal weniger Gefahr laufen, krampfhaft den Status quo aufrechterhalten zu wollen.

2. Veränderungen sind Auswirkungen von Kraftfeldern.

Nichts verändert sich um der Veränderung willen. Jede Veränderung eines Zustandes ist die Konsequenz entsprechender Kräfte oder Energiefelder. Und wenn es tatsächlich irgendwo für kurze Zeit so etwas wie einen stabilen Zustand gibt, ist dies die Folge sich gegenseitig aufhebender Kräfte – eine Ausnahmesituation, die nie lange bestehenbleibt. Das heißt: Wer die Kraftfelder erkennt und die Energieströme versteht, kann steuernd in das Geschehen eingreifen.

3. Veränderungen in einem sozialen Gefüge sind das Resultat divergierender Interessen und Bedürfnisse.

Emotionen – Ausdruck individueller und kollektiver Interessen und Bedürfnisse – sind es, die in menschlichen Organisationen etwas bewegen. Liebe oder Haß, Geld oder Macht, Anerkennung oder Selbstverwirklichung. Sie sind die eigentlichen Drahtzieher hinter dem Geschehen auf der Bühne: die Kräfte der Beharrung und der Veränderung. Wer sie rechtzeitig erkennt und ernst nimmt, kann Einfluß nehmen.

4. Notwendige Veränderungen finden immer statt – die Frage ist lediglich, auf welchem Wege.

Dies wäre der fatale Irrtum: zu glauben, man könne, wenn man es nur geschickt genug anstelle, jede beliebige Veränderung erzielen oder verhindern. Wenn eine Entwicklung fällig ist, wird sie sich selbst zum Durchbruch verhelfen. Wer seine Energie in die Verhinderung investiert, kann die Veränderung im günstigsten Falle etwas hinauszögern. Aber mit zunehmender Dauer erhöht sich der Druck – und damit der Preis, der am Ende bezahlt werden muß. Irgendeinmal kann niemand mehr den Aufwand leisten, der notwendig wäre, um den Durchbruch der Entwicklung zu verhindern – der Meinungsumschwung, der Marktdurchbruch oder der Konkurs findet statt. Wer die Hand am Puls des Geschehens hat, kann seine Energie zur richtigen Zeit am richtigen Ort investieren.

5. Sinnvolle Einflußnahme bedeutet, notwendige Entwicklungen rechtzeitig zu erkennen, konsequent zu fördern und sozial verträglich zu gestalten.

Dies ist die Funktion des »Change Agent«: notwendige Entwicklungen zu erkennen, konsequent zu fördern und für alle Beteiligten möglichst ersprießlich zu gestalten. Das hört sich nur scheinbar bescheiden an. Veränderungen zu managen bedeutet, dafür zu sorgen, daß ein Unternehmen, in dem viele Menschen tätig sind, als lebendiger Organismus gesund bleibt und in einem turbulenten Umfeld zu überleben vermag. Dies ist eine ebenso interessante wie herausfordernde Aufgabe – und im übrigen ein sozial positiver Beruf, der Sinn macht und Befriedigung zu vermitteln vermag (siehe Abbildung 6).

Bedeutet diese neue Rolle des Managers den Abschied von kraftvoller Einflußnahme, persönlichem Engagement und Vorbildfunktion? Degeneriert der Leiter zum reinen Vermittler und Berater? Ein Kommentar des Fortune Magazine lautet: »*Forget your old tired ideas about leadership. The most successful corporation of the Nineties will be something called a learning organization.*«

Jawohl: Das erfolgreiche Unternehmen der neunziger Jahre ist eine *lernende Organisation*. Doch was »Leadership« anbetrifft, sind wir ganz anderer Meinung. Vergessen Sie um Gottes willen Ihre bisherigen Vorstellungen nicht zu früh! Ohne Visionen, ohne kraftvolle Impulse und ohne persönliches Engagement kommt Führung auch in Zukunft nicht aus. Im Gegenteil: Ohne persönliche Akzeptanz und Überzeugungskraft der Führung läuft in Zukunft gar nichts mehr. In einer Zeit der Technisierung und der anonymen Großorganisation erhält die Personifizierung der Führung als wesentliche Voraussetzung für die Identifikation des einzelnen mit den Zielen der Organisation sogar eine neue Bedeutung. Die grauen Mäuse in den Führungsetagen der guten alten Bürokratie haben ausgedient.

Die Schlüssel zu lenkender Einflußnahme und zu echter Wirtschaftlichkeit in turbulenten Zeiten heißen Glaubwürdigkeit und Vertrauen. Die Informationsflut ist so groß, die Zusammenhänge im Unternehmen sind so komplex, daß sie vom einzelnen Mitarbeiter letztlich gar nicht mehr verarbeitet werden können. Entweder er glaubt, was man ihm sagt – oder die Entfremdung ist vorprogrammiert. Der Steuerungs- und Kontrollaufwand aber, der notwendig wäre, um in komplexen Organisationen auf allen Stufen ziel- und regelkonformes Verhalten sicherzustellen, kann von niemandem mehr bezahlt werden. Das Management ist zur Delegation von Verantwortung ganz einfach gezwungen. Echte »Leadership« wird in den kommenden Jahren mehr denn je gefragt sein.

Anforderungsprofil für die neunziger Jahre

Bis vor noch gar nicht langer Zeit hat es im wesentlichen genügt, ein guter Fachmann zu sein, administrative Vorgänge sauber abzuwickeln und Amtsautorität als Vorgesetzter zu haben, um sich durchsetzen zu können und Karriere zu machen – nicht selten bis in allerhöchste Etagen. Dreierlei kommt heute dazu und wird in Zukunft von entscheidender Bedeutung sein (siehe Abbildung 7):

Erstens: *strategische Kompetenz* – hier verstanden als Fähigkeit, komplexe Zusammenhänge und dynamische Vorgänge zu verstehen und handlungsrelevante Konsequenzen daraus abzuleiten.

Zweitens: *soziale Kompetenz* – verstanden im weitesten Sinn als Fähigkeit, mit Menschen umzugehen, und zwar nicht nur mit einzelnen Individuen im trauten Vieraugengespräch, wenn möglich mit einem vier Quadratmeter großen Mahagoni-Schreibtisch zwischen sich und dem Mitarbeiter; auch nicht nur mit Kleingruppen von direkt abhängigen, treu ergebenen Gefolgsleuten. Sondern mit vielen Menschen in all den Spannungsfeldern und Turbulenzen, wie sie an der betrieblichen Front, in Management-Konferenzen, in komplexen Projekten oder in einer Betriebsversammlung entstehen können. Und nur wer die Dynamik von Gruppen versteht, ist in der Lage, die Vorteile der Teamarbeit für die Entwicklung des Unternehmens zu nutzen.

Im Zusammenhang mit sozialer Kompetenz haben in letzter Zeit zwei Begriffe besondere Bedeutung erlangt. Zum einen die sogenannte *Prozeß-Kompetenz* – die Fähigkeit, Informationsprozesse, Entscheidungsvorgänge und Arbeitsschritte sorgfältig auf das Aufnahmevermögen und die Lernkurve von Menschen und Gruppen abzustimmen. Zum andern die sogenannte *Chaos-Kompetenz* – die Fähigkeit, in akuten Konflikt- und Krisensituationen, wenn alles drunter und drüber geht, ruhig Blut zu bewahren und handlungsfähig zu bleiben. Chaos-Kompetenz ist nicht lediglich eine Frage der Belastbarkeit. Sie hat wesentlich mit der Fähigkeit zu tun, gut zuzuhören und auf Menschen einzugehen. Und sie hat zu tun mit »Urvertrauen« in die Selbststeuerungsfähigkeit von Menschen und Gruppen – oder, anders ausgedrückt, dem intuitiven Wissen, daß die »chaotische« Situation nicht ein sinn- und heilloses Durcheinander darstellt, sondern lediglich einen Grad der Komplexität aufweist, der sich im Moment unserer Bewältigung entzieht.

Drittens: *Persönlichkeit.* Es muß einer kein Churchill sein, um auf mittlerer Führungsebene in der Wirtschaft zu bestehen. Aber eines läßt sich nicht wegdiskutieren: Es werden Eigenschaften wichtig, die man als er-

Abbildung 6

This is a story about four people
named Everybody, Somebody, Anybody and Nobody.
There was an important job to be done
and Everybody was asked to do it.
Everybody was sure Somebody would do it.
Anybody could have done it
but Nobody did it.
Somebody got angry about that
because it was Everybody's job.
Everybody thought Anybody could do it
but Nobody realized
that Everybody wouldn't do it.
It ended up
that Everybody blamed Somebody
when Nobody did
what Everybody could have done.

Abbildung 7

Anforderungsprofile – früher und künftig

Früher genügte ...

Guter Fachmann

Sauberes Abwickeln administrativer Vorgänge

Amtsautorität

Künftig entscheidend ...

Strategische Kompetenz

Soziale Kompetenz

Persönlichkeitsformat

wachsener Mensch nicht mehr von Grund auf neu erlernen kann – einige wenige, scheinbar simple Dinge: Offenheit, Ehrlichkeit, Selbstvertrauen und Zivilcourage. Wer sie besitzt, gewinnt die Herzen seiner Mitarbeiterinnen und Mitarbeiter – und mobilisiert deren gesamte verfügbare Energie. Wer sie nicht besitzt, macht laufend Fehler – und erzeugt Widerstände, gegen die kein Kraut mehr gewachsen ist.

Dies ist die Antwort von *Peter F. Drucker* auf die Frage eines Journalisten, wie die Arbeit der Führungskräfte in der postkapitalistischen Gesellschaft aussehen werde: *»Sie müssen lernen, mit Situationen zurechtzukommen,* *in denen sie nichts befehlen können, in denen sie selbst weder kontrolliert werden noch Kontrolle ausüben können. Das ist die elementare Veränderung. Wo es ehedem um eine Kombination von Rang und Macht ging, wird es in Zukunft Verhältnisse wechselseitiger Übereinkunft und Verantwortung geben.«*

Ein Aspekt, der in seiner Bedeutung für Erfolg oder Mißerfolg in Führungsfunktionen immer wieder unterschätzt wird, ist die *Einstellung des Managers zu seiner Arbeit.* In einer Zeit hohen Tempos, knapper Ressourcen und verwirrender Komplexität kann man als Führungskraft auch auf mittlerer Ebene von vornherein nicht mehr alles im Detail überblicken und schon gar nicht mehr immer alles »im Griff« haben. Erfolgreich ist, wer die Gnade hat, das Allerwichtigste richtig zu machen. Prioritäten setzen, heißt die Devise. Und: Intuition ist gefragt. *Drucker:* »*Gutes Witterungsvermögen zählt heutzutage mehr als analytische Kraft.*« Denn wer zu lange analysiert, kommt ganz einfach zu spät.

Wie heißt es im englischen Jargon doch so schön: »*A manager does things right – a leader does the right things.*« Wer das einmal begriffen hat, kann an seinem Beruf als Manager auch in der heutigen, turbulenten und konfliktreichen Zeit Freude haben.

Vom Würdenträger zum Spielertrainer

Man kann wirklich nicht sagen, Führungskräfte, zumal die Bewohner der obersten Etagen, seien unterbeschäftigt. Im Gegenteil, die Hektik ihres Arbeitslebens kennt oft keine Grenzen. Man kann auch nicht sagen, sie würden die Zeichen der Zeit ignorieren. Im Gegenteil, allenthalben werden Studien in Auftrag gegeben, Projektgruppen eingesetzt, Fachleute zu wichtigen Entscheidungen im Führungskreis beigezogen. Heere von Beratern und Stabsfunktionären durchdringen den Betrieb.

Aber die hohen Herren selbst bleiben unsichtbar, dem aktuellen Geschehen im Unternehmen entrückt. Die Orte ihres Wirkens sind: der Schreibtisch, das Konferenzzimmer – und das Flugzeug. Denn Außenminister-Tätigkeiten nehmen überhand. Für ihre Mitarbeiter bleiben die Chefs unerreichbar. Sie haben zwar alle eine »offene Tür« – versteht sich. Aber ihr Büro ist leer. Sind sie nicht außer Haus, wird konferiert. Da werden Strategien entwickelt, Budgets angepaßt, Sparmaßnahmen eingeleitet, Reorganisationen beschlossen. Das Unternehmen und – wenn als notwendig erkannt – sein Wandel, werden aus dem Allerheiligsten heraus perfekt administriert. Und dies ist das Resultat: »*Die Geschäftsleitung hat abgehoben*«, so lautet nicht selten die lapidare Diagnose.

Das Mißverständnis der Führungsfunktion beginnt sehr häufig ganz oben – und es setzt sich nach unten fort: der Manager als hochqualifizierter Schreibtischtäter. Dabei wird gerade in Zeiten turbulenten Wandels etwas ganz anderes gebraucht: ein Mensch aus Fleisch und Blut, der weiß, was im Unternehmen los ist, der nahe bei den Menschen ist, ihre Fragen aufnimmt, Orientierung vermittelt, Impulse zur Veränderung gibt – und Mut macht zur Überwindung von Schwierigkeiten. Führen durch Überzeugen ist gefragt – und zwar nicht per Rundschreiben, nicht per Zeitungsinterview und nicht per Stellvertreter, sondern in der direkten Auseinandersetzung von Mensch zu Mensch. Es ist eine Sache, am grünen Tisch »Dezentralisierung« oder »Personalabbau« zu beschließen – und eine ganz andere, im direkten Dialog mit den betroffenen Mitarbeitern und Führungskräften die beschlossenen Maßnahmen zu begründen, Verständnis zu wecken für ihre Notwendigkeit und Motivation zu erzeugen für die Umsetzung.

Viele Restrukturierungen scheitern oft schon im Ansatz, Rationalisierungsprojekte versanden, Fusionen sind zehn Jahre nach ihrer Bekanntgabe noch nicht vollzogen – nicht etwa, weil die Entscheidungen grundsätzlich falsch gewesen wären, sondern einzig und allein, weil Technokraten am Werk waren, die glaubten, mit einer sorgfältig abgewogenen, sachlich fundierten Entscheidung auf Unternehmensebene ihren Job getan zu haben. Nein, genau hier beginnt das eigentliche Führungsgeschäft: Wenn eine schwierige Entscheidung getroffen ist und es darum geht, sie umzusetzen.

Manch einer, der sich darüber beklagt, wie schwierig es ist, in der heutigen Zeit ein Unternehmen zu führen, sollte erst einmal kritisch überprüfen, wo er den Hauptteil seiner Arbeitszeit verbringt. So bitter diese Pille für viele wohlbestallte Manager zu schlucken ist: Veränderung kann nicht ex cathedra verordnet und vom Schreibtisch aus verwaltet werden. Wer als Vorstand oder als Mitglied einer Konzernleitung glaubt, »nur noch für Strategien zuständig« zu sein, befindet sich auf dem Holzweg. Der Chef ist Teil des Geschehens. Gerade in schwierigen Zeiten gehört er – zumindest als Teil seines Geschäftes – mit an die Front. Entweder er stellt sich selbst der Veränderung – oder sie findet nicht statt.

Abbildung 8

Veränderung – ein Entwicklungsprozeß

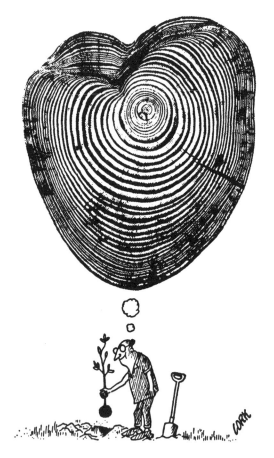

Strategischer Engpaß Führungskapazität

Es mag paradox erscheinen: Die neunziger Jahre werden uns dramatisch steigende Arbeitslosenzahlen bescheren – und gleichzeitig werden qualifizierte Fachkräfte noch knapper werden, als sie es heute schon sind. Das gleiche, scheinbar widersprüchliche Bild ergibt sich bezüglich der Führungskräfte. Ihre Gesamtzahl geht drastisch zurück. Viele, vor allem Vertreter der älteren Generation, sind überzählig. Vorzeitiger Ruhestand und Outplacement-Beratung haben Hochkonjunktur, Arbeitslosigkeit erfaßt erstmals die Schicht der Leitenden. Und gleichzeitig wird qualifizierte Führungskapazität zur knappen Ressource, ja zu einem strategischen Engpaß.

Man kann es sich heute schlicht nicht mehr leisten, Führungskräfte in Schlüsselpositionen zu belassen, in denen sie fortgesetzt Unheil anrichten. Die Quittung für gutes oder schlechtes Management kommt heute viermal schneller als noch vor ein paar Jahren. Die Zeit am Markt ist knapp, und der Gürtel muß insgesamt enger geschnallt werden. Führungskräfte, die ihre Aufgaben nicht den Zielen entsprechend wahrnehmen können oder wollen, werden zu Risikofaktoren. Bei der Besetzung wichtiger Funktionen wird deshalb schon heute viel sorgfältiger als früher auf die vorhandenen Führungseigenschaften geachtet. Und diese sind leider dünn gesät, denn in der Vergangenheit hat man in der Regel überall den besten Fachmann zum Chef gemacht.

Der Ausbildung und Förderung des Führungsnachwuchses wird heute in praktisch allen namhaften Unternehmen größte Aufmerksamkeit geschenkt. *Assessment Centers*, vor noch gar nicht langer Zeit vielfach verpönt, finden allenthalben Eingang in die Praxis. In vielen Großfirmen gibt es heute ein gut ausgebautes Bildungswesen mit einem differenzierten und bedarfsorientierten Programm von Seminarangeboten und Begleitmaßnahmen, die darauf abzielen, die Manager-Generation von morgen für die komplexen Aufgaben der Zukunft zu sensibilisieren und zu qualifizieren. Fragen, über die manch einer noch kaum nachzudenken wagt, werden heute in progressiven Unternehmen unter professioneller Begleitung von Fachleuten gezielt bearbeitet: ökologische Auswirkungen der Tätigkeit des Unternehmens; Zusammenarbeit zwischen Männern und Frauen im Führungsalltag; Wechselwirkungen zwischen Berufs- und Familienleben; langfristige und ganzheitliche Lebensplanung und Lebensgestaltung; Drogen- oder Alkoholabhängigkeit bei Mitarbeitern – oder bei sich selbst. Gruppendynamisches Verhaltenstraining und Persönlichkeitsentwicklung finden auf breiterer Basis Eingang in die Qualifizierungsprogramme für Führungskräfte.

Doch alle diese Maßnahmen werden nur langfristig wirksam. Fähige Führungskräfte werden aber heute gebraucht. Wer Menschen zu führen und Veränderungsprozesse zu managen versteht, kann deshalb sicher sein: Er hat in den neunziger Jahren einen hohen Marktwert (siehe Abbildung 8).

71

Teil II
Den Wandel gestalten: Grundsätze des Vorgehens

1. Kapitel
Die Psycho-Logik des Mißlingens

Veränderung ist angesagt – in vielen Lebensbereichen. Es gibt kaum jemanden, der sich nicht von Veränderungen betroffen fühlt, sei es als »Täter« oder als »Opfer«. Daß Wandel grundsätzlich erforderlich ist, scheint also erkannt, guter Wille, entsprechend zu handeln, ist im Prinzip durchaus vorhanden. Warum dauert dann alles so lange, wo doch die Zeit so begrenzt ist? Woher kommen die vielfältigen Turbulenzen? Warum all die Konflikte? Wo liegen eigentlich die Probleme?

Wenn wir die Notwendigkeit von Veränderungen einsehen, damit aber so wenig erfolgreich sind, dann muß es dafür Gründe geben. Wir versuchen, diesen auf die Spur zu kommen. Wir werden aus der Alltagspraxis des Managements von Veränderung die typischen Vorgehensweisen aufzeigen, die unserer Erfahrung nach den Schwierigkeiten und Mißerfolgen bei der Umsetzung zugrunde liegen. Das Besondere daran ist, daß diese Fehler nicht zufällig passieren. Sie sind vielmehr bereits im Konzept so angelegt. Sie haben sozusagen System. Hart formuliert: *Sie sind so gewollt.* Es steht ein Sinn dahinter. Sie ergeben sich psycho-logisch, also folgerichtig, aus klar identifizierbaren Denk- und Handlungsmustern der handelnden »Täter« sowie aus den ebenso typischen Reaktionsmustern der betroffenen »Opfer«.

Daß diese in der Praxis üblichen und uns allen vertrauten Muster lokalisiert und diagnostiziert werden können, gibt uns allerdings auch die Hoffnung und Chance, daß das Übel behandelt werden kann – mit *Einstein: »Ist ein Problem erst mal erkannt, ist der Weg zu seiner Lösung eine Selbstverständlichkeit.«* Hoffnung, wie gesagt, nicht Sicherheit – zumal, weil Einstein wohl eher an Probleme aus der Naturwissenschaft dachte als an solche aus dem Feld zwischenmenschlicher Vorgänge, deren Gesetzmäßigkeiten uns Menschen bekanntlich besonders kompliziert erscheinen.

Wir wollen hier die wichtigsten Muster einzeln beschreiben, damit wir uns selbst – als aktiv Handelnden oder als passiv Betroffenen – besser auf die Schliche kommen.

Kaltstart

Dieser Satz stammt von Goethe: »*Willst Dich an der Welt erfreuen, mußt der Welt Du Sinn verleihen.*« Menschen treffen vielfältige Arrangements, greifen zu allen möglichen psychologischen Kunstgriffen, investieren bei Bedarf auch viel Energie, um ihrem Leben einen Sinn zu geben. Nicht nur dem Leben insgesamt, sondern den einzelnen konkreten Tätigkeiten und Funktionen, die sie auszuüben, den Rollen, die sie einzunehmen haben und denen sie gerecht werden wollen.

In viele solche zart gesponnenen, äußerst komplexen Netzwerke persönlicher Sinngestaltung greift ein, wer Veränderungen einleitet. Je einschneidender und radikaler sich die Veränderung auf Arbeits- und Lebensumstände auszuwirken droht, als desto brutaler wird der Eingriff erlebt. In einem Kaltstart werden Menschen mit Dingen konfrontiert, deren Sinn sie nicht einsehen. Man ist »zufrieden« mit der bestehenden Situation oder hat sich zumindest mit ihr arrangiert. Man sieht keinen Anlaß und noch viel weniger eine echte Chance, das Bestehende zu verändern.

Solange nicht klar ist, nicht klargemacht wird und deshalb auch nicht klar sein kann, was das Ganze eigentlich soll, wer Nutznießer der Veränderung ist, welcher Sinn und welche Attraktivität sich daraus für den einzelnen ergeben kann, solange sind *Angst und Abwehr* die ganz natürliche Reaktion. *Widerstand* gegen die geplante Veränderung entwickelt sich als natürlicher Mechanismus *zum Schutz des bedrohten Sinnzusammenhanges*.

Wer in einer solchen Situation Veränderungsmaßnahmen einleiten will, hat es schwer. Er verhält sich wie ein Vertreter, der an fremden Türen klingelt, um Produkte anzubieten, die eigentlich keiner haben will. Er verhält sich wie ein Bauer, der auf gefrorener Erde Samen aussät; wie ein Sender, der seine Botschaft sendet, obwohl kein Empfänger eingeschaltet ist; wie ein Angler, der, weil er selbst gerne Apfelsinen ißt, solche als Köder für die Fische benutzt – den Grundsatz mißachtend: »Der Köder muß dem Fisch und nicht dem Angler schmecken!«

Was macht ein solches Vorgehen aus Sicht des Handelnden »sinnvoll«? Was macht es attraktiv, ohne Einfühlsamkeit, ohne Rücksicht auf die Befindlichkeit der am Geschehen beteiligten Menschen, die Dinge vorwärtszutreiben? Dummheit? Unverfrorenheit? Brutalität? So scheint es auf den ersten Blick. Doch bei genauerem Hinsehen differenziert sich das Bild. Typische Managerprobleme werden erkennbar: der Zeitdruck, den man durch mangelnde Planung selbst geschaffen hat; die Orientierung am kurzfristigen Ergebnis statt am langfristigen Erfolg; das Bedürfnis nach direktorialer Selbstdarstellung; die Unfähigkeit, auf andere einzugehen;

die Befürchtung, eigene Vorstellungen korrigieren zu müssen, wenn man sich auf eine Diskussion einlassen würde; aber auch die Urangst vieler Manager, das Gesetz des Handelns könnte einem aus der Hand gleiten, wenn man nicht ununterbrochen Druck machen würde. Die tief verborgene Unsicherheit des Managers läßt grüßen: Angst als Triebfeder des Handelns.

Vom Umgang mit Maschinen wissen wir, wie sehr ein Kaltstart das System strapaziert. Dies gilt um so mehr bei Menschen, die besonders komplizierte Lebewesen sind und die ein Langzeitgedächtnis haben – ganz speziell, was mangelnde persönliche Wertschätzung anbetrifft. Denn exakt auf diesen Nenner wird es gebracht, wenn man sich nicht die Zeit nimmt, Veränderungsvorhaben mit den Betroffenen gemeinsam zu bereden.

Alles Gute kommt von oben

In einigen Unternehmen gilt im oberen Management die Devise »*Ohne uns läuft nichts*«. Nicht Führung ist angesagt, sondern Sachbearbeitung auf hohem Niveau. Kommt ein solches Unternehmen in die Krise, behält sich dieser Personenkreis ihre Bearbeitung exklusiv vor. Die sogenannten Manager hasten von einem Meeting ins andere. Hektische Betriebsamkeit macht sich breit – allerdings ausnahmslos hinter verschlossenen Türen. Alle sind gezeichnet von zur Schau getragener Bedeutsamkeit, geprägt vom Stolz, zur elitären Gruppe der Eingeweihten, der rettenden Helden zu gehören. Man umgibt sich mit der Aura des Geheimnisvollen. Man kostet die Macht aus, die eigentlich Betroffenen mit kleinen Andeutungen auf Distanz zu halten, ihnen die Lösung so lange vorenthalten zu können, bis sie endgültig feststeht. Ihre Bekanntmachung wird zum Großereignis einer Verkündigung hochstilisiert. In dieser feierlichen Zelebration sind die Rollen klar verteilt: die Manager als aktive Retter, die Mitarbeiter als ausführende Hilfsorgane. Dankbarkeit wird dafür verlangt, daß »oben« alles geregelt wird. Ganz wie Politiker, die hinter verschlossenen Türen die Probleme der Menschen »draußen im Lande« zu lösen glauben.
Dieses Rollenspiel hat verschiedene Konsequenzen:

- Wenn das obere Management von vornherein ausschließlich sich selbst in die Pflicht nimmt, zwingt es sich damit zur Schnelligkeit. Managen heißt Probleme lösen, heißt effektiv sein, heißt zeigen, daß man seine Sache beherrscht. Alles muß bereits gestern passiert sein. Natürliche Zeiten des Wachstums und der »Schwangerschaft« werden von den Machern zur Demonstration der eigenen Stärke außer Kraft gesetzt. *»Keine Zeit für Konsens«*, heißt die Devise. Langsamkeit könnte andere auf die Idee bringen, man beherrsche die Situation nicht oder, noch schlimmer, man könnte auf Tiefergestellte angewiesen sein, um die Probleme zu lösen.

- In dieser gezielt und gekonnt in Szene gesetzten operativen Hektik entsteht automatisch ein Klima *rivalisierender Selbstdarstellung*. Hat man doch hier eine einmalige Chance, sich selbst – vor den auftraggebenden Göttern und den Mitarbeitern als staunendem Publikum – zu profilieren und von den anderen Kollegen abzuheben.

- Wenn Schnelligkeit, Abgrenzung sowie Zugehörigkeit zum elitären Kreis der Retter im Vordergrund stehen, muß man *ständig auf der Hut* sein. Die Tugend der Klugheit ist stärker gefragt als die Tugend des Mutes. Profil ja, aber nicht so viel, daß es die anderen am Kampf der Selbstdarstellung beteiligten Kollegen gegen einen aufbringen könnte. Dies bedeutet: nie voll gegen etwas oder gegen jemanden angehen – sich zwar differenzieren, gleichzeitig aber alle Optionen offenhalten. *»Ja, aber ...«* ist das typische Muster. Gleichzeitig dafür und dagegen sein, ist die hohe Kunst des Opportunismus. Nur keine Eindeutigkeit – es sei denn, sie wäre durch vielfache Kompromisse und »Gegengeschäfte« wasserdicht abgesichert.

- In einer derart provokativen Selbstinszenierung des Managements als Problemlöser sind den Mitarbeitern logischerweise die komplementären Rollen von Wasserträgern, Meßdienern und staunenden Bewunderern zugedacht. Die »Attraktivität« dieser *Zuschauerrolle* – zumal, wenn man weiß, daß die eigene Haut mitverhandelt wird – bedarf keines weiteren Kommentars.

Das »Not invented here«-Syndrom

Je brutaler der Kaltstart, je geheimnisvoller und bedeutungsschwangerer sich die Chefs als exklusive Problemlöser zu profilieren versuchen, desto höher die Wahrscheinlichkeit, daß jeder wie auch immer geartete Lösungsvorschlag das Schicksal von Kindern erleidet, die zur Adoption freigegeben werden: Je älter, desto schwerer vermittelbar. Ist man doch am liebsten selbst an der Planung und am Zeugungsakt beteiligt. Das ganz natürliche Selbstwertgefühl, aber auch das Grundbedürfnis nach eigener Profilierung und Mitgestaltung sträuben sich dagegen, einfach ein »fertiges Produkt« zu übernehmen.

Es wird in solchen Fällen kein Weg daran vorbeiführen, daß die Betroffenen die vorgegebene Lösung auf ihre Weise »nachbearbeiten«. Im ungünstigsten Falle werden sie beweisen, daß es so nicht funktioniert – weil nicht sein kann, was nicht sein darf. Im günstigsten Fall kommt man damit davon, daß die Betroffenen die vorgeschlagene Lösung nachträglich kunstvoll mit ihren eigenen Duftmarken versehen. Beides kostet die Zeit, die man durch das gewählte Vorgehen eigentlich einsparen wollte – ganz abgesehen vom Ärger, der Enttäuschung, dem Energieverschleiß, die man sich zusätzlich eingehandelt hat.

Die falsche Frage

Machen Sie doch einmal ein Experiment! Fragen Sie irgendeinen Kollegen um Rat, und beobachten Sie genau, was passiert. Sie werden feststellen, daß Sie kaum dazu kommen, Ihre Ausgangssituation eingehender zu erläutern. Kaum jemand wird vertiefende Fragen stellen, um Sie und Ihr Problem überhaupt erst zu verstehen. Man wird sich vielmehr relativ schnell ein passendes Stichwort herausgreifen, um Ihnen dann eloquent zu erzählen, wie gut man das Problem, das Sie noch gar nicht richtig schildern konnten, aus eigener Erfahrung kennt. Und der Kollege wird Ihnen, ohne zu zögern, aufgrund *seiner* Erfahrung in wenigen Sätzen die fixfertige Patentlösung für *Ihr* Problem servieren. Mit anderen Worten: Sie erhalten eine richtige Lösung – nur leider für das falsche Problem.

Die meisten Menschen sind auf *Lösungen fixiert*. Sie sind nicht wirklich daran interessiert, Probleme und ihre Zusammenhänge zu verstehen. Sie stellen sofort die Frage: »*Was ist zu tun?*« Die entscheidende Frage aber wird nicht gestellt: »*Was ist los?*«

Zwei Ursachen mögen diesen Sachverhalt erklären:

Das natürliche Bestreben nach Selbstdarstellung und persönlicher Profilierung kann anscheinend über das Angebot von Lösungen stärker befriedigt werden als durch den Versuch, die Dinge erst einmal zu verstehen. Wer Lösungen anbietet, vermittelt von sich ein Bild, das geprägt ist von Tatkraft und abschließendem Erfolg – im Gegensatz zu jemandem, der auf der Suche ist und noch nicht weiß, wie es ausgeht. Ein Held definiert sich durch Taten, nicht durch Nachdenken.

Ein zweiter Antrieb, mit schnellen Lösungen zu arbeiten, ist die Hoffnung, sich einen lästigen Bittsteller möglichst schnell vom Hals zu schaffen. So wie dem jungen Leutnant Hofmiller in Stefan Zweigs Roman *Ungeduld des Herzens* nur *zu* bald – wenn auch zu spät, um die Katastrophe vermeiden zu können – deutlich wird, daß sein vermeintliches Mitleid, das ihn zur Verlobung mit der gelähmten Edith treibt, nichts weiter ist als »Ungeduld des Herzens«: der Versuch, »sich möglichst schnell freizumachen von der peinlichen Ergriffenheit vor einem fremden Unglück«.

Die Lösung ist Teil des Problems

»Ich brauche einen neuen Brauch,
den wir sofort einführen müssen;
nämlich den Brauch,
in jeder neuen Lage neu nachzudenken«
Bertolt Brecht

Beispiel Nr. 1: Menschen beklagen Verkehrsengpässe. Um sie zu beheben, bauen sie mehr Straßen – und ziehen dadurch neuen Verkehr an. Der stärkere Verkehr führt wiederum zu neuen Engpässen. Deshalb wird der Straßenbau weiter verstärkt – ein sogenannter Teufelskreis.

Beispiel Nr. 2: Mitarbeiter fordern mehr Anerkennung durch Titel und sonstige Möglichkeiten, sich anderen gegenüber hervorzuheben. Man vergrößert deshalb die Anzahl der Hierarchiestufen und die Anzahl der Titel. Gerade dadurch aber wird das Anreizsystem immer stärker entwertet – bis schließlich die Lächerlichkeit kollektiven Verhaltens im Unternehmen die Hierarchie- und Titelinflation zum Thema werden läßt.

In beiden Fällen ist die Lösung Teil des Problems. Sie bleibt innerhalb eines Grundmusters, das mit »mehr desselben« *(Watzlawick)* das Problem schafft bzw. verstärkt, das eigentlich gelöst werden sollte.

Menschenbild und Organisationsmodell

»Der Mensch als Mittelpunkt« (G. Duttweiler) oder
»Der Mensch als Mittel. Punkt«

In geheimen Zirkeln werden Strategien diskutiert, Veränderungskonzepte entwickelt, Pläne zu ihrer Umsetzung ausgeheckt. Die betroffenen Mitarbeiter spielen dabei die Rolle von Schachfiguren, die man – je nach Spielbedarf – einsetzen und verschieben kann.

Sicher gibt es auch heute noch Mitarbeiter, die froh sind, wenn sie im Betrieb keine eigene »unternehmerische« Verantwortung übernehmen müssen. Solche Mitarbeiter lassen sich im allgemeinen klaglos versetzen. Sie entfalten ihr Unternehmertum in der Freizeit, zu Hause oder in Vereinen. Wer solche Mitarbeiter haben will, verhält sich völlig konsequent, wenn er sich nach dem eingangs beschriebenen Muster ausrichtet. Wer allerdings »Unternehmer vor Ort« haben möchte, zerstört mit dieser Vorgehensweise alle seine Chancen.

»*Form follows function*« ist eine wesentliche Leitlinie moderner Organisation. Maßgeblich sind die Ziele, die zu erreichen, und die Aufgaben, die dazu zu erledigen sind. Die Form, wie dies am besten zu bewerkstelligen ist, hat sich dieser Funktion unterzuordnen, muß von ihr abgeleitet werden. Organisation als immer offenes Experiment, immer auf dem Prüfstand.

Die meisten Organisationen schaffen es aber nur ein einziges Mal, nämlich bei ihrer Gründung, diesem Anspruch gerecht zu werden. Haben sie sich aber einmal erfolgreich etabliert, tritt ein Beharrungsmechanismus in Kraft, der zur Umkehrung der Leitlinie führt: *Function follows form*. Die Organisationsform wird – vor allem für diejenigen, die sie geschaffen haben – zu dem, was in einer Zeit der Unsicherheit und der Veränderung noch Bestand hat und Orientierung gibt. Etwas, an dem man sich festhalten kann. Die Organisation wird gleichsam zum Dom oder Palast: stabil, erhaben – und absolut unverrückbar. Für die Organisationsmitglieder gilt die Devise: Versuchen wir, das Beste daraus zu machen.

Anforderungsprofile und Verhaltensappelle

Wenn Aufgaben sich ändern und Entwicklungen vonnöten sind, schlägt manchmal die Stunde der Personalentwickler. Mit großem Eifer formulieren sie möglichst prägnante neue Anforderungsprofile. Man könnte meinen, es werde ein Kandidat für die amerikanische Präsidentschaft gesucht: Identifikation mit der Arbeit, Begeisterungsfähigkeit, Einfühlungsvermögen, Kontaktfähigkeit, Kooperationsfähigkeit, Kommunikationsfähigkeit, Flexibilität und Kreativität. Nicht zu vergessen: Zuverlässigkeit, Eigeninitiative, Selbständigkeit, Leistungswille, Verantwortungsbewußtsein, Ergebnisorientierung, Durchsetzungsvermögen – schlechthin Unternehmertum. Neuerdings dazugekommen: die Fähigkeit zu vernetztem und systemischem Denken, Selbstorganisation und Integration. Kritik- und

Feedbackfähigkeit werden vorausgesetzt, ebenso wie die Bereitschaft zu lebenslangem Lernen. Über allem, ohne Frage, stehen Glaubwürdigkeit, Vorbildfunktion, ein positives Menschenbild sowie persönliche Ausstrahlung. Diese Spezifikationen werden garniert mit allgemeingültigen ›Grundsätzen der Führung und Zusammenarbeit‹.

Hier wird ein Fabelwesen beschrieben, das noch nicht mal in Grimms Märchen vorkommt: die eierlegende Wollmilchsau. Die Hochsprunglatte wird so hoch gelegt, daß man nur, ehrfurchtsvoll nach oben grüßend, aber ohne jedes schlechte Gewissen, drunter durchlaufen kann.

Die meisten derartigen Appelle sind gut gemeint und deshalb ehrenwert. Aber sie gehen völlig an der Realität vorbei. Sie führen in eine absolute Sackgasse. Sie mahnen einerseits Verhaltensmuster an, die es in dieser Kombination gar nicht gibt – und selbst wenn es sie gäbe, müßten wir zuallererst die bestehenden Strukturen und Spielregeln der Organisation daraufhin untersuchen, wieweit sie ein solches Verhalten überhaupt ermöglichen. Meist stehen die Dinge in einem eklatanten Widerspruch: Gefordert wird zwar Zusammenspiel, geführt wird aber nach dem Prinzip »Teile und herrsche«. Verlangt werden Mitdenken und Unternehmertum, kontrolliert wird nach dem Prinzip »Jeder Mensch ist ein potentieller Drückeberger und Betrüger«. Angemahnt werden Kooperation und Kommunikation, belohnt werden Konkurrenz und Einzelleistung. Im Führungsleitbild werden Unternehmertum und Zivilcourage beschworen, Karriere machen diejenigen, die sich anpassen und politisch geschickt taktieren. Kurz, wer sich so verhalten würde, wie es auf dem Papier verlangt wird, wäre »unvernünftig«, könnte nichts bewirken und müßte eigentlich entlassen werden. Und exakt dies passiert auch immer wieder in der Praxis.

Abwiegeln – oder die Wahrheit auf Raten

> *»Es wird keinem schlechter-*
> *und vielen bessergehen als vorher«*
> Helmut Kohl zu den Ostdeutschen
> nach dem Fall der Mauer

»Schlechte Nachrichten« vermitteln, und zwar so, daß trotzdem oder gerade deshalb die betroffenen Mitarbeiter sich ganz besonders engagieren – dies ist eine ebenso wertvolle wie seltene Kunst. Gerade am Anfang ist man versucht, aus taktischen Gründen zunächst den Weg des geringsten

Widerstandes zu gehen. Man versucht, mit einer »Es-wird-keinem-schlechter-gehen-als-vorher«-Beschwichtigung über die Runden zu kommen – wohl wissend, daß es sich um eine falsche Behauptung handelt.

Wo liegt der Sinn dieser Strategie? Es ist die Angst vor »Liebesentzug« – sprich Akzeptanzverlust –, wenn die Probleme in aller Offenheit beim Namen genannt werden. Es ist aber auch mangelndes Vertrauen – sprich fehlende Erfahrung –, daß »schlechte Nachrichten«, Not und drohende Gefahr Selbstheilungskräfte ungeahnten Ausmaßes freisetzen können. Man traut sich nicht, aufs Ganze zu gehen, tut so, als ob man einen notwendigen Sprung über einen großen Abgrund in mehrere Teile zerlegen könnte.

Man unterschätzt dabei aber nicht nur die Belastbarkeit des Systems, sondern verhindert mit dieser Salamitaktik die Aktivierung der Selbstheilungskräfte – und bringt das Unternehmen damit in eine möglicherweise existentielle Krise. Jegliches Gefühl der Betroffenen für die »Lage der Nation« sowie jegliches Bewußtsein einer Mitverantwortung werden im Keim erstickt.

Dramatisieren – oder das Geschäft mit der Angst

Kaltstart und Abwiegelung versuchen bewußt, die Menschen nicht zu beunruhigen, um Aufruhr und Abwehr gar nicht erst aufkommen zu lassen. Die Veränderung schleicht sich durch die Hintertür ein. Das System wird im wahrsten Sinn des Wortes hintergangen. Im direkten Gegensatz dazu steht die Strategie der gezielten Verängstigung. Die Menschen werden dermaßen in Angst und Schrecken versetzt, daß sie grundsätzlich um ihren Arbeitsplatz zu fürchten beginnen. Auf das Schlimmste gefaßt, kann es eigentlich nur noch besser kommen. Die Betroffenen werden mit dieser Form der Dramatisierung aus verdeckten Motiven manipuliert, ihre letzten Energien freizusetzen. Aber wehe, wenn dieses Prinzip der Ausnutzung durchschaut ist! Es ist wie in der Erzählung von dem Mann, der den Feueralarm einige Male zum Spaß betätigt hatte: Als es dann wirklich brannte, dachten alle, es sei nur ein Scherz – und keiner kam zu Hilfe. Wer einmal lügt …

Angststrategie kann darüber hinaus auch zu einer *Paralyse des Gesamtsystems* führen: Alle gehen in Deckung und verfallen in Erstarrung – in der Hoffnung, unbemerkt zu bleiben, bis die Gefahr vorüber ist. Dies sind uralte Formen menschlichen Verhaltens: der Totstellreflex und die Hoffnung auf ein Wunder. Jegliche eigene Kreativität und eigenverantwortliche Suche nach einer Lösung der anstehenden Bedrohung wird dadurch blockiert. Es gilt: *»Nur ja keine Fehler machen ... am besten gar nichts tun ... auf keinen Fall irgendein Risiko eingehen.«* Ohne Risiko, ohne Infragestellung des Herkömmlichen aber gibt es keine Innovation, keine Problemlösung, keine Veränderung.

Eine weitere mögliche Reaktion auf Angst ist *Flucht*. Solidarität und Zusammenarbeit, über Jahre aufgebaut und entwickelt, können mit einem Schlag zerstört werden. Es gilt nur noch: »Rette sich, wer kann« und »Jeder ist sich selbst der Nächste«.

Wer die unverzichtbaren Grundlagen menschlichen Wohlbefindens – nämlich Sicherheit, Geborgenheit und Anerkennung – ohne wirkliche Not durch gezielte Injektion von Angst gefährdet, produziert und programmiert geradezu die Probleme, mit denen er später zu kämpfen hat. Er belastet die Veränderung bereits beim Start mit einer so großen Hypothek, daß er sie möglicherweise während des gesamten Zeitraumes der Veränderung nicht mehr abbauen kann. Wer nämlich nicht weiß, was auf ihn zukommt, hat das Bedürfnis, sich abzusichern, sich zu schützen und zu verteidigen. Wer absolut nicht weiß, was ihn in der Zukunft erwartet, wer nicht weiß, inwieweit er in dieser Zukunft selbst überhaupt noch eine Rolle spielt, wird kaum die Energie aufbringen wollen, diese Zukunft kreativ mitzugestalten.

Dies ist der vielleicht schwierigste und zugleich wichtigste Aspekt prozeßorientierter Arbeit: der *Umgang mit der Angst* – mit der eigenen und mit derjenigen der anderen. Wenn der Mensch gar keine Angst hat, wird er bequem. Er bewegt sich nicht mehr und verfettet. Wenn der Mensch zuviel Angst hat, wird er gelähmt – und bewegt sich auch nicht mehr. Die *Steuerung des Angstpegels* gehört deshalb mit zur hohen Schule der Führung – im Management genauso wie in der Pädagogik und in der Therapie. Und dies sind die Instanzen, die einem immer sagen können, welches der jeweils »richtige« Angstpegel ist: der gesunde Menschenverstand, der Sinn für die Realität, das gute Gewissen – und das Vertrauen in die eigenen Mitarbeiter.

Insellösungen

Organisationen und Unternehmen unterscheiden sich nicht nur in ihren Zielsetzungen, Produkten und Ausstattungen, sondern auch im Hinblick auf ihre Kultur. Unternehmenskultur ist die Gesamtheit der geschriebenen und ungeschriebenen Traditionen, Gesetze und Werte, die das Denken, Fühlen und Handeln der Organisationsmitglieder beeinflussen.

Es gibt Unternehmen, da spürt man praktisch bei jedem einzelnen Mitarbeiter die Lust an der Selbstverantwortung, am persönlichen unternehmerischen Wollen, an dem immer mit Risiko verbundenen Treffen von Entscheidungen. Als Maxime gilt: »Wer lang fragt, geht lang irr.« Man denkt und handelt im eigenen Zuständigkeitsbereich wie ein Unternehmer. In solchen Betrieben ist für den Kunden immer jemand erreichbar, ist immer jemand bereit, eine nicht aufschiebbare Dienstleistung zu erbringen – oder eine Entscheidung zu treffen, auch wenn sie nicht direkt in die eigene Zuständigkeit fällt. Schnelle Reaktion ist garantiert.

Kontrastreich hebt sich davon eine Unternehmenskultur ab, die auf Absicherung beruht. Jedermann ist froh, wenn »die oben« sich alle Entscheidungen vorbehalten. Dieser Zustand hat den Vorteil, daß man über »die Hierarchie« jammern kann, ohne je befürchten zu müssen, in die Mündigkeit, sprich Selbstverantwortung entlassen zu werden.

In solchen Kulturen ist der sogenannte »vorauseilende Gehorsam« an der Tagesordnung – bis hin zu peinlicher Unterwürfigkeit. In diesem Sinne gibt es auch in westlichen Unternehmen noch viel »Ostblock-Mentalität«: viele Gremien, viele Schnittstellen, überall mitmischen – aber keine klar zuordenbare Ergebnisverantwortung; große, unbewegliche Zentralen, die vor allem mit sich selbst beschäftigt sind; keine Zeit für den Kunden; exakt ab offiziellem Dienstschluß Grabesruhe; Angst vor Wettbewerb und offenem Markt; und viele Menschen, die nichts anderes tun, als andere zu kritisieren – nicht etwa, um Probleme zu lösen, sondern lediglich, um vom eigenen Anteil an der Misere abzulenken.

Zwischen diesen Extremen liegt eine Kultur, die zwar in genau abgegrenzten Aufgabenbereichen Selbständigkeit fordert und fördert, ein Mitdenken über diesen Rahmen hinaus aber geradezu untersagt. Jeder ist nur ausgerichtet auf den Profit seines Bereiches, auch wenn dieser auf Kosten von Nachbarbereichen geht und die Gesamtrechnung letztlich negativ ausfällt.

Ein Veränderungsvorhaben hat um so geringere Aussicht auf Erfolg, je stärker es im Gegensatz steht zur Unternehmenskultur, die insgesamt vorherrscht. Veränderungen einführen wollen, die neues Denken erfordern, die ein Verhalten voraussetzen, das bisher weder üblich noch beabsichtigt war, noch viel weniger belohnt und deshalb auch nicht »gelernt« wurde, ist wie der Versuch, das Meer zu pflügen. Wer jahrelang auf Anpassung, Gehorsam und Unterwürfigkeit trainiert worden ist, dem verbietet seine in langjähriger Erfahrung erworbene »Überlebensstrategie«, ohne weitere Absicherung für sich selbst Verantwortung zu übernehmen. Noch weniger kann man einen Mündigen ohne weiteres wieder gefügig machen. Aufklärung kann man nicht rückgängig machen. Man kann höchstens die Ausübung erschweren oder zu verhindern versuchen.

Mit anderen Worten: Wer in eine nicht vorbereitete Umgebung etwas Fremdes einpflanzt, baut seinen Palast in eine Wüste, wo es keinerlei Infrastruktur gibt. Ein enormer, auf Dauer nicht leistbarer Betreuungsaufwand ist programmiert.

Etikettenschwindel – oder die »hidden agenda«

Wer etwas verändern will, bezweckt etwas. In der Regel geht es darum, eigenen Interessen oder solchen, denen zu dienen man sich verpflichtet fühlt, zur Durchsetzung zu verhelfen. Dies aber geschieht nicht in einem völlig unbesetzten »Niemandsland«, sondern im Spannungsfeld unterschiedlicher Interessen. Je stärker eine Partei berücksichtigt wird, um so mehr fühlt sich wahrscheinlich eine andere benachteiligt. Es entspricht zwar dem Zeitgeist, immer und überall von »Gewinner-Gewinner-Modellen« zu sprechen: Alle gewinnen, keiner verliert, niemand zahlt drauf. Mit solchen Floskeln wird versucht, selbst Programme zur Kostensenkung, Produktivitätssteigerung und Leistungsverdichtung, die eine unverkennbare Schlagseite hin zu den Interessen der Kapitaleigner haben – bis hin zur Forderung an die Mitarbeiter, sich selbst wegzurationalisieren –, mitarbeiterorientiert zu »verkaufen«. Aber wo kein Vertrauen in die Vernunft der Mitarbeiter vorhanden ist, gibt es auch keinen Versuch und keine Chance für die Mitarbeiter, sich mit der harten Realität selbst auseinanderzusetzen. Ganz im Gegenteil: Unter der schön gefärbten Decke der »Modernisierung«, gegen die ja nun niemand etwas haben kann, wird eine radikale Durchforstungs- und Entsorgungsstrategie verfolgt. Die Opfer sind aber keineswegs immer diejenigen, die die Misere eigentlich zu verantworten haben.

Will man sich selbst diese »Dreckarbeit« ersparen, vergibt man solche Aufträge nur allzu gerne in die Regie einschlägig spezialisierter Beratungsunternehmen – in der nicht unberechtigten Hoffnung, sich bei allenfalls notwendigen, unpopulären Maßnahmen hinter den Vorschlägen der Berater verstecken zu können. Kompetenz- und Vertrauensverlust im eigenen Haus werden als kleineres Übel in Kauf genommen. Der Kapitän, der bei Sturm die Brücke verläßt, offenbart sich damit selbst als Schönwetter-Stratege.

Man glaubt gar nicht, wieviel Energie von Massen von Mitarbeitern investiert wird, um gegen solche verdeckten Strategien anzugehen. Es gibt so etwas wie eine stillschweigende Einigkeit im Widerstand: Im Untergrund werden mit geradezu bewundernswerter Kreativität Modelle entwickelt, wie man die offiziell verordneten Prozeduren unterlaufen kann. Die besonders erfolgversprechenden werden auf einem regelrechten »schwarzen Markt« untereinander ausgetauscht. Diese ganze Energie, mit der man Berge versetzen könnte, geht dem Unternehmen verloren. Sie wird als Brems- und Widerstandsenergie verschleudert. Die Betrogenen verstehen sich zu rächen.

Die Glaubwürdigkeitslücke

Die Zukunft ist immer ein Wagnis. Bei einem Wagnis gibt es nur zwei Möglichkeiten: Entweder man läßt sich darauf ein – oder man versucht, ihm aus dem Weg zu gehen. Für welche dieser beiden Möglichkeiten man sich entscheidet, hängt im wesentlichen davon ab, wie sehr man denen, auf die man dabei angewiesen ist, glaubt vertrauen zu können.

Vertrauen aber entwickelt sich nicht als isolierter Faktor im luftleeren Raum. Die Art und Weise des Umgangs miteinander, der Grad der Offenheit und Direktheit, den man sich gegenseitig zumutet und zutraut, das Ausmaß des Einbeziehens in Entwicklungen, die einen selbst betreffen – all dies bildet Vertrauen – oder läßt mißtrauisch werden. Aus alldem macht man sich ein Bild davon, wer Glauben verdient und vor wem man sich besser hüten sollte. Der Grad der Glaubwürdigkeit und des Vertrauens entscheidet letztlich darüber, ob man bereit ist, sich mit jemandem auf unbekanntes Gelände zu begeben.

Je nach individueller Vorgeschichte und Veranlagung mag es unterschiedlich lange dauern, bis eine gute Vertrauensbasis aufgebaut ist. Ist sie aber einmal zerstört – und das kann sehr schnell geschehen –, braucht es sehr lange, um den Flurschaden wieder zu beheben, falls er überhaupt behebbar ist.

Insofern lohnt sich im Hinblick auf das Management von Unternehmen eine parallele Kostenrechnung der zweiten Art, nämlich sich laufend Rechenschaft darüber abzulegen, inwieweit das jeweilige Tun Vertrauen und Glaubwürdigkeit aufbaut – oder aber gefährdet. In Krisensituationen entscheidet das Vertrauen in die Führung über Erfolg oder Mißerfolg – und dieses Vertrauen läßt sich nicht dann kurzfristig erzeugen, wenn man es gerade braucht.

2. Kapitel
Schlüsselfaktoren erfolgreichen Vorgehens

Energie wecken und Vertrauen schaffen

Wir haben dargestellt, daß bestimmte Vorgehensweisen den Mißerfolg geradezu programmieren. Besonders gefährlich ist die Verlockung, die Betroffenen einfach zu überrumpeln; sie über den Tisch zu ziehen; ihnen ein Fertigmenü zu servieren, das sie nicht bestellt haben; sie nicht an der Gestaltung der Zukunft zu beteiligen, die doch ihre eigene sein soll; dadurch Vertrauen und Glaubwürdigkeit zu verlieren und, paradoxerweise, diejenigen in Abwehr zu versetzen und auf Widerstand zu programmieren, auf die man bei der Umsetzung in allererster Linie angewiesen ist.

Wer dieser Verlockung, sich die Dinge allzu einfach zu machen, nicht erliegen will, der muß sich die Mühe machen, die Betroffenen aufzuschließen für das, was er mit ihnen vorhat. Dies setzt allerdings voraus, daß er sich intensiv mit ihrer Ausgangssituation befaßt.

Die Betroffenen dort abholen, wo sie sind …

Die Betroffenen sind vermutlich unterschiedlich weit vom Thema entfernt. Sie haben mit einer gewissen Wahrscheinlichkeit auch unterschiedliche Einstellungen zur Art und Weise, wie man an dieses Thema herangehen könnte:

- *Weshalb kann nicht einfach alles so bleiben, wie es ist?*
- *Was machen denn andere, die sich in einer ähnlichen Lage befinden?*
- *Was ist eigentlich das konkrete Ziel dieses Vorhabens?*
- *Gibt es keine Alternativen?*
- *Warum gerade so vorgehen und nicht anders?*
- *Welche Risiken kommen da auf uns zu? Was können wir verlieren?*

- *Was werden wir in Zukunft anders oder neu machen müssen?*
- *Gibt es überhaupt eine Zukunft für uns, für mich?*
- *Welche Rolle sollen wir bei dieser Veränderung spielen?*
- *Können wir uns diesen Veränderungsschritt zutrauen?*
- *Können wir denen vertrauen, die das ganze geplant haben?*
- *Könnten wir uns nicht noch etwas Zeit lassen?*

Mit solchen und ähnlichen inneren Fragen setzt sich jeder auseinander, der erstmalig mit einem bestimmten Veränderungsvorhaben konfrontiert wird.

Ist ein gewisses Maß an grundsätzlichem Problembewußtsein vorhanden und damit auch eine prinzipielle Bereitschaft, sich mit den anstehenden Veränderungen auseinanderzusetzen, reicht es aus, je nach Bedarf einzelne Aspekte in Ruhe mit den Betroffenen anzuschauen. Schwieriger wird es, wenn sich die Betroffenen noch im Stadium völliger innerer Ruhe und Zufriedenheit befinden. Solange die Mitarbeiter rundum satt und zufrieden sind oder ihre Situation für selbstverständlich und unveränderbar halten, fehlt grundsätzlich die Voraussetzung für eine Veränderung. In diesem Fall gilt es, diese Ruhe zu *destabilisieren*, die Menschen »aufzutauen« und in Unruhe zu versetzen – und zwar in erster Linie mit Hilfe von Szenarien über die zukünftige Entwicklung. Vom Ausmaß des Problembewußtseins hängt auch das Maß der Motivation ab, mit dem die Beteiligten bereit sind, sich zu engagieren.

Um für diesen Prozeß der Sensibilisierung das »richtige« Vorgehen wählen zu können, muß man den Ausgangszustand kennen. Eine alte Rhetorikregel besagt: »Man soll die Zuhörer dort abholen, wo sie sich befinden« – wenn man Wert darauf legt, mit der eigenen Botschaft bei ihnen zu landen.

Die wesentlichen Punkte

Um Genaueres über die Ausgangssituation zu erfahren, müssen folgende Punkte überprüft werden:

- *Klarheit der Ziele:* Wie klar ist den Betroffenen, was mit dieser Veränderung konkret bezweckt wird? Die Frage ist nicht: Wie klar ist sie dem, der sie vorantreiben will? Sondern: Wie klar, wie konkret und wie einsichtig ist die Zielsetzung für die Betroffenen – aus ihrer Perspektive, von ihrem Standort aus gesehen? Können sie sich konkret vorstellen, was nachher anders sein wird als heute? Oder fühlen sie sich nur mit inhaltsleeren Worthülsen zugeschüttet?

- *Informationsstand:* Von welchem Wissensstand über das anstehende Thema kann man ausgehen? Gibt es diesbezüglich gravierende Unterschiede? Was wissen die Betroffenen über die Art und Weise, wie das Vorhaben entstanden ist, von wem die Idee ausging, was oder wer sonst noch dahintersteckt?

- *Problembewußtsein:* Empfinden die Betroffenen die Situation, um die es geht, überhaupt als Problem? Gibt es so etwas wie »Leidensdruck«? Wie weit ist dieser verbreitet? Hat man sich eventuell längst mit der Situation arrangiert, sieht mittlerweile darin sogar Vorteile? Und: Wie offen wird darüber geredet?

- *Glaubwürdigkeit des Vorhabens und der Initianten:* Wie sehr nimmt man den Initiatoren ab, daß es ihnen tatsächlich um die Sache geht, die sie vorbringen? In welchem Ausmaß unterschiebt man ihnen verdeckte, eventuell eigennützige Motive? Glaubt man, daß sie an einem gemeinsamen Vorgehen interessiert sind? Wie verbreitet sind Vermutungen, es handle sich um eine reine Alibi-Übung oder um einen Manipulationsversuch?

- *Energie und Engagement:* Aus alldem ergibt sich das Ausmaß an Energie, mit dem sich die Beteiligten für die Problemanalyse und -lösung engagieren oder sich gegen sie sperren werden.

Erst wenn man spürt, daß die Betroffenen die Probleme erkennen und daß der Impuls zum kreativen Mitmachen vorhanden ist, macht es Sinn, den nächsten Schritt zu tun, d. h. in die Phase der konkreten Problembearbeitung überzuleiten.

Dies alles kann selbstverständlich nur auf der Basis eines offenen und sensiblen Dialogs mit den Betroffenen gelingen. Klar auch: Je nachdem, wo und an wie unterschiedlichen »Standorten« die Betroffenen sich befinden, muß wenig oder sehr viel Zeit einkalkuliert werden, um die Beteiligten miteinander sowie mit dem Thema, um das es geht, in Kontakt zu bringen, sie dialogbereit und die Dinge besprechbar zu machen.

Denken in Prozessen statt Strukturen

»Dans la vie, il n'y a pas de solutions.
Il n'y a que des forces en marche:
il faut les créer et les solutions suivent.«
Saint-Exupéry

(Im Leben gibt es keine Lösungen.
Es gibt nur Kräfte, die in Bewegung sind:
Man muß sie erzeugen – und die Lösungen
werden folgen.)

Wer seine Organisation an den sich immer schneller ändernden Bedürfnissen des Marktes ausrichten will, für den ist laufende Anpassung und
Wandel nicht die Ausnahme, sondern die Regel. Der Wandel wird um so
leichter fallen, je einfacher und flexibler die Organisation gestaltet ist. Gerade hier aber stellt sich ein Problem: Die meisten Organisationen sind
eher nach dem Modell großer und unbeweglicher Paläste und Dome gebaut. Imposante Strukturen, klare Formen und geregelte Abläufe – insgesamt ein festes Gerüst – prägen den Charakter der Organisation. Manager
bieten dadurch Orientierung. Sie sorgen für Ordnung und gewährleisten
denjenigen, die geführt werden, Sicherheit. Sie nehmen für sich in Anspruch – und erwecken den Anschein –, die Geschicke tatsächlich zu lenken und im Griff zu haben. Mit ebendieser Steuerungsfunktion legitimieren sie ihre besonders herausgehobene Position.

Relativ selten dagegen findet man Organisationen, die sich konsequent
am Grundsatz *»structure follows function«* orientieren; die sich flexibel
und zeitlich begrenzt nach dem Prinzip der Projektorganisation ausrichten; wo alles, was auf längere Dauer angelegt werden soll, zur begrün-
dungspflichtigen Ausnahme geworden ist.

Noch ungewohnter allerdings ist das Denken in Kraftfeldern, Energie-
strömen und offenen Prozessen. Alles, was in seiner Wirkung nicht eindeutig einschätzbar und dessen Verlauf nicht exakt steuerbar scheint, wird
als dubios und chaotisch erachtet. »Chaos« hat die negative Bedeutung von
Durcheinander – von »nicht ordentlich geplant«; von etwas »Unordentli-
chem« und »Unkalkulierbarem«; kurz: von etwas, von dem man als ver-
antwortungsvoller Mensch und Manager sich fernhalten sollte. Daß man
nur deshalb etwas als unkalkulierbares Durcheinander bezeichnet, weil es
in seinen inneren Ordnungsmustern nicht zugänglich ist, diese Einsicht ist
noch wenig verbreitet. Noch seltener ist es, daß ein Manager oder Berater
sich in chaotischen Situationen wohl fühlt, weil er darin eine neue wichtige Funktion gefunden hat. Die in der heutigen turbulenten Zeit so

wichtige Rolle des »Chaos-Piloten«, der sich in offenen Prozessen mehr erspürend als wissend den Weg sucht, ist noch wenig salonfähig. Die meisten Manager tun nach wie vor so, als ob sie Entwicklungen ganz gezielt steuern und, wenn sie einem nicht in den Kram passen, ganz nach Belieben anhalten oder unterdrücken könnten. Für diese Fehleinschätzung zahlen sie einen doppelten Preis: Zum einen machen sie sich etwas vor; sie betätigen ein Steuerrad, das keinen Anschluß hat an das Lenkungssystem. Mit Goethe: »*Du glaubst zu schieben, und du wirst geschoben.*« Zum anderen vergeuden sie viel Energie – je länger und kräftiger sie versuchen, hin und her zu steuern, desto mehr.

Die Wirkungszusammenhänge dynamischer Systeme bleiben einem Beobachter, der direktiv zu steuern versucht, weitgehend verschlossen. Mit der falschen Aktivität ist nämlich auch die Aufmerksamkeit in eine falsche Richtung gelenkt. So passiert es dann auch fast zwangsläufig, daß falsch gesteuerte Systeme – aus Sicht der steuernden Manager völlig überraschend – aus dem Ruder laufen. Sie »entgleiten« einer ohnehin nur scheinbaren Kontrolle und beweisen ihre Selbständigkeit – so, wie ein mit Luft gefüllter Ball, den man mit Macht unter Wasser drückt, bei der geringsten Unachtsamkeit einem aus den Händen flutscht.

Das Denken in offenen Prozessen und vernetzten Systemen ist u. a. von *Frederic Vester* eingehend beschrieben worden. Es gilt, nach dem Prinzip des Judo die vorhandenen Kräfte zu erkennen und umzulenken, anstatt sie zu zerstören: *Mit der Energie zu gehen, nicht gegen sie.* Die Herausforderung, sich diesem dynamischen Denk- und Handlungsansatz zu stellen, betrifft alle, die in einer Welt leben und leiten wollen, die turbulent und durch ordnende Eingriffe grundsätzlich nicht beherrschbar ist. Dynamische Systeme, die in ihrer Existenz von vornherein und immer gefährdet sind, können ihr Überleben nur durch kluge Anpassungs- und Entwicklungsstrategien sichern. Ob als Manager eines Wirtschaftsbetriebes oder eines Non-profit-Unternehmens, ob als Politiker, Lehrer oder Familienvater – diesen Herausforderungen müssen sich alle stellen, die in solchen Zeiten erfolgreich führen wollen.

Alles ist heute im Fluß. Das gilt gleichermaßen für die Wirtschaft, den Staat und die Gesellschaft. Zwei Möglichkeiten stehen uns im Prinzip zur Verfügung: Entweder wir versuchen, vor dieser bedrohlichen Dynamik die Augen zu verschließen und in die Arme derer zu flüchten, die uns Ordnung, Sicherheit und Orientierung versprechen – um den Preis des Verzichts auf unsere Freiheit und Selbstverantwortung. Oder wir akzeptieren die Unkalkulierbarkeit und lernen, uns darin zu bewegen und zu überleben. Dazu müssen wir uns üben in der Kunst,

- die inneren Muster von Systemen zu erforschen; zu entdecken, wann und wodurch sie in Bewegung geraten oder gebracht werden können – wohl wissend, daß uns vieles, vielleicht das meiste, verborgen bleiben wird;
- uns an das Geschehen »anzudocken«, uns elegant einzufädeln und mit viel Geschick von innen heraus das zu fördern und zu unterstützen, was unseren Zwecken dienlich ist;
- und, dies vor allem: Entwicklungen und Trends mit Intuition erspüren zu lernen – und rechtzeitig, mit kluger Dosierung des Risikos, zu handeln, ohne auf letzte Gewißheiten zu warten.

Das Unternehmen auf sein Umfeld ausrichten

Jedes Unternehmen befindet sich im Wirkungsfeld vieler Faktoren und Rahmenbedingungen, die seine Entwicklung beeinflussen: Kunden, Märkte, Wettbewerb, gesetzliche Regelungen, Wirtschaftslage etc. Faktoren, die maßgeblich auf das Unternehmen einwirken und damit seinen Erfolg oder Mißerfolg bestimmen, bezeichnen wir als »relevante Umwelten«.

Wer nicht autark oder so mächtig ist, daß er seine Umwelten nach Belieben bestimmen kann, muß sich rechtzeitig mit ihnen beschäftigen und sich im Zusammenspiel mit ihnen als großes Netzwerk betrachten. Er muß wahrnehmen, was vor sich geht, sich damit auseinandersetzen – und sich anpassen, um zu überleben.

Dazu eine praktische Übung, die sehr hilfreich ist, um sich die Situation des Unternehmens im Wirkungsgefüge seiner relevanten Umwelten bewußtzumachen:

Übung: Wechselwirkungen Unternehmen/Umwelt

Schritt Nr. 1:
Die konkreten Umwelten erfassen, die für den Erfolg und Bestand des Unternehmens von Bedeutung sind. Erstellen einer »Landkarte«: Darstellen des Unternehmens in einem Netzwerk – in Beziehung gesetzt mit allem, was seinen Zustand und Erfolg maßgeblich beeinflußt, z. B.: spezifische Märkte, spezielle Kundenzielgruppen und besonders wichtige Marktsegmente, Wettbewerb, gesetzliche Rahmenbedingungen, allgemeine wirtschaftliche und gesellschaftliche Trends, Mitar-

beitererwartungen u. a. m. Der Übersichtlichkeit halber können das externe und das interne Beziehungs- und Einflußgefüge auch voneinander getrennt dargestellt werden.

Schritt Nr. 2:

Die Kommunikationskanäle, Sensoren und Feedbackschleifen aufzeigen, über die das Unternehmen mit seinen definierten Umwelten in Kontakt tritt. Die Qualität der einzelnen Verbindungen untersuchen: Registriert das Unternehmen rechtzeitig, was vor sich geht und welche Entwicklungen gerade im Gange sind? Gelangen die eigenen Botschaften schnell und unverfälscht an die richtigen Adressaten?

Vernetzung durch Kommunikation

Vielen Unternehmen fehlt es im Grunde nicht an den Informationen, die für das erfolgreiche Überleben notwendig wären. Die Informationen befinden sich nur nicht an der richtigen Stelle. Sie bleiben irgendwo im Dickicht interner vertikaler oder horizontaler Abschottungsstrategien von Funktionsträgern und Bereichen stecken. Sie werden weder rechtzeitig zur Kenntnis genommen noch abgerufen, geschweige denn konsequent verarbeitet. Die besten und schnellsten Informationen nutzen aber nichts, wenn sie nicht umgehend – ohne Substanz- und Zeitverlust – verarbeitet und in entsprechende Leistung umgesetzt werden.

Die internen Vernetzungen im Unternehmen durch Kommunikation sicherzustellen, das Unternehmen kommunikativ zu durchdringen ist mit die wichtigste Managementaufgabe. Ziel muß sein: das *Unternehmen als lernendes System.* Eine Vielzahl von Sensoren liefert die Informationen aus allen Umwelten, die für das erfolgreiche Überleben von Bedeutung sind. Die äußeren Umwelten (Markt, Kunde, Wettbewerb, staatliche Einflußnahme oder gesellschaftliche Strömungen) sind ebenso wichtig wie die inneren Faktoren (Motivation und Einstellungen der Mitarbeiter, Knowhow und Kernkompetenzen, Verfügbarkeit von Ressourcen).

So gerüstet, vermag das Unternehmen sich weitgehend selbst zu steuern und zu regulieren. Es bedarf nicht mehr für jede Aktion oder Reaktion einer speziellen Veranlassung durch das Management. Dies spart Zeit und Steuerungsaufwand. Die Schnelligkeit wird erhöht. Die Chance für das Unternehmen steigt, sich auch in instabilen Umwelten rasch genug bedarfs- und bedürfnisgerecht neu zu positionieren.

Ein Unternehmen ist, was Kommunikation anbetrifft, dem menschlichen Körper vergleichbar, der bis in die letzten Winkel über ein hochdifferenziertes System von Adern und Nerven mit allen notwendigen Informationen versorgt wird. Doch genau wie im menschlichen Körper geht es auch im Unternehmen um die Sicherstellung eines kontinuierlichen, auf Feedback beruhenden Kreislaufs. Nicht einzelne, isolierte Informationen sind gefragt, sondern Kommunikation. In der Führungspraxis bedeutet dies: Nicht nur vom Schreibtisch aus anordnen oder erklären, worum es geht – sondern hinausgehen zu den Menschen, mit ihnen sprechen; hinhören, welche Meinungen sie haben, und hineinfühlen, wie es ihnen geht. Ihre Fragen, Zweifel, Widerstände zur Kenntnis nehmen; deren Hintergründe zu verstehen suchen – und dadurch eine Vertrauensbasis aufbauen, die es wiederum möglich macht, die eigenen Anliegen zu verdeutlichen. Nur wer selbst ein guter Sensor ist und seine Antennen am richtigen Ort ausfährt, erhält die Informationen, die ihm ermöglichen, in einem sozialen System sinnvoll lenkend Einfluß zu nehmen.

Je sensibler die Themen und je stärker eigene Interessen berührt sind, desto mehr Zeit muß den Menschen eingeräumt werden, um sich vorsichtig an die heißen Fragen heranzutasten. Hierbei geht es den Betroffenen nicht zuletzt auch darum, die Glaubwürdigkeit der Akteure zu testen und eine Vertrauensbasis aufzubauen.

Konkrete Mittel und Wege, solche Prozesse der Kommunikation nach außen und nach innen professionell zu gestalten, werden in einem eigenen Kapitel beschrieben (*Gestaltung der Kommunikation*, S. 305 ff.).

Von außen nach innen organisieren

Es gilt nun, zwei Erkenntnisse miteinander zu verbinden: »Ein Unternehmen ist nur im Zusammenspiel seiner relevanten Umwelten zu definieren«, und: »Die Struktur soll sich an den Bedürfnissen und der Funktion orientieren – nicht umgekehrt.« Es gibt drei Gruppen, die in diesem Sinne Ansprüche an das Unternehmen stellen: Kunden, Mitarbeiter und Anteilseigner. Es mag zwar wünschenswert sein, ist aber nicht immer möglich, allen drei Bedürfnisträgern in ausgewogener Weise gerecht zu werden. Insofern stellt sich die Frage nach den Prioritäten und ihren Konsequenzen für die Organisation:

- Den Bedürfnissen der Mitarbeiter den Vorzug geben heißt, den internen Handlungsspielraum, die Befindlichkeit der Mitarbeiter und ihre

Entwicklungsperspektiven zum Maß aller Dinge zu machen – mit der Gefahr, daß das Unternehmen sich nur noch mit seinen eigenen inneren Bedürfnissen beschäftigt. Konsequenz: Man organisiert von innen nach außen – in einer Zeit der Bedrohung von außen eine riskante Angelegenheit.

- Kurzfristigen Ertragserwartungen der Anteilseigner den Vorrang geben kann, je nach Ertragslage, bedeuten, das Unternehmen aufzugliedern, zu fusionieren oder es eventuell gar zu schließen und das Kapital am Geldmarkt anzulegen. Kunden und Mitarbeiter haben eindeutig sekundäre Bedeutung – ein Konzept, das sehr schnell an die Substanz gehen kann.

- Dem Kunden und dem Markt Priorität einräumen würde bedeuten, das Unternehmen konsequent in Form einer Prozeßkette zu organisieren: Ausgangspunkt der Überlegungen sind immer der Markt und die Bedürfnisse des Kunden. Daraus werden – auf der Basis der vorhandenen Ressourcen – Strategien, Ziele und operative Maßnahmen abgeleitet, um den erkannten Markt- und Kundenbedürfnissen durch geeignete Produkte oder Dienstleistungen gerecht zu werden und diese zeit- und qualitätsgerecht am Markt bzw. beim Kunden zu plazieren. *Es wird von außen nach innen gedacht und organisiert.* Jeder Schritt in dieser Prozeßkette muß legitimiert werden durch einen nachgewiesenen *produktiven Mehrwert*, den er beisteuert. Alles, was sich dieser Prozeßkette in den Weg stellt, sie verfälscht, unnötig verlängert oder verlangsamt, wird radikal bekämpft.

In diesem Modell werden immer wieder kurzfristige Bedürfnisse von Mitarbeitern oder Anteilseignern an zweiter Stelle stehen. Aber das langfristige Interesse aller Beteiligten bleibt gewahrt: die Sicherung der Existenz des Unternehmens.

Lernen sicherstellen

Sind lebende Systeme nicht »vernünftig«, wenn sie mit möglichst wenig Energieaufwand auszukommen versuchen? Ist das Streben nach Ruhe und Trägheit sowie schneller Bedürfnisbefriedigung nicht ein Naturgesetz? Wieviel Unsicherheit erträgt der Mensch mit seinem Grundbedürfnis nach Sicherheit und Geborgenheit? Es bedarf großer Aufmerksamkeit und eines hohen Kraftaufwandes, um einer natürlichen Tendenz zur Trägheit und Erstarrung rechtzeitig und erfolgreich entgegenzuwirken; um zu verhindern, daß die Organisation ihren inneren Verwucherungen zum Opfer fällt und zum Selbstzweck degeneriert.

Wie aber konkret den scheinbar natürlichen Fluß der Dinge umsteuern?

- Bei Maschinen unterwerfen wir uns seit jeher ganz selbstverständlich dem Zwang regelmäßiger Inspektions- und Wartungsintervalle. Exakt das gleiche ist notwendig, um soziale Systeme leistungsfähig zu erhalten. Es muß im Management zur Selbstverständlichkeit werden, die Strategie, die daraus abgeleiteten operativen Maßnahmen, die dafür eingerichtete Aufbau- und Ablauforganisation sowie die praktizierten Formen der Kommunikation und der Kooperation in regelmäßigen und genügend kurzen Zeitabständen daraufhin zu überprüfen, ob sie den aktuellen Anforderungen noch entsprechen. Man hat viele Legenden darüber verbreitet, was für nicht übertragbare, hochspezifische Eigenheiten fernöstlicher Kultur die Japaner befähigen, mit derart innovativen und kostengünstigen Produkten in unsere Märkte einzudringen. Nur wenige haben sich dafür interessiert, daß die Japaner ihre Planungszyklen radikal verkürzt und ihre inneren Strukturen praktisch ununterbrochen im Fluß gehalten haben.

- Der Tendenz zur Verfestigung, die in der Praxis dazu verführt, die notwendigen Überprüfungen in der Hektik des Tagesgeschäftes »untergehen« zu lassen, kann mit einem einfachen Kunstgriff begegnet werden: Es wird nichts mehr unbefristet angelegt. Bereits zum Zeitpunkt des Inkrafttretens einer Regelung oder einer Organisation wird der Zeitpunkt festgelegt, zu dem sie automatisch außer Kraft gesetzt wird – sofern sie nicht einer neuen Prüfung standhält. Die gängige Praxis wird ganz einfach umgekehrt. Das Motto »Alles bleibt in Kraft, bis eine Veränderung sich aufzwingt« wird umformuliert: »Nichts bleibt in Kraft, außer eine Überprüfung rechtfertigt eine weitere Versuchsperiode.«

- Der Aufbau eines sensiblen, mehrdimensionalen »Frühwarnsystems« ist von besonderer Bedeutung: Durch systematisches »Management by wandering around«, durch laufende Auswertung aller Informationen, die über institutionalisierte Kanäle der Kommunikation fließen, aber auch durch gezielte Befragungen im Markt, bei den Kunden sowie bei den Mitarbeitern können der aktuelle Stand und die Entwicklungstendenzen zuverlässig erfaßt werden. Und wenn an irgendeiner Front Anlaß gegeben ist, kann rechtzeitig gehandelt werden.

- Eine weitere Möglichkeit besteht darin, ein »Sensorteam« zu bilden und mit Sondierungen zu beauftragen. Die Unternehmensleitung besetzt eine spezielle Task-Force mit Personen, von denen man weiß, daß sie über einen scharfen analytischen Verstand verfügen, Mißstände unverblümt ansprechen und die Dinge in ihrem Umfeld ungeduldig vorantreiben. Dieses Team erhält in nebenamtlicher Funktion die Aufgabe, gezielt ins Unternehmen, in den Markt oder in bestimmte Kundenzielgruppen hineinzuhorchen und alle Informationen auszuwerten, die für die Entwicklung des Unternehmens von Bedeutung sind. Das Team darf offiziell das tun, was manch einer schon lange gerne getan hätte: ohne Ansehen von Personen und ohne Rücksicht auf irgendwelche Tabus das Management mit kritischen Fragen, beunruhigenden Trends und offenkundigen Schwachstellen konfrontieren, auf die man unweigerlich stößt, wenn man danach sucht. Dazu gehört, neben Intelligenz und Gespür, eine gehörige Portion Unbefangenheit und Zivilcourage. Damit das Team seinem Auftrag mit der notwendigen »Frechheit« nachkommen kann, muß es in dieser Funktion direkt der Unternehmensleitung berichtspflichtig gemacht werden.

- Wenn es darum geht, in kurzer Zeit von möglichst vielen Mitarbeitern Ideen zu sammeln und rasch ein Gefühl für wichtige Meinungstrends in der Belegschaft zu erhalten, besteht die Möglichkeit, gegebenenfalls auch kurzfristig, eine Serie von Workshops mit größeren Gruppen von Mitarbeitern in wechselnder Besetzung durchzuführen. Diese sehr lebendige Form der Datenerhebung setzt allerdings eine offene, teamorientierte Kultur oder aber die Verfügbarkeit erfahrener Moderatoren voraus.

3. Kapitel
Phasen des Prozesses und ihre Tücken

Entwicklungsprozesse und Veränderungsprojekte laufen immer in typischen, klar unterscheidbaren Phasen und Schritten ab, die alle auf den jeweils vorangehenden aufbauen. Jede dieser Phasen kann unter zwei verschiedenen Gesichtspunkten betrachtet werden: dem sachlogischen Vorgehen, d. h. der rein *organisatorischen Methodik* einerseits und den emotionalen Vorgängen, d. h. der *psychologischen Prozeßgestaltung* andererseits. Beide sind für den Erfolg wichtig.

Die typischen Phasen und Schritte werden hier alle kurz skizziert (siehe Abbildung 9). Wir legen jedoch in diesem Kapitel den Akzent ganz klar auf die *psychologische Prozeßgestaltung* und befassen uns hauptsächlich mit den psychologischen Tücken der einzelnen Phasen und Schritte. Wie die Schritte im einzelnen zu gestalten, welche Fragen konkret zu stellen und welche Dinge zu regeln sind, haben wir in einem eigenen Kapitel beschrieben (*Prozeßorientiertes Projektmanagement*, S. 277 ff.).

Die ersten Überlegungen

Alles fängt irgendwann einmal an. Man überlegt, ob es nicht sinnvoll sein könnte, eine bestimmte Situation genauer zu analysieren, sie eventuell zu verändern. Man ventiliert die Idee im Haus mit ausgewählten Leuten – Mitarbeitern, Kollegen, Vorgesetzten –, denkt darüber nach, ob man sich dazu eventuell die Unterstützung eines Beraters holen sollte, und nimmt gegebenenfalls bereits einen ersten losen Kontakt auf. Oft ist zu diesem Zeitpunkt noch gar nicht klar, ob daraus ein konkretes Projekt werden soll, noch viel weniger, wie es denn im einzelnen gestaltet werden könnte; ob tatsächlich ein Berater gebraucht wird, ob der Angefragte überhaupt ein geeigneter Begleiter wäre; noch viel weniger, welche Form der Unterstützung im einzelnen geleistet werden müßte. Dies alles wäre eigentlich am Anfang zu klären.

Gefahren: Doch häufig beginnt das Problem bereits damit, daß der Prozeß nicht »jungfräulich« begonnen wird. Man fängt nicht damit an, sich die Symptome genauer anzuschauen, sie zu hinterfragen, Voraussetzungen und Rahmenbedingungen für einen Entwicklungsprozeß unvoreingenommen zu klären. Man hat vielmehr – vielleicht schon seit längerem – eine *fertige Lösung* im Kopf. In diesem Fall wird auch der potentielle Berater nicht mit einer offenen Ausgangssituation konfrontiert. Der Blick wird ihm vielmehr von vornherein mit einer Lösung verstellt.

Fazit: Wer immer Vorüberlegungen zu einem eventuellen Veränderungsprozeß anstellt, tut gut daran, zu überprüfen, ob der »Anfang« tatsächlich ein Anfang ist – oder ob das Denken bereits auf eine bestimmte Lösung fixiert und alles »Suchen« entsprechend tendenziös ausgerichtet sein wird.

Gezielte Sondierungen

Eine tendenziöse Verengung des Blickwinkels führt zu einer ebenso tendenziösen Einschränkung des Handelns. Diese Gefährdung entdeckt frühzeitig, wer den Aufwand für eine Voruntersuchung im Sinne einer »Schnupperdiagnose« nicht scheut.

Wer soll in diese Sondierungsphase einbezogen werden? Da es sich zunächst nur um eine Voruntersuchung handelt, kann die Zahl einbezogener Personen und Gruppen durchaus begrenzt bleiben. Entscheidend ist allerdings, daß alle für das Thema relevanten Aspekte berücksichtigt werden. Je nach Thema können hierzu unterschiedliche Kriterien von Belang sein, z. B. Bereiche, Berufs- bzw. Funktionsgruppen, Hierarchiestufen, Alter, Zeitdauer der Zugehörigkeit zum Unternehmen, Grad der Betroffenheit vom Problem. Aufschlußreich können auch Eindrücke »von außen« sein, von internen oder externen Kunden.

Wenn die richtigen Leute unvoreingenommen zu den richtigen Themen befragt werden, ergibt sich ein guter Eindruck in bezug auf die Dringlichkeit, die inhaltliche Ausrichtung, den voraussichtlichen Aufwand und die praktische Umsetzbarkeit des angestrebten Vorhabens.

Gefahren: Der Auftraggeber fühlt sich gleichsam angetrieben von einer »Mission«, und es gelingt ihm, andere – auch Berater – fest in seinen Bann zu ziehen. Alles scheint auf einmal dafür zu sprechen, es entsteht das Gefühl, man dürfe keine Zeit verlieren und es müsse möglichst schnell losgehen. Die Begeisterung trübt den Blick. Abweichende Meinungen sind nicht mehr erwünscht und werden, wenn sie trotzdem geäußert werden, ganz einfach »überhört«. Man ist gefangen in einem Teufelskreis: Die eigenen Vorurteile engen den Blick ein, man sieht nur, woran man glaubt – der eingeengte Blick wiederum bestätigt nur die bereits vorhandenen Vorurteile.

Um sich aber nicht dem Vorwurf des blinden Aktionismus auszusetzen, wird man die Sondierungsphase trotzdem als Alibi hinter sich bringen, allerdings mit tendenziös ausgewählten Gesprächspartnern – direkt Abhängigen oder bewährten »Glaubens- und Kampfgenossen« – sowie entsprechend suggestiv gestellten Fragen.

Schaffen der Projektgrundlagen

Hat die Idee diese erste Rüttelstrecke überstanden und scheint es weiterhin Sinn zu machen, das Vorhaben in Angriff zu nehmen, geht es jetzt darum, auf der Basis des aktuellen Kenntnisstandes der Voruntersuchung eine erste Projektkonzeption zu erstellen.

Diese Projektkonzeption dient intern allen Beteiligten als Orientierungsrahmen. Gleichzeitig ist sie gegebenenfalls Grundlage der Vereinbarung mit einem externen Berater. Daß eine solche Projektkonzeption »lebendig« ist, regelmäßig überprüft und dem Wechsel der Rahmenbedingungen sowie dem Entwicklungsstand des Projektes flexibel angepaßt werden muß, versteht sich von selbst.

Ob die Projektgrundlagen nur mündlich besprochen oder auch schriftlich niedergelegt werden, erscheint uns zweitrangig. Entscheidend ist, daß die Punkte so sorgfältig diskutiert werden, daß alle Beteiligten das gleiche darunter verstehen.

Gefahren: Man hält solche Vereinbarungen nicht für nötig, weil man sich ja gut genug kennt beziehungsweise im Verlauf der Zusammenarbeit noch kennenlernen wird. Mit dieser Unterlassung begibt man sich in das folgende Dilemma: Die fehlende gemeinsame Klarheit wird ersetzt durch persönliche »spontane« Annahmen und Vermutungen der einzelnen Beteiligten auf der Basis ihrer bisherigen Erfahrungen. Jeder hält etwas anderes für »klar«. Und früher oder später kommt es zu Mißverständnissen und Konflikten.

Kommunikationskonzept

Die Sondierung hat bei einigen, die daran beteiligt waren oder davon gehört haben, schon Hoffnungen geweckt oder Befürchtungen ausgelöst. Mit hoher Wahrscheinlichkeit hat die Buschtrommel bereits ihre Tätigkeit aufgenommen. Das Unternehmen ist, in welchem Ausmaß auch immer, in Bewegung geraten. Höchste Zeit also, im Unternehmen sorgfältig über das Projekt zu informieren, bevor durch die bevorstehende Datensammlung erneut – und dieses Mal noch massiver – eingegriffen wird.

Gefahren: Man weiß ja noch nicht, wie man im einzelnen vorgehen wird, noch viel weniger, was denn letztlich herauskommen wird. Also will man keine Wellen machen, alles zunächst nur auf ganz kleiner Flamme kochen. Man will erst informieren, wenn Klarheit über das Vorgehen herrscht. Motto: »Nur keine schlafenden Hunde wecken.« Diese Zurückhaltung würde es später auch leichter machen, das Vorhaben gegebenenfalls stillschweigend wieder einschlafen zu lassen (vgl. das Kapitel *Gestaltung der Kommunikation*)

Datenerhebung

»Keine Maßnahme ohne Diagnose«, lautet einer unserer Grundsätze. Um eine Diagnose stellen zu können, bedarf es zunächst einmal aussagefähiger und verläßlicher Daten. Wie man eine solche Datensammlung und Diagnose konkret bewerkstelligen kann, haben wir in einem eigenen Kapitel im Werkstatteil beschrieben. Wir möchten aber an dieser Stelle auf eine ganz spezielle Tücke bei der Erhebung von Daten hinweisen, die in der Praxis selten berücksichtigt wird.

Gefahren: Wir haben bereits auf die Bedeutung des »Auftauens« hingewiesen, auf die Notwendigkeit, zu Beginn eines Veränderungsprozesses zunächst Problembewußtsein und Veränderungsbereitschaft zu erzeugen. Ob der Zustand in einem Betrieb noch »eingefroren« oder schon »aufgetaut« ist, davon hängt nicht zuletzt auch die Qualität der Resultate einer Befragung ab. Erfolgt nämlich der Schritt der Bestandsaufnahme zu einem Zeitpunkt, wo die Betroffenen noch nicht »aufgetaut« sind, wird man mit hoher Wahrscheinlichkeit falsche Daten erhalten. Denn wer es nicht für sinnvoll erachtet, am Bestehenden etwas zu ändern, wird keine kritische Lagebeurteilung verfassen. Wer andererseits zwar die Notwendigkeit von Änderungen erkennt, aber keine Möglichkeit sieht, diese zu verwirklichen, an ihren Erfolg nicht glaubt, oder denen nicht traut, die sich die Veränderung auf ihre Fahnen geschrieben haben, wird sich im Rahmen einer Befragung auch nicht bemühen, vorhandene Schwachstellen aufzuzeigen. Er hat sich mit der Situation abgefunden, seinen ursprünglichen Anspruch reduziert und sich ein Szenario zurechtgelegt, das da heißt: »Es könnte ja alles noch viel schlimmer sein.« Mit anderen Worten: Es gibt eine echte und eine »falsche« Arbeitszufriedenheit, worauf *D. Gebert* schon vor einigen Jahren hingewiesen hat.

Es ist deshalb völlig unzureichend, in herkömmlicher Weise unspezifisch nach »Zufriedenheit« und »Unzufriedenheit« zu fragen. Bei der Erhebung von Daten – ob durch Fragebogen in schriftlicher Form oder durch mündliche Interviews, ob mit Hilfe eines externen Fachinstituts oder in eigener Regie – müssen deshalb Fragen gestellt werden, die genügend konkrete Anhaltspunkte über die Befindlichkeit und die Einstellungen der Mitarbeiterinnen und Mitarbeiter liefern, damit beurteilt werden kann, wo wieviel Energie für oder Widerstand gegen eine Veränderung zu erwarten ist.

Diagnose und Kraftfeldanalyse

Auch wenn die richtigen Fragen gestellt wurden, entsprechend aufschlußreiche Antworten vorliegen und die Datenflut zu einem einigermaßen überschaubaren Ergebnisprotokoll verdichtet worden ist, bedarf das Material einer sorgfältigen Analyse. Dieser Schritt besteht darin, die Ist-Situation, wie sie sich aufgrund der Befragung darstellt, aus Sicht der Betroffenen und Interessierten bewerten zu lassen:

- Was ist besonders wichtig?
- Wo liegen die Ursachen für die festgestellten Defizite?
- Was ergeben sich daraus für Konsequenzen im Hinblick auf mögliche Maßnahmen?

Gefahren:

- Man informiert im Unternehmen nur sehr global oder gar nicht über die Ergebnisse und interpretiert die Daten ausschließlich im stillen Kämmerlein eines kleinen Projektteams oder des Managements.
- Man favorisiert die Sichtweise einer bestimmten Interessengruppe, in der Regel der »Mächtigen« – nach dem Motto »Wes Brot ich ess', des Lied ich sing'«.

Abbildung 9

Schritte im Veränderungsprozeß
und ihre Tücken

1 Die ersten
Überlegungen — zuviel »fertige
Lösung« im Kopf

2 Gezielte
Sondierungen — man hört nur,
was man
hören will

3 Schaffen der
Projektgrundlagen — Reinschlampen

4 Kommunikations-
konzept — geheime
Kommandosache

5 Datenerhebung — falsche Fragen führen
zu »falschen« Daten

6 Datenfeedback — Daten kommen
in den »Giftschrank«

7 Diagnose und
Kraftfeldanalyse — die »oben« entscheiden;
Lieblingslösungen

8 Konzeptentwicklung u.
Maßnahmenplanung — keine oder
»Schein«-Alternativen;
kein Mut zum Neuen

9 Vorentscheidung — alles offenlassen

10 Experimente
und Praxistests — reine Alibi-Übungen;
»Facelifting«

11 Entscheidung — verzögern/
verwässern

12 Praxiseinführung/
Umsetzungs-
begleitung — die alte Denke
bricht sich
wieder Bahn

– Man sitzt den alten »Lieblingslösungen« auf und interpretiert diese geschickt – vielleicht sogar, ohne es selbst zu bemerken – in die Daten hinein.

Gerade die Erstellung einer gesicherten Diagnose bedarf eines qualifizierten inhaltlichen Dialogs im herrschaftsfreien Raum und nicht der Macht hierarchischer Funktionen.

Konzeptentwicklung und Maßnahmenplanung

Wenn einmal eine zuverlässige Diagnose vorliegt, ergeben sich mögliche Ansätze zu neuen Lösungen in der Regel fast von selbst. Meist liegen allein aus der Befragung bereits viele gute Ideen und konkrete Vorschläge auf dem Tisch. In dieser Phase ist zweierlei wichtig: das Denken in Alternativen – und das sorgfältige Planen möglicher Wege der Realisierung.

Gefahren:

– Es wird ein einziges Lösungskonzept – ein in sich geschlossenes Maßnahmenpaket – vorgeschlagen und verabschiedet. Man hat nicht versucht zu überlegen, welche Alternativen es gibt. Die Chance einer optimalen Gesamtlösung ist möglicherweise vertan.
– Man konzentriert sich ganz auf die Konzeption der Lösung, bemüht sich aber kaum, eine Analyse des Kräftefeldes zu erstellen: Wer wird dafür sein? Wie stark wird er sich dafür einsetzen? Wer wird dagegen sein? Wer wird sich heraushalten? Welche Gesamtprognose ergibt sich aus der Gegenüberstellung dieser unterschiedlichen und zum Teil gegenläufigen Kräfte und Interessen? In welchen Schritten muß vorgegangen und welche Zeit muß vorgesehen werden, um die anvisierte Lösung in die Praxis umzusetzen?

Erst eine solche konkrete Abwägung würde die Voraussetzung dafür schaffen, daß nicht nur hervorragende Konzepte geboren, sondern praktikable Lösungen erarbeitet werden.

Pilotprojekte und Praxistests

Je turbulenter die Rahmenbedingungen, desto mehr müssen neue Lösungen in Form offener Experimente eingeführt werden. Man vergeudet in der Praxis fast immer zuviel Zeit mit dem Versuch, die alten Lösungen zu retten, sie so zu modifizieren, daß sie auch für die zukünftigen Herausforderungen passen könnten, statt gleich etwas Neues auszuprobieren. Gerade bei EDV-technischen Lösungen wird häufig versäumt, die zugrundeliegenden Strukturen und Abläufe grundsätzlich in Frage zu stellen. So läuft man Gefahr, den Mißstand auch noch EDV-technisch neu zu legitimieren.

Wenn neue Lösungen sich in der Testphase befinden, kommt es in besonderem Maße auf eine sorgfältige, prozeßorientierte Steuerung an. Es gibt immer Dinge, die sich auf Anhieb bewähren, und andere, die angepaßt oder verändert werden müssen. Die Lösung muß in der Praxis schrittweise optimiert werden – aufgrund der Erfahrungen im Arbeitsalltag und im Dialog mit den betroffenen Führungskräften, Mitarbeitern und Kunden. Hier ist in der Tat der Begriff der »lernenden Organisation« angebracht.

Gefahren: Zeiten der Veränderung sind Zeiten des Übergangs: Das Alte gilt nicht mehr, das Neue ist noch nicht eingespielt. Zieht diese Übergangszeit sich zu lange hin, kann es leicht zu einer Lähmung kommen: Wichtige Entscheidungen werden vertagt, Spekulationen und wilde Gerüchte haben Hochkonjunktur. Viele gehen in Deckung, wollen sich nicht eindeutig positionieren, sondern abwarten und sich möglichst alle Optionen offenhalten. Taktieren ist angesagt.

Wie schnell eine Entscheidung zu treffen und wie zügig sie in die endgültige Praxis umzusetzen ist, muß also auch unter diesem Gesichtspunkt beurteilt werden. Die Devise lautet: Im Zweifelsfall lieber früher als später.

Entscheidung

Jede Entscheidung für ein bestimmtes Konzept ist immer auch eine Entscheidung gegen andere Lösungen. Gerade das Abschiednehmen von möglichen Alternativen führt oft zu Unsicherheiten und Ängsten – und zur Versuchung, die endgültige Entscheidung immer wieder hinauszuzögern.

Wenn die Voraussetzungen für die Akzeptanz einschneidender Veränderungen in der Belegschaft tatsächlich noch nicht gegeben sind, muß eine Phase der Überzeugungsarbeit zur Bildung des erforderlichen Problembewußtseins eingeschaltet werden. Ganz falsch wäre es, durch faule Kompromisse und halbherzige Maßnahmen das Lösungskonzept zu verwässern – und damit im Endeffekt die Chancen einer echten Innovation endgültig zu verscherzen.

Die krampfhafte Suche nach einem allumfassenden Konsens kann aber auch einer mangelnden Bereitschaft zum Risiko entspringen. Manchmal ist nämlich nicht mehr Bewußtseinsbildung, sondern Handeln, also die »Flucht nach vorn« angezeigt. Es ist – gerade im heutigen Zeitwettbewerb – nicht immer möglich, den hintersten und letzten Zweifler von der Notwendigkeit radikaler Veränderungen zu überzeugen. Wirklich grundlegende Veränderungen lassen sich auch nur begrenzt erklären und beschreiben. Wer schwimmen lernen will, muß irgendeinmal ins Wasser – und sich dort bewegen. Lernen erfolgt im praktischen Leben nur zu einem geringeren Teil durch theoretische Erkenntnis und höhere Einsicht. Es erfolgt im wesentlichen aufgrund schmerzhafter Fehler – und aufgrund von »Faits accomplis«, die das Leben geschaffen hat. Mit anderen Worten: Wer mit Blick aufs Ganze von der Richtigkeit seiner »Vision« überzeugt ist, muß gelegentlich einen mutigen Schritt wagen. Die »normative Kraft des Faktischen« – zur richtigen Zeit am richtigen Ort eingesetzt – gehört durchaus zum Instrumentarium prozeßorientierten Managements.

Umsetzungsbegleitung

Die meisten Mißerfolge entstehen als Konsequenz der Annahme, mit der richtigen Entscheidung sei alles gelaufen – und das Projekt damit beendet. Praktiker wissen es besser. So schnell wird der alte Geist nicht aufgegeben. Man wechselt schließlich die Geisteshaltung nicht wie das Hemd. Solange aber die alten Denkmuster und Einstellungen nicht durch neue ersetzt sind, werden sie bestrebt sein, die neuen Organisationsformen zu unterlaufen.

Nur eine hautnahe Begleitung, Ermutigung und Unterstützung vor Ort kann solche an sich völlig normale Tendenzen der Unterhöhlung oder »Abstoßung« rechtzeitig erkennen und umlenken. Wenn dies nicht geschieht, entsteht sehr leicht eine Situation, die dann von den Betroffenen wie folgt charakterisiert wird: »*Es ist alles verändert worden, aber es hat sich nichts geändert.*«

Um sicherzustellen, daß die neue Konzeption in der Praxis mit Leben erfüllt wird, kann es notwendig sein, die Umsetzung über längere Zeit hautnah zu überwachen. Die Umsetzungsbegleitung ist eine ganz wesentliche und eigenständige Phase des Veränderungsprozesses. Sie muß professionell geplant werden und darf nicht als selbstverständlicher Nachgang betrachtet werden, den man ganz einfach den Betroffenen selbst überlassen kann.

4. Kapitel
Führung im Wandel

Im »Szenarium 2000« haben wir das neue Bild des Managers bereits kurz umrissen. Die Entwicklung in die angedeutete Richtung geht jedoch nur langsam vonstatten. Manager sind Menschen, und Menschen tun sich nun mal schwer mit grundsätzlichen Veränderungen. Exakt darum aber geht es hier – um eine grundlegende Neuorientierung: um ein neues Rollenverständnis und um neue Kompetenzen.

Ein weiteres kommt hinzu, was hier nicht vornehm übergangen werden soll. Es entwickelt sich, was Führung anbetrifft, eine nachgerade paradoxe Situation. Auf der einen Seite wird Führungskapazität von der Art, wie sie heute und in Zukunft dringend gebraucht wird, zu einem außerordentlich kritischen Engpaßfaktor. Und gleichzeitig stehen wir vor bedrohlich wachsenden Massen überzähliger Arbeitnehmer, und zwar nicht zuletzt auch auf leitenden Ebenen. Die Praxis zeigt leider, daß nur ganz wenige Führungskräfte in der Lage sind, sich so schnell neu zu orientieren und zu entwickeln, wie dies notwendig wäre, damit sie den Anschluß nicht verpassen. Die Unternehmen stehen deshalb – so unschön dieser Begriff klingt – vor einem fast nicht zu bewältigenden »Entsorgungsproblem«.

Drei gravierende Hemmschuhe

Stolz auf die alten Erfahrungen

Es ist nicht jedermanns Sache, vertraute Muster, die Dinge einzuordnen, immer wieder aufzugeben, sich jedesmal neu auf unbekanntes Terrain einzulassen. Der Gegner von gestern sollte möglicherweise der Partner von morgen sein? Die Stärke der Vergangenheit im Hinblick auf Organisation,

Produkt, Marktsegment könnte in naher Zukunft bereits den Bestand des Unternehmens gefährden? Doch eine erfolgversprechende Zukunftsstrategie kann nur entwickeln, wer nicht in der Vergangenheit befangen, sondern in der Lage ist, die gewohnten Muster der Wahrnehmung, des Denkens und des Handelns zu sprengen. Was gestern noch selbstverständlich war, muß – wenn es auch für morgen Geltung haben soll – grundsätzlich neu begründet werden.

Bequemlichkeit, Rechthaberei und Stolz auf bisherige Leistungen, also sachfremde, emotionale Faktoren, blockieren solche Erkenntnisse oder verhindern, daß sie in radikaler Konsequenz umgesetzt werden. Diese Rückwärtsgewandtheit wird gerne schöngeredet, indem man auf den angeblich unschätzbaren Wert langjähriger Erfahrungen aufmerksam macht. Dabei wird zweierlei übersehen. Erstens: Erfahrungen machen nicht nur klug, sondern genau so oft dumm. Sie können nämlich den Blick verstellen für neue Erkenntnisse. Zweitens: Eine ganze Menge alter Erfahrungen sind heute null und nichts mehr wert – weil sie unter Rahmenbedingungen gemacht wurden, die sich inzwischen radikal verändert, gelegentlich sogar ins Gegenteil verkehrt haben. Zugegeben: Viele alte Erfahrungen sind auch heute noch wertvoll. Aber in einem Unternehmen sind sie dies – gleich auf welcher Stufe – nur in Verbindung mit konsequenter Aufgeschlossenheit für Neues.

Ordnungsdenken

»Die meisten Bürokraten litten schon als Kinder
unter der schier unendlichen Weite ihres Laufstalls«
Arnulf Herrmann

Der Begriff »Beamtenmentalität« ist sprichwörtlich geworden für die Einstellung von Menschen, die sich nur innerhalb eines klar abgegrenzten Raumes bewegen – und nur dann, wenn dieser bis ins letzte abgesichert ist. Das Klischee vom »Beamtentyp« mag entstanden sein, weil Regelungen im öffentlichen Dienst einen besonders hohen Stellenwert haben. Für einen Beamten können Freiräume tatsächlich gefährlich werden. Wo immer ein Beamter in einem nicht geregelten Raum selbstverantwortlich handelt, läuft er Gefahr, hinterher der Willkür bezichtigt zu werden. Daraus hat sich mit der Zeit durchaus eine Tendenz entwickelt, für alles, was vorkommen könnte, eine Regelung zu finden, auf die man sich im Fall der Fälle abstützen könnte. Und es gibt in der Tat viele Beamte, für die nicht entscheidend ist, ob ein Problem gelöst wird, sondern nur, ob sie zuständig sind – und wenn sie es sind, daß man ihnen keinen Regelverstoß nachweisen kann. Verfahrensgerechtigkeit geht vor konkreter Hilfe im einzelnen Fall. Aber dieses Verhalten ist systembedingt. »Beamtenmentalität« ist letztlich ein »Milieuschaden«. Sie tritt nicht nur im öffentlichen Dienst auf, sondern grassiert in Massen von Unternehmen in der Wirtschaft – überall dort, wo Bürokraten im Management über Jahre hinweg dafür gesorgt haben, daß alle Abläufe bis ins kleinste geregelt werden.

Was ursprünglich in sinnvoller Absicht entwickelt wurde, um herrschaftlicher Willkür vorzubeugen und allen Beteiligten Sicherheit und Gerechtigkeit zu gewährleisten, wird in Zeiten, wo es keine dauerhaft stabilen Zustände mehr gibt, weil das gesamte Umfeld sich nach kaum durchschaubaren Mustern dynamisch entwickelt, zu einem großen Hemmschuh. Hierbei sind die Regelungssysteme selbst noch nicht mal das eigentliche Problem, denn Regelungen können an und für sich durch Maßnahmen der Deregulierung außer Kraft gesetzt werden. Das Problem sind die vielen Menschen, denen die Arbeit in und mit geregelten Systemen zur zweiten Natur geworden ist. Regelung ist ein zentraler Teil ihrer Identität – und Identitäten kann man nicht von heute auf morgen ändern. Es stimmt eben schon: »*Der Mensch ist, was er tut*« oder, genauer gesagt: »*Er wird, was er lange genug getan hat.*«

Der »Unternehmertyp«, der heute allenthalben beschworen wird und meistens wie die Stecknadel im Heuhaufen gesucht werden muß, ist anders gestrickt. Er ist nicht darauf aus, in erster Linie das sichere Ufer der Nicht-Zuständigkeit zu erreichen und in zweiter Linie die eigene Unschuld zu beweisen. Er sieht, daß ein Problem vorliegt, und will es lösen – wenn nicht so, dann eben anders. Ihn interessiert zunächst das Ziel, nicht der Weg. Daß dieser »Unternehmertyp« eine so seltene Spezies darstellt, ist nichts anderes als der Fluch der bösen Tat. Man soll hier nicht nur auf die Schule und auf die Gesellschaft insgesamt zeigen, sondern selbstkritisch betrachten, wie in der Wirtschaft – vom Beginn der Industrialisierung bis in unsere Tage hinein – mehrheitlich organisiert und geführt worden ist. Und wer dann noch die letzten Scheuklappen beiseite legen mag, denke darüber nach, wie die Dinge in der Kirche und in der Armee ablaufen – in Institutionen, die seit jeher und bis heute Massen von Menschen prägend beeinflußt haben.

Anstand und Anpassung

»Fahre nicht aus der Haut,
wenn Du kein Rückgrat hast«
Stanisław Jerzy Lec

Auch wer heute als Manager ganz oben steht, hat als Kind seiner Zeit einmal »unten« angefangen – hat entsprechend den Spielregeln, die in seiner Zeit gegolten haben, Karriere gemacht. Anstand und Anpassung – und damit fast immer auch ein Stück Opportunismus – sind in der Vergangenheit als Tugenden hoch bewertet worden. Das Hochdienen hat seinen Preis verlangt. Nach einer genügenden Anzahl von Jahren zeigt sich der Rücken mehr oder weniger gekrümmt. Ein gekrümmter Rücken aber behindert den freien Blick. Muß man doch unter Umständen bis zur letzten Minute vor der endgültigen Beförderung »brav« sein, um die Karriere nicht zu gefährden – wie prominente Beispiele auch in jüngster Zeit immer wieder zeigen.

Angepaßte, »domestizierte« Angestellte, Edelsachbearbeiter, die sich brav im gesetzten Denk- und Laufgitter bewegen, sitzen auch an obersten Stellen. Der stromlinienförmige »Organization Man« ist bis hinauf ins Topmanagement weit verbreitet. Benötigt würden aber heute: unternehmerische Frechheit, Zivilcourage, unkonventionelles Denken und Verhalten, mutige Konfrontation, Bereitschaft zum persönlichen Risiko. Doch an Gesetzen der Natur kommt man nicht vorbei: Man kann wilde Enten zähmen, nicht aber zahme Enten wild machen.

Zeitgemäße Rollen des Managers

Am System arbeiten statt im System

Wer eine Form der Organisation anstrebt, die ausreichend rasch und flexibel auf turbulente Entwicklungen im Markt zu reagieren vermag, steht als Manager vor der Herausforderung, seine bislang hierarchisch geführte Organisation in die teamorientierte Selbststeuerung überzuleiten. Dazu muß er zuallererst darauf verzichten, die Führung immer selbst wahrzunehmen, alle auftretenden Defizite selbst zu kompensieren und letztlich selbst für alles geradezustehen – das heißt: *im* System zu arbeiten. Seine Rolle ist vielmehr die eines »Systemarchitekten« und Prüfers, der das System regelmäßig inspiziert, seine Gesetzmäßigkeiten erforscht, seine Fehleranfälligkeiten, seine Stärken und Schwächen, seinen Entwicklungsstand und seine Potentiale erkennt. Seine vordringliche Aufgabe: das Auftreten von Fehlern auf Schwächen des Systems hin zu analysieren und durch Verbesserungen *am* System auf Dauer Abhilfe zu schaffen.

Wer *im* System arbeitet, setzt seine Energie letztlich dafür ein, das bestehende System in seinem bisherigen Zustand zu erhalten. Bei Gefahr und bei Engpässen legt er als Manager selbst Hand an. Die Dinge selbst in die Hand zu nehmen ist immer gut für das eigene Seelenleben: Man kann, für alle sichtbar, etwas leisten – zeigen, wozu man fähig ist. Aber derartige Überbrückungsleistungen verschleiern die Systemfehler. Sie verhindern ihre Früherkennung – und letztlich ihre Behebung.

Organisation des Lernens

Wer *am* System arbeitet, richtet sich am Prinzip der »*lernenden Organisation*« aus: Die beteiligten Menschen passen sich selbst – ihre Einstellungen, ihr Verhalten, die operativen Maßnahmen sowie die dazu notwendige Aufbau- und Ablauforganisation – ständig den wechselnden Anforderungen der relevanten Umwelten an.

Diese Anpassung geschieht nicht von allein. Sie muß immer wieder von neuem angeregt, vermittelt, angestoßen und organisiert werden. Geeignete Rahmenbedingungen dafür schaffen und die Entwicklung einer Unternehmenskultur fördern, die Selbstverantwortung, Eigeninitiative und Selbststeuerung der Mitarbeiter fördert – dies ist ein wesentlicher Teil der Aufgabe von Managern.

Dafür sind folgende Prinzipien von Bedeutung:

- *Durch Handeln lernen:* Menschen lernen in erster Linie durch praktisches Handeln – und sie lernen dann am meisten, wenn das Vorgehen in einem Team gemeinsam geplant und hinterher ausgewertet wird. Der Preis: kleine Fehler, gelegentliche Pannen. Sie sind wichtige Lerngelegenheiten – eine Investition, die sich letztlich immer auszahlt. Entscheidend ist, daß die Lernschleife fest eingebaut ist. Ohne geregelte Reflexion führen gute Resultate lediglich zu Bequemlichkeit – und schlechte Resultate zu Schuldzuweisungen.

- *Partnerschaftliches Lernmodell:* Die herkömmliche Rollentrennung zwischen Lehrer, Trainer oder Meister einerseits und lernenden Schülern andererseits mag für viele Lernfelder auch heute noch tauglich sein. Selbststeuerung aber lernt man nur in einem partnerschaftlichen

115

Organisationsmodell. Insofern ist der Manager nicht mehr derjenige, der alles besser weiß, besser kann und sich deshalb einseitig das Recht nimmt, die anderen zu beurteilen. Das System unterzieht sich vielmehr einem gemeinsamen Lernschritt, bei dem auch Rolle und Verhalten des Managers zum Gegenstand gemeinsamer Reflexion gemacht werden.

- *Die Verantwortung für Entwicklung beim Betroffenen belassen:* Auch mittlere Unternehmen – die großen haben dies schon immer getan – investieren zunehmend in Entwicklungsprogramme für Mitarbeiter. Sogenannte »Mitarbeiter-Portfolios«, »Potentialgruppen«, »Goldfisch-Teiche« werden angelegt, Vorgesetzte zur Einschätzung ihrer Mitarbeiter sowie zur Auswahl potentieller Nachfolger verpflichtet. Im Rahmen von Entwicklungspatenschaften betreuen Vorgesetzte einzelne Nachwuchskräfte gezielt vor Ort.

Vom Engagement der Vorgesetzten aus betrachtet, hört sich das zunächst ganz gut an. Auf die Mitarbeiter kann sich dies aber problematisch auswirken: Die »Totalversorgung« kann einer Verwöhnungshaltung Vorschub leisten, die alles andere als wünschenswert ist im Hinblick auf die turbulenten Zeiten, für die man sich ja vorbereiten und fit machen will. Denn wer, ohne selbst Wesentliches dazu beigetragen zu haben, in einen »Goldfischteich« hineinselektiert wird, kommt leicht auf die Idee zu fragen: *»Und wie, bitte schön, geht es nun mit mir weiter?«* Das Gefühl, den Marschallstab bereits im Tornister zu haben, läßt nicht unbedingt Bescheidenheit und Kampfgeist aufkommen. Im übrigen ist der Ausdruck »Goldfischteich« an sich schon verräterisch. Will man wirklich den Goldfisch: attraktiv anzusehen, pflegebedürftig und krankheitsanfällig? Oder möchte man einen Mitarbeiter, der sich durch Neugierde, Biß und Sozialkompetenz auszeichnet?

Berater und Coach

Selbständigkeit und Eigenverantwortung der Mitarbeiter verstärken die Einsamkeit und den Verantwortungsstreß – zumal wenn man es bisher anders gewohnt war. In einer hierarchisch strukturierten Organisation ist zumindest klar, wer die letztlich Verantwortlichen und damit auch die Schuldigen sind: die »oben«. Wer nach dem Prinzip der Selbstverantwortung arbeitet, verbaut sich diese Regreßmöglichkeit. Zwischen den beiden Polen »Fremdbestimmung durch Hierarchie« und »teilautonome Selbststeuerung« liegen Welten. Um eine Organisation verantwortungsvoll von einem ins andere überzuleiten, muß man viele, jeweils verkraftbare Zwischenschritte planen. Die Kunst besteht einerseits darin, immer weniger Dinge selbst zu tun und den Mitarbeitern immer mehr Gestaltungsfreiraum zu übertragen. Andererseits geht es darum, von Schritt zu Schritt wohldosiert die notwendige Unterstützung zu leisten – ohne aber Rückdelegation zuzulassen. Der alles entscheidende Grundsatz ist so schwer umzusetzen, wie er einfach klingt: *Fördern durch Fordern!*

In diesem Zusammenhang hat der aus dem Bereich des Sports stammende Begriff »Coach« Eingang in den Management-Jargon gefunden. Er bringt einige wesentliche Aspekte der Führungsfunktion, um die es geht, noch deutlicher zum Ausdruck als der Begriff des »Beraters«. Die ganzheitlich angelegte, konsequente Leistungsorientierung – und die Motivation, nicht sich selbst zu profilieren, sondern *andere* stark und erfolgreich zu machen. Ob »Berater« oder »Coach«: Das Geheimnis des Erfolgs liegt darin, den Partner genau zu kennen und richtig einzuschätzen – und alle Maßnahmen auf seine individuelle Lernkurve abzustimmen. Da wird ein guter Beobachter und verständnisvoller Zuhörer gebraucht sowie ein kompetenter Sparringpartner in Situationen des Mißerfolgs, des persönlichen Konfliktes oder schwieriger Entscheidungen.

Der Rollenwechsel vom »Manager« zum »Coach« oder »Berater« kann einem Vorgesetzten allerdings nur gelingen, wenn er

- keine geheimen Aktien im Spiel hat, d. h. nicht versucht, seine Mitarbeiter psychologisch zu manipulieren und für seine eigenen Zwecke zu mißbrauchen;
- kritisches Denken gezielt fördert – und zwar auch in bezug auf seine eigene Rolle und sein persönliches Führungsverhalten;
- von seinen Mitarbeitern als kompetenter und starker Partner akzeptiert wird – als jemand, von dem man etwas lernen kann;
- und vor allem diesen einen schwierigen Schritt geschafft hat: nicht nur am eigenen Wachstum und Profil, sondern am Wachstum und Profil anderer Freude haben zu können.

Dazu gehören, neben einer integren Gesinnung, vor allem Lebenserfahrung und persönliche Reife.

Die Zukunft: Mehr Gruppe

Abbau von Hierarchie, »Lean Management«, »Führung nach oben«, Projektorganisation, teilautonome Gruppen, Fertigungsinseln – dies alles sind nur einzelne Indikatoren für einen fundamentalen Entwicklungstrend, der in kleinen Schritten wegführt von einem Organisationsmodell, in dem die Rollen des Führenden und der Geführten klar getrennt sind – hin zu einem Modell, dessen Baustein ein Team ist – eine Gruppe, in der Führung situativ wechselnd von unterschiedlichen Mitgliedern wahrgenommen wird; in der Koordinationsaufgaben und externe Vertretungsfunktionen rollierend an die einzelnen Mitglieder delegiert werden können; und in der es, neben der Einzelverantwortung für Einzelaufgaben, eine von allen geteilte, gemeinsame Verantwortung für das Gesamtergebnis gibt.

Bedeutet dies letztlich das Ende hierarchischer Ordnung, das Ende herausragender Einzelleistungen und das Ende ausgeprägter Führungspersönlichkeiten? Unsere Antwort lautet: nein. Auch auf Gruppen aufgebaute Organisationen brauchen unterschiedliche Steuerungsebenen – und damit letztlich ein Grundmuster hierarchischer Ordnung. Auch in Gruppen wird nicht alles gemeinsam erledigt, werden Aufgaben und Kompetenzen an einzelne delegiert, werden Einzelleistungen honoriert. Und auch in Gruppen sind die Menschen individuell verschieden – gibt es Personen, die stärker Einfluß nehmen, und andere, die sich eher anpassen. Auch in Gruppen übernehmen starke Persönlichkeiten mehr Führungsfunktionen als andere – oder füllen solche Funktionen besser aus.

Trotzdem wird es in Zukunft auf allen Ebenen »mehr Gruppe« geben, und zwar aus folgenden Gründen:

1. In einem Team werden die Stärken des einzelnen aktiviert, seine Schwächen aber laufend kompensiert.

2. Das direkte und flexible Zusammenspiel innerhalb einer Gruppe verschafft in einem schnellebigen Umfeld den notwendigen Zeitgewinn.

3. Teamarbeit ist heute praktisch Grundvoraussetzung für Innovation; die meisten Aufgabenstellungen sind schlicht zu komplex, als daß ein einzelner in der Lage wäre, aus eigener Kraft praxisgerechte und umsetzbare Problemlösungen zu erarbeiten.

4. Ein Team ist das ideale, wenn nicht das einzig wirklich effektive Umfeld für individuelles Lernen; Gruppen haben einen viel stärkeren erzieherischen Effekt, d. h. Einfluß auf individuelle Einstellungen und Ver-

118

haltensweisen als pädagogisch noch so begabte hierarchische Vorgesetzte.

5. Die Zusammenarbeit unter Gleichrangigen entspricht der Wertelandschaft der Leistungsträger vor allem der jüngeren Generation.

6. Last but not least: Ein einigermaßen gut funktionierendes Team übernimmt, neben seinen operativen Aufgaben, auch gleich noch einen großen Teil seiner eigenen Führung – und dies bedeutet eine gewaltige Einsparung an Führungskapazität und damit an Overhead-Kosten.

Ein qualifizierter, in der Entwicklung von Teams erfahrener Vorgesetzter ist in der Lage, sechs bis acht selbststeuernde Teams mit je sechs bis acht Mitarbeitern zu koordinieren. Dies entspricht de facto einer Führungsspanne von bis zu 50 Personen und liegt weit jenseits dessen, was auf der Basis direkt geführter Einzelpersonen denkbar wäre.

Die Vorteile von Gruppenorganisation bezüglich Flexibilität, Innovationsfähigkeit, Know-how-Entwicklung und Wirtschaftlichkeit sind enorm. Das Drama besteht darin, daß viele Führungskräfte und Manager, nicht zuletzt viele, die heute an der Spitze von Unternehmen stehen, in ihrem ganzen Leben noch nie ein echtes Team von innen erlebt haben. Sie führen so, wie sie zu führen gelernt haben und wie sie selbst immer geführt worden sind: auf der Basis klar zugeordneter Einzelverantwortung. Sie wissen im Grunde gar nicht, was das ist: ein echtes Team. Ein Blick auf das, was z. B. in der Wirtschaft landauf, landab von den meisten obersten Führungsgremien vorgelebt wird, genügt, um diese Realität zu erkennen.

Wenn Wirtschaftsführer – zum Teil mit dem Nimbus hochbefähigter Manager und charismatischer Führungspersönlichkeiten versehen – ihre Philosophien zum Thema Führung in der heutigen Zeit von sich geben, wirkt es nicht selten ähnlich, wie wenn der Papst sich über Fragen der Schwangerschaft ausläßt. Manch einer glaubt, Hochbedeutsames zu sagen – und merkt nicht, daß er im Grunde von Tuten und Blasen keine Ahnung hat.

Nun sollen Teams und Teamarbeit hier nicht idealisiert und schon gar nicht als »Selbstläufer« dargestellt werden – etwa nach dem Motto: Man muß eine neugebildete Gruppe nur sich selbst überlassen, dann steuert und entwickelt sie sich schon ganz von selbst. Sozialwissenschaftliche Forschungen haben es gezeigt, und die praktische Erfahrung im Betrieb bestätigt es: Laisser-faire ist der sicherste Weg, um mit Gruppen Fehlschläge zu produzieren. In jedem Unternehmen, in dem nicht seit Jahren eine teamorientierte Kultur herrscht, muß Gruppenarbeit von den Mitarbeiterinnen und Mitarbeitern sowie von Vorgesetzten erst gelernt werden:

119

- auf andere zugehen, statt zu warten, bis andere auf einen zukommen
- Aufgaben partnerschaftlich verteilen
- Sitzungen ohne hierarchische Leitung gestalten
- einander in Besprechungen gut zuhören
- in einer Gruppe offen und unverblümt seine Meinung sagen
- mit abweichenden Meinungen anderer konstruktiv umgehen
- Interessenkonflikte gemeinsam austragen – ohne Schiedsrichter
- ohne Lob und Tadel eines Chefs auskommen
- sich in der Überlagerung von Einzel- und Gruppenverantwortung zurechtfinden
- in wichtigen Fragen seines Berufslebens von Gleichrangigen abhängig sein
- Kollegen Vertrauen schenken und Macht delegieren
- Mitverantwortung tragen für Ergebnisse, die von anderen mit beeinflußt werden.

Genau so wie Vorgesetzte lernen müssen, Mitarbeiter zu führen, muß ein Team lernen, sich selbst zu führen. Da ist zunächst ein Stück Grundausbildung notwendig. Aber dann wird in der Praxis eine kompetente Begleitung gebraucht – ein Coach, der dem Team seinen Handlungsspielraum, aber auch seine Grenzen bewußtmacht; der das Team in schwierigen Situationen berät, ohne die Verantwortung wieder an sich zu ziehen; der Unterstützung gibt, wo sie wirklich gebraucht wird, und sie verweigert, wenn Rückdelegation vorliegt; der das Team aber auch offen konfrontiert, wenn die Leistung absinkt, offenkundige Probleme nicht aufgegriffen oder vereinbarte Spielregeln verletzt werden. Auch und gerade für die Führung selbststeuernder Gruppen gilt der Grundsatz: *Fördern und Fordern.*

Teams können sich mental festfahren und nicht mehr über den Tellerrand hinausblicken; sie können sich gruppenintern in Querelen verstricken und sich eventuell nicht mehr am eigenen Schopf aus dem Sumpf ziehen; oder sie können nach dem Motto »Friede, Freude, Eierkuchen« in Harmonie miteinander leben, dafür aber die gesamte Umwelt, mit der sie durch ihre Aufgaben eng vernetzt sind, total vergessen. Dies alles *muß* nicht, *kann* aber passieren. Und auch wenn alles rund läuft, müssen Teams, genauso wie einzelne Mitarbeiter, koordiniert werden. Information und Kommunikation müssen sichergestellt werden. Leistungsanreize müssen so gestaltet werden, daß sie dem Verhältnis von Einzel- und Gruppenverantwortung möglichst gut entsprechen. Organisatorische Veränderungen müssen eingesteuert und enger begleitet werden. Kurz, da wird Führung gebraucht, und zwar in sehr qualifizierter Form.

120

Schlüsselfaktor: Sozialkompetenz

War es früher in erster Linie der auf hoher Fach- und Sachkompetenz beruhende professionelle Umgang mit den »harten Faktoren«, der den qualifizierten Manager auszeichnete, so werden in Zukunft die »weichen Faktoren« immer mehr das Bild beherrschen: Das Beeinflussen von Menschen und Gruppen in immer wieder unterschiedlichen und häufig konflikthaften Situationen – und das Steuern von Entwicklungs- und Veränderungsprozessen. Die Fähigkeit, die unterschwelligen Muster turbulenter Entwicklungen zu erkennen und mit Hilfe vorhandener Motivationen und Energien lenkend einzugreifen, wird in der Zukunft ein entscheidender Wettbewerbsfaktor sein.

Der Begriff »Sozialkompetenz« hat mittlerweile bereits einen festen Platz im Management-Jargon gefunden. Er steht aber für ein ganzes Spektrum sozialer Fähigkeiten, die wiederum nur selten genügend klar und konkret benannt werden. Wir wollen ihn deshalb, auf das Wesentliche reduziert, kurz aufschlüsseln.

Menschliche Grundbedürfnisse berücksichtigen

Die schönsten Konzepte der Selbststeuerung nützen nichts, wenn die Betroffenen daran keine Freude gewinnen und sie deshalb nicht umsetzen. Und es ist nun mal nicht so, daß alle Menschen nach mehr Selbstverantwortung lechzen. Es gibt vielmehr sehr unterschiedliche Mitarbeitertypen, die darüber hinaus nicht alle miteinander verträglich sind. In einem Betrieb treffen Mitarbeiter mit äußerst unterschiedlichen, manchmal gegensätzlichen Erwartungen aufeinander:

Da gibt es ein ganz besonders elitäres Segment von Leistungsträgern, bei denen das Bedürfnis nach Selbstführung, Selbstmotivation und Selbstverantwortung immer stärker zunimmt. Es handelt sich dabei um den Typus von Mitarbeiter, den man gerne als »Unternehmer seines Bereichs« bezeichnet. Er identifiziert sich in hohem Maße mit dem Unternehmen, stellt sich engagiert den betrieblichen Anforderungen, will unbedingt Karriere machen. Auf diesen Typus kommen immer mehr Aufgaben zu.

Will man ihn bei Laune halten, so – neben Geld und Karriereangeboten – in erster Linie mit progressiven Organisations-, Steuerungs- und Führungsinstrumenten. Die Tendenz: Führung nur noch durch Zielvereinbarung, gemeinsame Ressourcenplanung, Beratung bei Bedarf – aber keine direktive Steuerung, keine Reglementierung.

Bei einer anderen Gruppe von Mitarbeitern ist eine zunehmende Trennung von Beruf und Privatleben zu beobachten. Lebensqualität wird vornehmlich außerhalb des betrieblichen Geschehens in der Freizeit gesucht. Man erfüllt seine Aufgabe unauffällig in einem durchschnittlichen Normalbereich, ist aber nur schwer und selten zu bewegen, über diesen Rahmen hinaus Leistung zu erbringen und Verantwortung zu übernehmen.

Bei wieder einer anderen Gruppe löst sich gerade diese Trennung zwischen Privat und Beruf zunehmend auf. Eigentlich bräuchte man ja gar nicht mehr zu arbeiten, der Lebensunterhalt wäre ohnedies gesichert. Man will aber tätig sein, um sich zu entfalten und seinem Leben einen Sinn zu geben – manchmal auch nur, um in irgendeine Art von Beschäftigung zu flüchten. Diese Arbeit muß aber in sich selbst attraktiv sein und einen Sinn haben.

Wieder andere betrachten Arbeit an und für sich als kostbares Gut. Daran teilzuhaben, wird als Privileg empfunden. Solche Menschen sind fleißig, pflichtbewußt und anpassungsfähig, aber nicht risikofreudig und deshalb für moderne Konzepte der Selbststeuerung nicht ohne weiteres ansprechbar.

Hinzu kommen Menschen in besonderen Lebenssituationen sowie Angehörige spezieller gesellschaftlicher Gruppen: z. B. ältere Arbeitnehmer, »abgeschobene« ehemalige Leistungsträger, Leistungsgeminderte, Frauen mit heranwachsenden Kindern, Frauen, die nach einer Phase der Kindererziehung wieder in die Berufswelt einsteigen, Gastarbeiter u. a. m. – insgesamt eine fast nicht überschaubare Vielfalt verschiedener, z. T. in sich widersprüchlicher Erwartungen an die Arbeit und an das Arbeitsumfeld. Solcher Unterschiedlichkeit kann man nicht gerecht werden, wenn man alles über einen Leisten zu schlagen versucht. Da werden differenzierte »Cafeteria-Systeme« gebraucht, um den unterschiedlichen Ansprüchen gerecht zu werden: mannigfaltige Modelle der Vergütung, der Arbeitszeitregelung, der Gestaltung der Arbeit und des Arbeitsplatzes, der Karriereentwicklung, der Erfolgs- und Risikobeteiligung.

Nur im persönlichen Dialog mit dem einzelnen Mitarbeiter selbst kann man herausfinden, wie die individuellen Erwartungen strukturiert sind, was für Einstellungen vorhanden sind und welche Konsequenzen sich daraus für den Arbeitseinsatz ergeben. Es gibt in unserer Gesellschaft immer weniger seriöse Sinnangebote. Die Menschen stehen den traditionellen, großen Sinngebungsinstanzen und Sinnproduzenten – Kirche und Staat, Parteien und Verbänden – zunehmend kritisch gegenüber. Es ist eine gewaltige Lücke entstanden. Wer Wert legt auf den Typus von Mitarbeiter, der im Unternehmen mehr sieht als nur den Job, um sich seinen Lebensunterhalt zu verdienen, einen Mitarbeiter, der sich in seiner beruflichen Tätigkeit entwickeln will, der muß diesem Menschen das persönliche Gespräch und die Gelegenheit bieten, sich mit Fragen des Sinns auseinanderzusetzen.

Aufbau von Vertrauen

Wer nicht alles selbst machen möchte, muß Kooperationen eingehen und Verantwortung delegieren. Die Grundlage jeglicher Kooperation und Delegation aber ist Vertrauen.

»Ohne Vertrauen sind nur sehr einfache, auf der Stelle abzuwickelnde Formen menschlicher Kooperation möglich, und selbst individuelles Handeln ist viel zu störbar, als daß es ohne Vertrauen über den sicheren Augenblick hinaus geplant werden könnte. Vertrauen ist unentbehrlich, um das Handlungspotential eines sozialen Systems über diese elementaren Formen hinaus zu steigern«

so der Sozialwissenschaftler Niklas Luhmann in seinem Buch »Vertrauen. Ein Mechanismus der Reduktion sozialer Komplexität«.

Man kann zwar die Welt auch über Mißtrauen wesentlich vereinfachen. Nur: Wer mißtraut, wird von immer weniger Leuten immer stärker abhängig. Denn, so Luhmann:

»Wer mißtraut, braucht mehr Informationen und verengt zugleich die Informationen, auf die zu stützen er sich getraut. Er wird von weniger Informationen stärker abhängig.«

Wo Vertrauen fehlt, verfängt man sich in einem – im wahrsten Sinn des Wortes – heillosen Gestrüpp von Vorschriften, Regelungen und Kontrollmechanismen. »Mißtrauensorganisation« ist die richtige Bezeichnung dafür. »Vertrauen ist gut, Kontrolle ist besser« – diese weitverbreitete »Weisheit« ist mit größter Vorsicht zu genießen. Wer danach handelt, ist von vornherein gar nicht mehr dazu in der Lage, vertrauensvolle Arbeitsbeziehungen aufzubauen. Dies aber schlägt früher oder später auf die Wirtschaftlichkeit. Denn es gibt nichts Effizienteres als auf Offenheit und Vertrauen beruhende Zusammenarbeit.

Teambildung und Teamentwicklung

Angesichts der Bedeutung der Gruppenarbeit für die Organisation der Arbeit in den kommenden Jahren wird klar: Der kompetente Umgang mit Gruppen wird immer mehr zu einem entscheidenden Kriterium der Management-Kompetenz. Dies beginnt bei der eigenen Teamfähigkeit. Darüber hinaus aber ist ein solides Grundwissen über die Gesetzmäßigkeiten der Vorgänge in und zwischen Gruppen gefragt. Der Manager muß nämlich in der Lage sein, zu beurteilen, wann Gruppenarbeit angezeigt ist und wann nicht – und wenn sie angezeigt ist, in welcher Form. Er muß nicht nur in der Lage sein, selbst Teams zu entwickeln und zum Erfolg zu führen, sondern vielmehr auf *strategischer Ebene* beurteilen und entscheiden können, welche Personen ausgewählt, welche Ausbildungsformen und Führungsinstrumente eingesetzt und welche Strukturen gebildet werden müssen, damit Teamarbeit in Projekten oder Gruppenstrukturen in einzelnen Betriebsteilen erfolgreich aufgebaut werden können.

Kommunikations- und Feedbacksysteme entwickeln

Dies ist ein entscheidender Teil der Arbeit am System: Die Installation, Wartung und Pflege des internen und externen Kommunikationsnetzwerkes; das Herstellen der notwendigen Vernetzungen – und das Auflösen überflüssiger oder überholter Verbindungen und Abhängigkeiten. Wer braucht wann welche Informationen – und wer muß bei welchen Gelegenheiten mit wem zusammenkommen, damit die Arbeitsprozesse optimal effizient und koordiniert ablaufen können? Welche Form der Frühwarnung, welcher Rhythmus von Zwischenüberprüfungen wird wo gebraucht, damit wichtige Entwicklungstendenzen frühzeitig erkannt, sich abzeichnende Schwachstellen vor der ersten großen Panne behoben werden können? Das Ziel: *die lernende Organisation.* Die Kompetenz, auf die es ankommt: ganzheitliches, vernetztes Denken und systemorientiertes Handeln.

Konfliktfähigkeit

Veränderungsprozesse sind Lernprozesse. Altgewohntes und Liebgewordenes muß aufgegeben, über Bord geworfen, »verlernt« werden. Dies geht nicht ohne Konflikte ab. Und wo immer Neues geschaffen werden soll, prallen Interessen, Bedürfnisse, Meinungen, ja, festgefügte Ideologien hart aufeinander. Einzelne Individuen, Gruppen oder ganze Bereiche können sich in einem offenen Streit oder in unterschwelligen Grabenkämpfen verheddern. Die Fähigkeit, den Dingen auf den Grund zu gehen, alte Erfahrungen und tiefverwurzelte Überzeugungen gegebenenfalls als Lernhindernisse und Barrieren für die zukünftige Entwicklung in einem harten, aber fairen Dialog offenzulegen, und die Fähigkeit, »verfeindete« Parteien in sinnvollen Schritten aus der Blockade in die Kooperation zu führen – dies werden Schlüsselkompetenzen der Zukunft sein.

Ertragen von Widersprüchen

Die Welt im allgemeinen und die Arbeitswelt im besonderen sind vielschichtig und unübersichtlich geworden. Die Klarheit und Eindeutigkeit von anno dazumal gibt es nicht mehr. In komplexen, letztlich weder exakt definierten noch für lange Zeit fixierten Vernetzungen und wechselseitigen Beeinflussungen bleibt nur handlungsfähig, wer Widersprüche erträgt und mit Mehrdeutigkeiten leben kann. Dies ist eine ganz besondere Form von Belastbarkeit: die Realität auch dann zu akzeptieren, wenn sie nicht voll durchschaubar und planbar ist; die Unsicherheit zu ertragen und mit ihr leben zu können – und nicht zu versuchen, sich selbst und den anderen vorzumachen, man hätte »alles im Griff«. Wem diese Fähigkeit abgeht, der wird als Manager in den kommenden Jahren nicht nur schweren Schaden in seinem Einflußbereich anrichten, sondern letztlich auch selbst an seinem »Schicksal« leiden. Und je mehr er sein Problem verdrängt, desto sicherer wird er früher oder später krank werden.

Das Problem überzähliger Mitarbeiter/innen und Führungskräfte

Arbeitslosigkeit ist schon lange zu einem der großen Probleme unserer Zeit geworden. Neu ist, daß auch Führungskräfte in größerem Umfange davon betroffen sind. Dafür gibt es verschiedene Gründe. Erstens, wenn zu Tausenden Mitarbeiterinnen und Mitarbeiter entlassen werden – und dies ist heute in vielen großen Unternehmen der Fall –, werden auch weniger Führungskräfte gebraucht. Zweitens, wenn unter dem Stichwort »Lean Management« Hierarchieebenen reduziert und an der Basis Gruppen-Strukturen eingeführt werden, geht der Bedarf an Führungskräften auch dann drastisch zurück, wenn die Mitarbeiterzahl an der Basis konstant bleibt. Drittens, in den neuen, netzwerkartigen Organisationen werden andere Führungseigenschaften benötigt als diejenigen, die in der Vergangenheit herangebildet worden sind. Viele Unternehmen stehen deshalb heute vor dem Problem überzähliger Führungskräfte.

Die Kehrseite der Marktwirtschaft

Marktwirtschaft – auch die sogenannte soziale Marktwirtschaft – beruht im Kern auf dem freien Spiel der Kräfte, auf der Dynamik von Angebot und Nachfrage. Dazu gehört auf der einen Seite das freie Anwerben von Mitarbeiter/innen, auf der anderen die freie Wahl des Arbeitsplatzes – aber auch die Möglichkeit der Trennung, und zwar ausdrücklich nicht nur im gegenseitigen Einvernehmen. Es ist nur eine logische Folge dieser Mechanik, daß in Zeiten der Vollbeschäftigung die Arbeitnehmer, in Zeiten der Unterbeschäftigung dagegen die Arbeitgeber am längeren Hebel sitzen.

Nun haben wir eine lange Zeit des Booms hinter uns. In all diesen Jahren wurden Einkommenswachstum und Karriereaufstieg praktisch zu Automatismen. Niemand hat geschrien, als viele Firmen, anstatt die Strukturen zu bereinigen, wild drauflos Personal eingestellt haben – nicht diejenigen, die sich haben anstellen lassen, und auch nicht die Gewerkschaften. Und viele haben in dieser Zeit, ohne mit der Wimper zu zucken, den Arbeitsplatz gewechselt, wenn sie woanders mehr verdienen konnten. Aber damit nicht genug: Praktisch jeder hat seinen Erfolg auch noch als ausschließliche, logische Konsequenz seiner eigenen Tüchtigkeit verbucht. Daß man es mit Überfluß zu tun hatte und daß dieser kein Naturgesetz ist, wurde schlicht verdrängt. Wer die Realitäten derart verzerrt, kann gar nicht anders: Wenn das Blatt sich gegen ihn wendet, empfindet er dies als große »Ungerechtigkeit«. Denn es wird ihm etwas weggenommen, das ihm »gehört« – etwas, das er, seiner Meinung nach, durch persönliche Leistungen erworben und zu seinem lebenslänglichen Besitzstand erklärt hat.

Daß auch Menschen, die jahrzehntelang einer Firma »treu« geblieben sind, plötzlich den Arbeitsplatz verlieren, gehört zur Tragik der gegenwärtigen Situation. Aber nochmals: Dies ist die Marktwirtschaft, gegen die zu Zeiten des Booms niemand etwas einzuwenden hatte.

Schuldgefühle und Eiertänze

Der heute fast überall notwendig gewordene Personalabbau ist die logische Folge des eingangs beschriebenen strukturellen Umbruchs in der Wirtschaft, in vielen Firmen akzentuiert durch die jahrelange, sträfliche Vernachlässigung der notwendigsten Hausaufgaben durch das Management. Es bedurfte buchstäblich der Existenzkrise, um viele Unternehmensleitungen zu zwingen, über die Bücher zu gehen. Und nicht jeder hat bereits verstanden, daß sich durch einen Abbau der Personalhalde allein, ohne strategisch fundierte Veränderung der Strukturen, die Existenzprobleme des Unternehmens nicht lösen lassen. Wenn heute auf seiten des Arbeitgebers etwas wichtiges verdrängt wird, dann dies: die Sünden der Vergangenheit – und nicht selten auch noch das Unvermögen, die gegenwärtigen Probleme des Unternehmens zu lösen.

Wie präsentiert sich das Problem des Personalabbaus aus Sicht des Arbeitgebers, aus Sicht des Managements? Erster und wichtigster Punkt: Quantitatives Wachstum wird im Grunde nach wie vor als die eigentlich normale Form der Unternehmensentwicklung betrachtet. Ein Unternehmen bewußt in einer bestimmten Größe zu halten und dafür zu sorgen, daß es in diesem Rahmen gesund und erfolgreich bleibt, oder gar ein Unternehmen aufgrund veränderter Märkte gezielt kleiner zu machen, um mit veränderten Strukturen auf einer neuen Basis den Erfolg aufbauen zu können – solche Gedanken fallen den meisten Managern äußerst schwer. Die Notwendigkeit einer sogenannten »Redimensionierung« oder »Kapazitätsanpassung« – wohlklingende Bezeichnungen für den Abbau von Arbeitsplätzen – wird als Schicksalsschlag, als Folge einer unvorhergesehenen, aber vorübergehenden Konjunkturschwankung hingenommen. Die unausgesprochene Handlungsmaxime lautet: Auf Teufel komm raus Kosten reduzieren, bis das Tal durchschritten ist – dann kann man wieder aufbauen.

Wenn aber die Veränderung nicht im Sinne qualitativen Wachstums offensiv und konstruktiv angegangen wird, wenn die Anpassung von vornherein als unabwendbarer, tragischer Niedergang erlebt wird, hat dies Konsequenzen. Erstens, die Situation wird möglichst lange nicht zur Kenntnis genommen. Zweitens, wenn man die Augen nicht mehr vor den Realitäten verschließen kann, spekuliert man damit, daß vielleicht in letzter Minute noch ein Wunder eintritt – und zögert die notwendigen Entscheidungen so lange hinaus, bis es für ein vernünftiges, menschen- und prozeßorientiertes Vorgehen zu spät ist. Und manch einer hat derart Angst vor der persönlichen Auseinandersetzung mit Menschen, die das Unternehmen verlassen müssen, daß er es von vornherein auf eine unwürdige Hauruck-Aktion ankommen läßt.

Wenn dann gehandelt werden muß, geschieht dies mit mehrfach schlechtem Gewissen. Zum einen, weil man den Personalüberhang, der jetzt abgebaut werden muß, seinerzeit selbst aufzubauen geholfen hat – sich vielleicht sogar durch die wachsende Zahl unterstellter Menschen in seiner Bedeutung als Manager aufgewertet gefühlt hat. Zweitens, weil man maßgeblich mit dazu beigetragen hat, daß das Problem verdrängt und verschleppt wurde, bis nur noch der Bulldozer und das Hackebeil eingesetzt werden konnten. Drittens, weil man zumindest instinktiv ahnt, was für existentielle Probleme der Personalabbau in Massen von Familien und Einzelschicksalen auslöst.

Dies sind große psychische Belastungen – und sie müssen möglichst aus dem Bewußtsein verdrängt werden, wenn man handlungsfähig beiben soll.

Dazu kommt nun aber, last not least: Man hat so etwas noch nie gemacht. Man weiß im Grunde gar nicht, wie man in solchen Situationen vorgehen soll. Konzeptionslosigkeit und – einmal mehr tief verdrängt – das Gefühl eigenen Unvermögens und eigener Unzulänglichkeit beherrschen die Szene.

Diese geistige und psychische Verfassung ist keine Grundlage für qualifiziertes Management in einer Krisensituation. Wer von unbewußten Schuldgefühlen geplagt ist und jegliche Kreativität und Professionalität verloren hat, der ist von vornherein nicht in der Lage, die anstehenden, anspruchsvollen Probleme sachlich richtig und sozial verträglich zu lösen.

Der Niedergang der mittleren Schicht

Der Trend-Guru John Naisbitt hat schon vor vielen Jahren eine kommende, drastische Ausdünnung der mittleren Führungsebenen prognostiziert. Die früheren Aufgaben dieser Ebenen – Informationen sammeln, strukturieren, kanalisieren und weitergeben – können mit der modernen Informationstechnologie schneller, besser und kostengünstiger wahrgenommen werden. Die Mitarbeiter/innen an der Basis haben heute in der Regel sowohl die notwendige Qualifikation als auch den Anspruch, diese Instrumente zu nutzen und sich im operativen Bereich selbst zu steuern. Daß der Abbau scheinbar so plötzlich und brutal gekommen ist, hat ausschließlich damit zu tun, daß die meisten das Problem erst angegangen sind, als es (a) gar nicht mehr anders ging und (b) nicht mehr so stark auffallen konnte, weil alle anderen das gleiche taten.

Doch was für das Management eine notwendige Strukturanpassung darstellt, ist für den Betroffenen eine persönliche Katastrophe. Der Weltuntergang findet immer individuell statt. Wer bis in die mittlere Hierarchie emporgekommen ist, hat hier nicht nur seine »Heimat«, sondern auch Macht, Einfluß und Sozialprestige – und damit eine Identität gefunden. Dies zu verlieren erscheint vielen unerträglich.

Nun werden auch auf den mittleren Ebenen schlanker Organisationen noch Führungskräfte gebraucht. Aber das Berufsbild hat sich verändert: Qualifizierung von Mitarbeitern, Begleitung von Veränderungsprozessen, Coaching von Mitarbeiter/innen und Gruppen prägen die als Dienstleistungsfunktion neu positionierte Aufgabe der Führung. Doch wer ein Berufsleben lang geplant, gesteuert und verwaltet hat, ist in der Regel weder fähig noch bereit, einen derartigen Wechsel in seinem Selbstverständnis zu vollziehen.

Das Problem wird vom Management sehr oft auch noch durch Einstellungen akzentuiert, die einer »weichen« Lösung erst recht im Wege stehen. Man spricht von der »Lehm-« und »Lähmschicht«, die »herausgenommen werden muß, damit das Unternehmen revitalisiert werden kann«. Nach dem Motto »Der Mohr hat seine Schuldigkeit getan, der Mohr kann gehen« zelebriert die oberste Heeresleitung eine Scheinsolidarität mit der Basis, um sich vor der Welt und vor sich selbst für den chirurgischen Eingriff zu rechtfertigen. Völlig verdrängt wird hierbei, wer den Moloch aufgebaut und jahrzentelang gehegt und gepflegt hat. Es ist schlicht eine Sache der Loyalität, zu dieser gemeinsamen Vergangenheit – in der notabene auch Aufbauarbeit geleistet und Arbeitsplätze geschaffen worden sind – zu stehen und jetzt, da die Rahmenbedingungen sich geändert haben, einen fairen Ablösungsprozeß einzuleiten.

Dies tun zum Glück viele. Aber immer noch zu viele machen die überzähligen Führungskräfte zu den alleinigen Sündenböcken. Sie werden vom Management wie eine heiße Kartoffel fallengelassen. So schleicht man sich aus der Verantwortung – und spart dabei auch noch Geld. Denn: *»Wer schuld ist an der Misere, dem muß man nicht auch noch Geld hinterherwerfen.«*

Den Stier bei den Hörnern packen

Schlechte Nachrichten so zu vermitteln, daß weder die Botschaft verwässert, noch der Empfänger am Boden zerstört wird, gehörte schon immer zur hohen Schule der Führungskunst. Reger Wettbewerb herrscht nur dort, wo es darum geht, frohe Botschaften unter die Menschen zu bringen. Dies führt zu einem eklatanten, wenn auch verständlichen Fehlverhalten bei Restrukturierungen, die mit Personalabbau verbunden sind: Obschon die Weichen grundsätzlich gestellt und sowohl die Gewinner als auch die Verlierer definiert sind, wird nicht informiert und nicht gehandelt. Resultat: Alle ahnen Schlimmes, niemand weiß etwas Konkretes. Man fängt an, die Vorgänge genau zu beobachten: Wer wird zu welchen Sitzungen eingeladen, wer wird ausgelassen?

Dieses Vermeidungsverhalten ist gleich aus mehreren Gründen von großem Übel. Zum einen ist es Ausdruck einer miserablen Führungskultur, Menschen derart lange über ihr Schicksal im ungewissen zu lassen. Zum zweiten werden damit vielen Betroffenen ausgezeichnete Vorwände geliefert, sich als Opfer und Märtyrer zu fühlen. Zum dritten bilden sich in solchen Zeiten an allen Ecken und Enden Eiterherde der Unzufriedenheit und der Frustration, die sich wie eine ansteckende Krankheit im Unternehmen ausbreiten. Und wenn man noch nicht mal mit denjenigen gesprochen hat, die man eigentlich unbedingt behalten möchte, riskiert man auch noch, die besten Leute zu verlieren.

Wir können hier nur dringend empfehlen, sofort und offen zu informieren, wenn die Würfel einmal gefallen sind – dann, wenn noch die Möglichkeit sorgfältiger Vorgehensweisen bei den Ablösungen gegeben ist. Dies liegt *im ureigensten Interesse des Unternehmens*. Denn alle, die im Unternehmen bleiben, beobachten mit Argusaugen, wie mit denjenigen umgegangen wird, die das Unternehmen verlassen müssen. Die Menschen sind schwer für eine positive, gemeinsame Zukunft zu motivieren, wenn sie das, was da geschieht, letztlich für unfair halten und sich als »Gewinner« mitschuldig fühlen müssen an einem Unrecht, das ihren bisherigen Kollegen und Kolleginnen angetan wird.

Soviel zur psychologischen Ausgangslage. Wie nun konkret vorgehen?

Drei unterschiedliche Situationen

Situation 1:
Es sind zwar Führungskräfte freigeworden, diese können aber intern anders eingesetzt werden – nicht in der gleichen Aufgabe und Rolle, aber einigermaßen gleichwertig und manchmal sogar mit neuen Entwicklungsperspektiven.

Dies ist der günstigste Fall – und trotzdem kann es hier zu schwierigen Auseinandersetzungen kommen. Viele Führungskräfte haben nämlich noch nicht begriffen, was sich in der Welt tut, und schon gar nicht, was noch kommen wird. Sie glauben, Ansprüche auf Besitzstandswahrung geltend machen zu können, und zwar nicht nur auf eine bestimmte Einstufung, sondern wenn möglich auch noch auf eine bestimmte Art von Führungstätigkeit oder gar auf eine bestimmte Position. In solchen Situationen ist, wenn das normale Gespräch nicht weiterführt, eine ebenso offene wie harte Konfrontation fällig. In einer Zeit, da alle von Veränderungen und viele von Arbeitslosigkeit betroffen sind, kann es nicht angehen, daß das Unternehmen aus falscher Rücksicht auf einzelne Führungskräfte Entwicklungen verschleppt, welche eingeleitet werden müssen, um die Arbeitsplätze vieler zu erhalten.

Situation 2:
Es sind rein zahlenmäßig zu viele an Bord – zum Teil durchaus qualifizierte und bewährte Kräfte. Es gibt keine Möglichkeit, sie intern einzusetzen.

Hier gibt es eigentlich nur eines: die Karten offen auf den Tisch legen und die Situation, sobald sie erkannt ist, mit allen Betroffenen besprechen. Es gibt immer einzelne, denen die Gelegenheit, vorzeitig aus dem Erwerbsleben auszuscheiden, gar nicht so unwillkommen ist, und andere, die von vornherein gute Chancen haben, anderswo eine angemessenere Aufgabe zu finden. Wenn man nicht unter akutem zeitlichem Druck steht, gelingt es nicht selten sogar, Unternehmens- und Mitarbeiterinteressen zu verbinden: Einzelne Funktionen, die nicht unbedingt von strategischer Bedeutung sind, können im Rahmen eines »Outsourcing«-Konzeptes nach außen verlagert werden, was unter Umständen einer Gruppe von Mitarbeitern die Chance bietet, sich – mit einer gewissen Starthilfe seitens des Unternehmens – selbständig zu machen. Diese Chance, für alle oder zumindest für einen großen Teil einvernehmliche, maßgeschneiderte Lösungen zu finden, hat nur, wer frühzeitig und offen mit allen Betroffenen spricht. Wer dagegen zu lange wartet und plötzlich unter Druck steht, dem bleibt nur das übrig, was heute leider in vielen Unternehmen beobachtet werden kann: kurzfristige rüde »Entsorgungsaktionen«, die mit schweren psychischen Belastungen für die Betroffenen verbunden sind und irreparable Vertrauensverluste im Unternehmen nach sich ziehen. In manchen Unternehmungen gilt das Motto: »Der Mensch steht im Mittelpunkt – und damit allen im Wege.« »*Operation Dead Wood*« war die interne Bezeichnung eines solchen Projektes in einem großen Konzern. Die Sprache, sagt man, entlarvt das Denken.

131

Situation 3:
Führungskräfte sind aus qualifikatorischen Gründen überzählig. Die An-
forderungen sind drastisch gestiegen. Es bleiben nur noch zwei Möglich-
keiten: massive Zurückstufung – oder Trennung. Häufig bleibt überhaupt
nur die Trennung.

Dies ist mit die unangenehmste Ausgangslage. Erstens, weil das Besprechen von Qualifikationsdefiziten praktisch immer mit schweren persönlichen Kränkungen verbunden ist. Zweitens, weil seitens des Unternehmens fast immer ein schlechtes Gewissen mitspielt. Man ist konfrontiert
mit den Konsequenzen eigener Unterlassungssünden in der Vergangenheit. Nicht immer sind nämlich die Anforderungen über Nacht derart an-
gestiegen. Im Grunde galten diese Führungskräfte schon lange als überfordert – aber es war niemand da, der ihnen dies sagen mochte oder der
rechtzeitig für einen anderen, adäquateren Einsatz gesorgt hätte. Zu der
einen schlechten Botschaft, nämlich die bisherige Stelle zu verlieren,
kommt dann noch eine zweite, nämlich für nichts Gleichwertiges mehr in
Frage zu kommen.
    Gerade in diesen besonders heiklen Fällen weichen viele Vorgesetzte
ihrer Führungsverantwortung aus. Zuerst gehen sie um das Problem
herum wie die Katze um den heißen Brei – und wenn es sich dann nicht
mehr verheimlichen läßt, gehen sie auf Reisen und delegieren die schwierigen Gespräche an die Personalabteilung, von der sie sonst das ganze Jahr
über behauptet haben, sie sei nichts anderes als ein Haufen von Bürokraten.
    Wir halten es für unumgänglich, auch in solchen Fällen möglichst früh-
zeitig die Situation offen zu klären, und zwar zunächst im Rahmen eines
persönlichen Vier-Augen-Gespräches zwischen dem Betroffenen und seinem direkten Vorgesetzten. Daß solche Gespräche zu den schwierigeren
Führungsaufgaben gehören, steht auf einem anderen Blatt. Aber folgende
Schritte sind notwendig und haben sich in der Praxis bewährt:

– *Das Anforderungsprofil der neuen Funktion sorgfältig besprechen und*
  auf alle wichtigen bzw. kritischen Elemente aufmerksam machen;

– *sorgfältig und offen begründen, warum – bzw. aufgrund welcher An-*
  forderungen – der Betroffene als Kandidat nicht in Frage kommt; an
  dieser Stelle die vorhandenen Defizite klar benennen, auch wenn in der
  Vergangenheit nicht darüber gesprochen wurde – denn in der gegen-
  wärtigen Situation kann nur noch volle Offenheit den Schaden begren-
  zen helfen;

– die verbleibenden Alternativen – z. B. Zurückstufung oder Trennung – deutlich benennen; unmißverständlich klarmachen, daß die Vorentscheidungen gefallen sind und es jetzt nur noch darum geht, den Weg zur Umsetzung konkret vorzubereiten;

– auf den Vorwurf gefaßt sein, man habe die Dinge zu lange laufen lassen, die Karten nicht offengelegt, nicht rechtzeitig und nicht konsequent gehandelt. Wer nicht ein blütenweißes Gewissen hat – und das kann in der Praxis keiner haben, der massiv Personal abbauen muß –, tut gut daran, seine Energie nicht mit Rechtfertigungen zu verschwenden. Die kritische Sicht muß zugelassen und ertragen werden. Dies bedeutet jedoch nicht, zu Kreuze zu kriechen und sein Haupt mit Asche zu bestreuen. Es gilt deutlich zu machen, daß man über die Wege reden kann und will, daß aber an den grundsätzlichen Entscheidungen nichts geändert wird. Fehler der Vergangenheit – wer immer sie begangen haben mag – dürfen nicht dazu benutzt werden, noch größere Fehler in der Gegenwart zu machen.

Man kann in einem solchen Gespräch so klar sein, wie man will – viele Menschen sind in kritischen Situationen nicht bereit, Realitäten sofort zu akzeptieren. Sie reagieren zunächst mit Abwehr: Beschönigungen, Beschwichtigungen, Erklärungen – manchmal aber auch mit geharnischten Vorwürfen oder aber peinlichen Versprechungen, sich ändern zu wollen. Solche ersten Reaktionen müssen mit Verständnis für die Situation des Betroffenen hingenommen und ertragen werden – ohne aber den geringsten Zweifel an der Endgültigkeit der Entscheidung aufkommen zu lassen.

Zweierlei ist entscheidend für den weiteren Verlauf und muß bereits beim ersten Gespräch deutlich gemacht werden. Erstens, der *Zeitpunkt, bis zu dem die Entscheidung vollzogen sein soll.* Zweitens, der *Rhythmus für die weiteren Gespräche*, die folgen werden, um die konkreten Modalitäten gemeinsam zu besprechen und die Bedingungen auszuhandeln. Wenn dies nicht geschieht, besteht die Gefahr, daß gar nichts geschieht – und daß am Schluß die Trennung nur noch im Zuge einer unschönen Auseinandersetzung vollzogen werden kann. Erstaunlich viele gekündigte Führungskräfte neigen nämlich dazu, den Kopf in den Sand zu stecken. Sie glauben, den Konflikt durch Nichtstun »aussitzen« und das Problem einschlafen lassen zu können. Jede Woche, die der Vorgesetzte verstreichen läßt, ohne auf das Thema zurückzukommen, bestätigt sie in der Richtigkeit ihrer Annahme.

Welche Personen oder Instanzen – neben der Personalfunktion – in die weiteren Gespräche einbezogen werden müssen, hängt nicht zuletzt davon ab, ob bzw. wann der Betroffene die Situation akzeptiert und beginnt, sich auf konkrete Schritte in den Verhandlungen einzustellen. Von besonderer Bedeutung ist, ob es ihm gelingt, ein Stück Mitverantwortung dafür zu übernehmen, wie die Dinge sich über die Jahre bis in die heutige Situation entwickelt haben – oder ob er versucht, sich ausschließlich und einseitig als armes Opfer einer großen Ungerechtigkeit darzustellen. Wenn letzteres der Fall ist, kann es unter Umständen notwendig sein, andere Arbeitspartner oder nächsthöhere Vorgesetzte mit einzubeziehen. Solange nämlich nur der direkte Vorgesetzte die Qualifikationsproblematik offen anspricht, legt sich manch ein Betroffener die These zurecht, dieser habe etwas gegen ihn und wolle ihn aus persönlichen Gründen loswerden.

In besonders schwierigen Fällen hat es sich schon bewährt, dem Betroffenen eine neutrale Eignungsabklärung durch einen professionellen Assessment-Berater anzubieten. Aufgrund einer solchen Untersuchung, zumal durch einen externen Profi, kann sich niemand der Konfrontation mit den eigenen Stärken und Defiziten entziehen. Die Auseinandersetzung mit sich selbst bietet im übrigen eine ausgezeichnete Gelegenheit, die Krise als Chance zu nutzen.

Dazu mag ein Assessment allein nicht immer ausreichen. Eine längere psychologische Begleitung kann notwendig sein, um die subjektiv empfundene persönliche Abwertung, die totale Infragestellung des bisherigen Selbstbildes zu verarbeiten, auf die mit entsprechenden Ängsten und Blockaden reagiert wird. Hierbei ist zu berücksichtigen, daß das Selbstbild eines Menschen nicht von A bis Z eine rein innerpsychische Angelegenheit, sondern aufs engste mit den erlebten oder erwarteten Reaktionen der Umwelt verbunden ist. Im Kern geht es also immer um den sozialen Status – um die Stellung im Netzwerk der Familie, der Freunde, der Nachbarn, der Kollegen und Bekannten. Nur wer diesen Schock verarbeitet, d. h. seinen »sozialen Abstieg« emotional zumindest ein Stück weit relativiert hat, kann sich freimachen für die eigentlich wichtigen Fragen:

- *Was habe ich für Neigungen und Interessen?*
- *Was habe ich für Kenntnisse und Fähigkeiten?*
- *Was ergeben sich daraus für denkbare Möglichkeiten?*
  Und:
- *Wie will ich vorgehen, um eine neue, sinnvolle Tätigkeit aufzubauen?*

Wenn das Unternehmen einen Beitrag dazu leistet, daß dieser manchmal längere Prozeß der persönlichen und beruflichen Neuorientierung professionell begleitet wird, zeugt dies von einer konstruktiven, Vertrauen aufbauenden Grundhaltung der Führung. Und es ist auch ein kleines Stück Wiedergutmachung für Unterlassungssünden in der Vergangenheit.

In jedem Fall ist der Weg von der Bekanntgabe der Entscheidung bis zu ihrem endgültigen Vollzug für den Betroffenen ein schwieriger Prozeß – und muß vom Vorgesetzten entsprechend gehandhabt werden. Er darf vor allem nicht flüchten. Er muß sich Zeit nehmen für Gespräche – und er muß sich in diesen Gesprächen auf die schwierige Situation einlassen, in der sich der Betroffene befindet. Nur die schrittweise, aber kontinuierliche Auseinandersetzung mit seiner neuen Lage kann dem Betroffenen helfen, aus dem Schock herauszufinden in zukunftsorientiertes Handeln. Gleichzeitig muß immer ganz klar bleiben, was das Ziel ist – und wann spätestens die Trennung vollzogen sein muß. Auch dieser äußere Druck ist unverzichtbar.

Unsere Empfehlungen mögen hart oder gar »unmenschlich« klingen. In Wirklichkeit ist aber nur das »unmenschlich«, was passiert, wenn Realitäten nicht offen angegangen werden: Die Probleme werden verschleppt; das heikle Personalproblem wird viel zu spät unter akutem Zeitdruck abgewickelt; man geht in offenem Konflikt auseinander.

Im übrigen gehen wir von zweierlei aus. Erstens, Führungskräfte werden nicht gegen ihren Willen befördert. Sie wissen im Grunde genau, daß sie eine anspruchsvolle und mit Risiken verbundene Aufgabe übernehmen – und sie lassen sich dafür auch entsprechend bezahlen. Zweitens, wenn eine Führungskraft wirklich wissen will, wie man über sie denkt und ob sie den Anforderungen genügt, hat sie immer die Möglichkeit, dies in Erfahrung zu bringen. Fälle, in denen die Verantwortung für untragbar gewordene Qualifikationsdefizite einzelner Führungskräfte ausschließlich beim Unternehmen liegt, sind in der Praxis äußerst selten.

Und schließlich: Was menschlich und unmenschlich ist, mißt sich letztlich ausschließlich daran, was mit den Mitarbeiterinnen und Mitarbeitern an der Basis passiert. Es ist erstaunlich, wie leicht die Wirtschaft sich insgesamt tut, Stellen im produktiven Sektor abzubauen – und wie schwer sie sich tut, wenn die Führung betroffen ist. An der Basis sind Entlassungen längst zum Massengeschäft geworden und werden administrativ routiniert abgewickelt. Auf mittleren Führungsebenen wird ein gekündigter Mitarbeiter bereits als individueller Problemfall behandelt. Und ganz oben werden Positionen und Menschen oft gar nicht erst in Frage gestellt. In einem bekannten Großunternehmen wurde unlängst die offizielle Bezeichnung eines umfassend angelegten Programmes zur Analyse der Kostenstruktur – OGK *(Optimierung der Gemeinkosten)* – vom internen Volksmund wie folgt umdefiniert: »*Oben geht keiner.*«

Den Prozeß kreativ gestalten

Die eigentliche Kunst des Managements beginnt dort, wo nicht nur routiniert abgewickelt, sondern kreativ nach neuen Lösungen gesucht wird. Dies bedeutet keineswegs, daß jedes Unternehmen das Rad völlig neu erfinden muß. *Best Practice*-Analysen eignen sich nicht nur für die Eroberung neuer Märkte. Wer sich sorgfältig umguckt und die Ideen und Erfahrungen anderer vorurteilslos prüft, wird erstaunt sein, wieviele Möglichkeiten es gibt, auf die man selbst nie gekommen wäre. Und wenn man erst ein breiteres Spektrum von Möglichkeiten des Vorgehens sieht, wenn verschiedene Alternativen auf dem Tisch liegen, ist man dem sinnvollen Handeln schon ein gutes Stück näher gekommen.

Dies sind einige der Ideen, mit denen heute in der Praxis erfolgreich experimentiert wird:

- *Teilzeitarbeit*
  Damit sind gleich mehrere Vorteile verbunden: Der Personaleinsatz kann den Schwankungen des Arbeitsanfalles entsprechend gesteuert werden. Die Bedürfnisse der Arbeitnehmer/innen können flexibler berücksichtigt werden. Und: Wer Teilzeit arbeitet, leistet erfahrungsgemäß im Durchschnitt pro Zeiteinheit deutlich mehr als eine Vollzeitkraft.

- *Job-sharing*
  Wenn zwei oder mehrere Menschen einen Arbeitsplatz teilen, wird Arbeit nicht nur gerechter verteilt, sondern es ergeben sich leistungsmäßig die gleichen Vorteile wie bei der Teilzeitarbeit. Und: Es gibt so gut wie keine Stellvertretungsprobleme mehr. Bei Krankheiten oder Abwesenheiten kann immer jemand einspringen, der den Job beherrscht. Dies gilt ausdrücklich auch für viele Führungsfunktionen. Was hier im Wege steht, sind in der Regel nicht sachliche Gründe, sondern mentale Barrieren.

- *Selbständigkeit mit einmaliger Starthilfe oder entsprechendem Auftragspolster*
  Wer möglichst vielen Teilbereichen den Weg in die unternehmerische Selbständigkeit ebnet, entlastet das Management, macht Reduktionen des zentralen Kostenblocks möglich und erhöht die Flexibilität des Unternehmens. Durch entsprechende kommunikative Vernetzung der neuen, selbständigen Teile kann eine neue Form des Zusammenspiels nach dem Modell des Netzwerkes bzw. einer virtuellen Organisation geschaffen werden.

- *Zwischenparken in einer Qualifizierungsgesellschaft*
Wenn der Sprung in die Selbständigkeit noch nicht gewagt werden kann, gibt es Übergangsstufen. Es wird eine eigene Gesellschaft gegründet, deren Aufgabe darin besteht, Menschen für neue und andere Herausforderungen zu qualifizieren. Die dafür notwendigen Mittel müssen nicht allein vom Arbeitgeber aufgebracht werden. Alle, denen es ein Anliegen ist, daß Menschen nicht als Sozialfälle in einer dunklen Ecke unserer Gesellschaft landen, können sich beteiligen: die Arbeitnehmer selbst, ihre Organisationen, Arbeits- und Sozialämter sowie andere übergreifende Einrichtungen, die ihrem Zweck nach der Arbeitsgestaltung oder der Qualität unserer Gesellschaft verpflichtet sind.

Keiner dieser Wege ist die Patentlösung für alle Fälle. Nur die Verbindung aller vorhandenen Möglichkeiten und das Erarbeiten situativer Lösungen können zum Ziel führen. Variable Mischformen, insbesondere aber die Vergabe begrenzter Aufgaben oder Arbeitspakete an selbständige Mitarbeiter oder Gruppen, bieten noch weitgehend unausgeschöpfte Möglichkeiten.

Zwei Grundsätze müssen aber unangetastet bleiben.

Erstens, die unternehmerische Verantwortung für das eigene Leben und die Gestaltung der eigenen Zukunft muß beim Arbeitnehmer selbst liegen. Wo diese durch Wohlstand und Verwöhnung zugeschüttet worden ist, kann und muß man sie gegebenenfalls stärken – und zwar nach dem Motto: *Fördern und fordern*. Wo aber gar keine Bereitschaft zur Eigenverantwortung vorhanden ist, fehlt die Grundlage, auf der Beratung und Unterstützung als Hilfe zur Selbsthilfe wirksam werden und zu einem erfolgreichen Neubeginn führen können.

Zweitens, in der Organisation der Arbeit bzw. der relevanten Geschäftsprozesse dürfen keine Kompromisse gemacht werden. Ohne klar erkennbaren Beitrag zur Wertschöpfung dürfen keine Zwischenstufen, Schleifen oder Nischen eingebaut werden, nur um Arbeitsplätze zu erhalten. Die Zeit des Überflusses, in der man sich den Heizer auf der Elektrolok leisten konnte, ist vorbei. Daß dies von manchen Seiten als asoziale Haltung gebrandmarkt werden mag, steht auf einem anderen Blatt. Aber die gleichen Kritiker werden noch lauter schreien – und dann zu Recht –, wenn das Unternehmen seine Bilanz deponieren muß.

Es steht außer Zweifel, daß neue Formen der Arbeitsorganisation gefunden werden müssen – und daß dazu neue Vereinbarungen zwischen Arbeitnehmern, Arbeitgebern und ihren Vertretungsorganen notwendig sind. Doch da ist mehr Partnerschaft gefragt, als in der Praxis im allgemeinen erkennbar wird.

5. Kapitel
Hierarchie und Macht:
Feinde der Veränderung?

Wo immer wesentliche Veränderungen ins Haus stehen, sind Interessen tangiert. Positionen und Privilegien, feingesponnene Netzwerke und Einflußsphären sind bedroht. Da gibt es zwar auch neue Chancen: notorische Schwachstellen und Reibungsverluste zu beheben, möglicherweise schwerwiegende Unwuchten und Ungerechtigkeiten aus der Welt zu schaffen. Aber die Karten werden neu gemischt, Gewinner und Verlierer neu definiert, Einfluß umverteilt. Des einen Hoffnung ist nicht selten des anderen schlimmste Befürchtung.

Was soll's, könnte man sagen – es sitzen ja letztlich alle im gleichen Boot. Wie immer die aktuellen Rollen und Interessen verteilt sein mögen, man wird sich im allseitigen Interesse zusammenraufen – in einem konstruktiven Dialog zu einem gemeinsamen Konsens gelangen, wie die Zukunft am besten zu gestalten ist. Es müssen nur alle ihre Interessen offen auf den Tisch legen und bereit sein, die Interessen der anderen als gleichberechtigt anzuerkennen. In fairen, partnerschaftlichen Verhandlungen wird man Lösungen finden, die allen Interessen in angemessener Weise Rechnung tragen.

Dieser Sozialutopie steht die Realität gegenüber: Machtkampf als normaler Weg der Auseinandersetzung – Powerplay nach dem Motto »Jeder ist sich selbst der Nächste«. Strategie und Taktik, manchmal geradezu sportlich betriebene Machtspiele beherrschen die Szene. Ob Star Wars oder Karate, hängt lediglich vom jeweils verfügbaren Instrumentarium sowie nicht zuletzt von der Stellung in der Hierarchie ab, welche die Machtverhältnisse durch ein klares Oben und Unten strukturell absichert. Dies ist im Unternehmen letztlich nicht anders als in der Politik, in der Kirche, in der Armee oder in einem Fußballverein.

Wer Zustände verändern will, muß sich zunächst mit zwei Fragen auseinandersetzen. Erstens: *»Warum sind die Dinge so, wie sie sind?«* Theoretisch hätten sie sich nämlich auch ganz von selbst ändern können. Das haben sie aber nicht getan. Und: »*Weshalb ist das Bestehende so schwer zu verändern?*« Es sind doch schon verschiedentlich Anstrengungen unternommen worden, etwas zu verändern. Aber sie haben nichts gefruchtet.

Das Schlüsselthema heißt Macht. Es geht um die Frage, wer warum daran interessiert ist, daß sich nichts verändert – welche Macht den Vertretern dieser Interessen zur Verfügung steht und in welcher Form sie ausgeübt wird.

Der Sozialforscher Heinrich Popitz hat in seinem Buch *Prozesse der Machtbildung* ebenso vorurteilslos wie einleuchtend beschrieben, welche Mechanismen der Entstehung von Macht zugrunde liegen. Machiavelli hat Rezepte geliefert – Popitz erklärt, wie und warum sie funktionieren. Wenn wir uns im folgenden darauf beziehen, mag dies zwar stellenweise etwas theoretisch anmuten. Aber wir möchten an Kurt Lewin erinnern, der gesagt hat: »*Es gibt nichts Praktischeres als eine gute Theorie.*« Vieles, was wir im praktischen Leben beobachten, wäre ohne eine fundierte Theorie gar nicht erklärbar. Macht ist solch ein faszinierendes Phänomen. Allein schon ihre Allgegenwart im menschlichen Leben, ihre erstaunliche Wirksamkeit und erst recht die Vielfalt ihrer Erscheinungsformen müssen unsere Neugier wecken. Wie David Hume mal gesagt hat: »*Nothing appears more surprising to those who consider human affairs with a philosophic eye than the easiness with which the many are governed by the few.*«

Vor allem aber: Nur wer das Spiel der Macht kennt und seine Spielregeln beherrscht, hat eine Chance, nicht nur tapfer mit dem Kopf gegen Wände zu rennen oder wie Don Quichotte gegen Windmühlen zu kämpfen, sondern die Verhältnisse zu ändern.

Die Problematik der traditionell-hierarchischen Organisation

Das Modell der traditionellen Organisationsstruktur mit ihrer streng hierarchischen Absicherung von Macht auf allen Stufen ist mit einer ganzen Reihe schwerwiegender, die Gesamteffektivität einschränkender Probleme verbunden:

- Der Kult der Einzelverantwortung – Konsequenz strikter Arbeitsteilung – führt sowohl auf individueller Ebene als auch auf der Ebene von Gruppen und Bereichen zu Konkurrenz statt zu Kooperation.

- Information, Überblick, Einfluß und – in der Folge – das persönliche Engagement nehmen nach oben hin zu und nach unten hin ab – in einer Zeit, da an der Basis »unternehmerisches Denken und Handeln« dringend gefragt wären.

- Das Denken in Positionen – statt in Aufgaben und Funktionen – behindert oder verhindert das Denken und Handeln in dynamischen Abläufen, das heißt in Prozeßketten.

- Die Wege zwischen »oben« und »unten« sind zu lang, zuviel Information versickert auf den verschlungenen Pfaden von unten nach oben und von oben nach unten.

- Zu viele Steuerer in Stab und Linie, die täglich versuchen, ihre Existenz zu rechtfertigen, halten die produktiven Mitarbeiter/innen durch ihre Eingriffe von der Arbeit ab – die Organisation wird schwerfällig.

- Aufgrund ungenügender Vernetzung und ungleicher Verteilung von Macht werden einzelne personelle Schwachstellen für die ganze Organisation oder große Bereiche zu einem untragbaren Risiko.

Doch dies alles sind keine brandheißen, neuen Erkenntnisse. Wir wissen, wie hierarchische Strukturen seinerzeit – vorab in den Bereichen Militär, Religion und Politik – entstanden sind und legitimiert wurden: zur Absicherung der Gesamtsteuerung und zur effizienten Durchsetzung von Entscheidungen in einer Zeit, da Befehl und Gehorsam die anerkannten Muster gesellschaftlichen Handelns darstellten.

Wir kennen mittlerweile aber auch die Nachteile herkömmlicher Organisation in einer völlig veränderten, modernen Welt. Und wir kennen nicht nur die Vorteile, sondern auch die konzeptionellen Grundlagen zukunftsorientierter Organisation. Trotzdem vollziehen sich entsprechende Veränderungen in der Praxis unglaublich zähflüssig. Woran liegt das?

Jede wie auch immer geartete Veränderung der Organisation bedeutet auch eine Veränderung bestehender Machtverhältnisse. Nun ist es ja nicht so, daß moderne, schlanke und dezentrale Strukturen ohne Macht auskommen. Da werden auch Entscheidungen getroffen, wird gesteuert, muß auf Menschen Einfluß genommen werden. Die Frage ist, auf welche Art und Weise dies geschieht.

Eine Gegenüberstellung

Das Spektrum der Möglichkeiten, Einfluß auszuüben, ist außerordentlich vielfältig. Es reicht von der rücksichtslosen und brutalen Ausübung brachialer Gewalt über die legitime Autorität eines Amtes bis hin zu fruchtbarer Überzeugungsarbeit, d. h. der erfolgreichen Beeinflussung aufgrund sozialer Kompetenz.

Wie unterscheidet sich der Weg der klassisch-hierarchischen Macht vom Weg der Sozialkompetenz?

Klassisch-hierarchische Macht will ...	*Sozialkompetenz will ...*
Information und Wissen als Machtmittel verwenden und nur für die Erledigung von Aufgaben selektiv verteilen	frühzeitige, offene und umfassende Information und Kommunikation als Grundlage einer partnerschaftlichen Führungs- bzw. Unternehmenskultur
direktive Führung	Selbststeuerung und Selbstverantwortung
Anpassung und Unterordnung	Autonomie
Durchsetzung auch verdeckter Ziele und geheimer Interessen	Transparenz der Ziele, Absichten und Interessen
Gehorsam, »Loyalität«	selbständiges Denken, kritisches Hinterfragen, offenes Feedback
klare und eindeutige Ordnung	sinnvolle Prozesse
Standardisierung	Vielfalt situativer Lösungen
Arbeitsteilung, Abgrenzung und Konkurrenz	Integration, Kooperation, Vernetzung
Demonstration von Mut und Stärke als Basis der Durchsetzung	Zulassen von Unsicherheit und Angst zur Früherkennung von Problemen
Konflikte durch Schiedsspruch beenden	Konflikte auf dem Verhandlungswege lösen
Kontrolle auf der Basis grundsätzlichen Mißtrauens	Vertrauen nicht nur als Ausdruck menschlicher Wertschätzung, sondern als Weg zu hoher Effektivität

Dies sind zwei völlig verschiedene Wege der Einflußnahme. Wir wollen hier nicht schwarzweißmalen. Aber man muß sich die fundamentalen Unterschiede erst mal bewußtmachen, um erkennen zu können, daß es sich hier um zwei gegensätzliche »Philosophien« bzw. Strategien handelt. Daß sie sich in der Praxis meistens auch noch vermischen, macht die Dinge nicht eben einfacher.

Weshalb Machtverhältnisse so schwer zu verändern sind

Wer nur den herkömmlichen Weg der hierarchischen Macht kennt, wird sich mit Händen und Füßen gegen eine Organisationsform wenden, in der vor allem soziale Kompetenz verlangt ist. Erstens, weil er nicht glaubt, sich selbst im Rahmen einer solchen Organisation den notwendigen Einfluß verschaffen zu können – und zweitens, weil er nicht glaubt, daß eine derartige Organisation in der Praxis überhaupt funktionieren kann.

Der Wandel, der heute ansteht, bedeutet nicht nur eine Veränderung der Struktur, sondern auch eine Veränderung der Kultur. Da geht es um Werte, um innere Einstellungen und um Normen faktischen Verhaltens – nicht zuletzt um die *Art und Weise, wie Einfluß ausgeübt wird*. Dies ist das eine, was in der Praxis außerordentlich schwer zu verändern ist: *menschliches Verhalten* – und am allermeisten dasjenige der Menschen, die es gewohnt sind, andere zu steuern. Und gerade sie sind es, welche die Veränderung eigentlich leiten müßten.

Das zweite, was sich nur sehr schwer verändern läßt, ist die faktische *Machtverteilung*. Man darf sich nicht darum herumdrücken, daß die neuen Formen der Organisation die Macht im Unternehmen breiter verteilen. Nun gibt es aber ein altes Gesetz: Wer Macht hat, setzt sie unter anderem dafür ein, diese nicht zu verlieren. Mit anderen Worten: Macht neigt dazu, sich selbst zu erhalten.

Kernelemente der Machtbildung

• *Die Erotik der Macht*

Macht hat für Mächtige – und solche, die es werden wollen – eine geradezu erotische Anziehungskraft. Um das eigene Erscheinungsbild nicht zu trüben, wird diese Anziehungskraft – ähnlich wie bei der Erotik – systematisch verleugnet oder verdrängt. Dies ändert jedoch nichts an der nachgerade triebhaften Kraft der Macht als Motivator menschlichen Handelns.

- *Mein Recht → Dein Recht → Unser Recht*
Mächtige schützen ihre Macht unter anderem dadurch, daß sie sich gegenseitig bestätigen in ihrem »Recht«, an der Macht zu sein und an der Macht zu bleiben. Dieser Zusammenhalt ist naheliegend. Man hat sich nämlich gegenseitig unmittelbar etwas zu bieten – und zwar die Verteidigung gemeinsamer Privilegien. Dies verläuft nach dem Grundmuster: *Mein* Recht (Einkommen, Besitz, Titel, Position) wird zusammen mit *Deinem* Recht zu *unserem* Recht – und damit zum allgemeinen, nicht weiter zu hinterfragenden Recht.

- *Verstärkung durch Demonstration*
Die Mächtigen verstärken den Eindruck von Macht durch entsprechende Etikettierungen, Statussymbole oder Insignien, wie zum Beispiel Titel, Kleidung, Dienstwagen, Größe und Ausstattung von Büros, exklusiver Zugang zu speziellen Einrichtungen und andere abgrenzende Benefizien – und indem sie diese Insignien der Macht mit einer unübersehbaren, geradezu provokativen Selbstverständlichkeit zur Schau stellen.

- *Selbstentwertung der Machtlosen und Unterprivilegierten*
Diese demonstrierte Selbstverständlichkeit des Besitzes von Macht wirkt sich, ganz wie gewollt, auf die Untergebenen aus: Man verspürt zwar Neid, möchte vielleicht auch gerne selbst zu diesem Kreis der Erwählten gehören, traut sich aber nicht, die bestehende Machtverteilung grundsätzlich in Frage zu stellen.

Im übrigen wird ein geradezu gesetzmäßiger Mechanismus der Selbstentwertung wirksam: Man fühlt sich durch diese eindeutige Machtverteilung auch befreit von aller persönlichen Zuständigkeit – wo die Macht, da die Verantwortung. Man erfüllt nur seine Pflicht – die Verantwortung dafür tragen die Vorgesetzten. Dies ist der Mechanismus, auf dem das Eichmann-Syndrom beruht – die unheilige Allianz zwischen Machtträgern und ausführenden Organen.

Die Anerkennung der Macht durch die Untergebenen, durch unterwerfendes Verhalten sichtbar gemacht, bestätigt wiederum die Gewißheit der Machtträger, daß sie »mit Recht« an der Macht sind.

- *Die Unfähigkeit der »Besitzlosen«, sich zu organisieren*
Wer nichts hat und etwas erwerben will, braucht Verbündete. Einen Verbund geht aber nur ein, wer sich etwas davon verspricht. Außerdem muß

144

er die Risiken absichern, die er eingeht, wenn er Machtansprüche geltend macht. *Solidarität* wird zur unabdingbaren Voraussetzung.

Habenichtse können sich aber schlecht miteinander verbünden, weil sie – ganz im Gegensatz zu den Mächtigen – nur etwas zu erstreiten, aber kein gemeinsames Gut zu verteidigen haben. Es gibt zwar Gemeinsamkeiten: Man leidet unter dem gleichen Mangel; man ist sich einig in der Verurteilung der bestehenden Machtverteilung; man hofft auf bessere Zeiten – allerdings mit der großen Ungewißheit, wie denn die Macht, sollte man wirklich einmal welche erobern, konkret zu verteilen sein würde. Unklar ist auch, ob man später, sollte man wirklich an die Macht gelangen, den Bundesgenossen von heute noch würde trauen können. Alles in allem mehr Fragen als Antworten – und nichts Konkretes, was man sich gegenseitig zu bieten hätte.

Mag der gemeinsame Mangel auch ein gewisses Minimum an Willensenergie liefern, die bestehenden Verhältnisse ändern zu wollen – die ungeklärte Zukunft und die nicht kalkulierbaren Risiken verhindern in der Regel den solidarischen Zusammenschluß, der zu einem gemeinsamen Vorgehen notwendig wäre. So stehen die Ohn-Mächtigen in ihrer Unfähigkeit, sich zu organisieren, dem bestehenden sauber strukturierten Machtkartell ziemlich hilflos gegenüber.

- *Macht bietet allen die Sicherheit einer Ordnung*

Ist die Macht klar verteilt – egal, wie unrechtmäßig sie erworben wurde oder ausgeübt wird –, ist zumindest Ordnung hergestellt: Man weiß, woran man ist, und kann sich darauf einstellen. Diese Ordnung, die Sicherheit gibt, würde gefährden, wer die Verhältnisse ändern wollte.

- *Gehorsam als erste Bürgerpflicht …*

Eine »gute Erziehung« bedeutet für viele die Erziehung zu Gehorsam, Anstand und Anpassung. Solche Verhaltensweisen stabilisieren wiederum – in allen Lebensbereichen – bestehende Ordnungen und Machtstrukturen.

Ungehorsam, Frechheit und Widerstand wurden und werden als sozial unerwünschte »Störungen« empfunden und entsprechend bestraft. Kritisches Denken und offener Widerspruch werden auch heute weder in der Familie noch in der Schule aktiv gefördert. Damit fehlen die mentale Voraussetzung und die soziale Kompetenz für eine gesunde und natürliche Form, Einfluß auf die Verhältnisse im Umfeld zu nehmen. Was bleibt, sind – neben Passivität, Anpassertum und innerer Emigration – Eruptionen aggressiver und gewalttätiger Auflehnung.

- *Die Strategie der partiellen Beteiligung an der Macht*

Wenn jemand sich partout mit der herrschenden Machtverteilung nicht zufriedengibt und den Machtbesitzern immer näher auf den Pelz rückt, bleibt den Mächtigen eine besonders wirksame Abwehr: die *Umarmungsstrategie*. Der Störenfried wird ganz einfach – in fein säuberlich begrenztem Ausmaß – an den Benefizien beteiligt. Der Preis, den er dafür zu zahlen hat: Unterstützung beim Schutz der bestehenden Machtverhältnisse – ab jetzt auch im eigenen Interesse. Auf diese Weise ist er zumindest vorläufig ruhiggestellt, aus der potentiellen Solidarität der Habenichtse herausgebrochen und zur Stütze des Gesamtsystems umfunktioniert.

Strategien der Machtveränderung

Verändern bedeutet immer auch, sich mit »Machtkartellen« anzulegen. Der Erfolg von Veränderungskonzepten ist deshalb im Prinzip immer gefährdet. Veränderungsstrategien können bis zum letzten Augenblick der nicht mehr umkehrbaren Umsetzung von Entscheidungen zum Scheitern gebracht werden, wenn kunstvoll aufgebaute, clever stabilisierte und immer verteidigungsbereite Machtkartelle ihre Interessen gefährdet sehen. Dies ist im Unternehmen nicht anders als in der hohen Politik.

Nun liegt aber die »Weisheit« nicht automatisch bei denen, die gerade das Sagen haben. Die Ziele der Veränderung sind nicht unbedingt kompatibel mit den Zielen der Mächtigen. Es ist immer möglich, daß man mit durchaus legitimen und – mit Blick auf das Ganze – sinnvollen Veränderungsabsichten einer Machtstruktur ins Gehege kommt – und daß diese die Zähne zeigt. Was tun?

Wer eine bestehende Machtstruktur aufweichen und verändern will, braucht nicht nur gute Ideen, sondern muß, um der Veränderung zum Durchbruch verhelfen zu können, eine entsprechende *Gegenmacht* aufbauen. Die Gesetzmäßigkeiten der Machtbildung bleiben sich gleich – unabhängig von den Zielen, für welche die Macht eingesetzt werden soll.

Dies sind die wesentlichen Handlungsmaximen für denjenigen, der sich vorgenommen hat, bestehende Machtverhältnisse zu ändern:

- Die eigene Bereitschaft zu einem nicht geringen Anfangsrisiko sorgfältig klären – und sich bewußt sein, einen möglicherweise langen Weg vor sich zu haben.

- Sich nicht vor den Karren ungeklärter Interessen anderer Leute spannen lassen, sondern sich nur für das einsetzen, was man selbst für richtig und wichtig hält.

- Weder Macht im allgemeinen noch die aktuellen Machtträger verteufeln, sondern selbst gezielt Macht aufbauen und Macht einsetzen, um die Verhältnisse zu ändern.

- Prinzipiell und systematisch alle Machtprivilegien und Statussymbole in Frage stellen; auch und gerade die scheinbaren »Selbstverständlichkeiten« gezielt bezüglich ihrer Funktion hinterfragen.

- Offen Kritik an den bestehenden Verhältnissen üben und Widerstand leisten gegen notorische Mißstände.

- Kritik, Widerspruch und Widerstand als Tugend – d. h. als Kompetenz – propagieren, um verfilzte und erstarrte Strukturen aus dem Gleichgewicht zu bringen.

- Konsequent Ausschau halten nach Gleichgesinnten, und ein Kernteam von Verbündeten bilden, in dem man geistig und psychisch auftanken und alle Schritte des Vorgehens gemeinsam planen kann.

- Schrittweise ein erweitertes Netzwerk von Verbündeten aufbauen, das durch das Kernteam sorgfältig gepflegt und koordiniert wird.

- Wenn die »Hausmacht« stabil genug geworden ist: Vorbereitung eines solidarischen Vorgehens zur Durchsetzung der gemeinsamen Ziele.

Die Erfahrung in der Praxis zeigt: Der letzte Schritt als formaler Akt erübrigt sich sehr häufig. Aufgrund vielfältiger informeller Auswirkungen des Netzwerkes verändern sich schrittweise – manchmal fast unmerklich – Einstellungen, Verhaltensweisen und Einflußsphären im Umfeld. Die bestehenden Verhältnisse haben sich dann oft ohne weiteres Dazutun in der angestrebten Richtung verändert, bevor das sorgfältig aufgebaute Machtpotential im Rahmen einer solidarischen Aktion gezielt eingesetzt werden muß.

Ein altes Tabu wird entzaubert

Möglicherweise haben Sie beim Lesen dieses Kapitels ein merkwürdiges Gefühl in der Magengrube verspürt. Vielleicht waren Sie stellenweise peinlich berührt und haben sich gefragt: Werden hier linke Ideologien verbreitet? Wird hier Anleitung zur Revolution oder zum Terror geboten?

Falls dem so gewesen sein sollte, wäre dies der Grund: Macht ist ein *Tabu.* Es gehört sich nicht, darüber zu sprechen – und wenn man Verbotenes tut, hat man nun mal seltsame Gefühle. Macht spielt zwar im Leben der Menschen eine ganz zentrale Rolle – aber sie ist offiziell »kein Thema«. Auch Träger massiver formaler Macht – Spitzenpolitiker oder Leiter großer Unternehmen – leugnen, wenn sie darauf angesprochen werden, mit absoluter Regelmäßigkeit und im Brustton der Überzeugung ihre Macht oder spielen sie dramatisch herunter. Dies geschieht noch nicht mal immer bewußt und reflektiert, sondern häufig ganz instinktiv: Man ist lediglich »Vermittler zwischen unterschiedlichen Interessengruppen«, »Diener der Allgemeinheit« oder schlicht »einer von vielen engagierten Mitarbeitern dieses Unternehmens«. Es ist wie mit dem Sex: Jeder weiß, daß es ihn gibt, und daß er eine ganz wichtige Rolle spielt im Leben der Menschen – aber es ist nicht »salonfähig«, darüber zu sprechen.

Wie stark dieses Tabu wirkt, erkennt man daran, daß das Thema Macht in der Ausbildung von Managern schlicht nicht vorkommt. Nun ist Macht im Management eines der wichtigsten Instrumente zur Durchsetzung von Entscheidungen; im Rahmen einer Hierarchie ist jeder täglich Macht ausgesetzt – und jeder setzt sie selbst täglich ein; man ist dafür angestellt und bezahlt, Massen von Menschen zu lenken und zu beeinflussen – aber das Thema Macht »existiert nicht«. Wie ist dies zu erklären?

Exakt hier beginnt im Grunde der spannende Weg in die Anatomie der Macht: *Tabus sind immer auch – manchmal sogar in erster Linie – Mittel zur Erhaltung bestehender Machtverhältnisse.* Solange Macht ein Tabu bleibt, solange wird nicht allenthalben kritisch darüber gesprochen – und solange besteht keine große Gefahr, daß die bestehenden Machtverhältnisse hinterfragt, in Zweifel gezogen und zur Veränderung vorgeschlagen werden. Das ungeschriebene »Verbot«, über Macht im allgemeinen und über die in einer bestimmten Organisation hier und jetzt herrschenden Machtverhältnisse im besonderen zu sprechen, hat also durchaus seinen tieferen Sinn.

Wir vertreten in diesem Buch folgenden Standpunkt:

1. *Macht ist an sich weder gut noch schlecht. Was Macht »gut« oder »schlecht« macht, sind ausschließlich die Ziele, für die sie eingesetzt wird.*

2. *Macht ist ein Instrument zur Durchsetzung von Entscheidungen in Organisationen. Große Organisationen sind ohne Einsatz von Macht gar nicht steuerbar.*

3. *Macht gehört nicht tabuisiert, sondern – genau wie alle anderen Instrumente der Führung und Beeinflussung – transparent gemacht und regelmäßig kritisch hinterfragt im Hinblick auf ihre Ziele, ihre Funktion sowie die Art und Weise ihrer Ausübung.*

4. *Wer in Organisationen Veränderungsprozesse steuern und etwas bewegen will, kann es sich gar nicht leisten, sich schamhaft um das Thema Macht herumzudrücken. Er muß die Gesetze kennen, die der Bildung und Erhaltung von Macht zugrunde liegen. Erstens, weil er früher oder später bestehende Machtverhältnisse in Frage stellen und gegebenenfalls verändern muß. Und zweitens, weil dies mit guten Argumenten und frommen Wünschen nicht zu schaffen ist. Er braucht dazu selbst Macht. Und wenn er diese nicht schon hat, muß er sie aufbauen.*

Wir können deshalb Führungskräften, gleich welcher Ebene, nur herzlich empfehlen, sich mit den Mechanismen der Machtbildung eingehend zu befassen. Die Beschäftigung mit diesem Thema ist nicht nur außerordentlich spannend, sondern auch von größtem Nutzen für den praktischen Alltag. Wer ein Profi sein will, muß die Instrumente beherrschen, auf denen er spielen will. Die Entscheidung, welche Melodie gespielt wird, ist dem einzelnen damit noch lange nicht abgenommen.

6. Kapitel
Charta des Managements von Veränderungen

Primat des Transfers

Wenn Veränderungen der Organisation anstehen, glauben viele kluge Leute – oberste Entscheidungsträger und qualifizierte Spezialisten genauso wie teuer bezahlte Berater –, ihr Job sei getan, wenn sie dafür gesorgt haben, daß entsprechende Konzepte auf dem Tisch liegen. Auf die Analyse und die Konzeptentwicklung wird die größte Sorgfalt und in der Regel auch die meiste Zeit verwendet – viele Monate, manchmal sogar Jahre kann die Inkubationszeit in Anspruch nehmen. Wenn dann aus dem Allerheiligsten weißer Rauch aufsteigt, kann es mit der Umsetzung nicht schnell genug gehen – und anschließend wundert man sich, warum das, was so professionell erarbeitet wurde und auf dem Papier so logisch erscheint, in der Praxis nicht funktioniert.

In Tat und Wahrheit ist es gar nicht so furchtbar schwierig, ein gutes Konzept zu entwickeln. Manchmal genügt es, mit den richtigen Leuten in Ruhe zu reden – und schon ist im wesentlichen klar, wohin die Reise gehen sollte. Aber Konzeptentwicklung ist eine angenehme Arbeit. Man kann sie am grünen Tisch verrichten, und niemand macht sich dabei die Hände schmutzig. Kein Wunder also, daß sich manch einer gerne recht ausgiebig damit beschäftigt.

Nein, die Konzeptarbeit ist wirklich nicht der kritische Teil eines Veränderungsprozesses. Wirklich schwierig ist nur eines: die Realisierung. Die Kunst der Fuge besteht nicht darin, Konzeptvorlagen zu entwerfen und zu verabschieden, sondern darin, diese in die Praxis umzusetzen. Auf den *Transfer* kommt es an – und an nichts anderem hat der Erfolg sich zu messen.

Aus diesem absoluten Primat des Transfers leitet sich das ab, was man die Charta des Managements von Veränderungen nennen könnte: acht Prinzipien des Vorgehens, die letztlich alle ein und demselben Ziel dienen, nämlich die spätere *Umsetzung zu sichern*. Wenn der kritische Engpaß »Trans-

151

Abbildung 10

Charta des Managements von Veränderungen

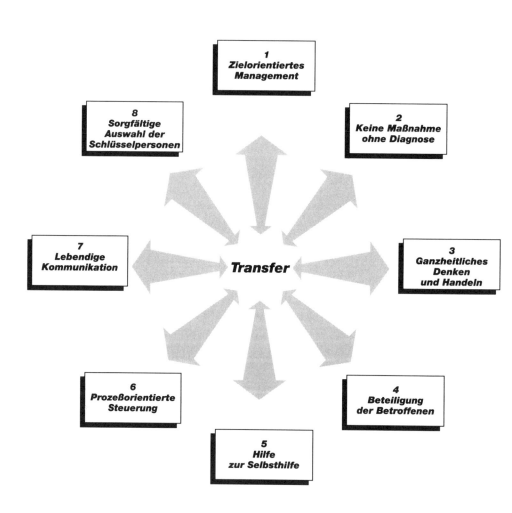

fer« heißt, dann bedeutet dies logischerweise, daß man von allem Anfang an – bereits im Vorfeld eines Projektes – an das eigentliche Ziel, die Realisierung, denken und bei jedem einzelnen Schritt sorgfältig darauf achten muß, *optimale Voraussetzungen für die praktische Umsetzung* zu schaffen.

Dies sind die acht Prinzipien im Überblick (siehe Abbildung 10):

- Zielorientiertes Management
- Keine Maßnahme ohne Diagnose
- Ganzheitliches Denken und Handeln
- Beteiligung der Betroffenen
- Hilfe zur Selbsthilfe
- Prozeßorientierte Steuerung
- Lebendige Kommunikation
- Sorgfältige Auswahl der Schlüsselpersonen.

Sie bilden ein äußerst effektives Managementkonzept. Es handelt sich allerdings nicht um eine Sammlung möglicher Optionen, unter denen man situativ mal die eine, mal die andere auswählen kann. Die Grundsätze ergänzen sich gegenseitig und müssen alle gleichzeitig beachtet werden, wenn der Erfolg nicht in Frage gestellt sein soll.

1. Grundsatz:
Zielorientiertes Management

Es mag banal erscheinen, wenn hier als erstes auf eine scheinbare Selbstverständlichkeit hingewiesen wird: *Ein Projekt, das brauchbare Ergebnisse zeitigen soll, muß zielorientiert geführt werden.* Es gehört zu den verhängnisvollen Mißverständnissen unserer Zeit, zu glauben, menschenorientierte und partizipative Führung – wie wir sie in diesem Buche auch propagieren – vertrage sich nicht mit systematischer Planung, Steuerung und Kontrolle. Vertreter einer falsch verstandenen humanistischen Psychologie – »Softies« und »Psycho-Freaks«, wie die modernen Sozialwissenschaften sie nun mal auch hervorgebracht haben – werfen ihren Bannstrahl auf alles, was nach Hierarchie und nach Macht riecht. Führung ist für sie von vornherein suspekt. In Wirklichkeit ist es gerade umgekehrt: Ohne Führung wird Partizipation zur Fahrt ins Blaue und endet früher oder später im Gestrüpp.

Über folgende Punkte sollte zu Beginn der Projektarbeit Klarheit herrschen:

1. *Ausgangslage*
   - Wo drückt der Schuh?
   - Warum ist Veränderung angesagt?
   - Wie begründet sich der Handlungsbedarf?

2. *Zielsetzung*
   - Welches sind die Ziele des Projektes?
   - Was soll durch das Projekt konkret erreicht werden?
   - Was wird danach anders sein, als es jetzt ist?

3. *Erfolgskriterien*
   - Welches sind die Kriterien der Zielerfüllung?
   - Wie soll der Projekterfolg qualitativ beurteilt werden?
   - Wie soll der Projekterfolg quantitativ gemessen werden?

4. *Organisation*
   - Wie sollen die Aufgaben verteilt sein – wer tut was?
   - Wer ist für Koordination und Steuerung zuständig?
   - Wo liegt die Verantwortung für Entscheidungen?

5. *Planung*
   - In welchen Phasen verläuft die Projektarbeit – und was passiert konkret in jeder einzelnen Phase?
   - Welches sind die wichtigsten »Meilensteine« – und was muß bis zu diesen Fixpunkten jeweils geleistet sein?
   - Wie sieht der Terminplan des Projektes aus? Wann muß jede einzelne Phase, wann das Gesamtprojekt abgeschlossen sein?

6. *Kontrolle*
   - Wie soll der Projektfortschritt kontrolliert werden?
   - Wann und wie soll jeweils eine kritische Zwischenbilanz gemacht werden?
   - Wer hat die Befugnis, bei Zielabweichungen korrigierend einzugreifen?

Jeder einzelne dieser fünf Punkte ist von entscheidender Bedeutung für ein sinnvolles Zusammenwirken aller Beteiligten im Rahmen der Projektarbeit, für den ökonomischen Einsatz der zur Verfügung stehenden Ressourcen, für konkrete Ergebnisse – und damit letztlich für die spätere *Umsetzung der Projektziele in die Praxis.* Das Schaffen der Grundlagen für ein zielorientiertes Management des Projektes ist deshalb der erste Schritt, wenn die Notwendigkeit einer Veränderung einmal erkannt ist.

2. Grundsatz:
Keine Maßnahme ohne Diagnose

Auch dies ist ein scheinbarer Gemeinplatz: daß am Anfang jeder Veränderung eine *sorgfältige Lagebeurteilung* stehen muß. Aber genau hier nimmt das spätere Unheil sehr oft seinen Anfang: Man glaubt, die Situation zur Genüge zu kennen, und beginnt mit der Entwicklung von Konzepten – anstatt die *Ist-Situation* systematisch zu analysieren und den *Soll-Zustand* möglichst konkret zu beschreiben.

In der Medizin gilt der Satz: »*Jede Therapie ist nur so gut wie die ihr zugrunde liegende Diagnose.*« Keiner, der sich in die Obhut eines Arztes begibt, würde dies in Frage stellen. Auf die Organisationsentwicklung übertragen, kann man formulieren: »*Eine gute Analyse ist der halbe Projekterfolg.*« Diese Erkenntnis ist allerdings noch lange nicht Allgemeingut geworden.

Die Daten-Grundlage für die Beurteilung der aktuellen Situation in einer bestimmten Organisationseinheit kann nur von denjenigen geliefert werden, die in dieser Organisationseinheit arbeiten. Und häufig genug wissen auch nur sie, was sinnvollerweise verändert werden sollte. Am Anfang eines Veränderungsprojektes steht deshalb fast immer eine Befragung der betroffenen Mitarbeiter und Führungskräfte:

- *Was läuft gut?*
- *Was läuft nicht so gut?*
- *Was für Veränderungen sind angezeigt?*
- *Wie könnten sie realisiert werden?*

Wenn alle Betroffenen sich zu diesen Fragen geäußert haben, liegt in der Regel alles notwendige Material auf dem Tisch, um erfolgversprechende Lösungskonzepte zu entwickeln.

In der Regel empfiehlt es sich, bei der Diagnose in vier Schritten vorzugehen:

1. *Datenerhebung*
   Befragung

2. *Datenverdichtung*
   Reduktion der Datenflut auf das Wesentliche

3. *Datenfeedback*
   Information aller Beteiligten über die Ergebnisse

4. Datenanalyse

Analyse der Zusammenhänge, Definition der Schwachstellen, Aufzeigen von Lösungsansätzen

Zugegeben: Mit einer guten Analyse ist es nicht getan. In manch einem Unternehmen wird sogar zuviel analysiert – und zuwenig gehandelt. Es gibt auch Situationen, in denen eine Analyse der Ist-Situation überhaupt nichts bringt. Etwa, wenn es darum geht, auf der grünen Wiese eine neue Fabrik aufzubauen; wenn in einem bestehenden Betrieb die Organisation für völlig neue Aktivitäten total umgekrempelt werden soll; oder wenn kurz vor dem endgültigen Zusammenbruch eines Unternehmens ein »Turn-around« eingeleitet werden muß. Doch dies sind spezielle Situationen. In den meisten Fällen ist man gut beraten, die Situation, die man verändern will, zunächst einmal gründlich zu untersuchen. Nur wer die Innereien seines Weckers kennt und die Mechanik seines Uhrwerks versteht, kann ihn reparieren, wenn er nicht mehr richtig funktioniert.

3. Grundsatz:
Ganzheitliches Denken und Handeln

Eine der häufigsten Ursachen für Fehlschläge bei Veränderungsprojekten liegt darin, daß Technokraten am Werk sind, die bei ihrer Planung alle technischen, strukturellen und ökonomischen Aspekte berücksichtigen – und alle menschlichen und zwischenmenschlichen Aspekte ebenso konsequent mißachten.

Die Unterlassungssünden beginnen häufig bereits bei der *Analyse der Ist-Situation*: Die technischen und ökonomischen Strukturen und Abläufe werden eingehend untersucht – Arbeitsklima, Motivation, Führungsstil, Entscheidungsvorgänge, Zusammenarbeit innerhalb und zwischen den einzelnen Organisationseinheiten sind keine Themen.

Die einseitige Sichtweise setzt sich fort bei der *Gestaltung der Projektarbeit*: Das Projekt wird systematisch durchgeplant und straff organisiert – aber ob die Belegschaft die Projektziele verstanden und akzeptiert hat, ob die einzelnen Gremien personell richtig zusammengesetzt sind, und ob die eingesetzten Mitarbeiter die vorgesehenen Aufgaben in der zur Verfügung gestellten Zeit erfüllen können, interessiert niemanden.

Und bei der *Konzeption der zukünftigen Organisationsstruktur* wiederholt sich das gleiche Muster. Da wird beispielsweise ein gertenschlanker Organisationsplan mit wenigen Hierarchieebenen und breiten Führungsspannen entworfen – und niemand prüft, ob diese Struktur mit der herrschenden Führungskultur in Einklang zu bringen ist und ob die vorhandenen Führungskräfte aufgrund ihrer Fähigkeiten und Erfahrungen überhaupt in der Lage sind, breite Führungsspannen zu managen.

Ganzheitliches Denken und Handeln in Organisationen bedeutet, nicht nur der »Hardware« Beachtung zu schenken, sondern auch der »Software«. Das Phänomen »Organisation« muß im Grunde immer unter drei Gesichtspunkten betrachtet werden:

- *Strukturen*
  Aufbauorganisation, Ablauforganisation, Führungssysteme

- *Verhalten*
  Motivation und Identifikation, Kommunikation und Kooperation

- *Kultur*
  geschriebene und ungeschriebene Gesetze und Spielregeln, Belohnungs- und Sanktionsprinzipien.

Ganzheitliches Denken und Handeln bedeutet ferner, sorgfältig auf wichtige *Vernetzungen* zu achten. Im Wirkungsgefüge einer komplexen Organisation kommt es nicht nur auf die Struktur und die innere Verfassung der einzelnen Organisationseinheiten an. Zwischen menschlichen Individuen, Gruppen und Organisationseinheiten kommt es in der Praxis zu dynamischen *Wechselwirkungen.* Es gibt immer wieder Schwachstellen, deren Ursache weder in der einen noch in der anderen Organisationseinheit gefunden werden kann. Der Grund: Sie liegt ausschließlich in einer *Dysfunktionalität* des Zusammenspiels begründet.

Wenn in einem Unternehmen beispielsweise vorgeschrieben ist, daß jede einzelne Rechnung von fünf oder sechs Stellen einzeln geprüft werden muß – in manch einer öffentlichen Verwaltung findet man auf den abgelegten Fakturen Girlanden von zehn oder zwanzig Unterschriften! –, ist mit an Sicherheit grenzender Wahrscheinlichkeit anzunehmen, daß keine einzige Rechnung sorgfältig geprüft wird. Jeder geht nämlich davon aus, daß die bei ihm vorbeizirkulierende Rechnung entweder schon mehrmals geprüft worden ist oder noch von soundso vielen anderen Instanzen eingehend geprüft werden wird. Und niemandem ist letztlich ein Vorwurf zu machen. Jeder einzelne handelt im Grunde durchaus vernünftig. Sollten nämlich alle Beteiligten auf die Idee kommen, jede einzelne Rechnung vorschriftsgemäß sorgfältig zu prüfen, würde der gesamte Betrieb innerhalb kürzester Zeit zusammenbrechen, weil alle nur noch mit der Prüfung von Rechnungen beschäftigt wären. Die Lösung des Problems wird denn auch nicht darin bestehen, die einzelnen Mitarbeiter wegen mangelnder Arbeitsdisziplin zu verwarnen, sondern darin, die Vorschrift zu ändern.

Wer die Mehrdimensionalität der Organisation immer im Auge behält und gleichzeitig auf wichtige Vernetzungen achtet – bei der Beurteilung der *Ausgangslage*, bei der Gestaltung der *Projektarbeit* und bei der Gestaltung neuer *Konzepte* –, läuft kaum Gefahr, wesentliche Einflußfaktoren zu übersehen. Er wird Störfaktoren erkennen und beheben können, bevor er mit einem möglicherweise kostspieligen Projekt auf Grund gelaufen ist.

4. Grundsatz:
Beteiligung der Betroffenen

Es gibt drei gute Gründe, bei Veränderungsprozessen die betroffenen Mitarbeiterinnen und Mitarbeiter aktiv in die Projektarbeit sowie in die Entscheidungsvorbereitung einzubeziehen:

1. *Bessere Entscheidungen – praxisgerechtere Lösungen*
   Nur die unmittelbar Betroffenen kennen die Details und wissen, auf was besonders geachtet werden muß, damit die neue Organisation in der Praxis dann auch wirklich funktioniert.

2. *Erzeugen von Motivation*
   Wer an der Erarbeitung von Lösungen aktiv beteiligt gewesen ist, engagiert sich anschließend persönlich für deren Umsetzung.

3. *Identifikation mit dem Unternehmen*
   Wer aktiv in die Projektarbeit und in die Entscheidungsvorbereitung einbezogen wird, fühlt sich als Partner ernst genommen – und identifiziert sich persönlich mit dem Unternehmen.

Entscheidend ist allerdings, daß die Mitarbeiter von Beginn an – bereits bei der Analyse der Ist-Situation – aktiv einbezogen werden. Nur wer die Ausgangslage kennt und die Hintergründe versteht, kann sich mit Überzeugung hinter die Konsequenzen stellen.

Zwei besonders weit verbreitete Vorurteile sind an dieser Stelle zu entkräften.

Vorurteil Nr. 1: »*Mitarbeiter beteiligen kostet viel Zeit – mehr Zeit, als man in der Praxis normalerweise zur Verfügung hat.*« Jawohl, Mitarbeiter beteiligen kostet Zeit – mehr Zeit, als ein direktiver Alleingang in Anspruch nehmen würde. Aber: Diese Zeit wird während und nach der Realisierung um ein Mehrfaches wieder hereingeholt. Im übrigen kann man mit gut motivierten Mitarbeitern – wenn tatsächlich hoher Zeitdruck herrscht – durchaus flott vorankommen. In neun von zehn Fällen ist jedoch der hochnotpeinliche Zeitdruck von A bis Z hausgemacht: Die Führung hat jahrelang die Probleme anstehen lassen und im Vorfeld des Projektes dann auch noch die Entscheidungen verschleppt – und alle wissen das.

Vorurteil Nr. 2: »*Wenn jeder bei allem mitreden will, wird bei uns nur noch geredet anstatt gearbeitet.*« Irrtum: Die Mitarbeiter wollen überhaupt nicht bei allen Fragen mitreden. Sie wollen nur bei denjenigen Fragen mitreden, von denen sie selbst in ihrer täglichen Arbeit direkt betroffen sind und zu denen sie aufgrund ihrer Kenntnisse und Erfahrungen auch etwas Sinnvolles beitragen können. Es ist im Gegenteil eine wichtige Aufgabe der Führung, die Projektarbeit so zu organisieren, daß alle dort – und nur dort – beteiligt werden, wo sie persönlich etwas beitragen können und wollen.

Sinnvolle Partizipation ist nicht einfach eine Frage des Führungsstils, sondern sehr wesentlich eine Frage der Organisation. Der Komplexitätsgrad der bei Veränderungsprojekten anfallenden Aufgaben erfordert in der Regel qualifizierte Teamarbeit. Teambildung und Teamentwicklung spielen deshalb beim Organisieren von partizipativen Problemlösungsprozessen eine ganz zentrale Rolle. Dies wiederum bedeutet: *Gruppendynamische Basis-Kenntnisse* gehören zum unverzichtbaren Rüstzeug einer Führungskraft, die im Rahmen innovativer Projekte eine leitende Funktion übernimmt.

5. Grundsatz:
Hilfe zur Selbsthilfe

Die Arbeit in Veränderungsprozessen beruht letztlich – bei aller notwendigen Führung – auf *dezentraler Selbstorganisation* der beteiligten Mitarbeiter und Mitarbeitergruppen. Die Projektarbeit vollzieht sich im wesentlichen im hierarchiefreien Raum. Gleichzeitig handelt es sich aber um innovative und damit um anspruchsvolle Arbeit – um *dispositive* und *kon-*

zeptionelle Aufgaben außerhalb der täglichen Routine, nicht selten sogar außerhalb jeglicher bisheriger Ausbildung und Erfahrung. Dies macht Projektarbeit in der Regel für alle Beteiligten interessant und motivierend: Man lernt neue Fragestellungen kennen; man wirkt bei der Gestaltung neuer Lösungen mit. Aber: Man bewegt sich häufig außerhalb dessen, was man wirklich beherrscht. Man ist bis an die Grenzen der Kompetenz – und manchmal darüber hinaus – gefordert.

- Nicht jeder hat im Laufe seiner bisherigen beruflichen Aus- und Fortbildung die Methodik von Problemlösungs- und Entscheidungsprozessen kennengelernt; für manch einen ist die Beschäftigung mit organisatorischen Strukturen und Abläufen völliges Neuland; und wer erstmals mit Kollegen aus ganz anderen Funktionen und Bereichen konfrontiert ist, muß möglicherweise zunächst so viel Neues aufnehmen, daß er gar nicht in der Lage ist, eigene Beiträge zu leisten.

- Nicht jeder weiß, wie in einem Team ohne hierarchischen Leiter diskutiert und kooperiert werden muß; manch einer kennt keinen anderen Umgang mit Konflikten, als ihnen auszuweichen; der eine ist noch nie auf seine Unart aufmerksam gemacht worden, anderen ständig ins Wort zu fallen; der zweite traut sich nicht, in Gegenwart hierarchisch Höhergestellter eine abweichende Meinung zu äußern; und es gibt hochbezahlte Manager, die überhaupt nichts dabei finden, langfristig angesetzte und gemeinsam vereinbarte Sitzungstermine platzen zu lassen, weil sie gerade etwas besseres vorhaben.

- Fast in jedem größeren Projekt kommt es vor, daß ein Mitarbeiter entgegen allen vorherigen Abmachungen von seinem Linienvorgesetzten für wichtige Projekt-Termine nicht freigegeben wird; daß ein Team für die Erfüllung seiner Aufgabe Mittel benötigt, die in keinem Budget vorgesehen sind; oder daß aufgrund äußerer Einflüsse Zielkorrekturen oder Terminverschiebungen vorgenommen werden müssen.

Kurz: Es gibt in jedem Veränderungsprozeß und in jedem noch so gut organisierten Projekt immer wieder Situationen, in denen die Arbeit eines Teams verzögert oder blockiert wird – und die Teammitglieder mangels entsprechenden Know-hows oder eigener Kompetenzen nicht in der Lage sind, das Problem aus eigener Kraft zu lösen.

Die Führung muß deshalb von Anfang an darauf eingestellt sein, dann und dort, wo sich dies als notwendig erweist, unterstützend tätig zu werden. Je nach Situation können folgende Formen von Unterstützung gefragt sein:

- *Feedback:* Bei gruppeninternen Schwierigkeiten genügt es manchmal, dem Team den Spiegel vorzuhalten, d. h. ihm ungeschminkt mitzuteilen, was dem kritischen Beobachter auffällt – und schon sorgt die Gruppe selbsttätig für Abhilfe.

- *Ausbildung:* Vermittlung von theoretischen Grundlagen (z. B. Organisationslehre) und methodischem Know-how (z. B. Problemlösungstechnik) oder Verhaltenstraining (z. B. Kommunikation und Kooperation im Team).

- *Moderation:* Externe Unterstützung bei Arbeitsklausuren und Workshop-Veranstaltungen: Strukturierung der Arbeitsprozesse, Gesprächsmoderation, Visualisierung.

- *Beratung:* Persönliches Coaching durch einen Vorgesetzten, Unterstützung durch interne Fachspezialisten oder Begleitung durch externe Berater – sei es angesichts besonders anspruchsvoller fachlicher Problemstellungen, sei es in akuten Konflikt- oder Krisensituationen.

- *Entscheidung:* Freigabe von Ressourcen: Manpower, Mittel, Räume, Material, Termine.

Gleich welche Form der Unterstützung gebraucht wird oder angezeigt erscheint: das Ziel muß immer sein, die betreffenden Mitarbeiter bzw. Teams *so schnell wie möglich wieder selbständig handlungsfähig* zu machen. Die Unterstützung muß sich ausschließlich nach der unmittelbaren Bedarfslage richten und möglichst in homöopathischen Dosen verabreicht werden. Alles, was darüber hinausgeht, lädt zur Rückdelegation ein und erzeugt Unselbständigkeit. Es gibt sogar Situationen, in denen die einzig wirklich hilfreiche Unterstützung darin besteht, *keine Unterstützung* zu geben. In jedem Falle gilt der Grundsatz: *Wer wirksame Hilfe zur Selbsthilfe leisten will, muß sich immer mit einem Bein auf dem Rückzug befinden!* Daß sich manch ein Vorgesetzter oder Berater damit schwertut, steht auf einem anderen Blatt. Das Gefühl, gebraucht zu werden, ist nun mal eine süße Droge.

6. Grundsatz:
Prozeßorientierte Steuerung

Wo immer zur Herstellung eines Produktes komplexe Arbeitsvorgänge ablaufen, ist eine flexible Feinsteuerung erforderlich. In der Chemie müssen die Arbeitsprozesse im Hinblick auf die Kontinuität der Produktion ununterbrochen überwacht und reguliert werden. An allen kritischen Stellen sind Sensoren angebracht. Diese messen regelmäßig die vor Ort herrschenden Drücke, Temperaturen und Mischungsverhältnisse. Die Meßwerte werden durch fest installierte Feedback-Mechanismen in die Steuerungszentrale gemeldet. Kleinste Abweichungen von den Soll-Werten führen zu fein dosierten Korrekturen der Energie- oder Materialzufuhr. Und bei größeren Abweichungen wird die Produktion zurückgefahren oder ganz stillgelegt, damit es nicht zu einer ernsthaften Panne kommt.

Exakt darum geht es auch in Arbeitsprozessen, an denen Menschen beteiligt sind: um die *Dosierung des Tempos,* um die *laufende Entstörung,* um den sorgfältigen *Abschluß eines wichtigen Arbeitsschrittes, bevor der nächste in Angriff genommen wird.* Im Bereich der menschlichen Arbeit ist prozeßorientierte Steuerung sogar noch viel wichtiger als im Bereich rein technischer Arbeitsvorgänge. Die Komplexität des menschlichen Wesens übertrifft diejenige einer Maschine um ein Vielfaches. Und wenn – wie dies bei Veränderungsprozessen der Fall ist – auch noch viele Menschen in wechselnden Rollen und Gruppierungen zusammenwirken, ist es schlicht nicht mehr möglich, immer vorauszusehen, wann an welcher Stelle ein Störfaktor oder ein Reibungsverlust auftritt. Da gibt es nur eines: die Hand am Puls des Geschehens halten – und steuernd eingreifen, wenn die Situation dies erfordert.

Zwei Faktoren machen das Geschehen im menschlichen und zwischenmenschlichen Bereich ebenso interessant wie schwer vorhersehbar:

Erstens, Menschen sind zwar immer noch intelligenter als Computer, aber die Geschwindigkeit, mit der sie Neues aufnehmen und verarbeiten können, ist vergleichsweise begrenzt. Mit anderen Worten: Man hat es bei Veränderungsprojekten nicht nur mit *Arbeitsprozessen,* sondern immer auch mit *Lernprozessen* zu tun. Jeder Mensch und jedes Team haben ihre spezifische Lernkurve, die sich immer nur in der jeweils aktuellen Situation erkennen läßt. In einem Veränderungsprozeß verkraftbare Schritte machen setzt voraus, daß man die beteiligten Menschen zwar fordert, aber nicht überfordert; daß man sie nicht durch forciertes Tempo »abhängt«; daß man ihnen Gelegenheit gibt, die einzelnen Arbeitsschritte zu »verdauen« und die innere Logik des Projektverlaufes nachzuvollziehen.

Zweitens, bei Menschen hat man es nicht nur mit sachlichen – und damit letztlich logisch erfaßbaren – Zusammenhängen zu tun, sondern immer auch mit Emotionen. Was die Menschen innerlich bewegt – ihre Be-

162

dürfnisse und Interessen, ihre Hoffnungen und Befürchtungen, ihre Freude und ihr Ärger – beeinflußt ihr Verhalten weit mehr als alles, was äußerlich sichtbar zutage liegt. Wer deshalb mit Menschen arbeitet und sie für gemeinsame Ziele gewinnen will, muß auf ihre *innere Verfassung*, ihre *Gefühle* und ihre *Stimmungslage* Rücksicht nehmen. Dazu benötigt man keinen Zauberstab. Die Menschen geben von sich aus Signale, welche ihre emotionale Lage erkennen lassen. Aber man muß auf diese Signale achten, man muß sie ernst nehmen – und man muß bereit sein, einen Zwischenhalt einzuschalten, wenn plötzlich Spannungen auftreten oder auffallende Lustlosigkeit um sich greift.

Prozeßorientierte Steuerung setzt dreierlei voraus:

- *Regelmäßige Prozeß-Analyse:*
  - »Management by wandering around«: Mit den Leuten an der Front über ihre Arbeit reden – und gut zuhören!
  - Regelmäßige gemeinsame Zwischenbilanz und »Manöverkritik«.

- *Bearbeitung von Widerständen und Konflikten:*
  - Auftretende Widerstände aufnehmen – im Gespräch Ursachen und Hintergründe erforschen.
  - Gemeinsam Vorgehensweisen festlegen, die für alle akzeptabel sind.
  - Konflikte nicht verdrängen, sondern offenlegen – Konfliktparteien an einen Tisch – Meinungs- und Interessenhintergründe klären – Konfliktlösungen partnerschaftlich aushandeln.

- *Rollende Planung:*
  - Flexibilität in der operativen Feinplanung.
  - Steuerung unter Berücksichtigung situativer Gegebenheiten.
  (Aber: Konsequentes Einhalten von Phasenplan und Eckterminen!)

Vier Dimensionen müssen immer besonders sorgfältig im Auge behalten werden:

- *Energie*
  Wo liegt die »ownership«? Wer sind die wichtigsten Verbündeten und Promotoren?

- *Macht*
  Wie können die »Schlüssel-Hierarchen«, wie die informellen »Opinion Leaders« motiviert werden?

- *Kräftefeld*
  Was gibt es insgesamt für fördernde, was für hindernde Faktoren und Einflüsse?

163

- *Vernetzungen*
  In was für ein Umfeld ist das Projekt eingebettet? Wer muß wann aktiv einbezogen oder informiert werden?

Nicht jeder Widerstand und jeder Konflikt können gelöst werden. Wessen Arbeitsplatz und Beschäftigung ernsthaft gefährdet ist, den kann man nicht für engagierte und kreative Mitarbeit bei der Umgestaltung der Organisation motivieren. Wer von seinen Vorgesetzten in der Vergangenheit bezüglich vorgesehener Veränderungen immer wieder angelogen worden ist, wird weder durch Absichtserklärungen noch durch gutes Zureden plötzlich Vertrauen in die Führung gewinnen und bereit sein, sich für eine gemeinsame Sache ins Zeug zu legen. Unter einigermaßen normalen Verhältnissen gibt es aber in der Praxis kaum Konflikte, aus denen sich nicht durch offene, konstruktive und partnerschaftliche Auseinandersetzung ein Ausweg finden läßt.

7. Grundsatz:
Sorgfältige Auswahl der Schlüsselpersonen

Es gibt ein Gesetz, das jeder kennen muß, der in Organisationen etwas bewegen will: *Prozesse laufen über Personen.* Dies gilt ganz besonders für Entwicklungs- und Veränderungsprozesse. Bei allen großen Revolutionen und Reformbewegungen gibt es den einen oder die wenigen, ohne die die Geschichte anders geschrieben worden wäre. Und es sind immer einige wenige, die die Dinge in einem Sportklub, in einer Dorfgemeinde oder in einem Betrieb voranbringen. Die große Mehrheit kann durchaus für eine Idee gewonnen werden – von den Vordenkern und Vorreitern. Aber sie bewegt sich nicht von selbst.

Wer eine Veränderung vorhat, muß sich bereits im Vorfeld drei Fragen stellen:

1. *Wo sind die wichtigsten potentiellen »Verbündeten«, mit denen man gemeinsame Sache machen kann?*

2. *Wo sind die »Opinion Leaders«, die für die Idee gewonnen werden müssen, wenn die Mehrheit mitziehen soll?*

3. *Wer hat das Zeug dazu, den Veränderungsprozeß – oder wichtige Arbeitsschritte – zu leiten?*

In der Praxis werden diese drei Schlüsselfragen leider allzu häufig gar nicht erst gestellt. Da werden Mitarbeiter zu Projektleitern gemacht, weil sie gerade anderweitig nicht allzu stark belastet sind, oder weil man ihnen – als »Bonbon« für geleistete Dienste oder als Impuls für die individuelle Entwicklung – »doch mal die Leitung eines Projektes übergeben könnte«. Und bei der Besetzung eines Projektkoordinationsteams wird gefragt: »Wer alles sollte hier vertreten sein oder berücksichtigt werden, damit die Kirche im Dorf bleibt?« Das einzig entscheidende, nämlich die Eignung, ist überhaupt kein Thema. Resultat: Das Projekt wird in den Sand gefahren.

Daß man bei der Besetzung von Positionen in der Normalorganisation dafür sorgen sollte, daß »*der richtige Mann am richtigen Platz*« ist, hat sich mittlerweile herumgesprochen – obschon auch hier nicht selten gewaltige Sünden begangen werden. Daß aber bei Projekten ebenfalls eine qualifizierte Personalpolitik gefragt wäre, ist vielerorts noch völlig unbekannt. Dabei wirken sich Fehlbesetzungen in Projekten viel schneller aus, weil die Beteiligten sich außerhalb einer fest etablierten Hierarchie sowie außerhalb ihrer fachlichen Routine bewegen – und im übrigen nicht allzuviel Zeit haben, sich aufeinander einzuspielen. Da ist qualifizierte Führung besonders wichtig.

Wenn Mitarbeiter für *steuernde und koordinierende Funktionen im Rahmen von Veränderungsprozessen* ausgewählt werden, haben folgende Kriterien oberste Priorität:

1. *Offene, ehrliche und unkomplizierte Art, mit Menschen umzugehen*
   Die Fähigkeit, Vertrauen aufzubauen, ist die vielleicht wichtigste Voraussetzung für erfolgreiche Projektarbeit überhaupt.

2. *In der Praxis erprobte Fähigkeit, mit anderen in Teams zusammenzuarbeiten*
   Projektarbeit vollzieht sich im wesentlichen in Teams – und nur wenn diese funktionieren, führt die Arbeit zu brauchbaren Ergebnissen.

3. *Fähigkeit, zuzuhören, und sich in die emotionale Lage anderer Menschen hineinversetzen zu können*
   Nur wer auf Menschen eingehen und Widerstände rechtzeitig erkennen kann, ist in der Lage, Prozesse richtig zu steuern.

4. *Mut zu Entscheidungen – Entschlossenheit, Dinge vorwärtszubringen*
   In einem Veränderungsprozeß müssen laufend Entscheidungen getroffen werden – manchmal auch unangenehme. Wer nicht handelt, verpaßt Chancen, die nie mehr wiederkehren. Die Probleme eskalieren zu Krisen.

Abbildung 11

Die zehn wichtigsten »To do's« und »Not to do's«

1

Unklare Gedanken – diffuse Ziele

⇩

Transparente Projektziele – plausible Begründungen

2

Schlampig zusammengestiefeltes Projektteam

⇩

Handverlesene Auswahl der Schlüsselleute

3

»High-pressure selling« pfannenfertiger Konzepte

⇩

Beteiligung der Betroffenen bei der Erarbeitung von Lösungen

4

Efficiency-Fetischismus

⇩

Realistische Zeitplanung

5

Kaltstart

⇩

Sorgfältige Vorbereitung und »Kick-off«-Phase

6

Lieblingsideen als »hidden agenda«

⇩

Lieblingsideen als erstes offen auf den Tisch

7
Vorgehen nach Taktfahrplan
⇩
Sensible und flexible Steuerung des Prozesses

8
Widerstand brechen
⇩
Konstruktiver Umgang mit Widerstand

9
Konflikte vermeiden
⇩
Konflikte offenlegen und bearbeiten

10
Kabinettspolitik und Geheimratsdiplomatie
⇩
Offene Information – lebendige Kommunikation

5. *Hohe Akzeptanz bei Mitarbeitern und Führungskräften*
Man glaubt gar nicht, wie leicht viele Dinge über die Bühne gehen –
wenn sie nur von jemandem vorgeschlagen werden, auf den gerne
gehört wird; und wie alles und jedes zum Problem werden kann, wenn
die falsche Person es vorgebracht hat.

Alles andere kann allenfalls durch Schulung erworben werden. Die per-
sönlichkeits- und verhaltensbezogenen Voraussetzungen dagegen müssen
im vorhinein beurteilt werden. Sie können nicht kurzfristig – wenn überhaupt – antrainiert werden.
Selbstverständlich kann man nicht an alle zu besetzenden Funktionen
allzu hohe persönliche Anforderungen stellen. Letztlich muß man in jeder Organisation mit den Menschen leben und arbeiten, die nun mal da
sind. Aber bei den entscheidenden Koordinationsgremien und Leitungs-
funktionen darf man keine Kompromisse machen. Man kann im Laufe eines Projektes vieles ändern, wenn sich dies als notwendig erweist: die Auf-

gabenverteilung, den Zeitplan, wenn es sein muß, sogar die Zielsetzung. Fehler bei der Besetzung von Schlüsselfunktionen aber lassen sich praktisch nicht mehr korrigieren.

Die Führungsfrage stellt sich heute grundsätzlich anders als noch vor fünf oder zehn Jahren. Da konnte man es sich leisten, mal hier und mal da einen unfähigen Vorgesetzten oder Projektleiter sein Unwesen treiben zu lassen. Heute erfolgt die Quittung für gutes oder schlechtes Management ebenso rasch wie knallhart – und oft genug sind Massen von Menschen und Arbeitsplätzen von den Konsequenzen betroffen. Es ist deshalb nicht nur eine Frage der Effektivität, sondern letztlich auch der Ethik, dafür zu sorgen, daß die richtigen Leute an den Schlüsselstellen sitzen.

Die Erfahrung zeigt, daß es Menschen gibt, die aufgrund ihrer Fähigkeiten und ihrer Persönlichkeit geeignet sind, Veränderungsprozesse voranzubringen – und andere, die dafür von vornherein ungeeignet sind. Die richtige oder die falsche Person an die Schlüsselstelle gesetzt – das macht in der Praxis oft den Unterschied zwischen Erfolg und Mißerfolg eines Projektes aus. Es gibt keinen schnelleren und effizienteren Weg, um Veränderungen in Gang zu bringen und erfolgreich zu verwirklichen, als die richtigen Leute auszuwählen und in Schlüsselfunktionen einzusetzen. Mit einigen wenigen wirklich fähigen Mitarbeitern, die das gleiche wollen, gut kooperieren und konsequent am gleichen Strick ziehen, kann man Berge versetzen. Aber auf die Personen kommt es an, zuallererst. Über Personen steuert man letztlich die Prozesse.

8. Grundsatz:
Lebendige Kommunikation

Die meisten Menschen sind weder dumm noch widerborstig. Sie lassen sich verhältnismäßig leicht führen und machen auch bei unpopulären Maßnahmen erstaunlich bereitwillig mit – vorausgesetzt, sie haben die Ziele verstanden und als sinnvoll, oder sogar notwendig, akzeptiert. Dies bedeutet: Die Führung muß Überzeugungsarbeit leisten – und die Grundlage dafür ist lebendige Kommunikation.

Angesichts der Bedeutung der Kommunikation als Steuerungsinstrument haben wir diesem Thema ein eigenes Kapitel gewidmet (*Gestaltung der Kommunikation*, S. 305 ff). Hier vorweg nur folgende Bemerkungen.

- *Information ist nicht Kommunikation.*
  Wer Menschen für ein Vorhaben gewinnen will, muß mit Ihnen sprechen – von Angesicht zu Angesicht. Er muß auf ihre Bedürfnisse und Anliegen, ihre Hoffnungen und Befürchtungen eingehen – im offenen Dialog. Und er muß bereit sein, mit den Menschen Wege des Vorgehens zu vereinbaren, auf denen sie mitgehen können.

- *Mit individuellen Kontakten und Teamgesprächen top-down in der Führungskaskade allein ist dies nicht zu schaffen.*
  Veranstaltungen in größeren Führungs- und Mitarbeiterkreisen sind notwendig – damit alle das gleiche hören, sofort ihre Fragen stellen können und den Dialog mit der Führung »live« miterleben. Ohne gelegentliche, in regelmäßigen Zeitabständen stattfindende Dialog-Veranstaltungen in größeren Kreisen lassen sich umfangreiche Projekte heute praktisch nicht mehr effizient steuern.

- *Auch wenn reiner Informationstransport notwendig ist, müssen – wo immer möglich – interaktive Formen gewählt werden:*
  Informationsmärkte oder Präsentationen mit anschließender Diskussion in Kleingruppen und Möglichkeit für Rückfragen und Kommentare im Plenum.

- *Bei größeren und umfassenderen Projekten muß ein eigenes Kommunikationskonzept erarbeitet werden.*
  Es muß bereits vor dem Start klar sein, wer in welchen zeitlichen Abständen in welcher Form aktiv in den Dialog oder in den Informationsfluß einbezogen werden muß – und wer für die entsprechenden Aktivitäten verantwortlich sein wird.

- *Das allgemeine Interesse an der Projektarbeit muß konsequent wachgehalten werden.*
  Dazu gehört, daß während der Projektarbeit laufend über interessante Aktivitäten sowie insbesondere über Erfolge berichtet wird. Das Projekt muß als Thema aktuell bleiben, das Interesse der Belegschaft muß wachgehalten werden. Eine lebendige und aktuelle Projekt-Zeitung kann hierfür ein äußerst nützliches Medium sein.

- *»Management by wandering around«*
  Regelmäßige, direkte Kontakte mit der Front bzw. Basis. Mit den Leuten reden. Fragen beantworten – aber auch Fragen stellen. Dies ist unverzichtbar – sowohl um die »Temperatur« fühlen, als auch um die notwendige Überzeugungsarbeit leisten zu können.

- *Last but not least: Das Ganze muß auch Spaß machen!*
  »Lebendig« heißt nicht zuletzt gefühlsnah, spontan, frech und unkompliziert. Mit einer guten Prise Humor. Glanzfolie, hochgestochener Jargon, bürokratische Perfektion und tierischer Ernst haben hier nichts zu suchen. Sonst breitet sich nur gähnende Langeweile aus.

Teil III
Blick in die Werkstatt

1. Kapitel
Instrumente und Verfahren der Unternehmensentwicklung

Viele Wege führen nach Rom – ein Überblick

Im Prinzip steht uns eine fast verwirrende Vielfalt von Methoden, Instrumenten und Verfahren zur Verfügung, um die Entwicklung eines Unternehmens voranzutreiben. Zur besseren Orientierung verwenden wir bei unserer Gesamtübersicht (siehe Abbildung. 12) folgende Ordnungskategorien:

- *Adressat der Maßnahme (Intervention)*
  - der einzelne
  - die Gruppe
  - das gesamte Unternehmen oder wesentliche Teile
  - relevante Umwelten des Unternehmens

- *Art der Maßnahme (Intervention)*
  - eher über weiche Faktoren
    (Wissen und Können, Einstellungen und Verhalten)
  - eher über harte Faktoren
    (Strukturen und Abläufe, Systeme und Regelungen).

Wir sagen bewußt ›eher‹; denn es gibt Instrumente und Verfahren, bei denen eine eindeutige Zuordnung schwerfällt, weil sie sowohl bei harten als auch bei weichen Faktoren ansetzen.

173

Abbildung 12

Instrumente, Methoden und Verfahren der Unternehmensentwicklung

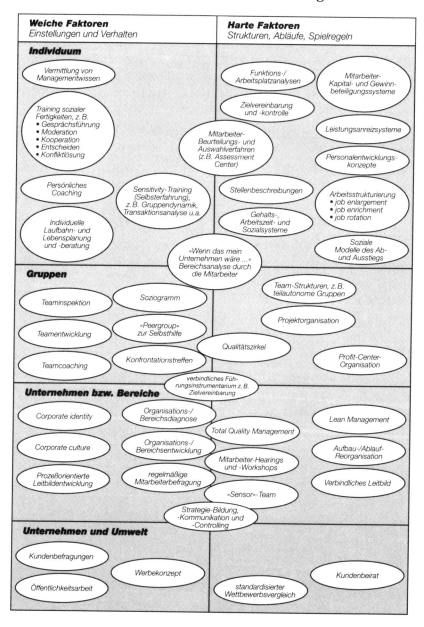

Sie können eigentlich wie in einer Cafeteria auswählen, was immer Ihnen für das Management von Veränderungen in Ihrem Unternehmen besonders zweckdienlich erscheint. Einiges davon ist geradezu selbstverständliches Handwerkszeug der Führung. Hier werden wir es bei der Erwähnung belassen. Anderes scheint uns erklärungsbedürftig, vor allem im Hinblick darauf, daß Sie die Instrumente gegebenenfalls selbst einsetzen können. Solche Methoden und Verfahren werden wir im folgenden kurz erläutern oder in weiteren Kapiteln ausführlicher beschreiben.

Der einzelne als Adressat von Maßnahmen

Strategien und Konzepte sind nur so gut, wie sie von den betroffenen Menschen akzeptiert und umgesetzt werden. Ob dies geschieht, hängt sehr stark von den Rahmenbedingungen im Arbeitsumfeld der Mitarbeiter ab. Das Umfeld kann Handeln erleichtern, aktiv unterstützen, erschweren oder nahezu unmöglich machen. Je stärker sich Mitarbeiter in ihren Erwartungen, Wertvorstellungen und Qualifikationen unterscheiden, desto weniger werden sie sich über einen Kamm scheren lassen, desto mehr lohnt es sich, sich mit den einzelnen Individuen zu beschäftigen, ihre persönlichen Voraussetzungen und Erwartungen kennenzulernen und diesen mit maßgeschneiderten Maßnahmen gerecht zu werden.

Fortbildungsmaßnahmen zum Thema Führung und Management

Unser Verhalten ist zu einem wesentlichen Teil das Ergebnis von entsprechenden Mustern, die wir im Kopf haben. Wir haben zum Beispiel ein ganz bestimmtes Bild darüber, was eine gute und was eine schlechte Besprechung ausmacht – wo auch immer dieses Bild herstammt. Von diesem »Modell« lassen wir uns leiten, wenn wir Besprechungen durchzuführen haben. Von diesem Bild lassen wir uns auch leiten, wenn wir als Teilnehmer einer Konferenz beurteilen, ob wir eher zufrieden oder unzufrieden sind.

Wir haben solche Vorstellungen von »Führung«, »Kommunikation«, »Kooperation«, »Konflikten« u. a. m. Alle Maßnahmen, die dazu dienen, sich solcher Bilder im Kopf bewußt zu werden, sie auf ihre Brauchbarkeit für heutige Anforderungen zu überprüfen und zu ihrer zeitgemäßen Weiterentwicklung beizutragen, sind hilfreich. Dazu gehört die theoretische Beschäftigung mit modernen Führungs- und Managementkonzepten ebenso wie das Training daraus ableitbarer Fertigkeiten – etwa, wie man ein Mitarbeitergespräch führt, wie man Gruppengespräche moderiert, welche Modelle der Entscheidungsfindung oder des Umgangs mit Konflikten sich in welcher Situation anbieten. Fortbildungsmaßnahmen sind wichtige Trockenübungen, die Sicherheit geben, Kondition aufbauen und letztlich Verhalten verändern helfen.

Sensitivity-Training

Sozialkompetenz, d. h. der erfolgreiche Umgang mit anderen Menschen – gerade auch in spannungsgeladenen Situationen –, ist immer stärker gefragt. Wer diesem Anspruch genügen will, muß ein gutes Gespür haben für die Gefühle von anderen. Dies aber setzt voraus, daß er *mit sich selbst* in gutem Kontakt ist, d. h. sich der eigenen Gefühle bewußt ist, und weiß, wie er auf andere wirkt. Viele Menschen machen das ganz spontan und hervorragend. Nicht immer aber ist gute Fachkompetenz mit der notwendigen Sozialkompetenz gepaart. Sogenannte Sensitivity-Trainings dienen dazu, sich selbst im Spiegel einer Gruppe zu erkunden, Defizite in der Wahrnehmung zu entdecken und neue Verhaltensweisen auszuprobieren. Dazu werden unterschiedliche Methoden angeboten. Am meisten erprobt sind: das gruppendynamische Verhaltenstraining, die Transaktionsanalyse, die Themenzentrierte Interaktion, der aus der Familientherapie abgeleitete systemische Ansatz. Das Ziel ist immer soziales Lernen durch Selbsterfahrung in der Gruppe.

Entscheidende Kriterien für den Einsatz oder die Empfehlung einer solchen Trainingsmaßnahme sind: Freiwilligkeit der Teilnahme, fachlich kompetente Leitung und ein Umfeld, das es ermöglicht, sich ohne Furcht vor Verletzungen zu öffnen, Ungewohntes an sich heranzulassen und mit neuen Verhaltensweisen zu experimentieren.

Coaching

Oft liegt aber das Problem nicht darin, daß Führungskräften das theoretische Rüstzeug, das methodische Know-how oder der gute Wille fehlt. Es geht vielmehr darum, in der operativen Hektik des Alltags den konkreten Weg zu finden, das, was man eigentlich weiß und im Prinzip auch will, konkret und konsequent in die Führungspraxis umzusetzen. Man nimmt sich nicht die notwendige Zeit dazu. Im Klartext : man setzt andere Prioritäten.

Wer sich von einem Berater begleiten läßt, verpflichtet sich zu einer geregelten, kritischen Überprüfung seines Verhaltens und seiner Vorgehensweisen im Arbeitsfeld – und damit letztlich zu einer Konfrontation mit sich selbst. Die Themen können sowohl vom Manager selbst als auch vom Coach eingebracht werden. Die eigene Rolle als Führungskraft, Vorgehensweisen im Umgang mit Mitarbeitern, Kollegen, Vorgesetzten und Kunden, die Bearbeitung von emotionalen Verstrickungen, strategische Überlegungen zur Entwicklung des Unternehmens oder des Bereiches, Fragen der persönlichen Laufbahn- und Lebensplanung können bearbeitet werden. Ziel ist nicht nur die gemeinsame Reflexion und Analyse, sondern vor allem auch das Entwickeln von Handlungsszenarien und Entscheidungsalternativen.

Allerdings entbindet eine solche ›private Beratungsbeziehung‹ den Manager nicht vom direkten Feedback der Mitarbeiter, Kollegen und Kunden. Ein Coach darf nicht zur beruflichen Hauptbezugsperson, zur Grauen Eminenz, zum geheimen Drahtzieher hinter den Kulissen werden.

Strukturelle und organisatorische Regelungen

Die Effizienz von Mitarbeitern hängt nicht nur von ihrer Qualifikation, der Art der Führung und ihrer Motivation ab, sondern auch davon, wie klar und attraktiv ihre Arbeit strukturiert ist. Weiß jeder genau, was von ihm erwartet wird? Weiß er, nach welchen Kriterien, wann, wie und von wem er beurteilt wird? Sind die Kompetenzen und Ressourcen klar zugeteilt und geregelt? Weiß man, wie man es zu etwas bringen kann und was passiert, wenn die Leistungsfähigkeit nachläßt? Sind diese Regelungen zeitgemäß und attraktiv?

Vor dem Hintergrund solcher und ähnlicher Fragestellungen lassen sich zum Beispiel *Funktionen und Arbeitsplätze analysieren*: Ist der Mitarbeiter darin lediglich als ausführendes Organ vorgesehen oder als jemand, der selbständig und verantwortlich zu handeln in der Lage ist? Ist er ausschließlich als verfügbares Instrument des Unternehmens eingeplant, oder sind Funktionen und Arbeitsplätze so gestaltet, daß die Mitarbeiter sich darin auch bezüglich eigener Lebens- und Entwicklungsbedürfnisse entfalten können?

Gezielte Erweiterung *(Job-enlargement)*, Anreicherung *(Job-enrichment)* und Wechsel von Tätigkeiten *(Job-rotation)* haben sich schon länger als hervorragende Instrumente erwiesen, zwei Fliegen mit einer Klappe zu schlagen: Impulse für die Unternehmensentwicklung setzen und gleichzeitig Personalentwicklung betreiben.

Zuständigkeiten sowie *Leistungsanreiz- und Förderungssysteme* nicht einfach vorschreiben, sondern *die Betroffenen an ihrer Entwicklung beteiligen* – dies ist eine weitere Möglichkeit, die Attraktivität der Arbeitsbedingungen zu steigern.

Noch ist es keineswegs selbstverständlich, die Arbeit statt durch Anweisungen über *Zielvereinbarungen* zu steuern. Noch weniger gehört es zum allgemeinen Standard, anhand geeigneter *Controlling-Systeme* dem einzelnen oder einer Gruppe zu ermöglichen, die Qualität und den Erfolg der eigenen Arbeit so zu kontrollieren, daß sie bei Abweichungen rechtzeitig und selbständig gegensteuern können.

Wenn die Anforderungen an den einzelnen sich immer schneller verändern, wenn die Arbeitsbedingungen härter werden, wenn sich gleichzeitig die Form der Organisation laufend den wechselnden Anforderungen anpassen muß, entsteht leicht ein ungutes Klima, geprägt von Leistungsdruck, Unsicherheit und Unberechenbarkeit. Es wächst die Angst, plötzlich diesen unberechenbaren Anforderungen nicht mehr gewachsen zu sein. Es müssen deshalb nicht nur *geregelte und motivierende Wege des Aufstiegs*, sondern ebenso *geregelte und attraktive Wege des Abstiegs* geschaffen werden, auf die man sich einstellen und denen man vertrauen kann. Die Realität sieht heute vielerorts noch ganz anders aus: Wer vor Ideen und Kraft strotzt, darf noch nicht – wer darf und soll, kann nicht mehr. Man wird nicht für Zukünftiges, sondern für Vergangenes belohnt und nach oben befördert – und irgendeinmal steht jeder im Weg. Dies ist keine neue Erkenntnis. Alle wissen im Grunde, daß es so nicht wirklich funktionieren kann. Aber erst ganz wenige Unternehmen haben begonnen, konkret über sozial verträgliche Ab- und Ausstiegswege nachzudenken.

Eine ganz einfache Frage

Angestellte Mitarbeiter neigen dazu, Probleme in ihrem Arbeitsumfeld schicksalhaft hinzunehmen, ganz einfach, weil es ja letztlich nicht um ihr eigenes Geld geht. Die Frage *»Wenn das mein Unternehmen wäre – was würde ich verändern?«* kann eingefahrene Wahrnehmungs- und Denkblockaden auflösen und kreative Ideen freisetzen. Adressat dieser Übung kann der einzelne Mitarbeiter sein, eine Gruppe, eine Abteilung oder ein Bereich.

Diese Aufgabe kann man unterschiedlich anlegen: Eine *allgemeine schriftliche Befragung* unter diesem Leitmotiv hat den Vorteil, daß sich alle eingeladen und um ihren Rat gefragt fühlen. Wenn alle gefragt sind, kann dies andererseits dazu führen, daß sich keiner so richtig gefragt fühlt. Deshalb hat es sich auch als vorteilhaft erwiesen, *einzelne Personen oder Bereiche nach Maßgabe ihrer strategischen Bedeutung* herauszugreifen und gezielt um ihren Beitrag zu bitten. Eine spezielle Variante besteht darin, ein *interdisziplinäres Analyseteam* zu bilden und mit der Erarbeitung von Vorschlägen zu beauftragen.

Die Fragestellung kann völlig offen sein. Sie kann sich aber auch eines vorgegebenen Instrumentes bedienen, z.B. einer Checkliste zur Unternehmensanalyse (siehe 14. Kap. *Kriterien erfolgreicher Unternehmensführung* S. 443 ff.).

Bei der Gruppe ansetzen

Vielleicht hat es sich noch nicht überall herumgesprochen, aber: *Eine Gruppe ist mehr als die Summe der einzelnen Mitglieder.* Vielfältige sozialpsychologische Untersuchungen belegen die besondere Dynamik und Leistungsfähigkeit von Gruppen – speziell, wenn es um Konfliktbehandlung und Problemlösung geht. Unter den richtigen Rahmenbedingungen entwickeln Gruppen ein *hohes Maß an Selbststeuerung und Selbstorganisation.* Wie kann man diese Vorteile nutzen?

Mehr Gruppe wagen

Viele Organisationen sind völlig überreguliert. Dicke Handbücher und eine Flut interner Dienstanweisungen sind Beleg dafür. Bis ins kleinste ist alles geregelt. Die Perfektion der Regelung steht in keinem Verhältnis zu ihrer Bedeutung. Ausgenommen natürlich Situationen, in denen die exakte Einhaltung von Qualitäts- und Sicherheitsnormen von geradezu existentieller Tragweite ist, z. B. im Flugbetrieb oder im medizinischen Bereich. Überregulierung schafft verantwortungsarme Zonen. Jeder kann sich hinter den wahrscheinlichen Defiziten und Versäumnissen anderer, die in der Kette der Einzelaufgaben vor oder nach ihm kommen, verstecken. Letztlich ist er über solche Defizite sogar froh, enthebt ihn dies doch der Notwendigkeit, den eigenen Beitrag rechtzeitig bereitzuhalten.

Alternativen dazu:

- Aufgabenfelder und Problemstellungen, die am besten durch gemeinsames, interdisziplinäres Denken und Handeln bearbeitet werden, auf Gruppen übertragen.

- Solchen Gruppen zwar das Ziel ihrer Aufgabe klar benennen, die dazu notwendige strategische Hintergrundinformation geben, mit ihnen die Rahmenbedingungen, Spielregeln und Ressourcen aushandeln – aber ihnen selbst überlassen, wie sie die Dinge im einzelnen regeln, wie die Aufgaben und Rollen konkret zu verteilen sind, z. B. wer innerhalb der Gruppe welche Aufgaben und Funktionen übernimmt.

- Bestimmte Aufgaben können einer solchen »teilautonomen Gruppe« auf Dauer zugeordnet werden, andere als Projekt mit klarer zeitlicher Begrenzung.

Solche Gruppen benötigen allerdings auch ein Mitspracherecht in bezug auf Personalentwicklung, Qualifizierung sowie leistungsbezogene Einkommensanteile.

Die Bedeutung von »Systempflege«

Diese Art von Gruppenorganisation kommt nur dann voll zum Tragen und kann ihre im Prinzip mögliche Wirkungskraft nur dann entfalten, wenn ausreichend in die Entwicklung, Pflege und Wartung sowohl der Organisation als auch der menschlichen Beziehungen investiert wird. Eine Gruppe wird nicht anhand rein organisatorischer Spielregeln zu einem funktionierenden Team. Die Teammitglieder können sich in Konflikte verstricken. Gruppen können aber auch die Energie verlieren, erstarren und zum Selbstzweck degenerieren. In manchen Unternehmen gibt es eine Fülle von obsolet gewordenen Projektgruppen oder Arbeitskreisen, die ohne klare Zielsetzung, ohne Führung und ohne besonderes Engagement ihrer Mitglieder vor sich hin dümpeln. Der soziale Kontakt im Team sowie gegebenenfalls der Status der Teamzugehörigkeit reichen oft genug als Motivatoren – und wenn kein Chef da ist, der die Gruppe auflöst, überdauert sie auch ohne echte Funktion und ohne konkrete Aufgaben Monate oder gar Jahre.

Wer solche Degenerationserscheinungen verhindern will, muß in regelmäßigen Abständen für Bestandsaufnahme sorgen: Zielvorgaben, Aufgabenstellung, Zusammensetzung der Gruppe, Rollenverteilung, Spielregeln der Gruppenkultur sowie die Ausstattung mit Ressourcen und

Kompetenzen sind kritisch zu hinterfragen und müssen neu begründet werden. Ist letzteres nicht möglich, muß die Gruppe aufgelöst werden.

Durch teamorientierte Struktur- und Ablauforganisation, durch dynamische Systeme der Selbstorganisation, spart man also keinen Aufwand, man verlagert ihn nur. Statt des Aufwandes für Kästchenmalerei und das Erfinden vielfältiger Vorschriften entsteht Pflegeaufwand. Der Gewinn: Flexibilität und Zeit – durch kleinere, reaktionsschnelle unternehmerische Einheiten.

Ob hierarchisch strukturierter Bereich, ob interdisziplinäre Projektgruppe oder teilautonome Gruppe – sich einmal pro Jahr einem »Systemcheck« unterziehen ist das mindeste, was sich eine Organisationseinheit leisten sollte. Eine solche *Teaminspektion* kann einen oder mehrere Tage dauern. Sie kann in Eigenregie erfolgen oder von einem externen Moderator geleitet werden.

Entscheidend ist, daß

- alle *Dimensionen* ausgeleuchtet werden, die für die Effizienz und Motivation von Belang sind, insbesondere:
  - *Leistung aus Sicht der externen oder internen Kunden*
  - *Qualität der Methoden und Verfahren*
  - *Rollenverteilung und Zusammenspiel untereinander*
  - *Betriebsklima und Arbeitszufriedenheit*
  - *strategische Perspektiven;*

- *genügend Zeit* zur Verfügung steht, damit vorhandene Probleme nicht nur oberflächlich angerissen, sondern in Ruhe und lösungsorientiert durchgearbeitet werden können;

- eine *Atmosphäre* geschaffen wird, in der es möglich ist, Kritik konstruktiv zu äußern und zu akzeptieren.

Unterschiedliche Modelle der Systempflege

Ein jährlicher »Großputz« reicht allerdings nicht immer aus. Je nach Situation kann es notwendig sein, daß ein Team sich in Form von *Teamsupervision* oder *Teamcoaching* in zeitlich kürzeren Abständen einer ›Rüttelstrecke‹ unterzieht. Dies hat zwei Vorteile. Zum einen müssen Unzulänglichkeiten und Störungen nicht über einen längeren Zeitraum bis zur nächsten Wartung aufgehoben werden, sondern können ohne Verzug bearbeitet werden. Zum zweiten ist es möglich, komplexere Probleme über einen gewissen Zeitraum hinweg in verkraftbaren Schritten zu bearbeiten. Dazu kommt, daß bei einem etwas engeren Rhythmus das »Gesetz des Wiedersehens« zu spielen beginnt: Gewisse Unarten kommen schon gar nicht erst auf, weiß man doch, daß sie beim nächsten Treffen ohnehin angesprochen würden. Das Selbsthilfesystem der Gruppe wird stärker aktiviert.

Eine spezielle, aber altbewährte Form der Überprüfung des internen Zusammenspiels von Gruppen besteht darin, sich von einem psychologisch Geschulten während einer Routinebesprechung beobachten und sich anschließend gezielte Rückmeldungen geben zu lassen *(Prozeß-Feedback)*. Durch den Einsatz von Videoaufzeichnungen können solche Rückmeldungen besonders eindrücklich gestaltet werden.

Eine Gruppe kann ihrem Innenleben aber auch dadurch auf die Spur kommen und vorhandene Störungen bereinigen, daß sie ihr emotionales Beziehungsgefüge zum Thema macht. Mit Hilfe eines *Soziogramms* wird analysiert, welche Art von Beziehungen die Mitglieder untereinander pflegen und wie sich dieses Beziehungssystem auf die Leistungsfähigkeit und die Zusammenarbeit in der Gruppe auswirkt. Dazu werden die Beziehungen der Gruppenmitglieder untereinander aufgrund konkreter Fragestellungen (z. B.: *Wer steht wem nahe bzw. nicht nahe?*) erfaßt und in Form einer sozialen »Landkarte« graphisch dargestellt, so daß jedes Gruppenmitglied seine Stellung in der Gruppe klar erkennen kann. Ganz entscheidend für diese Übung ist allerdings, daß eine tragfähige Vertrauensbasis in der Gesamtgruppe besteht, damit die unweigerlich auch sichtbar werdenden »Ablehnungen« verkraftet werden können. Außerdem muß genügend Zeit investiert werden, um die Ergebnisse gemeinsam zu diskutieren. Sonst kann dieses Instrument nicht nur viel Flurschaden anrichten, sondern die gesamten Lernchancen sind vertan – nach dem Motto: *»Viel erlebt – und nichts verstanden!«*

Steht das Zusammenwirken zwischen zwei Gruppen zur Debatte, können die wechselseitigen Arbeitsbeziehungen im Rahmen eines sogenannten *Konfrontations- bzw. Konfliktlösungstreffens* geklärt und neu verhandelt werden. In Anbetracht der zunehmenden praktischen Bedeutung dieses Verfahrens haben wir es in einem eigenen Kapitel »*Konfliktmanagement*« (S. 369 ff.) eingehend beschrieben.

Qualitätszirkel

Qualitätszirkel einrichten heißt

Mitarbeitern die Möglichkeit geben, sich in Gruppen zusammenzutun und systematisch über Verbesserungen am eigenen Arbeitsplatz sowie im engeren Arbeitsumfeld nachzudenken.

Andere Bezeichnungen dafür sind *Lernstatt* oder *Werkstattkreise*. Wer in einem Qualitätszirkel arbeitet, darf offiziell tun, womit er sich inoffiziell ohnehin beschäftigt: sich Gedanken machen über all das, was ihm seine Arbeit erschwert, was ihm widersinnig scheint – und was ihm die Arbeit erleichtern würde. Die Energie, die normalerweise im Beklagen von Mißständen nutzlos verpufft, wird umgewandelt in konstruktive Gestaltung von Lösungen. Früher nur in produzierenden Bereichen eingesetzt, finden diese Konzepte mittlerweile längst auch im Dienstleistungsbereich Anwendung.

Der Erfolg von Qualitätszirkeln hängt allerdings von folgenden Faktoren ab:

- *Motivation:* »Alle Lust muß vom Volk ausgehen ...« – d. h., die Mitarbeiter müssen ein echtes Bedürfnis haben, sich mit solchen Fragen zu beschäftigen. Daß solche »Lust« ausschließlich auf freiwilliger Basis gedeihen kann, ist selbstverständlich.

- *Infrastruktur:* Geeigneter Besprechungsraum, Ausstattung mit Hilfsmitteln zur Visualisierung.

- *Moderation:* Kompetente Moderation und methodische Unterstützung der Gruppe.

- *Koordination und Steuerung:* Eine engagierte einzelne Person oder eine kleine Steuerungsgruppe als »Drehscheibe«, die dafür sorgt, daß Ideen und Lösungsvorschläge konsequent überprüft und weiterverfolgt werden.

- *Unterstützung durch die Hierarchie:* Echte Bereitschaft speziell im mittleren Management, daraus Nutzen zu ziehen.

- *Unternehmenskultur:* Eine Kultur im Unternehmen, die geprägt ist von Partizipation und umfassendem Qualitätsdenken.

- *Zusammenarbeit mit Betriebsrat:* Gegebenenfalls entsprechende Betriebsvereinbarung mit dem Betriebsrat.

In der Praxis gefährden häufig folgende Klippen das Gelingen dieses im Kern richtigen Ansatzes:

- *Die Mitarbeiter/innen werden auf diese Form der Mitwirkung nicht entsprechend vorbereitet:* Man schafft lediglich die organisatorischen Rahmenbedingungen und erwartet dann eine geradezu wundersame Energie der Mitarbeiter. Diese sind aber nicht sensibilisiert und entsprechend eingestellt. Es fehlt an Problembewußtsein, daß etwas getan werden muß, und an Vertrauen in die Führung, daß die ganze Übung ernst gemeint ist.

- *Das mittlere Management wird nicht aktiv eingebunden:* Zum einen besteht die Gefahr, daß Verbesserungsvorschläge der Mitarbeiter generell als Angriff auf die Managerfunktion gewertet werden. Neue Ideen werden – weil man meint, man hätte eigentlich selbst drauf kommen müssen – von vornherein abgeschmettert. Zum anderen gibt es überall schwache Vorgesetzte, welche die eigene Führungsautorität als Manager untergraben sehen, wenn wesentliche Problemlösungen an ihnen vorbei oder sogar gegen ihren Willen von Mitarbeitern durchgesetzt werden können.

- *Qualitätszirkel werden für alle gleichzeitig flächendeckend verordnet –* statt in kleinen Zellen anzufangen, dort, wo wirklich Energie vorhanden ist, und diese Bewegung wie einen Steppenbrand sich schrittweise ausbreiten zu lassen.

- *Die Mitarbeiter fühlen sich ausgebeutet:* Wer sich engagiert, muß über kurz oder lang spüren, daß sich sein Engagement tatsächlich lohnt. Die Auszahlung kann durchaus in unterschiedlichen »Währungen« stattfinden. Geld ist nicht unbedingt der entscheidende Faktor. Oft reicht Anerkennung, sofern sie durch die »richtigen« Leute erfolgt. Unentbehrlich ist auf jeden Fall das Erleben, daß sich wirklich etwas verändert, daß man tatsächlich »etwas bewegen« kann.

- *Es wird keine angemessene Öffentlichkeit geschaffen:* Lebendige Berichterstattung erweist sich immer wieder als hervorragendes Mittel der Ermutigung und Verstärkung. Einerseits geht es darum, den Gruppen ein Forum zu verschaffen, um ihre eigenen Ergebnisse und damit sich selbst darstellen zu können – durch Berichte in der allgemeinen Firmenzeitung, in einem eigenen Publikationsorgan, in Form origineller Plakat-Aktionen oder im Rahmen eines Informationsmarktes. Andererseits sind solche Publikationen auch Provokationen und Herausforderungen an diejenigen Teile des Unternehmens, die sich bislang solchen Prozessen entzogen haben.

- *Man setzt ausschließlich auf die Karte »Ausbildung von Moderatoren«:* Zwar ist kompetente Moderation wichtig – in Bereichen, wo man wenig gewohnt ist, miteinander zu diskutieren, sogar unverzichtbar. Aber sie ist nur eine von mehreren unabdingbar notwendigen Rahmenbedingungen. Im übrigen muß man auch darauf achtgeben, daß die Moderatoren nicht der Versuchung erliegen, sich über diesen Weg nur selbst zu profilieren und die eigentlichen Hauptakteure, nämlich die Mitarbeiter, zu Statisten zu degradieren.

Das ganze Unternehmen im Blick

Organisationsveränderung

Nicht immer reichen Optimierungen und Modifikationen aus, um das Überleben im Markt zu sichern. In vielen Fällen hilft nur noch ein radikaler »Modellwechsel«. Zwei Kriterien können dabei als Prüfsteine der Überlegungen und als Richtschnur des Handelns dienen:

- *von außen nach innen organisieren*

  d. h., die Organisation konsequent nach dem Prinzip einer *Prozeßkette* ausrichten, die sich im wesentlichen aus drei Gliedern zusammensetzt:
  - den Bedarf des Kunden und die Situation am Markt erkennen,
  - den diagnostizierten Bedarf durch entsprechende Produkte oder Dienstleistungen ohne Informations- und Zeitverlust in Problemlösungen für den Kunden umsetzen,
  - das maßgeschneiderte Produkt erfolgreich auf den Markt bringen.
  Als einzige Maxime des Handelns gilt das Prinzip *»structure follows function«* – ohne Rücksicht auf bisherige Strukturen, Abläufe und Gewohnheiten.

- *sich einzig und allein nach dem produktiven Mehrwert ausrichten*

  Das zweite Prüfkriterium ist die Frage nach dem produktiven Mehrwert. Jede Funktion, jede Stelle, jede Person und jede Handlung, die sich an dieser Prozeßkette beteiligen wollen, müssen nach ihrem produktiven Mehrwert, den sie beitragen können, beurteilt werden. Alles, was dieser Prüfung nicht standhält, muß aus der Kette entfernt werden.

»Unproduktive« Zwischenglieder würden noch am wenigsten schaden, wenn sie einfach nichts tun würden. Sie wären dann lediglich ein Kostenfaktor. Aus verständlichen Gründen versuchen sie aber, ihre Existenz zu rechtfertigen, indem sie aktiv werden. Um Profil zu gewinnen, vermarkten sie ihre Tätigkeit. Ihr Handeln – weil eben ohne direkten produktiven Mehrwert – führt aber lediglich dazu, daß andere dadurch beschäftigt und von ihrer eigentlichen Aufgabe abgehalten werden. Solche Bereiche kosten deshalb nicht nur Geld für ihren eigenen Unterhalt, sondern erzeugen durch ihr Tätigwerden weitere unproduktive Tätigkeiten. Das bedeutet Zeit- sowie Informationsverlust – und Ärger.

Der Speck, den jede Organisation mit der Zeit ansetzt und der oft nur durch systematische »Durchforstungs«-Aktionen abgeschmolzen werden kann, besteht häufig aus *Stabsfunktionen*, die lediglich Zahlen hin und her schaufeln, Zustände neu beschreiben, anderen Abteilungen mit ihren Forderungen nach irgendwelchen Daten und Berichten die Zeit stehlen, theoretische Modelle basteln – ohne mit zurechenbarer Verantwortung konkret an der Lösung von Problemen mitzuarbeiten.

Mitarbeiter-Meinungsumfrage

Ein bewährtes Instrument, die gesamte Organisation in regelmäßigen Intervallen herauszufordern, ist die Mitarbeiterbefragung in Abständen von einem bis drei Jahren zu allen Themen, die die Arbeit und das Arbeitsumfeld betreffen.

Die Vorteile liegen auf der Hand:

1. Das Management erhält einen Eindruck vom Gesamtzustand des Unternehmens, so wie die Mitarbeiter ihn erleben. Die These von *Norbert Wiener* »*Ich weiß nicht, was ich gesagt habe, bevor ich nicht die Antwort darauf gehört habe*« kann hier auf das gesamte Managementhandeln erweitert werden: Wir wissen nicht, was wir getan haben, bevor wir nicht die Reaktionen der Mitarbeiter darauf wahrgenommen haben.

2. Die regelmäßige Wiederholung der Befragung gibt Einblick, wieweit sich das Unternehmen, bestimmte Bereiche oder Aspekte über die Zeitachse hinweg entwickelt oder verändert haben.

3. Die Gesamtbefragung läßt die einzelnen Bereiche ihren relativen Stellenwert erkennen und feststellen, wo sie besser oder schlechter liegen als der Durchschnitt des Unternehmens oder andere Bereiche, mit denen sie sich vergleichen wollen. Dieser Vergleich ermöglicht gezielte Entwicklungsmaßnahmen.

Das Instrument der Organisationsdiagnose ist für die Unternehmensentwicklung von besonderer Bedeutung. Wir haben ihm deshalb ein eigenes Kapitel gewidmet.

Unternehmensleitbild

Ein formuliertes Leitbild, das nicht nur ein Stück Glanzpapier darstellt, sondern akzeptierte und wirksame Leitplanken für die strategische Planung und die Führung des Unternehmens enthält, ist ein weiterer Teil eines festen Gerüstes der Unternehmensentwicklung. Wie der Prozeß der Entwicklung eines Leitbildes gestaltet und genutzt werden kann, wird an anderer Stelle dargestellt (S. 191).

Verbindliches Führungsinstrumentarium

Ein gemeinsames und verbindliches Führungsinstrumentarium stellt für Führungskräfte und Mitarbeiter einen wichtigen Orientierungsrahmen dar. Für alle gelten die gleichen Prozeduren und Instrumente der Ertragssteuerung, der Mitarbeiterführung, der Bereichs- und Unternehmensinformation und -kommunikation, der Entscheidungsbildung, der Planung, der Budgetierung und des Controlling – und zwar sowohl im theoretischen Anspruch als auch in der alltäglichen Führungspraxis.

Diese Gemeinsamkeit erleichtert einerseits ein sinnvolles Zusammenwirken innerhalb des Managements und fördert andererseits den Aufbau einer gemeinsamen Unternehmenskultur.

Die Bedeutung von Außensichten

»Gib mir einen Standpunkt außerhalb der Erde, und ich werde sie aus den Angeln heben«, soll Archimedes gesagt haben.

Lebende Systeme aller Art streben nach einem inneren Zustand der

Ruhe mit möglichst wenig Verbrauch an Energie. Schöpferische Unruhe ist aber die Bedingung der Möglichkeit von Veränderung. Reichen die internen Kräfte und Sichtweisen nicht aus, das Unternehmen aus einer eventuell fatalen Ruhe und Selbstsicherheit herauszuführen und in suchende Unruhe zu versetzen, dann hilft oft nur der Blick bzw. das Bild von außen:

- *Wie sehen die Kunden das Unternehmen?*
- *Wie werden speziell auch Dienstleistungsabteilungen von ihren internen Kunden erlebt und beurteilt?*
- *Wie schneidet das Unternehmen im Quervergleich zu den relevanten Mitbewerbern ab?*

Einmalige Ad-hoc-Aktionen oder standardisierte, regelmäßige Kundenbefragungen sowie Wettbewerbsvergleiche oder ein fest installierter Kundenbeirat können die notwendigen Daten dazu liefern.

Ein anderer Weg, um interne Energien zu wecken, besteht in der Nutzbarmachung der Öffentlichkeitsarbeit. Jedes Unternehmen stellt sich auf vielfältige Weise in der Öffentlichkeit dar – durch Werbung, Verkaufsförderung, Art der Bearbeitung von Reklamationen, allgemeine Presse- und Öffentlichkeitsarbeit, Sponsoring und Lobbying. Diese Investitionen zur Beeinflussung von Kunden und anderen relevanten Umwelten können ohne großen Zusatzaufwand einen zweiten Nutzen erzeugen: Was man draußen tut, gilt es auch nach innen zu kommunizieren. Der Bericht in den Medien oder die gelungene Werbeansprache usw. kann das Gefühl verstärken, daß es gut ist, dazuzugehören, daß es sich lohnt, für dieses Unternehmen tätig zu sein. Wo dieses Außenbild – wodurch auch immer – die Motivation und die Identifikation zu beeinträchtigen droht, muß entsprechend gegengesteuert werden.

Manager machen sich in der Regel viele Gedanken darüber, mit welchen Mitteln sie Großes bewirken können – und denken zuwenig daran, wie sie das, was schon vorhanden ist, nutzen können.

Über das einzelne Instrument hinaus ...

»Eine Schwalbe macht noch keinen Sommer« – und ein einzelnes Instrument, isoliert eingesetzt, gibt noch keinen entscheidenden Impuls für die Entwicklung des Unternehmens. Wer letzteres will, muß folgende grundsätzliche Aspekte berücksichtigen:

Ganzheitlichkeit

In komplexen Problemsituationen hilft oft nur eine Kombination unterschiedlicher, aber gut aufeinander abgestimmter Maßnahmen. Nur eine genauere Diagnose kann zeigen, wo wir gegebenenfalls gleichzeitig und sinnvoll ineinander verschränkt eingreifen müssen – z. B. bei der Strategie, der Struktur, den Abläufen, dem Verhalten, den Einstellungen, den Qualifikationen, den Arbeitsbedingungen, der Ressourcenzuteilung, der Regelung von Kompetenzen.

Beispiel: Ein Verband mit der Hauptaufgabe, die wirtschaftlichen Interessen seiner Mitglieder gegenüber der Öffentlichkeit zu vertreten, will sich für die Zukunft rüsten. Die Ressourcen, die für die Verbandsarbeit zur Verfügung stehen, werden knapper, gleichzeitig nimmt der Vertretungsanspruch zu. Man entschließt sich zu einer eingehenden Analyse der Effizienz der Arbeit in den Geschäftsstellen. Zuständigkeiten werden geklärt, Doppelarbeiten identifiziert und eliminiert, die Arbeitsabläufe mit Hilfe zeitgemäßer Technik neu gestaltet, die Mitarbeiter in ihrem Umgang miteinander und mit ihren Mitgliedern intensiv geschult und auf Kooperation getrimmt.

Trotz alledem kommt der Verband zwei Jahre nach Abschluß dieses Reorganisationsprojektes in eine existentielle Krise. Wichtige Mitglieder drohen, auszutreten, weil sie ihre Interessen nicht entsprechend ihrer Bedeutung vertreten sehen. Diese Drohung ist nicht neu. Doch jetzt spricht alles dafür, daß sie wahr gemacht wird. Das Reorganisationsprojekt hatte die *verbandspolitische Gesamtsituation* de facto ignoriert. Obwohl man um die zunehmende existentielle Gefährdung wußte, wollte man an dieses heiße Eisen verdeckter informeller Interessengruppen, die sich mit ihren Erwartungen gegenseitig blockierten, nicht herangehen. Im Gegenteil: Man hoffte, bessere Kommunikation untereinander könnte die Basis gemeinsamer Werte und Interessen stabilisieren. Frühzeitiges Offenlegen der unterschiedlichen Interessen, offene Konfrontation der verschiedenen Erwartungen und Ansprüche, durchaus auch mit dem Ziel, gegebenenfalls rechtzeitig zu entdecken, daß es eine gemeinsame Interessenvertretung in dieser Form gar nicht geben kann, ist unterblieben.

Ohne Berücksichtigung und Bearbeitung der *strategischen Dimension* ist die Gefahr groß, daß an und für sich gute Projektergebnisse sich schließlich als obsolet erweisen.

Der Geist, der hinter den Instrumenten steht ...

Nicht die Perfektion der Instrumente wird ihren Erfolg bestimmen, sondern die Anliegen, die damit verfolgt werden. Stil und Kultur des Vorgehens werden als die eigentlichen Botschaften verstanden werden. Die Betroffenen werden spüren, ob die buchstabengetreue Abwicklung, die formelle Richtigkeit im Vordergrund stehen, oder gemeinsame Ziele und Bedürfnisse. Mit purer Sozialtechnik wird man keine dauerhaften Impulse setzen können. Es gibt Unternehmen mit ausgefuchsten Formen aller möglichen kommunikativen Instrumente und Verfahren – von Informationsmärkten, Haus- und Kundenzeitschriften, neuesten technischen Kommunikationsmedien über regelmäßige Mitarbeiterbefragungen bis hin zur »Open-door policy«. Trotzdem sind Betriebsklima, Motivation und Identifikation der Mitarbeiter alles andere als gut. Die Instrumente greifen nicht, weil die Mitarbeiter sich in Tat und Wahrheit als »Instrumente« fühlen. Das obere Management hat kein wirkliches Interesse an ihren Meinungen. Es erfüllt nur eine Pflicht, um der obersten Unternehmensleitung sowie der Öffentlichkeit gegenüber gut dazustehen.

Die Energie im System beachten

Jedes soziale System verfügt nur über begrenzte Ressourcen und Energien. Auf der einen Seite ist es wichtig, das System nicht zu *unterfordern* – sonst erreichen wir weder das notwendige Problembewußtsein noch die notwendige Aufbruchsstimmung. Andererseits hat es aber auch keinen Sinn, das System zu *überfordern*. Wenn die Leitung zuviel auf einmal – oder gar alles zusammen – als »wichtig« darstellt, betrachten die Mitarbeiter überhaupt nichts mehr als besonders wichtig.

Die Instrumente müssen zur Unternehmenskultur passen

Ein Unternehmen verfügt, genauso wie der menschliche Organismus, über ein »Immunabwehrsystem«. Was mit der vorherrschenden Kultur des Unternehmens nicht kompatibel ist, läuft Gefahr, abgestoßen zu werden. Zahlreiche an sich sinnvolle Aktionen werden in den Sand gesetzt, viele Energien verpuffen, weil der »Unternehmenskörper« nicht darauf vorbereitet und eingestellt wurde. Wenn beispielsweise in der Vergangenheit die Meinung des Mitarbeiters nie gefragt war, bringt es nichts, ohne

Vorarbeit durch entsprechende vertrauensbildende Maßnahmen eine Befragung der Mitarbeiter durchzuführen. Verweigerungshaltung und Verfälschung der Ergebnisse sind geradezu vorprogrammiert.

Das Wie ist entscheidender als das Was

Oft können wir beobachten, wie gerade nicht das fertige Instrument, sondern der Prozeß der Entstehung – etwa die gemeinsame Entwicklung von Leitbildern, Unternehmensvisionen, Führungsgrundsätzen und Managementsystemen – einen echten Entwicklungsschub mit sich bringt. Vorausgesetzt allerdings, es gelingt, diesen Prozeß als intensiven Dialog zu gestalten. Menschen aus sehr unterschiedlichen Bereichen und hierarchischen Ebenen kommen während dieser Zeit miteinander ins Gespräch, lernen sich, ihre besondere Situation und Sichtweise kennen und verstehen. Dadurch werden echte Synergien freigesetzt, ohne daß groß darüber geredet werden muß. Das gleiche ist zu beobachten, wenn *Corporate Identity* oder *Corporate Culture* unter maßgeblicher Beteiligung der eigenen Mitarbeiter – statt von noch so guten externen Experten – entwickelt und formuliert wird. Man kann sich oft nur wundern, welcher Ideenreichtum und welches Engagement bisher ungenutzt im Unternehmen geschlummert haben.

Meist setzt nicht das Instrument selbst den ausschlaggebenden Impuls, sondern der *Prozeß seiner Entstehung*: Die Mitarbeiter spüren, daß das Management sie ernst genug nimmt, um sie an der Entwicklung aktiv zu beteiligen. Durch die Beteiligung der Betroffenen wird die Entwicklung selbst zum entscheidenden Vorgang.

2. Kapitel
Organisationsdiagnose

Jede menschliche Organisation ist ein komplexer und sensibler Organismus. Wer darin herumfummelt, ohne die inneren Zusammenhänge zu berücksichtigen, riskiert, mehr Schaden anzurichten, als Zustände zu verbessern. Das erste, was für ein sinnvolles Management von Veränderungen gebraucht wird, sind saubere Entscheidungsgrundlagen. Eine gute Diagnose ist die halbe Miete.

Es gibt selbstverständlich Situationen, in denen Visionen, Ziele und Strategien gefragt sind – und nicht eine Diagnose. Es gibt Situationen, in denen man nicht lange analysieren muß, weil die Diagnose – für denjenigen, der Augen hat, zu sehen, und Ohren, zu hören – längst klar zutage liegt. Und: Eine diagnostische Grundhaltung ist zunächst einmal eine der entscheidenden Voraussetzungen erfolgreichen, individuellen Handelns überhaupt – die Neugier darauf, wie die Dinge wirklich liegen; die Skepsis eigenen Vorurteilen gegenüber; die Fähigkeit, Fragen zu stellen und gut zuzuhören; der immer wieder unternommene Versuch, sich in die Lage anderer hineinzuversetzen; die Sensibilität für das Unterschwellige; die Bereitschaft, aus dem eigenen Handeln und dessen Auswirkungen zu lernen. Erfolgreiche Führung beruht zu einem guten Teil auf solcher handlungsorientierter Diagnose.

Organisationsdiagnose bedeutet aber auch *geplantes und systematisches Vorgehen, um Informationen über den inneren Zustand der Organisation zu gewinnen.* Diagnose als gezielte Aktion oder spezielle Phase im Rahmen eines Projektes. Es gibt immer wieder Situationen, in denen es notwendig ist, systematisch in eine Organisation hineinzuleuchten, um die Voraussetzungen für Veränderungen transparent zu machen.

Wir konzentrieren uns hier auf die Methodik einer systematischen Organisationsdiagnose.

Die Vogelperspektive und die Froschperspektive

Es gibt drei psychologische Barrieren, die in der Praxis sehr häufig einer sorgfältigen Organisationsdiagnose im Wege stehen. Diese Barrieren hängen alle direkt oder indirekt mit dem hierarchischen Denken zusammen, das auch in unseren modernen Leistungsorganisationen noch immer tief verwurzelt ist.

Die erste Barriere besteht darin, daß praktisch jeder Entscheidungsträger als privilegiertes Mitglied der Organisation bereits eine mehr oder weniger festgefügte Meinung darüber hat, was insgesamt läuft, was nicht läuft, warum es nicht läuft und was verändert werden muß. Diese Meinung ist zwar fast nie ganz falsch. Aber sie ist erfahrungsgemäß auch nie ganz richtig. Jede Führungskraft blickt aus einer ganz bestimmten Optik auf die Organisation – und sie verfügt aufgrund ihrer hierarchischen Position sowie aufgrund ihrer spezifischen Funktion so gut wie nie über alle relevanten Fakten. Es gehört sehr viel Bescheidenheit und Lebenserfahrung dazu, als erfolgreicher Manager und eventuell hochangesiedelter Verantwortungsträger zu akzeptieren, daß die eigene Sicht im günstigsten Falle eine brauchbare Arbeitshypothese darstellt, die sehr sorgfältig überprüft werden muß, bevor man daraus folgenträchtige Entscheidungen ableitet.

Die zweite Barriere besteht in der Annahme, die Vorgesetzten der unteren und mittleren Stufen wüßten am besten, wo die Stärken und Schwachstellen der Ist-Situation liegen, und folglich, was zu tun sei, um die Organisation auf Vordermann zu bringen. Auch diese Annahme ist nicht ganz falsch. Jeder Vorgesetzte kann etwas Sinnvolles zur Lagebeurteilung beitragen. Aber jeder Vorgesetzte verfügt nur über einen begrenzten Teil der wichtigen Informationen. Jeder hat seinen blinden Fleck. Und manch einer tut sich schon deshalb schwer, Schwachstellen zu erkennen – geschweige denn, sie zu benennen –, weil sich damit automatisch die Frage erheben würde, warum er sie nicht längst im Rahmen seiner normalen Führungsaufgabe behoben hat.

Die dritte Barriere besteht in der Hemmung, Menschen, die die Organisation nur aus der »Froschperspektive« kennen, Menschen, die mit der Nase tief in den operativen Details stecken, über keinerlei Erfahrung in leitenden Funktionen verfügen, möglicherweise keine höhere Ausbildung genossen und sich noch nie über die strategischen und strukturellen Gesamtzusammenhänge des Unternehmens Gedanken gemacht haben, um ihre Meinung zu fragen. Doch exakt dies ist der entscheidende Punkt: daß diejenigen, die an vorderster Betriebs- und Kunden-Front die Arbeit verrichten, gefragt werden, was aus ihrer Sicht gut läuft, wo es Reibungsverluste gibt und was verändert werden sollte. Sie verfügen aufgrund ihrer täglichen Erfahrung und ihrer intimen Sachkenntnis als einzige über viele Praxisinformationen, die berücksichtigt werden müssen, wenn der Veränderungsprozeß erfolgreich verlaufen soll.

Vollerhebung oder repräsentativer Querschnitt?

Selbstverständlich gibt es in der Praxis immer wieder spezifische Fragestellungen, zu denen nur ein sehr begrenzter Personenkreis etwas beitragen kann. Aber wenn man sich ein Bild über den Gesamtzustand einer Organisationseinheit machen will, sind die Mitarbeiterinnen und Mitarbeiter an der Basis allemal die wichtigsten Auskunftgeber.

In kleineren Organisationseinheiten gibt es auf die Frage, wie viele Mitarbeiter in die Erhebung einbezogen werden sollen, eigentlich nur eine Antwort: *alle.* Wenn die Belegschaft aber Hunderte oder Tausende von Personen umfaßt, wird die Bewältigung des Massengeschäftes zum Problem. Im Hinblick auf ein vertretbares Aufwand/Nutzen-Verhältnis stellt sich die Frage einer geeigneten Selektion. Durch die Wahl entsprechender Befragungsmethoden kann der Aufwand allerdings auch bei großen Zielgruppen erträglich gestaltet werden. So kann man beispielsweise eine begrenzte Auswahl von Mitarbeitern und Führungskräften individuell befragen, einen größeren Teil in Gruppen, die gesamte Belegschaft aber im Rahmen einer schriftlichen Fragebogen-Aktion.

Im Zweifelsfalle sollte die Entscheidung immer zugunsten einer Vollerhebung ausfallen, und zwar nicht nur im Hinblick auf eine möglichst breite Datenbasis, sondern auch im Hinblick darauf, möglichst alle Mitarbeiter persönlich anzusprechen und damit breites Interesse für die gemeinsame Sache zu wecken.

Inhalt der Befragung

Ein umfassender »Check-up« muß alle wichtigen Dimensionen der Organisation auf Stärken und Defizite abklopfen:

- **Die Strukturen:**
  - *Aufbauorganisation*
  - *Ablauforganisation*
  - *räumliche Verhältnisse und äußere Arbeitsbedingungen*
  - *Führungssysteme und Führungsinstrumentarium*

- **Das Verhalten:**
  - *Motivation und Identifikation*
  - *Arbeitsklima*
  - *Führungsstil*
  - *Informationsfluß*
  - *Entscheidungsbildung*
  - *Zusammenarbeit in Teams*
  - *Zusammenarbeit zwischen Teams, Funktionen und Bereichen*

- **Die Führungs- bzw. Unternehmenskultur:**
  - *geschriebene und ungeschriebene Gesetze und Spielregeln*
  - *Regelungsdichte*
  - *übliche Formen der Kommunikation und Kooperation*
  - *Belohnungs- und Sanktionsprinzipien*
  - *Leitbilder und Führungsgrundsätze*
    (was geschrieben steht – und wie es gelebt wird)

Es ist von entscheidender Bedeutung, daß nicht nur nach *Schwachstellen* gesucht, sondern ausdrücklich und sorgfältig auch nach *Stärken* gefragt wird. Der erste und wichtigste Grund: Man soll nicht Dinge verändern, die nicht unbedingt verändert werden müssen – sondern im Gegenteil vorhandene Stärken erkennen, nutzen und allenfalls ausbauen. Zweitens: Mitarbeiter sind viel leichter bereit, vorhandene Schwachstellen konkret zu benennen, wenn sie sich auch über die positiven Seiten der Ist-Situation geäußert haben.

Die meisten Menschen neigen im allgemeinen dazu, sich ausschließlich über das zu ärgern, was sie stört – und alles als Selbstverständlichkeit zu betrachten (und möglicherweise überhaupt nicht mehr bewußt wahrzunehmen), was zur Zufriedenheit Anlaß gibt. Wenn gleichgewichtig nach Stärken und Defiziten gefragt wird, hat dies einen heilsamen Nebeneffekt: Die Befragten geben sich ausgewogen Rechenschaft über ihre Arbeitssituation und verfallen nicht in eine einseitig kritische Haltung ihrem beruflichen Umfeld gegenüber.

Gerade auch in gut geführten Unternehmen herrscht unter den Mitarbeitern häufig eine ausgeprägte »Motzkultur«. Man hat es sich angewöhnt,

allenthalben unbefangen seine kritische Meinung kundzutun – und vergißt dabei völlig, wie viele Dinge es gibt, mit denen man eigentlich sehr zufrieden sein kann. Manch einer muß in externe Seminare geschickt werden, um dort von Kolleginnen und Kollegen zu erfahren, was für Zustände
in anderen Firmen herrschen.

Wie soll befragt werden?

Für die Datenerhebung steht grundsätzlich ein recht breites Spektrum von
Methoden zur Verfügung. Fünf für die Praxis besonders wichtige Er-
hebungsmethoden sollen hier kurz skizziert werden: *Einzelinterview,
Gruppen-Interview, Hearing, Diagnose-Workshop, schriftliche Befragung
(standardisierter Fragebogen).*

- **Einzelinterview**

  *persönliches Einzelgespräch
  halb-strukturiert (die Themenbereiche sind vorgegeben, im Rahmen der
  einzelnen Themen findet ein offener Dialog statt)
  Zeitbedarf: 1 1/2 bis 2 Std.*

  Vorteile:
  - persönliche und individuelle Ansprache des einzelnen
  - höchster Offenheitsgrad
  - hohe Interaktivität (Qualität der Kommunikation)
  - Tiefgang der Analyse (ermöglicht ein sehr genaues Verstehen der be-
    trieblichen Zusammenhänge)

  Nachteil:
  - hoher Zeitaufwand
    (bei großen Zielgruppen meist nur in Kombination mit anderen
    Methoden geeignet)

- **Gruppen-Interview**

  *Gruppe von 5-7 Personen
  halb-strukturiertes Gespräch (analog Einzelinterview)
  Zeitbedarf: 3-4 Std.*

Vorteile:
- größere Zielgruppen erfaßbar
- wichtige Punkte werden sehr deutlich erkennbar
- hohe Lebendigkeit
- Gruppenaktivität fördert Teamkultur

Nachteile:
- individuelle Offenheit nicht ganz so hoch
- Gruppendynamik überlagert evtl. das Geschehen
  (nicht alle kommen gleichgewichtig zum Zuge)
- evtl. 2 Befrager notwendig
  (falls interne Mitarbeiter ohne Erfahrung in Team-
  moderation als Befrager eingesetzt werden)

- **Hearing**

  Kurz-Befragung einer größeren Zahl von Personen, die jeweils nur für eine begrenzte Zeit verfügbar sind (wechselnde Zusammensetzung der Befragungsgruppe)

  Zeitbedarf: 1/2 Tag
  (jedoch nur begrenzte Anwesenheit der einzelnen Befragten erforder-lich)

  Vorteile:
  - rascher Überblick über die Gesamtsituation sowie über Schlüssel-themen
  - viele Personen können in kürzester Zeit und mit geringstem Aufwand erste Trendaussagen einbringen
  - auch kurzfristig problemlos organisierbar (Interviewpartner können nach individueller Verfügbarkeit flexibel dazustoßen)

  Nachteile:
  - begrenzter Tiefgang der Analyse
    (Probleme können nicht gründlich besprochen werden)
  - Offenheit bei heiklen Themen begrenzt
  - je nach spezifischer Managementkultur und personeller Konstella-tion: Gefahr der »Rummelplatz-Veranstaltung«

- **Diagnose-Workshop**

  Gruppe von 20-25 Personen
  moderierte Workshop-Veranstaltung

(Sammeln und Verdichten der Aussagen durch Karten- Abfrage, Vertiefung der einzelnen Themen durch Kleingruppenarbeit bzw. Plenumsdiskussion)
Zeitbedarf: 1 Tag

Vorteile:
- hohe Vielfalt von Ergebnissen, breites Spektrum aufgezeigter Aspekte
- gleichzeitig: Deutlichwerden der Prioritäten
- flexibles Vertiefen der Analyse möglich

Nachteile:
- verhältnismäßig hoher organisatorischer Aufwand
- hoher Zeitaufwand für die einzelnen Teilnehmer/innen

- **Schriftliche Befragung**

standardisierter Fragebogen
skalierte Antworten (»Multiple Choice«-Verfahren)
computergestützte Auswertung (anonym)
Zeitbedarf (individuelles Ausfüllen): 1/2-1 Stunde

Vorteile:
- problemlose Bewältigung großer Zielgruppen
- aufgrund quantitiver Verteilungen erkennbare Prioritäten
- allgemeine Akzeptanz der Ergebnisse
  (Image der »Objektivität«)

Nachteile:
- die Ergebnisse (Zahlen und Prozentwerte) sind in der Regel schwer interpretierbar
  (sie liefern nur Hinweise auf Problem-Schwerpunkte, jedoch keine Hintergründe für das Verständnis der Zusammenhänge)
- befriedigende Rücklaufquoten sind die Ausnahme (Mitarbeiter im tariflichen Bereich tun sich häufig von vornherein schwer mit Papier und Bleistift)
- anonyme (unpersönliche) und schriftliche (»bürokratische«) Form der Mitarbeiter-Ansprache

Schriftliche Befragungen eignen sich im wesentlichen zur Feststellung statistischer Verteilungen. In der Regel empfiehlt es sich, sie nur in Verbindung mit anderen, interaktiveren und im Hinblick auf die Analyse ergiebigeren Methoden einzusetzen.

Standardisierte, schriftliche Befragungen erscheinen uns insbesondere dann sinnvoll, wenn sie regelmäßig (z. B. alle zwei Jahre) wiederholt werden. Es können dann nicht nur die aktuellen Werte (»Momentaufnahme«), sondern auch die Veränderungen der Werte seit der letzten Erhebung (Entwicklungstrends) aufgezeigt werden.

Dank der computergestützten Auswertung ist es auch in einem großen Unternehmen ohne sonderlichen Aufwand möglich, jedem einzelnen Vorgesetzten gleich welcher Stufe sowohl die Durchschnittswerte des Unternehmens als auch diejenigen seiner Organisationseinheit direkt zur Verfügung zu stellen – nicht einfach zu seiner eigenen, höchstpersönlichen Information, sondern als Grundlage für eine gemeinsame Standortbestimmung und Problemlösungsrunde mit seinem Team. Die Erfahrung zeigt allerdings, daß die Unternehmensleitung diese intensive Verarbeitung in den einzelnen Führungskreisen ausdrücklich verlangen und kontrollieren muß. Andernfalls gehen alle guten Vorsätze in der Betriebsamkeit des Tagesgeschäfts sang- und klanglos unter.

Das sensibelste und differenzierteste Instrument der Befragung ist aber in jedem Falle das persönliche Einzelgespräch. In aller Regel sollte zumindest eine repräsentative Auswahl von Mitarbeitern in Einzelinterviews befragt werden. Wenn es nicht möglich ist, alle Mitarbeiter einzeln zu befragen, empfiehlt es sich, die Einzelinterviews durch Gruppen-Interviews oder Diagnose-Workshops zu ergänzen. Der gegenüber einer schriftlichen Befragung scheinbar höhere Aufwand lohnt sich letztlich immer. Nach Datenerhebungen im direkten Gespräch mit den Betroffenen muß in der Regel nicht mehr viel analysiert werden – die wichtigsten Zusammenhänge sind klar, und meist liegen auch schon viele gute Ideen und Vorschläge für konkrete Maßnahmen auf dem Tisch. Das eine oder andere kann ohne weitere Präliminarien umgesetzt werden. Diese Qualität der Ergebnisse läßt sich durch nichts aufwiegen.

Externes Institut – oder »Do-it-yourself«?

Die Frage, ob ein externes Institut eingeschaltet oder ob die Befragung durch eigene Mitarbeiter durchgeführt werden soll, wird in der Praxis meist gar nicht erst gestellt. Das Management geht von vornherein davon aus, daß Neutralität, Objektivität und Professionalität nur durch Externe gewährleistet werden können. Wir vertreten hier einen anderen Standpunkt. Neutralität und Objektivität können auch durch ein externes In-

Abbildung 13

Einsatz eigener Mitarbeiter als Befrager

Vorteile:

- Erste-Hand-Information bleibt im Hause
- Praxisrelevanz der Analyse ist höher
- flexible Organisation (Befrager sind schon im Hause)
- Aufbau von Know-how im Unternehmen
- »Job Enrichment« für die eingesetzten Mitarbeiter/innen
- wertvolle Qualifizierung für die eingesetzten Mitarbeiter/innen
- die Befragung durch Kolleginnen und Kollegen aus dem eigenen Unternehmen wird erfahrungsgemäß hochgeschätzt
- die Befragung ist ein signifikanter Beitrag zur Entwicklung einer lebendigen Kommunikationskultur im Unternehmen

Voraussetzungen:

- äußerst sorgfältige Auswahl der Befrager/innen (Sozialkompetenz!)
- Ausbildung der Befrager/innen für ihre Aufgabe (2-3 Trainingstage)
- Bildung selbststeuernder Teams mit fest zugeteilten Befragungs-zielgruppen
- projektmäßige Organisation (sauberes Projektmanagement)
- Unterstützung der Teams bei der Auswertung (Moderation/Visua-lisierung)

stitut nie hundertprozentig gewährleistet werden – und wenn man Pech hat, wird mit Studenten oder Teilzeitkräften angerückt, die bisher am Fließband standardisierte Kurzinterviews mit Hausfrauen über Waschmittel durchgeführt haben.

Im übrigen sind Neutralität und Objektivität bei weitem nicht die einzigen Kriterien für die Wahl des Weges. Ebenso wichtig ist es, Resultate zu produzieren, die auf einem echten *Verständnis der betrieblichen Zusammenhänge* beruhen. Wichtig ist ferner, ob das *Know-how*, das durch die Befragung erarbeitet wird, im Unternehmen bleibt oder mit den externen Beratern wieder abzieht. Und wichtig ist endlich, ob die Befragung lediglich der Daten-Extraktion dienen oder ob sie zusätzlich einen wichtigen Beitrag zur *Entwicklung der unternehmensinternen Kommunikation* leisten soll.

Was die Professionalität anbetrifft, so kann diese durch die Auswahl und die Ausbildung der eingesetzten Mitarbeiter sowie durch eine entsprechende Projektbegleitung durchaus gewährleistet werden. Dies ist kein Plädoyer gegen den Einsatz Externer, wohl aber dafür, diese gegebenenfalls für unterstützende »Hilfe zur Selbsthilfe«, für die Ausbildung der eigenen Mitarbeiter »on-the-job« und damit für den Know-how-Transfer ins Unternehmen zu verwenden (siehe Abbildung 13).

Die Mitwirkung bei einer internen Befragung ist für Mitarbeiterinnen und Mitarbeiter eine motivierende Herausforderung und eine echte Arbeitsbereicherung. »Ich habe mein Unternehmen jetzt erst richtig kennengelernt« ist eine typische Aussage. Die ausgewählten Mitarbeiter müssen zwar während ihres Einsatzes zu einem gewissen Teil ihrer Arbeitszeit freigestellt werden. Die Erfahrung zeigt aber, daß die angestammte Aufgabe während dieser Zeit praktisch ohne Einbußen wahrgenommen wird. Die faszinierende Nebenaufgabe mobilisiert ungeahnte zusätzliche Energien.

Entscheidend ist allerdings eine sorgfältige Ausbildung der Befragerinnen und Befrager für ihre Aufgabe. Wer noch nie Interviews gemacht hat, muß in die Methodik eingeführt werden, damit er in der Lage ist, qualifizierte diagnostische Gespräche zu führen (siehe Abbildungen 14, 15 und 16: Diagnostische Grundhaltung/Methodische Hinweise für die Gesprächsführung/Interview-Leitfaden). Der Aufwand hierfür hält sich allerdings in Grenzen. In der Regel genügen zwei bis drei Trainingstage.

Abbildung 14

Diagnostische Grundhaltung

Was soll der Interviewer tun?
Fragen, zuhören, nachfragen – fragen, zuhören, nachfragen ...

Mit welchem Ziel?
Die individuelle Sicht, die subjektive Meinung und die persönlichen Empfindungen des Gesprächspartners erfassen und verstehen.

Warum »nachfragen«?
Erstens: Weil nicht jede Antwort auf Anhieb verständlich ist. Zweitens: Weil es nicht nur darum geht, Fakten zu sammeln, sondern auch darum, Hintergründe und Zusammenhänge zu verstehen.

Auf was muß besonders geachtet werden?
Darauf, wie der Befragte seine Arbeitssituation subjektiv erlebt: seine Gefühle, seine Grundstimmung, seine »emotionale Lage«.

Was soll der Interviewer nicht tun?
Widersprechen, korrigieren, diskutieren – als vermeintlich oder tatsächlich »besser Informierter« versuchen, aufzuklären, wie die Dinge »in Wirklichkeit« liegen.

Welche Eigenschaften zeichnen einen guten Interviewer aus?
Neugier, Interesse für Menschen, Einfühlung in andere Menschen (die andere Erfahrungen, andere Interessen, andere Ansichten haben) – d. h. unter anderem auch: eine gewisse Bescheidenheit!

Welches ist die Funktion des Interviewers?
Überbringer der »Botschaft« des Befragten – nicht Überbringer seiner eigenen Meinung. Ehrlicher Vermittler zwischen dem Befragten und der Projekt-Organisation. Engagierter Reporter – nicht Schiedsrichter!

Welches ist die Funktion des Befragten?
Kompetenter Auskunftgeber über das Geschehen in seinem Arbeitsumfeld – und darüber, was dieses in ihm selbst auslöst.

Abbildung 15

Methodische Hinweise für die Gesprächsführung

- *Im Rahmen der einzelnen Themen offener Dialog*

  Es handelt sich um ein sogenanntes »halbstrukturiertes« Interview, d. h., die Themenbereiche sind vorgegeben und müssen alle angesprochen werden – zu den einzelnen Themen findet jedoch ein freies Gespräch statt.

- *Konkretisierung durch praktische Beispiele*
  - »Können Sie mir ein praktisches Beispiel nennen?«
  - »Denken Sie da an einen bestimmten Vorfall?«
  - »Bei welcher Gelegenheit haben Sie diesen Eindruck gewonnen?«
  - »Wann waren Sie zuletzt in so einer Situation?«

- *Nicht nur nach Problemen, sondern auch nach Lösungen fragen*
  - »Woran liegt das – und wie könnte man es ändern?«
  - »Wer könnte oder müßte was tun, um hier Abhilfe zu schaffen?«
  - »Was würden Sie tun, wenn dieser Betrieb Ihnen gehören würde?«

- *Zum Thema zurückführen*

  Wenn der Befragte beim Reden »vom Hundertsten ins Tausendste« gerät, unterbrechen und durch entsprechendes Anknüpfen zum Thema zurückführen:
  - »Ich würde gerne nochmals bei folgendem Punkt anknüpfen ...«
  - »Sie sagten vorhin ...«
  - »Nochmals zurück zur Frage ...«
  - »Was ich vorhin noch nicht genau verstanden habe: ...«

- *Die Zeit im Auge behalten*

  Die für die einzelnen Gesprächsphasen budgetierten Zeiten in etwa einhalten – d. h. rechtzeitig zur nächsten Frage überleiten (es sei denn, beide Gesprächspartner haben genügend Zeit und stehen nicht unter Druck). Im Zweifelsfalle einen Themenbereich nur kurz ansprechen (das Wichtigste spontan abfragen) – aber kein Thema auslassen.

- *Aussagen über Personen sind wichtig – und fast immer heikel*

  Die Arbeitssituation wird nicht zuletzt durch die Menschen im Arbeitsumfeld geprägt. Vor allem Probleme werden häufig überhaupt nur an Personen erlebt und auf Personen zurückgeführt. Aussagen zu einzelnen Personen sind deshalb immer wichtig und müssen festgehalten werden. Der Befragte darf aber nicht intensiv über Personen »ausgequetscht« werden, denen er kritisch gegenübersteht. Die Gefahren: peinliche Situation; schlechtes Gewissen; Beeinträchtigung des offenen Gesprächsklimas.

- *Auf die »Körpersprache« achten*
  Die innere Einstellung des Befragten zu bestimmten Fragen und seine Gefühle in bezug auf seine Arbeitssituation teilen sich manchmal nicht durch das gesprochene Wort mit, sondern durch Mimik, Gestik oder Schweigen – also durch das, was nicht gesagt wird.

- *Stichwortartige Gesprächsnotizen*
  Die wichtigsten Aussagen während des Gespräches in Stichworten kurz festhalten - aber nicht alles mitschreiben, was gesagt wird. Der Interviewer ist überwiegend in direktem Blickkontakt mit dem Befragten und darf nur ab und zu aufs Blatt schauen. Tonbandgeräte sind strikt verboten. Nur sehr erfahrene Interview-Geber (öffentliche Prominenz) behalten ihre Unbefangenheit auch bei elektronischer Aufzeichnung.

- *Besonders prägnante Aussagen wörtlich protokollieren*
  Besonders treffende Formulierungen oder charakteristische Aussagen als wörtliches Zitat festhalten und für die spätere Auswertung optisch markieren. Zitate dokumentieren besonders anschaulich die emotionalen Hintergründe und tragen entscheidend zur Lebendigkeit, Plausibilität und Überzeugungskraft der Ergebnisse bei.

- *Unergiebige Interviews oder Interview-Teile gehören zum Geschäft*
  Es gibt ergiebigere und weniger ergiebige Interviews. Und es gibt Fragen, die beim einen Befragten viel, beim andern wenig oder nichts hergeben. »Weiße Zonen« in den Interview-Protokollen sind etwas ganz Normales. Nicht »auf Teufel komm raus« Resultate festhalten wollen!

- *Kurze Bilanz nach jedem Gespräch*
  Nach jedem Gespräch eine Viertelstunde allein und in Ruhe die Notizen ordnen, das Gespräch gedanklich »Revue passieren lassen« und die persönlichen Eindrücke über den Verlauf des Interviews, das Gesprächsklima und den Gesprächspartner (Offenheit, Stimmung, Verhalten) gesondert kurz festhalten.

Abbildung 16

Interview-Leitfaden

Muster eines Leitfadens, der bei verschiedenen Mitarbeiter-Befragungen in größeren Unternehmen eingesetzt worden ist – jeweils ergänzt durch einige unternehmensspezifisch interessante Fragen. In der Arbeitsunterlage für die Befrager/innen, dem Interview-Protokoll, werden die Fragen jeweils über ca. 8 Seiten A4 (inkl. Deckblatt für Personalien) verteilt, mit genügend Raum nach jeder Frage für handschriftliche Notizen (Stichworte sowie wörtliche Zitate).

1. Einleitung des Gespräches   (5-10 Min.)
– Persönliche Vorstellung des Interviewers
– Information:
  • Ziele, Ablauf und Zeitplan der Mitarbeiter-Befragung
  • Anzahl und Auswahl der Befragten
  • Wichtigste Themen des Gespräches (Übersicht geben, was kommt)
  • Vorgehen bei der Auswertung (spez.: Vertraulichkeit)
  • Protokollierung (stichwortartige Notizen)
– Gelegenheit geben zu Rückfragen ...

2. Derzeitige Tätigkeit   (5-10 Min.)
Zunächst zu Ihrer Tätigkeit. Ich sehe hier, daß Sie als ... arbeiten. Ich habe zwar eine gewisse Vorstellung davon, was man da macht – aber nur sehr allgemein. Können Sie mir kurz schildern, wie ein ganz normaler Arbeitstag bei Ihnen abläuft – d. h., was Sie von morgens bis abends ganz konkret tun?

3. Motivation   (5 Min.)
Welches sind die schönen Seiten Ihres Berufes? Was gefällt Ihnen an Ihrer Aufgabe?
Was macht einem in Ihrer Tätigkeit Freude? Was gibt Ihnen Befriedigung oder Stolz auf das, was Sie gemacht haben?

4. Belastungen   (5 Min.)
Jeder Beruf hat auch seine Schattenseiten. Welches sind die unange-

nehmeren Begleitumstände oder Belastungen, mit denen man in Ihrer Tätigkeit normalerweise rechnen muß?

5. Positive Aspekte des betrieblichen Geschehens (5-10 Min.)

Wenn Sie an die Arbeitsabläufe im betrieblichen Alltag denken – was läuft da Ihrer Meinung nach gut? Was hat man Ihrer Ansicht nach gut organisiert? Was sollte auch in Zukunft möglichst so bleiben? Was sind Dinge, von denen Sie sagen: Das hat sich bewährt?

6. Kritische Aspekte des betrieblichen Geschehens (15-20 Min.)

- Was läuft im betrieblichen Alltag nicht so gut, wie es könnte oder sollte?
- Gibt es Dinge, die Ihnen für die Zukunft Sorgen machen – z. B. im Hinblick auf die Effizienz der Arbeit, die Sicherheit, das Arbeitsklima oder Ihre eigene Arbeitsfreude?
- Was könnte Ihrer Ansicht nach passieren, wenn man nichts tut?
- Wo liegen Ihrer Ansicht nach die Ursachen?
- Wie könnten diese Probleme gelöst werden? Wer müßte was tun?

7. Führung und Zusammenarbeit (5 Min.)

- Wie beurteilen Sie das Klima, die Führung und die Zusammenarbeit in Ihrem engeren Arbeitsumfeld, speziell in Ihrem Team? Wie gut oder wie schlecht kommt man da miteinander aus?
- Gibt es außerberufliche Kontakte untereinander? Welcher Art?
- Kann man bei der Gestaltung und Organisation der Arbeit mitsprechen, oder wird grundsätzlich nur angeordnet? Wird man um seine Meinung gefragt? Kann man Vorschläge einbringen – und werden diese berücksichtigt?
- Welche Eigenschaften schätzen Sie an Ihrem Vorgesetzten besonders? Welche dagegen schätzen Sie weniger?

8. Kontakte mit höheren Stellen (5 Min.)

- Haben Sie ab und zu auch mit höheren Vorgesetzten persönlichen Kontakt?
- Welche dieser Kontakte beurteilen Sie als angenehm, welche weniger? Warum?

9. Zusammenarbeit mit anderen Funktionsbereichen *(5 Min.)*

- Mit was für anderen Abteilungen oder Bereichen haben Sie im betrieblichen Alltag gelegentlich zu tun?
- Was läuft da Ihrer Ansicht nach gut in der Zusammenarbeit? Was läuft weniger gut? Was müßte verbessert werden?

10. Information und Kommunikation *(5-10 Min.)*

- Als Mitarbeiter eines nicht gerade kleinen Unternehmens möchte man ja auch ein wenig darüber informiert sein, was wann warum geschieht oder auch nicht geschieht, was sich im Gesamtunternehmen tut und was in nächster Zeit auf einen zukommt. Wie erfahren Sie normalerweise solche wichtigen Neuigkeiten?
- Wer spricht bei welchen Gelegenheiten mit Ihnen über solche Fragen?
- Was für schriftliche Informationen erhalten Sie? Wie nützlich finden Sie diese?
- Gibt es Fragen, auf die Sie gerne eine Antwort hätten, aber bisher nicht erhalten haben?

11. Personalpolitik *(5 Min.)*

- Wie beurteilen Sie die Personalpolitik des Unternehmens insgesamt?
- Was erwarten Sie an fachlicher und persönlicher Förderung in diesem Unternehmen?
- Fühlen Sie sich bezüglich Ihrer beruflichen Entwicklung ausreichend unterstützt und beraten? Wenn nein, wer müßte was tun?
- Was haben Sie in Ihren bisherigen Kontakten mit Vertretern der Personalabteilung insgesamt für Erfahrungen gemacht?

12. Unternehmensleitung *(5 Min.)*

- Wie beurteilen Sie die Leitung des Gesamtunternehmens und die Politik der Geschäftsleitung?
- Gibt es Fragen, mit denen die Geschäftsleitung sich Ihrer Ansicht nach besonders intensiv befassen sollte?
- Wenn der oberste Chef Sie bitten würde, ihm eine Anregung zu geben – was würden Sie ihm in einem Satz sagen?

13. Image des Unternehmens (5 Min.)
- Was für ein Ansehen hat das Unternehmen Ihrer Ansicht nach in der Öffentlichkeit?
- Was macht Ihrer Ansicht nach das Unternehmen als Arbeitgeber attraktiv, was vielleicht eher unattraktiv?
- Wie empfinden Sie persönlich den Werbeauftritt des Unternehmens in den Medien?

14. Blick in die Zukunft (5 Min.)
- Zum Schluß sozusagen als Quintessenz: Angenommen, man könnte nur eines oder zwei der heute in Ihrem beruflichen Alltag vorhandenen Probleme angehen – welches wären für Sie die wichtigsten Dinge, die verändert werden müßten?
- Welche Lösungen könnten Sie sich vorstellen – und wer müßte oder könnte sie Ihrer Ansicht nach verwirklichen?
- Und wenn Sie an das Unternehmen insgesamt denken, was wäre Ihrer Meinung nach das Wichtigste, das verbessert oder verändert werden sollte?

15. Abschluß des Gespräches (5 Min.)
- Danken für das interessante Gespräch.
- Nachfrage, wie der/die Interview-Partner/in das Gespräch empfunden hat.
- Nochmaliger kurzer Hinweis, wann und auf welchem Wege Information über die Ergebnisse der Befragung erwartet werden kann.

Der Interview-Leitfaden

Das mit Abstand wichtigste Arbeitsinstrument einer Mitarbeiter-Befragung ist der Gesprächsleitfaden. Sorgfalt bei seiner Erarbeitung ist eine gute Investition. Es geht ja nicht nur darum, daß in allen Gesprächen die gleichen Fragen gestellt werden. Die Fragen müssen auch so gestellt werden, daß die Befragten sie verstehen und sinngemäß beantworten können. Da ist eine klare und einfache Sprache gefragt. Im übrigen muß der Leitfaden so gestaltet sein, daß der Befrager seine Gesprächsnotizen gleich den einzelnen Fragen zuordnen kann. Dies erleichtert die Arbeit bei der späteren Auswertung.

Fragebögen sind in der Praxis fast immer viel zu lang. Zuviele intelligente Schreibtischtäter haben zuviel Zeit gehabt, sich darüber den Kopf zu zerbrechen, was alles auch noch interessant wäre zu erfahren, wenn man denn die Leute schon mal an der Strippe hat. Resultat: Das Interview wird zu einem geisttötenden und nervenaufreibenden Abhaken von Einzelfragen. Das Ende vom Lied ist ein imposanter Datenberg – und ein Mangel an Verständnis der Hintergründe.

Entscheidend ist nicht, daß in möglichst kurzer Zeit möglichst viele Fragen beantwortet werden, sondern vielmehr, daß im Rahmen der einzelnen Fragestellungen ein *qualifizierter Dialog* geführt werden kann. Hierfür ist eine entsprechende, durch den Interview-Leitfaden vorgegebene Dramaturgie erforderlich. Im übrigen soll man sich nicht durch Zahlenfanatiker und Methoden-Perfektionisten dazu verleiten lassen, möglichst viele präzise, sogenannte »geschlossene« Fragen zu stellen. Wer nur noch »ja« oder »nein« sagen darf, fühlt sich nicht zu einem echten Gespräch eingeladen. Offene Fragen dagegen aktivieren den Gedanken- und Gesprächsfluß – und nur auf diesem Wege ist es möglich, über die nackten Fakten hinaus die wesentlichen Hintergründe und Zusammenhänge zu verstehen (siehe Abbildung 16: Muster eines Interview-Leitfadens).

Was geschieht mit den Daten?

Das erste, was nach einer Befragung bewältigt werden muß, ist die verwirrende Vielfalt der Daten. Aus Dutzenden oder Hunderten von ein- bis zweistündigen Gesprächen ergibt sich eine gewaltige Masse von Informationen. Dieses Material muß verdichtet werden. Interne Mitarbeiter benötigen hier in der Regel Unterstützung: Moderation, Visualisierung, Aufbereiten und Darstellen der wesentlichen Erkenntnisse.

Das Verdichten der Daten erfordert besondere Sorgfalt. Es geht darum, das wirklich Wichtige herauszuarbeiten und zusammenzufassen. Typische Aussagen, die wörtlich zitiert werden, tragen wesentlich zur Illustration und zum Verständnis generell formulierter Trendergebnisse bei. Andererseits darf keine Aussage in die Berichterstattung aufgenommen werden, die auf einen bestimmten Urheber zurückbezogen werden könnte. Außerdem gehört nichts in einen offiziellen Bericht, was irgendeine Person im Unternehmen kompromittieren könnte.

Anschließend müssen geeignete Wege der Information über die Ergebnisse gefunden werden. Die Entscheidungsträger müssen sich besonders intensiv mit den Ergebnissen auseinandersetzen, denn sie sind es, die die Weichen für das weitere Vorgehen zu stellen haben. Gleichzeitig ist es aber von großer Bedeutung, daß alle Mitarbeiter offen über die Ergebnisse informiert werden. Nur so kann eine breite Akzeptanz der sich aus der Befragung ergebenden Maßnahmen sichergestellt werden.

In einem größeren Unternehmen wird es außerdem sinnvoll sein, den Führungskreisen größerer Organisationseinheiten die sich auf ihren Verantwortungsbereich beziehenden spezifischen Ergebnisse gesondert zu erläutern. Mindestens sollte man dies als Option anbieten – für diejenigen, die auch kritische Ergebnisse als wertvolle zusätzliche Management-Information und nicht als unflätige Nestbeschmutzung betrachten.

Organisationsdiagnose als Management-Instrument

Es gibt letztlich keine umfassende Organisationsdiagnose ohne Befragung der betroffenen Organisationsmitglieder. In vielen Unternehmen sind jedoch Mitarbeiter-Befragungen tabu. Das Management hat Angst, »schlafende Hunde« oder »überzogene Erwartungen« zu wecken. Das heißt: Man mag sich nicht unter Handlungszwang setzen lassen. Oder: Das Management glaubt nicht, daß eine Befragung der Mitarbeiter »etwas bringt«. Es glaubt, daß das, was getan werden kann, von der operativen Führung längst getan worden ist. Daß die Mitarbeiter in Tat und Wahrheit die einzigen wirklichen »Experten« sind in bezug auf das, was sich zuvorderst an der Front abspielt, ist noch keine allzu weit verbreitete Erkenntnis.

Mit Abstand häufigster Fall jedoch: Frühere Befragungsaktionen haben das Thema für alle Zeit tot gemacht. Man hatte nicht offen über die Ergebnisse berichtet oder keine nennenswerten praktischen Konsequenzen gezogen – oder beides. Resultat: Die Mitarbeiter sind überhaupt nicht mehr bereit, sich auf irgendeine »Schnüffel-Umfrage« einzulassen.

Dies ist sehr bedauerlich, denn gerade in größeren Betrieben sind Mitarbeiter-Befragungen ein äußerst wertvolles Instrument – nicht nur, um Entscheidungsgrundlagen zu schaffen, sondern vor allem auch, um im Unternehmen *Energie für Veränderungen* zu mobilisieren. Es gibt immer und überall zu viele Kräfte, deren wesentliches Ziel darin besteht, den Status quo zu erhalten. Befragungsresultate sind ungemein elegante, für sich selbst sprechende »Argumente« für Veränderungen. Sie legitimieren auf ganz natürliche Weise Entscheidungen, die sonst mit hohem Aufwand und möglicherweise gegen massiven Widerstand durchgesetzt werden müßten.

Eine Befragung ist allerdings immer eine markante, kulturprägende Intervention. Vom Kommunikationswissenschafter *McLuhan* stammt der berühmte Satz: »*The medium is the massage.*« Wie bei jedem anderen Medium enthält auch bei einer Mitarbeiter-Befragung die äußere Form eine wichtige »verschlüsselte Botschaft«. Im Falle einer schriftlichen Fragebogen-Umfrage, durchgeführt von einem externen Markt- oder Meinungsforschungsinstitut, lautet diese Botschaft: »*Wir wollen statistische Daten erheben*«, oder: »*Bei uns wird schriftlich kommuniziert.*« Im Falle ausführlicher Einzelgespräche lautet die Botschaft: »*Wir interessieren uns für Deine persönliche Meinung*«, oder: »*Du bist als Individuum wichtig.*« Gruppengespräche signalisieren: »*Bei uns ist Teamarbeit gefragt*«. Wenn nicht nur nach der Funktionalität der Strukturen und Abläufe, sondern auch nach dem Führungsstil und dem Arbeitsklima gefragt wird, besagt dies: »*Es geht uns nicht nur um Effizienz, sondern auch um gute menschliche Arbeitsbeziehungen.*« Und wenn Interne die Gespräche führen, bedeutet dies: »*Wir suchen den internen Dialog untereinander.*«

Dies ist kein generelles Votum gegen schriftliche Formen der Befragung im Unternehmen. Für gewisse Zwecke kann eine Fragebogen-Umfrage durchaus das richtige Instrument sein. Die Wahl der Methode hängt letztlich immer davon ab, welche Ziele man verfolgt. Und da stellen sich stets zwei Fragen. Zum einen: »*Was wollen wir wissen?*« Zum andern: »*Was wollen wir bewirken?*«

Wie immer aber die Antwort auf diese beiden Fragen und damit die Wahl der Methode ausfallen mag – zwei Voraussetzungen müssen gegeben sein, wenn man eine eingehende Diagnose in Angriff nehmen will: die Bereitschaft, offen über die Ergebnisse zu informieren – und der Wille, die Ergebnisse in konkrete Maßnahmen umzusetzen.

3. Kapitel
Führen durch Zielvereinbarung

»Wer nicht weiß, wohin er segeln will,
für den ist kein Wind der richtige.«
Seneca

Führen durch Zielvereinbarung ist in der Wirtschaft alles andere als eine neue Errungenschaft. Das Konzept ist vor mehreren Jahrzehnten – ursprünglich unter der Bezeichnung *MBO (Management by Objectives)* – aus den USA nach Europa gekommen. Zielvereinbarungen gehören mittlerweile in den meisten größeren Firmen zum festen Bestand etablierter Führungsinstrumente.

Warum befassen wir uns in diesem Buch damit?

Erstens, weil dieses Instrument in der Praxis erstaunlich häufig in einer Art und Weise angewendet wird, die den eigentlichen Zweck völlig verfehlt. In vielen Fällen ist es nicht übertrieben, von einer Alibi-Übung zu sprechen.

Zweitens, weil selbständige Mitarbeiter/innen und Organisationseinheiten nur über geregelte Zielvereinbarung und -kontrolle qualifiziert geführt und entwickelt werden können. Wer mit diesem Instrument nicht vertraut ist, sollte gar nicht erst damit anfangen, seine Organisation in Richtung schlanke und dezentrale Strukturen verändern zu wollen.

Sinn und Nutzen von Zielen

Sinnentleerung und Mangel an Perspektiven gehören im Arbeitsbereich – wie übrigens generell im menschlichen Leben – zu den am meisten verbreiteten und gleichzeitig schädlichsten Übeln. Wer den Sinn seiner Arbeit nicht kennt, kann nicht motiviert sein. Und wer in seinem Leben überhaupt keinen Sinn und keine Perspektiven mehr erkennen kann, fällt der Depression anheim und versucht sich früher oder später auf die eine oder andere Weise aus dem Leben zu schleichen.

Ein Ziel vor Augen zu haben hilft wie nichts sonst gegen Müdigkeit, Mutlosigkeit und innere Leere. Wer den größeren Rahmen überblickt, in den seine Arbeit eingeordnet ist, die Prozeßkette kennt, in die seine Aufgabe eingebaut ist, der ist auch in der Lage, Energie zu mobilisieren. Und wenn er seinen Beitrag – wie bescheiden dieser im Verhältnis zum Ganzen auch sein mag – als wichtig, wertvoll oder sogar unverzichtbar empfindet, wird er außerdem über seine eigene Nasenspitze hinausdenken und sich für das gemeinsame Gelingen einsetzen. Er wird, wo immer er angesiedelt ist, an seinem Platz unternehmerisch denken und handeln.

Sich selbst oder jemand anderem ein Ziel setzen bedeutet, ein angestrebtes Resultat zu definieren – zunächst nur ein Resultat, nicht den Weg, auf dem es zu erreichen ist. Das Ziel gibt Orientierung, engt aber nicht ein. Im Gegenteil: Das Ziel öffnet erst neue, mögliche Handlungsfelder. Es zwingt, über die Ausrichtung des eigenen Handelns nachzudenken, Lösungen und Wege zu suchen, die eigenen Energien gezielt und damit ökonomisch einzusetzen. Und: Es beflügelt – sowohl durch die Möglichkeit selbständigen Handelns als auch durch die Möglichkeit überprüfbaren, persönlichen Erfolges. Dies ist nämlich gerade im Bereich der Führung gar nicht so einfach – daß man nach getaner Arbeit zurückblicken und sagen kann: »Das habe ich geschafft!«.

Wer »Unternehmertum« nicht nur als modische Begriffshülse im Munde führen will, kommt nicht darum herum, sich selbst und seine Mitarbeiter/innen über Ziele zu führen. Menschen, die immer über detaillierte Kataloge operativer Aufgaben geführt worden sind, haben nie gelernt, selbständig zu denken und zu handeln. Sie haben nicht gelernt, echt Verantwortung zu übernehmen. Und dies trifft leider für Massen von Menschen zu, die heute die Unternehmenshierarchien bis in mittlere und höhere Ränge hinauf bevölkern: Sie wickeln – auf höherem oder niedrigerem fachlichem und intellektuellem Niveau – vorgegebene Aufgaben ab. Oft genug solche, die man mit großem Gewinn fürs Ganze ersatzlos streichen könnte.

Die Orientierung an Zielen ist eine der Grundvoraussetzungen für Selbstorganisation und Selbststeuerung in schlanken Organisationen.

Was sollte man nicht mit »Zielen« verwechseln?

Stellen- bzw. Funktionsbeschreibung
Hier werden Aufgabengebiete definiert und Zuständigkeiten geregelt – tunlichst nicht in Form ellenlanger Kataloge einzelner Tätigkeiten, sondern durch Abstecken des Rahmens der Verantwortung. Also nicht »Er tut …«, sondern »Er gewährleistet …«. Die Stellenbeschreibung zeigt den Rahmen auf, innerhalb dessen Ziele sich bewegen können. Die Ziele konkretisieren, auf jeweils aktueller Basis, die in Stellenbeschreibungen allgemein gehaltenen Erwartungen an den Mitarbeiter.

Aufgaben
Eine Aufgabe stellen bedeutet, einen Auftrag zu erteilen, etwas Bestimmtes zu tun. Da kann situativ – muß aber nicht – einiges ähnlich sein wie bei der Zielsetzung: die Orientierung am Ergebnis; ein definierter Handlungsspielraum; definierte Erfolgsparameter. Der Hauptunterschied liegt darin, daß ein Ziel in der Regel übergeordnete Aspekte betrifft und nicht den Weg definiert, auf dem es erreicht werden soll. Aufgaben dagegen können einfachster Natur und so eng gefaßt sein, daß für selbständiges Denken und Handeln, für kreative und konzeptionelle Arbeit, auch nicht der geringste Spielraum vorhanden ist. Auch wer funktioniert wie ein Automat, kann seine Aufgabe – je nachdem, wie sie definiert ist – durchaus ordentlich erledigen.

Tätigkeiten
Hier geht es ausschließlich um faktisches Tun, um Ausführung, um operative Aktivität. Dies schließt das Vorhandensein sinnvoller, übergeordneter Ziele und Aufgaben nicht aus. Diese können – oder sollten – den Rahmen bilden, innerhalb dessen sich die Tätigkeit vollzieht. Doch oft genug fehlt diese Orientierung. Die eine mögliche Konsequenz ist Gleichgültigkeit – innere Emigration und Entfremdung. Die andere ist die operative Hektik. Sie ist nichts anderes als der verzweifelte Versuch, von der inneren Leere abzulenken. Motto: »*Wir haben das Ziel aus den Augen verloren und deshalb unsere Anstrengungen verdoppelt.*«

Planung
Während das Ziel eine Richtung vorgibt und die Aufgabe einen Weg definiert, dienen Pläne dazu, Aktivitäten, die vorgesehen sind, im einzelnen vorzubereiten.

So wichtig Planung für die Erfüllung komplexer Aufgaben ist – in der heutigen Zeit des raschen Wandels muß Planung neu verstanden und gehandhabt werden. Pläne verführen dazu, nicht mehr auf Eventualitäten eingestellt zu sein. Sie vermitteln ein trügerisches Gefühl der Sicherheit. Sätze wie diese illustrieren das Dilemma: *»Planung bedeutet, den Zufall durch Irrtum zu ersetzen«; »Die Genauigkeit der Daten steht in keinem Verhältnis zu ihrer Relevanz«; »Je genauer man plant, desto härter schlägt der Zufall zu.«*

Vorsätze

Das Sprichwort sagt: *»Der Weg zur Hölle ist mit guten Vorsätzen gepflastert.«* Der Vorsatz ist, anders als ein echtes Ziel, letztlich nicht verbindlich. Vorsätze bilden – als Probehandeln in der Phantasie – den unentbehrlichen Rohstoff, aus dem sich, wenn die Zeit gekommen und die Situation günstig ist, feste Vorhaben entwickeln können. Vorsätze können aber auch als bequemes Ruhekissen dienen. Der Vorsatz ist die raffinierteste Form der Selbstüberlistung – der Königsweg, um vor sich selbst das Bild eines vorhandenen Willens aufrechtzuerhalten, ohne tatsächlich handeln bzw. etwas verändern zu müssen.

Was für Ziele können im Bereich der Führung gesetzt werden?

Die Ziele lassen sich ganz grob in vier Kategorien unterteilen:

1) Arbeitsziele im Rahmen der normalen Funktionsbeschreibung, die das laufende Geschäft betreffen.

2) Arbeitsziele, die über den gewohnten Rahmen hinausgehen und sich in Sonderaufträgen oder Projekten niederschlagen können.

3) Auf Mitarbeiter/innen, Gruppen, Funktionen oder Organisationseinheiten bezogene Entwicklungs- oder Veränderungsziele (betr. z.B.: Organisation, Zusammenspiel, Verhalten, Qualifikation etc.).

4) Auf die eigene Person bezogene Entwicklungsziele (betr. z.B.: Führungsverhalten, Kommunikation, Qualifikation etc.).

Es geht nicht darum, die gesamte Geschäftstätigkeit bis ins kleinste aufzudröseln und mit spezifischen Zielen zu hinterlegen. Im Geschäftsleben sind viele Dinge bestens geregelt und eingespielt und bedürfen keiner speziellen Zielsetzung und Planung, um Sinn zu machen. Ziele sind dort angebracht, wo zwischen einem Soll und einem Ist eine Abweichung be-

216

steht – und wo der Weg zum Sollzustand nicht von vornherein klar auf der Hand liegt (wo die Wege klar sind, müssen nicht Ziele gesetzt, sondern Maßnahmen geplant und umgesetzt werden).

Beispiele quantitativer Ziele:

– *»Steigerung des Ertrages um den Prozentsatz X bei gleichbleibendem Aufwand«*
– *»Aubbau von X Stellen in der Zentralen Administration«*
– *»Reduktion der Lagerbestände um X Prozente«*
– *»Gewinnen von soundso vielen neuen Kunden der Zielgruppe X für unsere Dienstleistung Y«*
– *»Reduktion der durchschnittlichen Durchlaufzeit (oder Entwicklungszeit) von x auf y Stunden (oder Tage, Monate, Jahre)«*

Beispiele qualitativer Ziele:

– *»Lösung des Konfliktes zwischen Abteilung X und Abteilung Y«*
– *»Die Belegschaft versteht, akzeptiert und unterstützt die Ziele der geplanten Restrukturierung«*
– *»Teilautonome Fertigungsgruppen sind eingeführt und funktionsfähig«*
– *»Entwicklung des neuen Gerätetyps X zur Produktionsreife«*
– *»Zielvereinbarung ist im ganzen Bereich eingeführt und wird auf allen Stufen der Konzeptvorlage entsprechend gehandhabt«*

Die Kunst im Management besteht nicht darin, alles richtig zu machen, sondern darin, die richtigen Dinge anzupacken. Nicht die Anzahl der Ziele zeugt für Qualität und führt zum Erfolg, sondern die richtigen Prioritäten.

Zieldiktat und Zielvereinbarung

»Soweit kommt's noch, daß jeder selbst seine Ziele bestimmt – Ziele zu setzen ist Aufgabe der Führung.« Wer so redet, zeigt, daß er im Grunde nicht menschen- und prozeßorientiert denkt. Er leidet unter tief verdrängter Unsicherheit. Er fühlt sich nicht in der Lage, auf der Basis des Dialogs Ziele zu vermitteln. Und er hat mit an Sicherheit grenzender Wahrscheinlichkeit ein ziemlich unvorteilhaftes Menschenbild im Hinterkopf.

Zielvereinbarung hat nichts zu tun mit Basisdemokratie. Sie bedeutet lediglich, daß Ziele und Prioritäten sorgfältig bedacht und abgestimmt werden, bevor man sie festlegt. Nur die Zielvereinbarung im Dialog kann sicherstellen,

- *daß die Ziele wirklich verstanden und akzeptiert sind;*
- *daß die Prioritäten richtig gesetzt und keine Zielkonflikte eingebaut sind;*
- *daß nicht Ziele formuliert werden, ohne daß man sich über die notwendigen Mittel und Ressourcen Gedanken gemacht hat.*

Die Mitsprache des einzelnen bei der Festlegung seiner Ziele ist also nicht ein persönliches Bonbon, sondern legitimiert sich aus der Sache heraus.

Daß Handlungsspielraum nicht totale Freiheit bedeutet, und daß manch ein übergeordnetes Ziel nur einen begrenzten Spielraum läßt für das daraus abzuleitende, individuelle Ziel, steht auf einem anderen Blatt. Entscheidend ist, daß die Ziele gemeinsam, das heißt im Dialog, geprüft und im Gesamtkontext beurteilt, nicht aus dem hohlen Bauch heraus in die Welt gesetzt werden.

Gleichgültig, woher der Anstoß zu einem Ziel kommen mag – eigene Idee, Rahmenvorgabe von oben oder Ergebnis einer offenen, gemeinsamen Bilanz und Standortbestimmung: Was nicht als Selbstverpflichtung verinnerlicht wird, hat wenig Chancen, verwirklicht zu werden. Es ist wie beim Raucher: Man kann ihm Zuwendung geben; man kann an ihn heranreden wie an ein krankes Pferd; man kann ihm als Arzt mit dem baldigen Tode drohen; er kann im Fernsehen mit farbigen Innenaufnahmen aus den Lungen früh verstorbener Kettenraucher konfrontiert werden; man kann an sein Verantwortungsfühl appellieren; man kann sich von ihm abwenden – aber erst wenn er sich dafür entscheidet, die unternehmerische Verantwortung für seine Gesundheit zu übernehmen, wird er das Rauchen aufgeben.

Abbildung 17

Hitparade der Mißerfolgsfaktoren

Dies sind die häufigsten Defizite von Zielvereinbarungsprozessen, denen man in der Praxis begegnet:

1 **Es werden nicht Ziele vereinbart, sondern Tätigkeiten.**
Zielvereinbarung wird mit operativer Planung verwechselt.

2 **Ziele werden nicht vereinbart, sondern vorgegeben.**
Es findet kein Dialog statt.

3 **Es gibt nur quantitative Ziele: Umsatz, Head-Count, Ausschuß-quote.**
Alles, was die »soft factors« betrifft, wird als irrelevant betrachtet.

4 **Zielvereinbarung erfolgt ausschließlich bottom-up.**
Konsolidierter Input der Basis – kein unternehmerischer Führungswille.

5 **Keine klaren Unternehmensziele als Ausgangspunkt.**
Jeder Bereich schaut nur für sich – nicht auf seine Funktion fürs Ganze.

6 **Die vereinbarten Ziele werden horizontal nicht abgeglichen.**
Keiner weiß, was der andere tut – Prioritäten und Mittel sind nicht abgestimmt.

7 **Die Zielerreichung wird nicht überwacht und kontrolliert.**
Im nachhinein wird begründet, warum die Ziele nicht erreicht werden konnten.

8 **Zielvereinbarung ist nicht vernetzt mit Mitarbeiter-Qualifikation.**
Es gibt weder Belohnung noch Sanktion – das Ganze ist völlig ohne Belang.

Individuelle Ziele und Gruppenziele

Aufgaben und Arbeitsstrukturen werden immer komplexer. Gruppenarbeit mit einem hohen Anteil an Selbststeuerung gewinnt in modernen, schlanken Organisationen zunehmend an Bedeutung. Die Führungsinstrumente müssen dieser Entwicklung Rechnung tragen. Wenn Gruppen eine gemeinsame Aufgabe haben und sich zu ihrer Erfüllung selbständig organisieren sollen, müssen die Ziele mit der Gruppe – und nicht bilateral mit den einzelnen Mitgliedern – vereinbart werden.

Es kann sinnvoll oder sogar notwendig sein, daß darüber hinaus auch individuelle Ziele gesetzt werden. Wenn dies der Fall ist, findet die Zielvereinbarung des einzelnen mit dem Gesamtteam, d.h. im Gesamtkreis der Kolleg/innen statt, und nicht mit dem Vorgesetzten auf der nächsthöheren Stufe.

Die wichtigsten Grundsätze

Ziele steuern das Verhalten desto wirksamer in Richtung Erfolg, je konsequenter folgende Grundsätze beachtet werden:

Ziele müssen hoch gesteckt, aber realistisch und erreichbar sein.

Ziele können aus zwei Gründen ihren Zweck verfehlen. Entweder, weil sie keine Herausforderung darstellen und deshalb letztlich nichts bewirken. Oder aber, weil sie von vornherein als unrealistisch und nicht erreichbar empfunden werden. Im ersteren Falle werden Erfolgs- und Entwicklungschancen verpaßt, im zweiten Frust und Resignation erzeugt. In beiden Fällen verpuffen wertvolle Energien. Unterforderung ist bei der Zielsetzung genauso gefährlich wie Überforderung. Wo kein Impuls, kein Anreiz ist, bewegt sich auch nichts. Zu hoher Erwartungsdruck oder gar der Glaube, ein Ziel ohnehin nicht erreichen zu können, führt zu Demotivation und zu Handlungsblockaden.

Die Kunst der Zielvereinbarung liegt deshalb darin, bei jedem einzelnen Ziel die Latte genau so hoch zu legen, daß der Sprung – entsprechend der Qualifikation des Mitarbeiters, den verfügbaren Mitteln und Ressourcen sowie der evtl. notwendigen Unterstützung – gerade noch zu schaffen ist.

Klare Beschreibung des zu erreichenden Zustandes

»Wo will ich hin?« bzw. *»Was will ich erreichen?«* ist die entscheidende Frage – nicht: »Was muß getan werden?« Ziele sind in der Zukunft zu erreichende Zustände, vorweggenommene Resultate von Aktivitäten, definierte Ergebnisse von Anstrengungen – nicht die Beschreibungen von Tätigkeiten. Da sind Klarheit und Konkretisierung gefragt. Manch ein Orientierungsläufer, der die allgemeine Richtung kannte, hat schon das Rennen zu früh abgebrochen, weil er glaubte, bereits am Ziel zu sein – oder ist am Ziel vorbeigelaufen, weil er es nicht erkannt hat.

Die Zielerreichung meßbar bzw. überprüfbar machen

Ein Ziel – quantitativ oder qualitativ –, dessen Erreichung nicht überprüft werden kann, macht keinen Sinn. Zu welchem Zeitpunkt soll konkret welcher Zustand erreicht sein? Welches sind die zu erreichenden Meßdaten oder Kennzahlen? Aufgrund welcher Kriterien soll das Ergebnis beurteilt werden? Wer etwa das Ziel *»Entwicklung von Kundenorientierung«* setzt, tut gut daran, (a) zu präzisieren, was unter »Kundenorientierung« konkret zu verstehen ist, und (b) im voraus festzulegen, aufgrund welcher Kriterien und welchen Verfahrens sie zu einem festgelegten Zeitpunkt beurteilt werden soll.

Handlungsspielraum und Grenzen definieren

Unternehmer sein heißt nicht, totale Freiheit zu haben, heißt nicht, jederzeit tun und lassen zu können, wonach einem gerade ist. Ein guter Unternehmer weiß vielmehr sehr genau, was er selbst kann und darf und wo seine Grenzen liegen – wann und wo er handeln kann, wann und wo er auf wen Rücksicht nehmen, andere Interessen einbeziehen, andere Menschen für ihre Unterstützung gewinnen muß. Auch der »interne Unternehmer« muß sein Aktionsfeld genau kennen, damit er zielorientiert vorgehen kann:

- *Handlungsspielraum*
- *Kompetenzen*
- *verfügbare Mittel und Ressourcen*
- *Vorgaben, Auflagen, Einschränkungen*
- *Information und Kommunikation nach außen*
- *Spielregeln betreffend Rücksprache mit dem Vorgesetzten.*

Spätestens wenn diese Themen verhandelt werden, zeigt sich, ob der Vorgesetzte es mit dem Führen durch Zielvereinbarung ernst meint – oder ob er zwar die anspruchsvollsten Ziele vorgibt, dem Mitarbeiter aber Mittel und Entscheidungskompetenzen vorenthält.

Zeit und Meilensteine planen

Wer ein Haus baut, weiß, wie wichtig Etappenplanung und Terminziele sind. Jeder Bauabschnitt baut auf dem vorhergehenden auf. Wer nur die Gesamtzeit im Kopf hat, begibt sich auf eine Fahrt ins Blaue. Vor allem aber: Er wiegt sich zu lange in der Sicherheit, noch sehr viel Zeit zu haben, verfällt irgendwann in operative Hektik – und gerät am Schluß ins Schludern.

> – *Wann soll das Gesamtergebnis vorliegen?*
> – *Bis wann werden welche Teilergebnisse erwartet?*

Diese Fragen müssen bei der Vereinbarung der Ziele beantwortet werden.

Ein Ziel muß kompatibel sein mit anderen Zielen.

Zielvereinbarungen können nicht nur nichts bewirken, sondern sogar Schaden anrichten – dann nämlich, wenn widersprüchliche Ziele angesteuert und damit Zielkonflikte vorprogrammiert werden. Die Ziele des einzelnen müssen mit den Zielen seiner Kollegen soweit abgeglichen werden, daß keine Konflikte um Prioritäten entstehen können. Doch dies ist fast noch der einfachere Teil. Die gefährlichsten Konflikte sind diejenigen, die der einzelne sich selbst einbaut, weil er die Liste sämtlicher Weihnachtswünsche – seiner eigenen oder derjenigen des Vorgesetzten – ungeprüft in einen Zielkatalog umfunktioniert hat. Wenn sich aber zwei Ziele, bei Lichte betrachtet, schlecht miteinander vertragen, wird unausweichlich früher oder später Energie blockiert werden. Es geht dem Menschen dann wie Buridans Esel, der vor zwei gleich großen Heuhaufen verhungert ist, weil er sich für keinen der beiden entscheiden konnte – und niemand war da, ihm den einen wegzunehmen.

Vernetzungen sicherstellen, Interdependenzen klären

Kein Mensch, keine Gruppe, kein Bereich ist eine Insel im Ozean. Nicht alle Vorhaben lassen sich realisieren, ohne daß andere Personen, Funktionen oder Bereiche in der einen oder anderen Weise tangiert werden.

- *Wer muß informiert, wer evtl. um Mitwirkung oder Unterstützung gebeten werden?*
- *Wer könnte evtl. Ziele haben, die mit den eigenen kollidieren?*
- *Wo könnten sich – wenn man sich rechtzeitig abstimmt – wertvolle Synergien ergeben?*

Solche Fragen müssen – mit Blick nach rechts und nach links – sorgfältig geklärt werden, bevor man loslegt.

Aufwand abschätzen

Sachmittel, Personalkapazitäten, Budget und Formen der Unterstützung können nicht dann veranschlagt werden, wenn man sie braucht. Natürlich kann man zum Zeitpunkt der Zielvereinbarung, wenn das Vorgehen zur Zielerreichung noch gar nicht festgelegt ist, die voraussichtlich anfallenden Aufwände nicht auf Heller und Pfennig genau berechnen. Aber man kann sie ganz grob abschätzen. Dies genügt, um die dicksten Hunde, die in einem Zielkatalog vergraben sein können, ans Tageslicht zu holen. Viele Leute glauben, ein guter Unternehmer sei ein Mann, der immer großzügig Investitionen tätigt. In Wirklichkeit ist der erfolgreiche Unternehmer derjenige, der genau weiß, wann er wo wieviel investieren darf – wann und wo aber konsolidiert werden muß.

Zielcontrolling und Zielaudit sicherstellen

Wer sein Handeln an Zielen ausrichten, gleichzeitig aber auf unvorhergesehene Ereignisse und Entwicklungen gefaßt sein will, muß prozeßorientiert vorgehen. Er benötigt ein Frühwarnsystem, das ihm ermöglicht, die Gefahr von Zielabweichungen rechtzeitig zu erkennen, damit geeignete Korrekturmaßnahmen eingeleitet werden können. Dreierlei ist hierbei wichtig.

1) *Definition der Kriterien, aufgrund welcher beurteilt werden soll, ob man sich noch im Zielkorridor befindet oder nicht.*

2) *Einplanen von »Check-Points« in der Zeitachse für Zwischenbilanz und Standortbestimmung.*

3) *Verbindliche Vereinbarung, daß der Mitarbeiter von sich aus (»Bringschuld«) mit dem Vorgesetzten Kontakt*

*aufnimmt, sobald er potentielle Zielabweichungen er-
kennt, die er nicht glaubt, selbständig korrigieren zu
können.*

Es kann auch mal der Fall eintreten, daß man gezwungen ist, nicht das Vorgehen zu korrigieren, sondern das Ziel. Zielkorrekturen liegen aber von
vornherein außerhalb des Handlungsspielraumes des Mitarbeiters. Doch
unabhängig von solchen Eventualitäten sollte zumindest eine gemeinsame
Halbzeitbilanz fest eingeplant und durchgeführt werden.

Prioritäten nach Wichtigkeit und Dringlichkeit beurteilen

Es gibt zwei völlig unterschiedliche Gründe, weshalb ein Ziel Vorrang haben kann. Entweder, weil es wichtig, d.h. von grundsätzlicher Bedeutung
ist. Oder aber, weil es dringlich ist, d.h. zeitlich keinen Aufschub duldet.
Nach dem ersten Brainstorming ist die »Wunschliste« fast immer (a) ein
Gemisch von beidem und (b) viel zu lang. Wichtige und dringliche Ziele
müssen deshalb zunächst getrennt und dann in einer Rangreihenfolge geordnet werden. Anschließend kann entschieden werden, wieviele und welche Ziele beider Kategorien realistischerweise in Angriff genommen werden können.

Weniger ist mehr

Wenn zuviele Ziele gleichzeitig gesetzt werden, ist so gut wie vorprogrammiert, daß nicht alle erreicht werden – eventuell kein einziges. Ein
ganzer Wald von Zielen bietet eine ausgezeichnete Gelegenheit, sich zu
zersplittern, von einem zum anderen zu springen und sich beim demon-
strativen Bemühen, sein Bestes zu geben, völlig aufzureiben. Prioritäten
setzen heißt die Devise – und, wenn es eben geht, die richtigen.

Der Prozeß der Zielvereinbarung

Punktuell und situativ stattfindende, voneinander völlig losgelöste, mündliche Absprachen von Vorgesetzten mit Mitarbeitern »zwischen Tür und
Angel« – das hat nichts mit qualifizierter Zielvereinbarung zu tun. Zielvereinbarungen sind ein Führungsinstrument. Wenn dies dem Unternehmen etwas bringen soll, muß es – wie andere Führungsinstrumente

auch – koordiniert eingesetzt werden und bedarf eines gewissen Grades der Formalisierung.

Der Prozeß der Zielsetzung beginnt an der Unternehmensspitze. Die Unternehmensleitung legt den Gesamtrahmen fest: Die strategische Ausrichtung des Unternehmens für das kommende Jahr, die wichtigsten Ziele und Prioriäten, die entsprechende, grobe Ressourcen-Allokation. Hier können bereits Akzente enthalten sein, die recht konkret sind und die Ziele der einzelnen Funktionen oder Bereiche maßgeblich beeinflussen werden, z. B.:

– *Auf welche Kundenzielgruppen werden wir uns besonders konzentrieren?*
– *Auf welchem Gebiet sind forciert neue Produkte zu entwickeln?*
– *Was wird bezüglich Organisation oder Kostenstruktur zu verändern sein?*
– *Welche Kennzahlen müssen um wieviel verbessert werden?*
– *Welche Ressourcen sind verfügbar – und wie werden sie eingesetzt?*
– *Welche Grundsätze haben in diesem Jahr oberste Priorität?*

Daß solche Festlegungen nicht im stillen Kämmerlein und aus dem hohlen Bauch getroffen werden können, sondern daß im Vorfeld die Ideen, Meinungen und Vorschläge der Führungskräfte und Mitarbeiter/innen – gegebenenfalls bis ganz hinunter an die Basis – eingeholt und berücksichtigt werden, versteht sich von selbst.

Aber die erste und wichtigste, verbindliche Zielsetzung erfolgt an der Spitze. Sie ist Ausfluß der vorangegangenen Diskussionen im Unternehmen, enthält aber in wichtigen Akzenten den Führungswillen der obersten Leitung.

Die Praxis zeigt, daß erste Impulse für entscheidende Entwicklungen manchmal von der Basis, manchmal von der mittleren Ebene und manchmal von der Unternehmensspitze ausgehen. Die Unternehmensleitung muß und kann nicht alle guten und wichtigen Ideen selbst gebären. Aber es ist ihre Aufgabe, dafür zu sorgen, daß den richtigen Ideen durch entsprechende Zielsetzungen und Ressourcen-Allokationen zum Durchbruch verholfen wird.

Wenn auf Unternehmensebene die Ziele formuliert sind, geht es darum, diese anschließend auf der nächsten Ebene in den entsprechenden Bereichen herunterzubrechen:

- *Was bedeutet dies für uns?*
- *Welche Beiträge sind von uns gefordert, damit die Unternehmensziele erreicht werden können?*
- *Was für spezifische Ziele ergeben sich für uns daraus?*

Nach dem gleichen Muster wird anschließend der Prozeß stufenweise nach unten fortgesetzt. Das heißt: Jeder Mitarbeiter, mit dem Ziele vereinbart werden, muß zunächst die Ziele seines Vorgesetzten kennen, um die eigenen Prioritäten entsprechend setzen zu können.

Dies bedeutet nicht, daß alle individuellen Ziele ausschließlich und unmittelbar aus den Zielen der nächsthöheren Ebene abgeleitet sein müssen. Es gibt bereichsspezifische Ziele, die auch dann zu setzen wären, wenn es keine Vorgaben von oben geben würde. Entscheidend ist, daß die strategische Ausrichtung des Unternehmens von allen Mitarbeiter/innen verstanden und durch entsprechende Ausrichtung der Bereichsaktivitäten unterstützt wird.

Daß der Zielvereinbarungsprozeß mit der Zielsetzung nicht abgeschlossen ist, haben wir bereits erwähnt: Die Zielplanung muß in regelmäßigen Abständen überprüft werden – mindestens einmal, bei Halbzeit, mit dem Vorgesetzten. Das Gesetz des Wiedersehens ist mit ein Garant dafür, daß Ziele in Erinnerung und verbindlich bleiben. Sonst kann es leicht passieren, daß das Jahr nach dem Motto »*Stark angefangen und ebenso stark nachgelassen*« abläuft.

Schriftliche Dokumentation

Formalismus und Papierproduktion sollten in engen Grenzen gehalten werden. Zweierlei genügt:

1. Ein Übersichtsblatt mit zwei Teilen:
   a) Die übergeordneten strategischen Schwerpunkte und die Ziele des Unternehmens, die der eigenen Arbeit für den in Frage kommenden Zeitraum den Rahmen, die Ausrichtung und den Sinn geben.
   b) Die Auflistung aller vereinbarten Ziele in Stichworten.

2. Je ein Blatt pro Ziel, auf welchem in Stichworten die konkreten Vereinbarungen und die wichtigsten Diskussionsergebnisse festgehalten sind (siehe Abbildung 18 »Formblatt-Muster«).

Dieses Minimum an Schriftlichkeit ist notwendig, damit man später noch weiß, was man konkret besprochen und vereinbart hat. Später heißt: an-

226

Abbildung 18

Formblatt-Muster Zielvereinbarung

---

1. Ziel

2. Begründung des Handlungsbedarfs
Ausgangslage, Ist-Zustand

3. Adressat
bzw. Betroffene

4. Relevanter Gesamtrahmen
Teil welcher größeren Prozeßkette

5. Meßgrößen
Kriterien für die Beurteilung der Zielerreichung

6. Zeitrahmen
inkl. Meilensteine

7. Wesentliche Handlungsansätze
Strategien, spezielle Vorgehensweisen

8. Aufwand
Mittel/Ressourcen

9. Rahmenbedingungen
Eckwerte, Vernetzungen, Kommunikation

10. Priorität

läßlich der Zwischenbilanzen, erst recht aber anläßlich der gemeinsamen Schlußbilanz, die dann nicht nur in enger Verbindung mit der Mitarbeiter-Qualifikation steht, sondern auch eine der Grundlagen für die nächste Zielvereinbarung darstellt.

»Grau, mein Freund, ist alle Theorie ...«

Dieses Motto scheint dem Verständnis von Zielvereinbarung in der Praxis mehrheitlich zugrunde zu liegen. Es gibt kaum ein Führungsinstrument, das schon so lange bekannt ist, allenthalben als »Selbstverständlichkeit« gilt – und so wenig konsequent angewendet wird *(siehe Abbildung 17 »Hitparade der Mißerfolgsfaktoren«)*. Dafür muß es gute Gründe geben, zumal da Manager – ihrem eigenen Selbstverständnis nach – besonders rational denkende und vernünftig handelnde Menschen sind.

Zwei Erklärungen bieten sich an.

Zum einen: Es ist nicht nur angenehm, von sich selbst und anderen Klarheit zu fordern und den Dingen gemeinsam auf den Grund zu gehen. Da muß man sich von Angesicht zu Angesicht auseinandersetzen. Da kann man nicht nur Süßholz raspeln. Da muß man dem Mitarbeiter auch mal sagen, was man ihm zutraut und was nicht. Oder dem Chef sagen, was man für Mittel und Kompetenzen braucht, wenn ein bestimmtes Ziel ins Stammbuch geschrieben werden soll.

Zum zweiten: Es ist sehr riskant, sich eindeutig festzulegen. Da wird man aus seiner lauschigen Nische, in der man sich komfortabel eingerichtet hat, brutal herausgerissen. Man gerät ins Glashaus. Man wird meßbar, überprüfbar, kontrollierbar. Man wird rechenschaftspflichtig. Wo bleiben da noch Optionen, sich später anders zu besinnen? Vorbei ist es mit dem Menschenrecht der Freiheit.

Nun, man könnte annehmen, es seien in erster Linie die Mitarbeiter, die ihre Chefs nicht gerne in ihre Karten gucken lassen, von ihnen nicht kontrolliert werden möchten. Jawohl, das gibt es auch. Wenn aber in einem Unternehmen bezüglich Zielvereinbarung mehr oder weniger flächendeckend Alibi-Übungen veranstaltet werden, dürfen Sie getrost davon ausgehen, daß vorab und zuallererst auf oberster Führungsebene die Zielvereinbarungen zu wünschen übriglassen. Der Grund: Da wird echte Leadership gefordert. Da kann man als Vorstand nicht mehr nur Aufsichtsrat spielen. Dieses Führungsinstrument kann man nicht einfach von oben administrieren. Da ist man selbst, höchstpersönlich, gefordert. Und, was das allerschlimmste ist: Man wird selbst überprüfbar. Denn der Mitarbeiter muß die wesentlichen Ziele seines Vorgesetzten kennen, bevor seine eigenen diskutiert und festgelegt werden. Wer es gewohnt ist, für andere Ziele zu setzen und Handlungsspielräume zu definieren, der mag sich selbst nicht gerne an die Kandare nehmen lassen. Es sind deshalb nicht selten die Bewohner des Olymps, welche die stärksten seelischen Blähungen kriegen, wenn sie sich auf einen qualifizierten Prozeß der Zielvereinbarung einlassen sollen.

Zielvereinbarung ad absurdum geführt ...

In vielen Firmen wird den Leistungsträgern jedes Jahr mit schöner Regelmäßigkeit in einem seelenlosen Automatismus ganz einfach die Latte höher gelegt – vor allem dann, wenn die vereinbarten Ziele erreicht worden sind, oder gar, wenn sie nur erreicht zu werden drohen. Man mag sich nicht der Mühe unterziehen, mit jedem einzelnen in fairen Verhandlungen Ziele, Mittel und Anreize neu zu definieren. Man handelt nach der simplen Maxime: Wo viel ist, ist meistens noch mehr.

Wem solches widerfährt, der handelt vernünftig, wenn er diesen Mechanismus künftig mit in sein Kalkül einbezieht. Er wird sich davor schützen müssen, für anspruchsvolle Zielsetzungen und qualifizierte Leistungen bestraft zu werden; nicht erreichbare oder an der Substanz zehrende Ziele aufs Auge gedrückt zu bekommen; sich und seinen ganzen Laden wie eine Zitrone ausquetschen zu lassen. Er wird alles tun, um in Zukunft die Ziele tiefer zu hängen, angemessene Reserven einzubauen – oder aber dafür zu sorgen, daß die Ziele für einmal deutlich nicht erreicht werden. Mit anderen Worten: Dies ist der beste Weg, um risikobereite, unternehmerisch denkende und handelnde Führungskräfte zu gewieft taktierenden Untergebenen umzuerziehen.

Zu irgendeinem, meist ziemlich genau vorhersagbaren Zeitpunkt in der zweiten Jahreshälfte bricht in vielen Unternehmen eine ganz große operative Hektik, um nicht zu sagen Panik aus. Die Zielerreichung scheint gefährdet, es gibt erkennbare Abweichungen von den Planzahlen. Anstatt die Situation gemeinsam mit allen Betroffenen zu untersuchen, kommt mit einem Donnerschlag der große Eingriff von oben. Man glaubt, Stärke zu demonstrieren, indem man die seinerzeit festgelegten Ziele sowie alle damit zusammenhängenden Vereinbarungen per Dekret außer Kraft setzt. Der Notstand wird proklamiert. Da werden linear die geltenden Budgets eingeschränkt, an allen Ecken und Enden Stopps verordnet, die abenteuerlichsten Kostengrenzen diktiert. Vorbei ist es plötzlich mit Selbständigkeit und Handlungsspielraum im Unternehmen.

In der Unternehmensführung ist es wie im Straßenverkehr: Es kann trotz Überblick und Vorsicht, die man beim Fahren walten läßt, durchaus vorkommen, daß man sich plötzlich gezwungen sieht, scharf auf die Bremse zu treten. Mit welcher Häufigkeit allerdings – das hängt doch sehr stark vom persönlichen Fahrstil ab. Manch einer ist seit zwei Jahren mit ABS ausgerüstet und hat es noch nie gebraucht. Und manch anderer benötigt es grundsätzlich, um anhalten zu können.

Wer das Verhalten in Ausnahmesituationen zur Gewohnheit werden läßt, dessen Instrumente nützen sich ab. Der Mensch ist, wenn es ums Überleben geht, ein Gewohnheitstier mit Langzeitgedächtnis. Mitarbeiter, die zweimal hintereinander ein derartiges herrschaftliches Bremsmanöver erlebt haben, warten schon darauf, daß es beim dritten Mal nicht anders sein wird. Und meistens haben sie damit recht. Resultat: Man engagiert sich bei den Zielvereinbarungen in höchst beschränktem Maße, weil man von vornherein damit rechnet, daß sie noch vor Ablauf der Planperiode außer Kraft gesetzt sein werden. Die Notstandsproklamationen verlieren ihre Schrecken. Man nimmt sie mit der Zeit gelassen hin, denn man weiß: Alle Jahre wieder kommt der Wirbelwind ... Die Konsequenz: Energie und Ideenreichtum werden nicht für zusätzliche Leistungen, sondern für das Unterlaufen des Systems aufgewendet.

Ist die Orientierung an Zielen noch zeitgemäß?

Wenn das Umfeld instabil und unberechenbar geworden ist; wenn Chaos-Management propagiert wird; wenn die Weisheit von Laotse »Der Weg ist das Ziel« Eingang findet ins Denken der Manager; wenn die »lernende Organisation« das Modell zukunftsorientierter Unternehmensführung darstellt – sind da Ziele und Zielvereinbarung nicht obsolet geworden? Ist es überhaupt noch sinnvoll, Ziele zu setzen, wenn alles sich so schnell verändert? Sind Zielformulierungen nicht schon Makulatur, bevor sie schriftlich niedergelegt sind? Machen solche Festlegungen nicht unsensibel für überraschende Veränderungen der Rahmenbedingungen? Fördern sie nicht den Mythos der Planbarkeit wirtschaftlichen und politi-

Abbildung 19

Check-Liste der Essentials

Dies sind die Punkte, die Sie beachten müssen, wenn die Zielvereinbarungen keine Alibi-Übungen werden sollen:

1 *Ziele vereinbaren – nicht Maßnahmen*

2 *Ziele vereinbaren – nicht diktieren*

3 *Die übergeordneten Ziele sind Ausgangspunkt für den Zieldialog.*

4 *Ziele für das laufende Geschäft – Ziele für Entwicklung und Veränderung*

5 *Balance zwischen quantitativen und qualitativen Zielen*

6 *Anspruchsvolle, aber realistische und erreichbare Ziele*

7 *Aufgrund definierter Kriterien überprüfbare Zielerreichung*

8 *Horizontale Abstimmung der individuellen Ziele*

9 *Vereinbarte Ziele sind schriftlich festgehalten.*

10 *Die Zielvereinbarungen erfolgen als koordinierter Prozeß top-
down.*

11 *Zielerreichung wird kontrolliert – Abweichungen werden rechtzeitig erkannt und führen zu Korrekturmaßnahmen.*

12 *Die Zielerreichung ist eine wesentliche Grundlage der Mitarbeiter-Qualifikation.*

schen Geschehens? Vermitteln sie nicht lediglich eine falsche Sicherheit?

Die Antwort lautet: Doch – wenn Ziele nicht vor dem gedanklichen Hintergrund eines turbulenten Umfeldes gesetzt werden – und wenn man die Ziele nicht prozeßorientiert angeht, sondern so tut, als würde man sie auf einer Eisenbahnschiene im Tunnel erreichen können. Wer auf hoher See segelt, weiß, was prozeßorientiertes Vorgehen bedeutet: Immer und immer wieder den aktuellen Standort bestimmen; die wechselnden Winde, die wechselnden Strömungen und die Drift, die sich daraus ergibt, berücksichtigen; durch Stürme abgetrieben werden; in Flauten stehenbleiben; mal hier und mal da ein gerissenes Tuch, einen gebrochenen Baum oder ein Leck in der Bordwand reparieren müssen. Und nicht zuletzt: Die Mannschaft bei Laune halten. Da muß der Kurs immer wieder neu bestimmt werden – aber das Ziel bleibt. Die Ziele sind es, die die großen Entdecker schon vor Hunderten von Jahren, mit nichts anderem als einem Kompaß, einem Sextanten und ihren erstaunlichen navigatorischen Fähigkeiten, auf Holzschiffen bis ans Ende der Welt und wieder zurück gebracht haben.

232

4. Kapitel
Moderation

Wann und wo immer Change Management angesagt ist, steigt die Nachfrage nach Moderation. Dies hat mehrere Gründe. Zum einen gehört die Fähigkeit zu moderieren zunehmend zum normalen Rüstzeug eines jeden Vorgesetzten, der seine Mitarbeiter/innen aktivieren und sein Team entwickeln will. Zum zweiten nimmt innovative Arbeit in Workshops, Projektteams und Werkstattkreisen zu – und diese erfordert sehr häufig in der einen oder anderen Form Moderation. Zum dritten steigt der Bedarf an Veranstaltungen in größeren Kreisen von Mitarbeiter/innen und Führungskräften – und hier wird in neun von zehn Fällen von vornherein Moderation gebraucht.

Nun kann man natürlich mal hier und mal da externe, professionelle Moderationskapazität einkaufen. Besser ist es allerdings, wenn eigene Mitarbeiter/innen berufsbegleitend für Moderationsaufgaben qualifiziert werden. Dann bleibt das Know-how im eigenen Haus, Mitarbeiter/innen werden vielseitiger einsetzbar. Dazu kommt: Die Übernahme von Moderationsaufgaben wird praktisch immer als wertvolles *Job Enrichment* erlebt.

Allerdings: Moderieren will gelernt und geübt sein. Mit Wortmeldungen-Zuteilen ist es nicht getan. Erwartungsvoll in die Runde blicken, wenn eine Frage gestellt ist, und »Bitte schön!« sagen, wenn irgendwo eine Hand hochgeht – das schafft auch der unfähigste Manager gerade noch. Und weil er es schafft, tut er es dann meistens auch – unabhängig davon, ob die Situation es erfordert oder nicht. Resultat: Jede Lebendigkeit geht verloren. Manch einer ist in der Hierarchie ganz weit nach oben gelangt, ohne sich je Gedanken darüber gemacht zu haben, was Moderation eigentlich bedeutet – und ob er nicht vielleicht das eine oder andere an seinem Stil, Sitzungen zu leiten, noch verbessern könnte.

Nachfolgend finden Sie in knapper Zusammenfassung das Wesentliche zum Thema Moderation – als Grundlage für die Ausbildung von Moderator/innen oder für das Selbsttraining »on-the-job«:

- *die Rolle des Moderators*
- *die »Essentials« – oder worauf es vor allem ankommt*
- *die konkreten Aufgaben des Moderators*
- *Hinweise für den praktischen Einsatz.*

Die Rolle des Moderators

Wer die Aufgabe übernimmt, ein Team zu moderieren, muß sich als erstes und wichtigstes klarwerden über seine Funktion und seine Rolle.

- *Welches ist die Rolle eines Moderators?*

  - Aktiver Dienstleister für die Gesamtgruppe
  - Berater für sinnvolle und effiziente Arbeitsmethodik
  - Berater und Unterstützer für Verständigung
  - Berater und Unterstützer für Zusammenarbeit
  - Team-Coach

- *Welches ist **nicht** die Rolle eines Moderators?*

  - Team-Sprecher
  - Fachreferent
  - Oberlehrer
  - sanktionsberechtigter Schiedsrichter
  - unbeteiligter Zuschauer
  - außenstehender Beobachter

Die »Essentials« – oder worauf es vor allem ankommt

1 *Klima der Offenheit und des Vertrauens schaffen*
Dies ist das wichtigste: Eine Atmosphäre der Offenheit und des Vertrauens sowie ein lockerer, entspannter Umgangsstil. Nur dann kann produktiv gearbeitet werden – nur dann findet Lernen statt. Dies beginnt mit der Offenheit und Ehrlichkeit sowie dem Humor des Moderators. Dieser hat eine wichtige Vorbildfunktion.

2 Kommunikation: Dialog kontrollieren

Gute Verständigung der Teammitglieder untereinander ist das A und O. Der Moderator muß dafür sorgen, daß gut zugehört, nachgefragt, geklärt – und nicht aufeinander ein- oder aneinander vorbeigeredet wird.

3 Teamentwicklung: Hilfe zur Selbsthilfe

Nicht alles selbst machen wollen, sondern dafür sorgen, daß die Teammitglieder selbst aktiv werden und aktiv bleiben; daß sie sensibler werden für die Qualität der Verständigung im Team; und daß sie ihr Zusammenwirken selbständig »entstören« und »entpannen« lernen.

4 Das Gesamtteam als »Kunden« betrachten

Immer die Funktionsfähigkeit des Gesamtteams im Auge behalten. Das Prinzip lautet: *Jedes Teammitglied ist ein wichtiger Partner!* Für alle verfügbar und ansprechbar sein. Niemanden bevorzugt behandeln, niemanden abqualifizieren, niemanden »abhängen«, niemanden ausgrenzen.

5 Sich selbst nicht unnötig unter Leistungsdruck setzen

Der Moderator muß nicht immer alles »im Griff« haben. Er kann nicht zaubern. Er versteht nicht immer alles auf Anhieb. Er ist nicht »schuld«, wenn es mal stockt oder zu einer Verstimmung kommt. Entscheidend ist einzig und allein sein aufrichtiges Bemühen, das Team bei der Analyse und Verarbeitung auftretender Schwierigkeiten zu unterstützen.

Die konkreten Aufgaben des Moderators

Was hat der Moderator für Möglichkeiten, Einfluß zu nehmen?
Wie sieht sein Werkzeugkasten aus?
Was kann bzw. was muß er konkret tun?

• Hintergründe und Zusammenhänge klären

Gut moderieren kann nur, wer selbst genau versteht, von was die Rede ist, was von wem gesagt wird und welches die Hintergründe und Zusammenhänge der Fragen und Probleme sind, die im Team besprochen werden. Das heißt: Er braucht allein schon für sich selbst Klarheit. Er muß aber auch im Interesse des Teams dafür sorgen, daß in komplexen Fragestellungen – und darum handelt es sich fast immer – nicht vorei-

235

lige Schlüsse gezogen und vorschnelle »Lösungen« produziert, sondern die Hintergründe einer Sachlage sorgfältig analysiert werden.

Selbst gezielt nachfragen …

z. B.:

– *»Ich habe das noch nicht verstanden. Um was geht es ganz genau?«*
– *»Das verstehe ich nicht. Wo ist der Zusammenhang?«*
– *»Warum sind Sie zu dieser Meinung gekommen?«*
– *»Wie ist diese Situation entstanden?«*
– *»Was, glauben Sie, sind die Gründe für diesen Konflikt?«*
– *»Was denken Sie, warum Ihr Kollege so verärgert war?«*
– *»Was haben Sie sich denn für einen Reim auf diese Geschichte gemacht?«*
– *»Wo liegen Ihrer Meinung nach die tieferen Ursachen dieses Problems?«*

oder das Team zur Klärung anregen …

z. B.:

– *»Wissen alle, warum der Kollege X diese Meinung vertritt?«*
– *»Haben bereits alle verstanden, wie diese Situation entstanden ist?«*
– *»Sind die Gründe für diesen Konflikt schon klar? Wenn nein, bitte nachfragen!«*
– *»Bitte keine Therapie ohne saubere Diagnose!«*
– *»Geben Sie keine Ratschläge, bevor Sie das Problem verstanden haben!«*

- *Gute Verständigung sicherstellen*

Dafür sorgen, daß die Teammitglieder einander gegenseitig gut zuhören und verstehen – und nicht aneinander vorbeireden (Fachjargon: *»Kontrollierter Dialog«*).

z. B.:

– *»Haben Sie verstanden, was der Kollege soeben gesagt hat?«*
– *»Sind Sie sicher, daß die Kollegen verstanden haben, was Sie sagen wollten?«*
– *»Lassen Sie ihn ausreden, dann wird er sich verständlich machen können.«*
– *»Könnte mal einer der Zuhörer wiedergeben, was er bis jetzt verstanden hat – dann weiß Herr X, was er noch erklären muß und was nicht.«*

- *Für Konkretisierung sorgen*

  Sicherstellen, daß Abstraktes, zu Allgemeines oder ganz einfach Unverständliches durch Konkretisierung (Beispiele, Ergänzungen, Analogien) verständlich gemacht wird.

  z. B.:

  - *»Können Sie das konkretisieren?«*
  - *»Bitte geben Sie uns ein praktisches Beispiel.«*
  - *»Das ist mir zu abstrakt – das verstehe ich nicht.«*
  - *»Wann waren Sie zuletzt in so einer Situation – und wie war es da genau?«*
  - *»Was heißt ›man sollte‹? Wer sollte was?«*
  - *»Bitte beschreiben Sie Schritt für Schritt, was genau passiert ist.«*

- *Für Visualisierung sorgen*

  Komplexe Zusammenhänge durch eine bildhafte Darstellung (z. B. Zeichnung auf dem Flipchart) veranschaulichen oder veranschaulichen lassen.

  z. B.:

  - *»Ich will mal versuchen, das aufzumalen – dann wird vielleicht klarer, was gemeint ist.«*
  - *»Bitte zeichnen Sie mal auf, wer da wem berichtet, sonst brauchen wir Stunden, um uns ein Bild von der Situation zu machen.«*

Abbildung 20

Die Aufgaben des Moderators im Überblick

- *Hintergründe und Zusammenhänge klären*
- *Gute Verständigung sicherstellen (kontrollierter Dialog)*
- *Für Konkretisierung sorgen*
- *Für Visualisierung sorgen*
- *Wortmeldungen zuteilen*
- *Stille Gesprächsteilnehmer aktivieren*
- *Vielredner bremsen*
- *Zum Thema zurückführen*
- *Das Wesentliche herausarbeiten (fokussieren)*
- *Zwischenergebnisse festhalten*
- *Meinungs- und Interessenunterschiede offenlegen*
- *Konflikte bearbeiten*
- *Die Verständigung im Team zum Thema machen*
- *Dem Team Feedback geben*
- *Den einzelnen Teammitgliedern Feedback geben*
- *Gefühle und Empfindungen ansprechen*
- *Eigene Gefühle zeigen*
- *Zeitmanagement*
- *Ergebnisse sichern*
- *Für klare Vereinbarungen sorgen*
- *Gemeinsame Bilanz und »Manöverkritik«*

- *Wortmeldungen zuteilen*

Es ist sorgfältig abzuwägen, ob bzw. wann der Moderator Voten zuteilen muß und wann nicht.

In einem kleinen Team (bis ca. 7 Pers.) können die Diskussionsteilnehmer in der Regel spontan das Wort ergreifen. In größeren Gruppen (ab ca. 10 Pers.) dagegen kann es sich als notwendig erweisen, daß der Moderator Voten zuteilt. Und in Großgruppen (ab ca. 20 Pers.) geht es meist von vornherein nicht anders.

Wenn sich in einer Großgruppe viele Leute gleichzeitig zu Wort melden, kann es für den Moderator schwierig werden, die Übersicht zu behalten. Die erste Selbsthilfe besteht dann darin, sich die Namen zu notieren, damit möglichst niemand übergangen wird. Wenn aber immer neue Teilnehmer sich melden, bevor alle bisherigen Votanten zu Wort gekommen sind, muß auf die »Warteliste« hingewiesen werden:

– *»Da war zuerst Herr X, dann Herr Y, dann Herr Z.«*

Es ist auch keine Schande, sondern verhindert Frust, wenn der/die Moderator/in im gegebenen Falle die eigene Überforderung artikuliert:

– *»Ich weiß nicht mehr, wer alles sich gemeldet hatte – geschweige denn in welcher Reihenfolge. Bitte melden Sie sich halt nochmals.«*

Offenheit bringt im Zweifelsfalle immer Entlastung!

Der Moderator kann aber auch in einer Großgruppe eine spontane Diskussion während einer gewissen Zeit frei laufen lassen, wenn er den Eindruck hat, daß gerade etwas Wichtiges im Gange ist. Manch eine gute Idee oder eine wesentliche Einsicht konnte nur entstehen, weil der Moderator im richtigen Moment nicht interveniert hat. Wichtig ist allerdings, daß er dies begründet. Sonst registrieren die Teilnehmer »Führungsvakuum« und werden verunsichert.

- *Stille Gesprächsteilnehmer aktivieren*

Es müssen nicht alle genau gleich viel reden – und schon gar nicht alle bei jedem Thema. Aber insgesamt muß der Moderator für eine einigermaßen ausgeglichene Beteiligung sorgen, indem er Schweiger aktiviert.

z. B.:

– *»Sie haben schon lange nichts mehr gesagt.«*
– *»Mich würde Ihre Meinung interessieren.«*

- »Was bedeutet Ihr Schweigen?«
- »Sie haben jetzt lange zugehört. Sagen Sie mal Ihren Eindruck.«
- »Wenn einer lange schweigt, heißt das noch lange nicht, daß er nichts zu sagen hat. Wie ist das bei Ihnen?«

- **Vielredner bremsen**

Wenn einzelne Gesprächsteilnehmer zuviel Raum für sich beanspruchen, müssen sie gebremst werden.

z. B.:

- »Mich würde auch die Meinung der anderen interessieren.«
- »Wenn Sie so weit ausholen, kommen die anderen ja gar nicht zu Wort.«
- »Lassen Sie auch die anderen mal etwas sagen.«
- »Nachdem Herr X jetzt seine Meinung ausführlich dargelegt hat – was meinen die andern dazu?«
- »Mir scheint ein Rededuell zwischen Herrn X und Herrn Y im Gange zu sein. Was meinen denn die anderen dazu?«

Und hier noch ein guter Tip: Wenn Sie einen Vielredner bremsen wollen, schauen Sie ihn einfach nicht mehr an! Augenkontakt mit Ihnen als Steuermann oder Steuerfrau signalisiert »Wichtigkeit«, »Aufmerksamkeitswert« und »Interesse«, fehlender Augenkontakt dagegen »Desinteresse«. In vier von fünf Fällen werden Sie feststellen: Es funktioniert!

- **Zum Thema zurückführen**

Wenn das Team vom Hundertsten ins Tausendste gerät, bis man plötzlich bei ganz anderen Themen ist: Zum ursprünglichen Thema zurückführen.

z. B.:

- »Ich glaube, wir sind vom Thema abgekommen. Die Frage war …«
- »Ist das, was hier diskutiert wird, wichtig für unser Thema?«
- »Weiß noch jemand, worüber wir eigentlich reden wollten?«
- »Die Frage, die ansteht, lautet immer noch: …«
- »Könnte mal jemand sagen, worüber wir im Moment gerade reden?«
- »Herr X wollte ursprünglich folgendes besprechen: …«

Auch hier gibt es Ausnahmen. Das scheinbare »Nebengleis« kann ein bisher unerkannt gebliebener Hauptstrang sein. Wenn Sie feststellen,

240

daß es sich um ein wichtiges, vorher weggedrücktes Thema handelt, holen Sie es auf den Tisch. Wenn Sie sich in Ihrer eigenen Diagnose nicht sicher sind, können Sie es kurz überprüfen – gemeinsam mit den Teilnehmer/innen.

- *Das Wesentliche herausarbeiten*

Wenn die Diskussion richtungslos hin und her geht, kann es sein, daß die Gesprächsteilnehmer den roten Faden verloren haben. Wer sich mitten im »Kampfgetümmel« einer Gruppendiskussion befindet, hat nun mal keine Übersicht. Der Moderator dagegen muß den Überblick bewahren und das Thema gegebenenfalls »auf den Punkt bringen« (Fachjargon: *»fokussieren«*).

z. B.:

- »*Unser Gespräch dreht sich doch im Grunde um folgende Kernfrage: ...«*
- »*Das Thema, um das sich hier alle herumdrücken, lautet: ...«*
- »*Folgender Zusammenhang scheint mir entscheidend zu sein: ...«*
- »*Manchmal sieht man vor lauter Bäumen den Wald nicht. Der wesentliche Punkt ist doch: ...«*
- »*Wenn man die bisherige Diskussion auf einen Nenner bringt, geht es eigentlich um folgende Frage: ...«*
- »*Nachdem wir gesehen und verstanden haben, wie das Problem entstanden ist, geht es doch jetzt darum, wie es gelöst werden kann.«*
- »*Wie das sinnvolle Vorgehen aussieht, haben wir jetzt hinlänglich besprochen. Die Frage, die jetzt ansteht, lautet: Wer macht es?«*

Oder, wenn mehrere Themen durcheinandergeraten:

- »*Ich glaube, wir sollten zwei Fragen trennen: Erstens, ..., und zweitens, ...«*
- »*Im Moment werden gerade mehrere Fragen gleichzeitig diskutiert, nämlich zum einen ..., zum anderen ..., und drittens ... Laßt uns eines nach dem anderen angehen, sonst entsteht ein Kuddelmuddel.«*
- »*Hier geht es, meine ich, um zwei verschiedene Dinge, die durcheinandergeraten – nämlich: ...«*
- »*Sie reden aneinander vorbei. Herr X spricht von der Frage ..., Herr Y und Herr Z sprechen über die Frage ... Welche Frage wollen Sie zuerst besprechen?«*

241

- *Zwischenergebnisse zusammenfassen*

Die Diskussion kann sich aber auch im Kreise drehen, weil den Gesprächsteilnehmern nicht klar genug bewußt ist, was alles eigentlich schon geklärt und besprochen ist.

z. B.:

- *»Ich möchte mal zusammenfassen, was wir bereits erarbeitet haben: ...«*
- *»Folgende Ergebnisse kann man schon mal festhalten: ...«*
- *»Einige Dinge haben wir bereits geklärt, nämlich: Erstens, ... , zweitens ...,«*
- *»Was hat unsere Diskussion bis jetzt ergeben?«*
- *»Damit wir uns nicht im Kreise drehen: Von welchen Erkenntnissen können wir schon mal ausgehen?«*

- *Meinungs- und Interessenunterschiede offenlegen*

Das Harmoniebedürfnis der Teilnehmer kann dazu führen, daß gegensätzliche Positionen nicht wahrgenommen oder bagatellisiert werden. Wenn die Diskussion weitergeht, als ob nichts geschehen wäre, läuft sie unweigerlich später um so härter auf Grund.

z. B.:

- *»Ist es wirklich so, daß wir hier alle gleicher Meinung sind?«*
- *»Könnten Sie mal sagen, was Sie glauben, wie die Meinung von Herrn X lautet?«*
- *»Was bedeuten Ihr Schweigen, Ihr Kopfschütteln und Ihr finsterer Blick?«*
- *»Damit wir hier nicht Süßholz raspeln: Was Sie sagen, ist im Grunde genau das Gegenteil von dem, was der Kollege Y vorhin gerade gesagt hat.«*
- *»Wer könnte mal sagen, wer alles hier am Tisch seiner Meinung nach die Thesen von Herrn Z unterstützt?«*
- *»Bevor Sie fortfahren: Überprüfen Sie mal, ob alle Ihre Meinung teilen.«*

- *Konflikte bearbeiten*

Nicht jede Meinungsverschiedenheit muß eingehend besprochen, nicht jeder Interessenkonflikt ausgetragen werden. Aber wenn eine konstruktive Diskussion gefährdet sein könnte, muß darüber gesprochen werden.

z. B.:

- »*Hier liegt eine Meinungsverschiedenheit vor, die besprochen werden muß.*«
- »*Bevor wir weitergehen, sollten wir alle die Hintergründe der beiden gegensätzlichen Standpunkte besser verstehen.*«
- »*Wir müssen nicht immer alle der gleichen Meinung sein. Mindestens sollten wir aber alle gut verstanden haben, wer hier warum welche Meinung vertritt – sonst schleppen wir in der weiteren Diskussion nur ungute Gefühle mit, und dann kommt bestimmt nichts Gescheites dabei heraus.*«
- »*Laßt uns mal genauer abklären, ob die beiden Standpunkte wirklich so unvereinbar sind, wie sie im Moment erscheinen – und worin genau der Dissens besteht.*«
- »*Ich schlage vor, daß diejenigen, die bis jetzt nur zugehört haben, einmal sagen, worin ihrer Ansicht nach der Gegensatz besteht.*«
- »*Ich weiß nicht, ob wir diesen Konflikt hier lösen können bzw. müssen – aber ich will zumindest seine Hintergründe besser verstehen.*«

- *Die Verständigung im Team zum Thema machen*

Wenn die Qualität der Verständigung im Team ernsthaft zu wünschen übrigläßt, ist es sinnvoll, einen Zwischenhalt einzulegen und darüber zu sprechen.

z. B.:

- »*Ich glaube, wir sollten für einen Moment das Gesprächsthema verlassen und und uns mit der Art und Weise, wie hier diskutiert wird, befassen.*«
- »*Wie empfinden Sie die Diskussion, die hier geführt wird?*«
- »*Wenn ein Unbeteiligter während der letzten halben Stunde unserem Gespräch zugehört hätte – was für einen Eindruck hätte er gewonnen?*«
- »*Woran könnte es liegen, daß wir nicht weiterkommen?*«
- »*Ich bitte um kritische Bemerkungen zu dem, was hier gerade abgeht.*«

- *Dem Team Feedback geben*

Eine andere Möglichkeit, das Team für die Qualität der Verständigung zu sensibilisieren, besteht darin, daß der Moderator direkt Rückmeldungen dazu gibt.

243

z. B.:

- »*Ist Ihnen auch schon aufgefallen, daß heute noch niemand, der sich zu Wort gemeldet hat, unterbrochen worden ist?*«
- »*Seit der offenen Aussprache über die Machtverhältnisse im Team ist das Klima in diesem Raum bemerkenswert entspannt.*«
- »*Dieses gute Resultat war nur möglich, weil hier keiner aus seinem Herzen eine Mördergrube gemacht hat.*«

- »*Mir fällt auf, daß hier keiner dem anderen zuhört.*«
- »*Wir haben hier nicht eine, sondern manchmal zwei oder sogar drei Diskussionsrunden gleichzeitig. Da werden nämlich laufend Seitengespräche geführt.*«
- »*Ich bin neugierig, wie Sie es empfinden – aber mein Eindruck ist, daß hier nicht offen gesprochen, sondern um den heißen Brei herumgeredet wird.*«
- »*Während der letzten Viertelstunde hat keiner, der sich zu Wort gemeldet hat, in Ruhe ausreden können. Da wird ständig unterbrochen.*«
- »*Hier halten sich einige ganz schön bedeckt und äußern sich überhaupt nicht. Fühlt sich jemand angesprochen?*«

- **Den einzelnen Teammitgliedern Feedback geben**

Es gibt immer wieder Situationen, in denen es sinnvoll ist, das Verhalten eines einzelnen Teammitgliedes anzusprechen.

z. B.:

- »*Ich finde es sehr hilfreich für unser Gespräch, daß Sie immer wieder nachfragen und sich rückversichern, ob Sie den andern richtig verstanden haben.*«
- »*Sie sind zwar manchmal ein unbequemer Gesprächspartner – aber mir gefällt an Ihnen, wie offen Sie sind. Sie reden nicht um den heißen Brei herum, sondern sagen, was Sie denken und empfinden. Bei Ihnen weiß man zumindest, woran man ist.*«

- »*Wenn Sie als Chef gleich mit der Faust auf den Tisch hauen, sobald eine abweichende Meinung geäußert wird, dürfen Sie sich nicht wundern, wenn sich niemand mehr zu Wort meldet.*«
- »*Mir fällt auf, daß Sie sich grundsätzlich nur äußern, wenn ich Sie direkt anspreche. Warum ist das so?*«

- »*Ihre Beiträge hier sind immer sehr kluge und unverbindliche allgemeine Betrachtungen. Mich würde aber Ihre höchstpersönliche Meinung interessieren. Sind Sie nun dafür oder dagegen?*«
- «*Sie sagen nie etwas und gucken ständig an die Decke, aus dem Fenster oder auf die Uhr. Das wirkt so, als ob das Thema und die Leute hier Sie furchtbar langweilen würden.*«

- **Gefühle und Empfindungen ansprechen**

Menschen werden in ihrem Verhalten primär durch Emotionen gesteuert. Diskussionen bewegen sich aber meistens auf einer rein rationalen Ebene – d.h. es wird »verkopft« geredet. Der Moderator muß immer wieder dafür sorgen, daß die unterschwellig mitschwingenden Emotionen transparent werden.

z. B.:

- »*Was ist in Ihnen vorgegangen, als Sie erfuhren, daß Ihre Abteilung zweigeteilt werden sollte?*«
- »*Sie berichten hier alle Fakten. Aber wie empfinden Sie denn diese Entwicklung der Dinge? Was löst die neue Situation in Ihnen aus?*«
- »*Wenn Sie sich alle anhören, was der Kollege hier berichtet – was für Empfindungen löst das bei Ihnen aus?*«
- »*Was, glauben Sie, ist in Ihrem Chef vorgegangen, als Sie ihm mitteilten, Sie würden die Abteilung verlassen?*«
- »*Beschreiben Sie das Gefühl, das in Ihnen hochkommt, wenn Sie sich an diesen Vorfall zurückerinnern.*«
- »*Wie ist Ihnen denn bei dieser Angelegenheit innerlich zumute?*«
- »*Wie würden Sie reagieren, wenn jemand mit Ihnen so umspringen würde?*«
- »*Sie beschreiben das so knochentrocken und sachlich, als wären Sie überhaupt nicht direkt beteiligt gewesen. Haben Sie etwas empfunden dabei?*«

- **Eigene Gefühle zeigen**

Der Moderator muß ein Mensch zum Anfassen sein. Er darf und soll auch seine eigenen Gefühle zeigen.

z. B.:

- »*Es ist richtig schön, hier Moderator zu sein. Sie verständigen sich untereinander so gut, daß ich überhaupt nichts zu tun habe!*«

- »*Nach den interessanten Ergebnissen vom letzten Mal war ich auf heute richtig gespannt.*«
- »*Ich bin froh, wieder einmal ein Team moderieren zu dürfen, in dem es nicht so förmlich und steif zugeht.*«

- »*Es verunsichert mich, wenn hier ständig geblödelt wird.*«
- »*Ich fühle mich als Moderator ganz ohnmächtig, wenn alles durcheinandergeht und keiner dem anderen zuhört.*«
- »*Ich bin hier zwar als Moderator angestellt, aber mir wäre wohler, wenn ich nicht der einzige wäre, der sich für Zeitmanagement zuständig fühlt.*«
- »*Es ärgert mich, wenn ich pünktlich zur verabredeten Zeit hier bin und dann mit einer Rumpfgruppe herumsitze und Däumchen drehe, weil die Hälfte des Teams noch nicht da ist.*«

- *Zeitmanagement*

Die Zeit im Auge behalten und jeweils rechtzeitig den Übergang von einem Arbeitsschritt zum nächsten einleiten.

z. B.:

- »*Wir sollten diesen Punkt jetzt abschließen, sonst ist die Zeit vorbei, und wir haben das Ziel nicht erreicht.*«
- »*Gibt es noch etwas Wichtiges zu diesem Thema? Wenn nein, gehen wir weiter, damit wir in der Zeit bleiben.*«
- »*Wenn wir diese neue Frage jetzt diskutieren, werden wir unser eigentliches Thema heute nicht abschließen können. Ich schlage deshalb vor, daß wir sie für ein anderes Mal aufheben.*«
- »*Wir sollten langsam zum Schluß kommen, sonst gerät unsere gesamte Planung durcheinander.*«
- »*Es gibt jetzt zwei Möglichkeiten. Entweder, Sie sprechen weiter über diese neu aufgetauchte Frage. Dann bleibt das vorgesehene Hauptthema unbearbeitet. Oder Sie konzentrieren Ihre Diskussion auf das ursprüngliche Thema und vertagen die neue Frage auf ein andermal. Was ist Ihnen wichtiger?*«

- *Ergebnisse sichern*

Der Moderator muß sicherstellen, daß am Schluß der Diskussion (bzw. der gemeinsamen Tagungsarbeit) die Ergebnisse kurz zusammengefaßt und festgehalten werden. Sonst weiß irgendwann niemand mehr, was seinerzeit besprochen bzw. erarbeitet wurde.

z. B.:

- *»Ich bitte Sie nun, die wichtigsten Ergebnisse der Diskussion zu nennen – ich halte die einzelnen Punkte auf dem Flip-Chart stichwortartig fest.«*
- *»Wer kann mal versuchen, die Ergebnisse kurz zusammenzufassen?«*
- *»Welches sind für Sie die wichtigsten Erkenntnisse bzw. Arbeitsergebnisse des heutigen Tages?«*
- *»Ich schlage vor, daß Sie die Ergebnisse Ihrer Diskussion kurz zusammenfassen und festhalten – sonst besteht die Gefahr, daß Sie nächstes Mal wieder bei Adam und Eva anfangen.«*

- *Klare Vereinbarungen*

Für den Fortgang der Arbeit ist es von entscheidender Bedeutung, daß Aufgaben verteilt und klare Vereinbarungen getroffen werden.

z. B.:

- *»Wie geht es nun konkret weiter – wer tut was bis wann?«*
- *»Wer bearbeitet das Thema X, wer das Thema Y? Wie lauten die Aufträge ganz genau?«*
- *»Wer schreibt das Protokoll? Bis wann?«*
- *»Wer informiert wen in welcher Form über unser Gespräch?«*
- *»Wann und wo findet das nächste Treffen statt?«*
- *»Wie bereiten sich die einzelnen Teammitglieder vor?«*

- *Gemeinsame Bilanz und »Manöverkritik«*

Keine Tagung ohne Auswertung! Eine gemeinsame, kritische Rückschau – emotionale Bilanz und »Manöverkritik« – steigert den Lerneffekt für alle Beteiligten ganz erheblich und hilft dem Team, sich künftig selbst besser zu steuern.

Der Moderator kann die Leitfragen kurz nennen oder auch für alle sichtbar anschreiben. Es muß nicht jeder zu allen Fragen etwas sagen – aber alle sollen sich zumindest kurz äußern.

Sinnvolle Leitfragen:

- *Wie beurteile ich das Resultat unserer Gespräche? Wie zufrieden bzw. unzufrieden bin ich mit den Ergebnissen?*
- *Wie beurteile ich die Effizienz unserer Arbeit? War die gemeinsam verbrachte Zeit gut genutzt?*
- *Auf was sollten wir in Zukunft besser achten?*

- *Wie habe ich das Klima empfunden?*
- *Wie war die Verständigung untereinander? Was war gut – was war weniger gut?*
- *Wie war die Moderation? Was war hilfreich? Was würden Sie sich anders wünschen?*
- *Wie ist meine Stimmung am Schluß der Tagung? Mit was für Empfindungen gehe ich nach Hause?*

Hinweise für den praktischen Einsatz

• *Wann sollte jemand speziell für Moderation eingesetzt werden?*

- Fast immer, wenn die Workshop-Gruppe größer ist als 7-8 Personen.
- Wenn die Teilnehmer des Workshops wenig Erfahrung haben in Fragen der Gesprächsführung und Sitzungsgestaltung, mit Problemlösungs-, Entscheidungs- und Visualisierungstechniken sowie in Teamentwicklung.
- Wenn alle Teilnehmer – inkl. des Leiters – frei sein wollen oder müssen von Moderationsaufgaben, um sich ganz der inhaltlichen Diskussion widmen zu können (was bei Teamentwicklungs- oder Strategie-Workshops fast immer der Fall ist).
- Wenn die Gesamtgruppe personell heikel zusammengesetzt ist oder die Teilnehmer sich gegenseitig nicht kennen.
- Wenn das Thema so brisant ist, daß mit kontroversen Diskussionen und evtl. konflikthaften Auseinandersetzungen gerechnet werden muß.

• *Wann sollte ein Externer für Moderation hinzugezogen werden?*

- Wenn Moderation gebraucht wird, unternehmensintern aber niemand mit den erforderlichen Qualifikationen zur Verfügung steht.

• *Wann sollten zwei oder mehr Personen für Moderation eingesetzt werden?*

- Bei Großgruppen-Veranstaltungen, insbesondere wenn phasenweise in Untergruppen gearbeitet wird, die durch Moderation unterstützt werden müssen.

- *Wann sollte niemand für Moderation hinzugezogen werden?*
  - Wenn der formelle Leiter (Vorgesetzter oder Projektleiter) die Moderation selbst übernehmen kann und will.
  - Wenn das Team so gut eingespielt und in Workshop-Arbeit erfahren ist, daß überhaupt keine spezielle Moderation gebraucht wird.
  - Wenn Sitzungsleitung und Gesprächsmoderation explizit von allen Teammitgliedern gelernt werden sollen und die Moderation als »Training on-the-job« abwechselnd von den einzelnen Teilnehmern wahrgenommen wird.

- *Welches ist bei einem Team-Workshop die Rollenverteilung zwischen dem Vorgesetzten, den Mitarbeiter/innen und dem Moderator?*

Der Vorgesetzte ...

  - ist und bleibt auch während des Workshops der Chef;
  - leitet das Team und ist – gemeinsam mit seinen Mitarbeiter/innen – verantwortlich für den Inhalt des Workshops, für das Erreichen der Ziele und für die Ergebnisse.

Die Mitarbeiter/innen ...

  - arbeiten aktiv mit und sind mitverantwortlich für den Inhalt des Workshops, für das Erreichen der Ziele und für die Ergebnisse.

Der Moderator ...

  - berät das Team in bezug auf die Vorgehensweise und die Arbeitsmethodik;
  - leitet phasenweise oder immer (je nach Absprache) die Diskussion;
  - steuert den Ablauf oder sorgt zumindest dafür, daß das Team zielgerichtet vorgeht;
  - achtet auf die Qualität der Verständigung und die Beteiligung;
  - greift ein, wenn Spielregeln nicht eingehalten werden;
  - achtet auf unterschwellige Störungen, Spannungen und Konflikte – und bringt sie gegebenenfalls in konstruktiver, aber klarer Form zur Sprache.

Abbildung 21

Visualisierung

- **Warum und wozu Visualisierung?**

  - *Zwischenergebnisse*
    Die Bearbeitung anspruchsvoller Fragestellungen in einem Team
    ist mit einer hohen Komplexität verbunden. Damit der Arbeits-
    prozeß zielorientiert und effizient gestaltet werden kann, ist es
    unabdingbar notwendig, jeweils erreichte Zwischenergebnisse
    festzuhalten und für alle Teilnehmer sichtbar zu machen. Nur
    wenn alle eine Übersicht haben über den Stand der gemeinsamen
    Arbeit und alle die gleichen Daten vor sich haben, kann der je-
    weils nächste Arbeitsschritt geplant und koordiniert durchge-
    führt werden.

  - *Zeichnungen und Grafiken*
    Bildhafte Darstellungen können oft die Verständigung in kom-
    plexen Fragestellungen wesentlich erleichtern. Sie ermöglichen,
    komplexe Zusammenhänge rascher und klarer verständlich zu
    machen als auf dem Wege verbaler Erklärungen. Visualisierung
    ist ein wichtiges Instrument zur Bewältigung von Komplexi-
    tät!

  - *Entscheidungsprotokoll*
    Dokumentierte Endergebnisse als Protokoll der Arbeitstagung
    sind die Grundlage und notwendige Voraussetzung für die Pla-
    nung und Kontrolle weiterer Arbeitsschritte.

- **Worauf kommt es bei der Visualisierung an?**

  - *Konzentration auf das Wesentliche*
    Nur die wichtigsten Punkte bzw. Aspekte festhalten

  - *Prägnanz*
    Stichworte im Telegrammstil – keine Prosa!

  - *Lesbarkeit für alle*
    Große und deutliche, überall im Raum lesbare Schrift

250

– *Für gemeinsame Bearbeitung geeignete Form*
Möglichkeit zum Strukturieren und Umstrukturieren: auseinandernehmen, anders zusammenfügen, Teile wegnehmen, Teile ergänzen ...

- *Flipchart*
  - unverzichtbar als »Notizblock« des Plenums oder einer Kleingruppe: stichwortartige Diskussionsprotokolle, Checklisten, Ergebnisprotokolle

- *Tragbare und frei aufstellbare Pinnwände*
  - das Medium der Wahl für die gemeinsame Bearbeitung komplexer Themen
  unverzichtbar zum Sammeln und Strukturieren von Daten mittels Karten
  - ideal für großflächige bildhafte Darstellungen
  Organigramme, Netzwerke, Matrizen, komplexe Diagramme etc.
  - ermöglichen den Transport umfangreicher Visualisierungen
  flexibles Wegstellen und Wieder-Hervorholen von Bildern und Texten

- *Overheadprojektor*
  - eignet sich nur für Einweg-Informationsübermittlung
  vorbereitete, strukturierte Information (Referat)
  - für gemeinsame, interaktive Bearbeitung ungeeignet
  in Workshops in der Regel kaum oder überhaupt nicht einsetzbar

Plenum und Gruppenarbeit

Die ideale Größe von Arbeitsgruppen liegt bei 5-7 Personen. Eine solche Gruppe ist groß genug, um die notwendige Vielfalt an Ideen, Meinungen und Kompetenzen zu gewährleisten, andererseits aber klein genug für eine direkte und lebendige Verständigung im Gesamtkreis.

Sobald die Gruppe größer ist, müssen Arbeitsformen gewählt werden, die sicherstellen, daß alle sich genügend aktiv am Arbeitsprozeß beteiligen können. Das Plenum wird schwerfälliger und wirkt nach einiger Zeit lähmend. Die vorhandenen menschlichen Ressourcen können nicht mehr optimal genutzt werden. Arbeit in Untergruppen wird zu einem wichtigen Instrument.

Die Dynamik und die Effizienz der Arbeitsprozesse hängen wesentlich von einem sinnvollen Wechselspiel zwischen Gruppenarbeit und Plenum ab.

	Plenum	Kleingruppen
Funktion:	Integration der Gesamtgruppe	Aktivieren der Einzelnen
Vorteile:	– alle sind anwesend – alle sehen alle – alle hören das gleiche	– lebhafte Diskussion – aktive Beteiligung – persönlicher Kontakt
Nachteile:	– Dialog begrenzt möglich – Beteiligung begrenzt möglich – quasi »Öffentlichkeit«	– nur Zwischenschritte möglich – unmittelbarer Ergebnisdruck – keine Gesamtschau möglich
geeignet für:	– Herstellen von Transparenz – Herstellen von Gemeinsamkeit *(Gefühl »dabeizusein«, »Wir-Gefühl«)* – Informationsaustausch – Klärung und Abstimmung – Sammeln von Meinungen – »Einschwören« auf gemeinsame Vorgehensweisen und Projekte	– Entwickeln von Ideen *(Brainstorming)* – Entwickeln von Konzepten – systematische Analyse – vertiefte Diskussion und Auseinandersetzung – konkrete Ausarbeitungen – Detailplanungen

• *Wann sollten möglichst kleine Gruppen gebildet werden?*

– Wenn die Teilnehmer/innen sich erst kennenlernen müssen.
– Wenn es um besonders persönliche Fragen geht.
– Wenn es darauf ankommt, daß jeder einzelne seine Ideen einbringen kann.

- *Wann sollten eher größere Gruppen gebildet werden?*

  – Wenn sonst die Anzahl der Gruppen zu groß wird: Mehr als drei Präsentationen von Gruppenergebnissen hintereinander wirken im Plenum ermüdend.
  – Wenn es mehr um das Sammeln von Ideen und nicht um vertiefte Diskussion geht.

- *Wann sollten alle Gruppen den gleichen Auftrag haben?*

  – Grundsätzlich immer, wenn Neues entwickelt wird: Ideen, Problemlösungsansätze, Strategien, Vorgehenskonzepte.
  – Wenn es wichtig ist, möglichst mehrere Alternativen bzw. Varianten zum Vergleich auf den Tisch zu kriegen.

- *Wann können unterschiedliche Aufträge erteilt werden?*

  – Wenn alle grundsätzlichen Fragen geklärt sind und es darum geht, »Fleißarbeit« zu verteilen, damit man möglichst schnell vorankommt.
  – Wenn zu verschiedenen, vorher gemeinsam bearbeiteten Einzelthemen konkrete Ausarbeitungen gemacht werden müssen.

- *Wann sollte die Zusammensetzung von Kleingruppen verändert werden?*

  – Möglichst oft – zumindest bei jedem neuen Thema
  (gute Durchmischung ist wichtig für eine gleichmäßige Entwicklung der Beziehungen innerhalb der Gesamtgruppe).

- *Wann sollte die Zusammensetzung von Kleingruppen unverändert bleiben?*

  – Bei mehreren aufeinanderfolgenden Arbeitsschritten am gleichen Thema.

- *Was eignet sich nicht für Gruppenarbeit?*

  – Redaktion von Texten, die länger sind als ein Satz
  (grundsätzlich nur in Einzelarbeit).

5. Kapitel
Persönliches Feedback

Kollektive Milieuschädigung

Traurig, aber wahr: Unsere Zivilisation ist krank. Wir leben nicht mehr natürlich. Wir verhalten uns im Umgang miteinander in erschreckendem Maße gekünstelt. Verkrampfte Rituale beherrschen die Szene. Offenheit und Ehrlichkeit sind uns, so scheint es, abhanden gekommen. Wir haben schlicht verlernt, was wir als Kinder noch konnten: einander spontan zu sagen, was wir denken und empfinden. Wir erfinden tausend Gründe, warum es im direkten Kontakt schädlich, ja gefährlich wäre, offen zu sein. Und wir glauben auch noch daran.

Es ist ausgerechnet die Krise, die uns zwingt, über die Bücher zu gehen. Die Sozialwissenschaften lehren uns, daß Offenheit und Vertrauen in den zwischenmenschlichen Beziehungen etwas mit Effektivität zu tun haben; daß ohne Offenheit keine ersprießliche Teamarbeit zu haben ist; und daß all die neuen, »schlanken« Organisationskonzepte mit den Verhaltensnormen der Vergangenheit überhaupt nicht zum Funktionieren gebracht werden können.

Und siehe da: Plötzlich werden uralte menschliche Tugenden wie Spontaneität, Emotionalität oder Konfliktfähigkeit – im Management bislang systematisch verteufelt – zu strategischen Erfolgsfaktoren. Und so stehen wir nun in vielen Unternehmen vor der Überlebensnotwendigkeit, etwas von Grund auf zu lernen und einzuüben, was eigentlich ganz natürlich und normal wäre: Offenheit im Umgang miteinander – in einer Art und Weise, die für ein ersprießliches Zusammenleben und Zusammenwirken förderlich und nicht hinderlich ist.

255

Die Bedeutung von Feedback

Entscheidend für den Erfolg oder Mißerfolg im beruflichen Arbeitsfeld ist nicht, wie ein Mensch ist, sondern wie er von anderen wahrgenommen wird. Wenn jemand weiß, wie er auf andere wirkt, hat dies zwei wesentliche Konsequenzen: Erstens, er versteht das Verhalten seiner Mitmenschen ihm selbst gegenüber besser als bisher; zweitens, er kann sein eigenes Verhalten besser – zielorientierter und situativ angepaßter – steuern.

Wie ein Mensch auf andere wirkt, bleibt jedoch dem Betreffenden selbst normalerweise verborgen. Die meisten Menschen haben Hemmungen, anderen ihre Beobachtungen und Empfindungen offen und ehrlich mitzuteilen. Der Hauptgrund: Angst vor »Verletzungen«. Vorgesetzte erhalten von ihren Mitarbeitern in der Regel erst recht kein offenes Feedback. Das Verhalten des Chefs ist aufgrund der hierarchischen Abhängigkeit als Gesprächsthema tabuisiert. Die Angst vor Sanktionen verhindert von vornherein jede offene Kritik. Damit aber bleiben die Chancen zur Entwicklung der gerade für Manager so wichtigen sozialen Kompetenz weitgehend ungenutzt.

Doch was Menschen verlernt haben, können sie auch wieder lernen. Das Ziel von persönlichem Feedback besteht zum einen im

Schärfen der Selbstwahrnehmung des einzelnen

als Voraussetzung für eine bessere Steuerung des eigenen Verhaltens. Zum anderen besteht es im Entwickeln von

Offenheit, Ehrlichkeit und Vertrauen
in den direkten Arbeits-, Führungs- und Kooperationsbeziehungen

als Voraussetzungen für ein gesundes emotionales Beziehungsgefüge, für fruchtbare Zusammenarbeit – und damit für eine hohe Effektivität des Gesamtteams.

Konkrete Fragen und Antworten

- *Was versteht man unter persönlichem Feedback?*

Offene Rückmeldungen an einen Menschen darüber, wie er auf andere wirkt – d. h. wie sein Verhalten von anderen wahrgenommen wird.

- *Was wird mit persönlichem Feedback in einem Team bezweckt?*

Erstens: *Persönlichkeitsentwicklung* des einzelnen – insbesondere die Entwicklung der Sozialkompetenz.

Zweitens: *Teamentwicklung* – insbesondere das Entwickeln gesunder emotionaler Beziehungen als Voraussetzung für effektive Zusammenarbeit.

Persönliches Feedback ist also eine Investition in das einzelne Individuum, aber auch eine Investition in das Team als organisatorische Einheit.

Eine wirklich offene und teamorientierte Führungskultur kann überhaupt nur dann aufgebaut werden, wenn innerhalb der einzelnen Teams offen über Führung und Zusammenarbeit gesprochen wird. Offenes Feedback ist eine der Grundvoraussetzungen für Selbstorganisation und Selbststeuerung von Teams in schlanken Strukturen.

- *Wo wird persönliches Feedback geübt?*

Es ist grundsätzlich zu unterscheiden zwischen Offenheit im persönlichen »Vieraugengespräch« und der Offenheit in einem Team. Der individuelle Lerneffekt und der Gewinn im Alltag sind eindeutig dann am höchsten, wenn in einem Führungskreis, in einer Arbeitsgruppe, in einem Projektteam – also dort, wo mehrere Menschen unmittelbar gemeinsame Erfahrungen im Umgang miteinander machen – persönliches Feedback ausgetauscht wird.

- *Wie wird persönliches Feedback eingeführt?*

Sowohl Feedback geben als auch Feedback empfangen muß in der Regel schrittweise gelernt und eingeübt werden. Wenn noch gar keine praktische Erfahrung mit Feedback vorhanden ist, muß mit strukturierten und moderierten Formen begonnen werden, die mit der Zeit in spontanere Formen übergehen können und schließlich zu einem natürlichen Bestandteil einer offenen und lebendigen Unternehmenskultur werden (siehe Abbildung 22, Seite 260: *»Persönliches Feedback – Grad der Strukturierung«*).

- *Wie läuft eine strukturierte Feedback-Übung in einem Team ab?*

In Form einer Klausurtagung. Jedes Teammitglied hat ein Zeitkontingent von 1-1 1/2 Std. zur Verfügung, in dem das Team sich mit ihm ganz persönlich beschäftigt. Eine solche individuelle Feedback-Runde verläuft typischerweise in 4 Phasen: Erstens, positive Rückmeldungen der anderen Teammitglieder; zweitens, kritische Rückmeldungen; drittens, Wünsche und Anregungen für die weitere Zusammenarbeit; viertens, Resümee und Kommentar des Empfängers (siehe Abbildung 23, Seite 261: *»Ablauf einer Feedback-Runde – 4 Phasen«*).

- *Bedeutet offenes Feedback »Gehirnwäsche« und »Seelenstriptease«?*

Nein. Wer Feedback gibt, muß nicht »sein Innerstes nach außen kehren«. Die persönliche Intimsphäre bleibt durchaus bestehen. Es gibt viele persönliche Dinge, die auch in einem offenen Teamgespräch nicht unbedingt besprochen werden müssen – z. B. Gehaltsfragen oder persönliche Karriereüberlegungen. Es geht lediglich darum, daß über die faktischen Formen der Kommunikation, der Führung und der Zusammenarbeit im Alltag offen gesprochen wird. Hierbei geht es um das individuelle Erscheinungsbild, nicht um den Kern der Persönlichkeit (siehe Abbildung 25, Seite 264: *»Bereiche der menschlichen Persönlichkeit«*).

- *Bedeutet Feedback im Team »Chef-Beurteilung durch die Mitarbeiter«?*

Jein. Im Sinne der Bewertung, Benotung, Qualifikation (bzw. Abqualifikation): eindeutig nein. Im Sinne eines partnerschaftlichen Austausches über das persönliche Erscheinungsbild im Rahmen der Führungs- und Kooperationsbeziehungen: ja. Durch Feedback werden hierarchische Schranken in einem Team zwar aufgeweicht, aber nicht aufgehoben.

- *Ersetzt Feedback institutionalisierte Mitarbeitergespräche?*

Nein. Feedback bezweckt ausschließlich mehr Offenheit und Klarheit in den Arbeitsbeziehungen und ergänzt das normale Führungsinstrumentarium. Es ersetzt weder die Zielvereinbarungs- noch die Mitarbeiter-Beurteilungs- und Entwicklungsgespräche.

- *Welches sind die Voraussetzungen für konstruktives Feedback?*

Die Bereitschaft aller Teammitglieder – auch des Chefs –, persönlich dazuzulernen; eine gewisse wechselseitige Grundakzeptanz (das Vertrauen, daß niemand jemand anderen »verletzen« will); eine ruhige Arbeitsatmosphäre; genügend Zeit; eine neutrale Moderation (zumindest beim ersten und zweiten Mal); einige wenige, aber wichtige Spielregeln (siehe Abbildung 24, Seite 262: *»8 Regeln für persönliches Feedback«*).

- *Beruht Feedback nicht auf völlig subjektiven Wahrnehmungen?*

Doch, genau so ist es. Feedback bedeutet nicht die Mitteilung »objektiver Wahrheit«, sondern persönlicher und damit subjektiver Wahrnehmungen. Ein und dasselbe Verhalten kann von zwei Menschen möglicherweise völlig unterschiedlich wahrgenommen und erlebt werden.

- *Was macht es für einen Sinn, völlig subjektive Wahrnehmungen auszutauschen?*

Wenn ich als Chef weiß, daß meine Mitarbeiterin X am frühen Morgen zuerst eine Stunde Ruhe braucht, um warmzulaufen, und sich bedrängt fühlt, wenn ich sie gleich nach ihrem Eintreffen in Gespräche verwickle, während mein Mitarbeiter Y ein Frühaufsteher ist und es schätzt, wenn ich gleich am frühen Morgen Zeit für ihn habe, weil er dann seinen Tag richtig planen kann – dann mache ich allen Beteiligten das Leben leichter, wenn ich mich zuerst mit ihm befasse. Oder wenn ich weiß, daß meine gelegentlichen ironischen Sprüche zwar die meisten meiner Mitarbeiter überhaupt nicht stören, einige wenige aber massiv verunsichern – dann kann ich ohne Verlust meiner Selbstachtung mal hier und mal da auf eine solche Eitelkeit verzichten. Kurz, offenes Feedback erleichtert mir die sogenannte situative Führung ganz erheblich.

- *Ist das alles: unterschiedliche subjektive Wahrnehmungen vergleichen?*

Nein. Wenn die meisten oder gar alle Teammitglieder erklären, sie hätten den Eindruck, daß ich mich nach oben nicht genügend für unsere gemeinsamen Interessen stark mache; daß meine straffe Art, die Sitzungen zu führen, für eine offene Aussprache im Gesamtteam als hinderlich empfunden wird; daß hinsichtlich Zielvereinbarung oder Mitarbeiter-Entwicklungsgesprächen eine erhebliche Kluft zwischen Anspruch und Wirklichkeit vorliegt; oder daß mein gelegentliches Kritisieren von Zuständen und Mißständen als »öffentliches Abkanzeln von Mitarbeitern« erlebt wird – dann sind das zwar immer noch subjektive Wahrnehmungen. Aber ich kann mich dann schlecht darum herumdrücken, daß da in der einen oder anderen Weise bei mir selbst Handlungsbedarf besteht.

- *Besteht denn nicht die Gefahr, daß jemand seine eigenen Probleme in andere hineinprojiziert?*

Doch, diese Gefahr besteht grundsätzlich, und in der Praxis kommt das auch ab und zu mal vor. Feedback geben heißt, »den Spiegel vorzuhalten« – aber es gibt bekanntlich trübe Spiegel und solche, die ein verzerrtes Bild liefern. Dies ist ein wesentlicher Grund, weshalb persönliches Feedback möglichst im Gesamtteam ausgetauscht werden sollte: Als Feedback-Empfänger lernt man, subjektive Wahrnehmungen in ihrer Bedeutung fürs Ganze richtig einzuschätzen. Und als Feedback-Geber lernt man, daß die Wahrnehmungen anderer sich möglicherweise ganz erheblich von den eigenen Empfindungen unterscheiden. Mit anderen Worten: Durch Feedback wird die soziale Wahrnehmungsfähigkeit aller Beteiligten systematisch geschärft.

- *Setzt offenes Feedback im Team grundsätzlich eine neutrale Moderation voraus?*

Nein. Ziel ist es selbstverständlich, daß ein Team ohne fremde Unterstützung in der Lage ist, offenes, persönliches Feedback zu praktizieren. Es hat ja auch nicht jeder, der sich auf einer Skipiste bewegt, einen Skilehrer dabei. Aber für die ersten zwei bis drei Male, wenn Feedback völlig neu gelernt und eingeübt werden muß, ist eine fachlich qualifizierte Begleitung dringend zu empfehlen. Erstens wird dann die Methodik von Anfang an richtig und im übrigen wesentlich schneller gelernt. Zweitens gibt die Gegenwart des »Neutralen« am Anfang, wo man sich auf völlig »unbekanntes Gelände« begibt, allen Teammitgliedern Sicherheit.

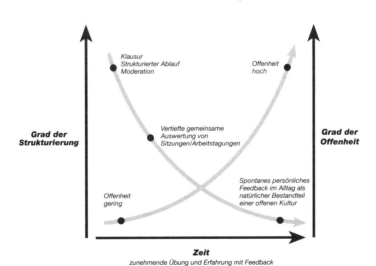

Abbildung 22

Abbildung 23

Ablauf einer Feedback-Runde

---

4 Phasen

Phase 1 Alle Teammitglieder äußern sich zu folgenden Fragen:

- *Was gefällt mir an Dir?*
- *Was, glaube ich, kannst und machst Du besonders gut?*
- *Wo sehe ich Deine Stärken?*

Phase 2 Alle Teammitglieder äußern sich zu den Fragen:

- *Was stört, ärgert, irritiert oder verunsichert mich manchmal?*
- *Was, glaube ich, kannst Du nicht so gut?*
- *Wo, glaube ich, stehst Du Dir manchmal selbst im Wege?*

Phase 3 Alle Teammitglieder äußern sich zu den Fragen:

- *Auf was würde ich an Deiner Stelle besonders achten?*
- *Was, glaube ich, könntest Du evtl. anders und besser machen?*
- *Was würde ich mir bei Dir für die Zukunft wünschen?*

Der »Empfänger« hört während dieser drei Phasen gut zu und fragt nach, wenn er etwas nicht versteht. Er widerspricht aber nicht, gibt keine Erklärungen ab, rechtfertigt sich nicht.

Phase 4 Nach Abschluß der Rückmeldungen äußert sich der »Empfänger«:

1 **Kurzes Resümee** (»Quittieren«)
 - *Welches sind die wichtigsten Punkte, die ich aufgenommen habe?*

2 **Kommentar** (»Einblick geben«)
 - *Wie geht es mir damit? Was löst es bei mir aus?*
 - *Was war mir bekannt? Was hat mir auch schon jemand gesagt?*
 - *Was ist für mich neu? Was überrascht mich?*

3 **Bewertung** (»Prioritäten setzen«)
 - *Welche Punkte beschäftigen mich besonders?*
 - *Was will ich bei mir besonders gut überprüfen?*

Abbildung 24

8 Regeln für persönliches Feedback

- **»*Ich bin o.k. – Du bist o.k.*«**
  Rückmeldungen über persönliches Verhalten sind ein Angebot, mehr darüber zu erfahren, wie andere einen wahrnehmen. Sie sind keine objektiven Wahrheiten und keine Werturteile. Und: Sie betreffen nicht den Kern der Persönlichkeit, sondern deren Erscheinungsbild.

- **Beschreiben – nicht bewerten**
  Wer Rückmeldung gibt, beschreibt seine Wahrnehmungen und Beobachtungen – also das, was ihm am anderen aufgefallen ist. Und er beschreibt, was das in ihm selbst auslöst: Gefühle, Empfindungen, Fragen, Überlegungen. Er fällt keine Werturteile, er macht keine Vorwürfe, er moralisiert nicht.

- **Immer zuerst positive Rückmeldungen**
  Entweder positive <u>und</u> kritische Rückmeldungen oder gar keine – und die positiven immer zuerst! Es ist wichtig, daß sowohl der »Sender« als auch der »Empfänger« beide Dimensionen betrachten. Einseitigkeit führt immer zu Verzerrungen. Außerdem helfen positive Aspekte dem »Empfänger«, Kritisches zu akzeptieren und zu »verdauen«.

- **Möglichst konkrete Rückmeldungen geben**
  Mit Allgemeinplätzen und abstrakten Betrachtungen kann der »Empfänger« nichts anfangen. Rückmeldungen sollten konkret und nachvollziehbar sein. Am besten ist es, wenn sie durch praktische Beispiele aus der gemeinsamen Arbeit untermauert werden können. (Aber: Nicht ein einzelnes Beispiel als »Drama« hochspielen!)

- **Jeder spricht für sich selbst**
  Jeder spricht per »ich« und nicht per »man«. Der Feedback-Geber spricht den Empfänger direkt und persönlich an. Jeder bezieht sich auf seine eigenen Erfahrungen und Empfindungen.

- *Bei Störungen »Signal« geben*
  Wer sich verletzt oder durch die aktuelle Situation verunsichert
  fühlt, teilt dies den anderen sofort mit, so daß darüber gesprochen
  werden kann.

- *Jeder ist für sich selbst verantwortlich*
  Rückmeldungen sind keine Verdikte und keine Verpflichtungen,
  sondern Angebote zur Selbstüberprüfung. Der »Empfänger« entscheidet selbst, was er aufnehmen und annehmen sowie gegebenenfalls bei sich verändern will – und was nicht.

- *Strikte Vertraulichkeit*
  Alles, was im Rahmen von persönlichem Feedback gesprochen
  wird, bleibt ausschließlich im Kreis der Anwesenden und wird nicht
  nach außen weitergetragen.

Abbildung 25

Bereiche der menschlichen Persönlichkeit

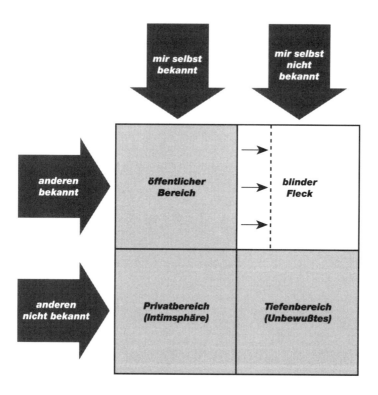

Feedback betrifft das Erscheinungsbild der Persönlichkeit – nicht deren charakterliche Substanz.

Abbildung 26

Anleitung zum persönlichen Feedback

Ziele

1 *Ich erfahre mehr darüber, wie andere mich und mein Verhalten wahrnehmen.*

2 *Ich lerne und übe, mich selbst und mein Verhalten kritisch zu überprüfen.*

3 *Ich lerne und übe, anderen in konstruktiver Weise sowohl positive als auch kritische Rückmeldungen zu ihrem Verhalten zu geben.*

Grundsätze

– Entscheidend für meinen persönlichen Erfolg im beruflichen Umfeld ist nicht, wie ich bin, sondern wie die anderen mich wahrnehmen.

– Wie andere mich wahrnehmen, bleibt mir selbst normalerweise verborgen.

– Die meisten Menschen haben Hemmungen, anderen ihre Wahrnehmungen offen und ehrlich mitzuteilen.

– Der Hauptgrund für mangelnde Offenheit im Umgang miteinander ist Angst – Angst vor Verletzungen und Angst vor Sanktionen.

– Arbeitspartner wissen viel über mein Erscheinungsbild, was für mich selbst sehr wertvoll wäre zu wissen.

– Wenn Arbeitspartner sicher sind, daß ich dies wirklich will, sind sie bereit, mir ihr Wissen über mein Erscheinungsbild mitzuteilen.

– Wenn ich weiß, wie andere mich wahrnehmen, verstehe ich das Verhalten anderer mir gegenüber besser als bisher.

– Wenn ich weiß, wie ich auf andere wirke, kann ich mich selbst besser steuern.

– Als Führungskraft bin ich unter anderem auch »Coach« meiner Mitarbeiter – und eine der wichtigsten Aufgaben eines »Coach« besteht darin, offenes Feedback zu geben.

– Ich kann als »Coach« nur dann wirklich effektiv sein, wenn meine Mitarbeiter/innen mir mitteilen, wie sie mein Führungsverhalten erleben.

Individuelle Vorbereitung auf das persönliche Feedback

Wir arbeiten jetzt seit einiger Zeit zusammen. Ich kenne meinen Kollegen *(Kollegin, Chef/in)* zwar privat nicht so gut, habe aber im Arbeitsbereich viele Beobachtungen machen und persönliche Eindrücke sammeln können. Ich habe ihn/sie in den verschiedensten Situationen erlebt und auch immer wieder mal informell Kontakt mit ihm/ihr gehabt.

Aufgrund meiner bisherigen Erfahrungen mit ihm frage ich mich:

– *Was gefällt mir an ihm? Was kann und macht er besonders gut? Wo liegen seine Stärken?*

– *Was stört, ärgert, irritiert oder verunsichert mich manchmal? Was kann oder macht er nicht so gut? Wo steht er sich manchmal selbst im Wege?*

Ich stelle mir vor …

• *Würde ich ihm die Leitung eines Unternehmens anvertrauen, das ich geerbt habe, aus verschiedenen Gründen aber selbst nicht leiten kann?*

• *Könnte ich ihn mir als meinen persönlichen Vorgesetzten vorstellen?*

• *Möchte ich ihn als direktunterstellten Mitarbeiter in meinem Team haben?*

• *Würde ich ihn als Partner für eine schwierige Expedition zu zweit wählen?*

Ich stelle mir folgende Fragen:

– *Was lösen diese Bilder bei mir für positive Gedanken und angenehme Empfindungen aus?*

– *Was lösen diese Bilder bei mir für kritische Gedanken und unangenehme Empfindungen aus?*

– *Was für konkrete Beobachtungen und Erfahrungen (Äußerungen oder Verhaltensweisen meines Kollegen) lösen wohl diese Empfindungen aus?*

Ich nehme mir für jedes Mitglied unseres Teams irgendwann vor unserem gemeinsamen Workshop eine Viertelstunde Zeit (allein, in Ruhe, ohne Störungen). Ich stelle mir die oben genannten Fragen und versuche wahrzunehmen, was diese in mir auslösen. Ich mache zu meinen Eindrücken, Beobachtungen und Empfindungen stichwortartige Notizen – als Grundlage für meine persönlichen Rückmeldungen im Workshop.

Abbildung 27

Durchführung einer Feedback-Klausur

Teilnehmer alle Teammitglieder (Führungskreis, Arbeitsgruppe, Projektteam)

Ort außer Haus, ruhiges Tagungshotel abseits (alle übernachten vor Ort)

Zeitbedarf 1 1/2 bis 2 Tage (abhängig von der Größe des Teams)

Einführung erste 1/2 Std. für »Anwärmen«, Organisation, Zeitplanung, Spielregeln

Raum ruhig und hell, bequeme Stühle, im Kreis (ohne Tisch)

Material 1 Flipchart, 1-2 Pinnwände (Visualisierung Zeitplan, Spielregeln, Leitfragen)

Grundsätze – für jedes Teammitglied (inkl. Chef) eine Feedback-Runde
– pro Feedback-Runde ca. 1 Std. (4-5 Pers.) bzw. 1 1/2 Std. (6 -8 Pers.)
– nach jeder Feedback-Runde eine Pause von 1/4 bis 1/2 Std.
– Abend sowie min. 1 Std. am Schluß als Zeitreserve für evtl. Aufarbeiten
– beim ersten Mal: Nicht mehr als 4 Feedback-Runden pro Tag einplanen

Modell-Ablauf einer Feedback-Klausur mit 7 Teammitgliedern
Richtzeiten aufgrund von Erfahrungswerten (Gestaltung situativ)

1. Tag	**2. Tag**
08.30 Einführung	08.30 *Feedback-Runde 5*
09.00 *Feedback-Runde 1*	10.00 Pause
10.30 Pause	10.30 *Feedback-Runde 6*
11.00 *Feedback-Runde 2*	12.00 Mittagspause
12.30 Mittagspause	13.30 *Feedback-Runde 7*
14.00 *Feedback-Runde 3*	15.00 Pause
15.30 Pause	15.30 Zeitreserve (Option)
16.00 *Feedback-Runde 4*	16.30 Gemeinsame Bilanz
17.30 Kurze Tagesbilanz	17.00 Ende

Ideale Variante: Anreise am Vorabend, gemeinsames Besprechen des Programms, anschließend Abendessen und informelles Zusammensein, Start am ersten Vormittag unmittelbar mit Feedback-Runde 1.

Generell gilt: Die informellen Kontakte in den Pausen und an den Abenden sind außerordentlich wichtig für die Festigung der individuellen Beziehungen und für den Gesamtprozeß.

Abbildung 28

Vorbereitung der ersten Feedback-Klausur

Grundsätze
- Vorbereitung im Gesamtkreis des Teams (alle anwesend)
- gemeinsam mit Moderator/in
- min. 4-6 Wochen im voraus
- Zeitbedarf ca. 2-3 Std. (wenn noch keine Vorerfahrung)
- Ziele und Vorgehensweise eingehend besprechen
- Bereitschaft aller Teammitglieder überprüfen
- wenn ernsthafte Bedenken: in Ruhe besprechen (ggf. Bedenkzeit geben und Entscheidung verschieben)

Agenda
- *Ziele (warum und wozu Feedback)*
- *»Philosophie« (Grundsätze, Persönlichkeitsmodell)*
- *Ablauf einer Feedback-Runde (Phasen und Spielregeln)*
- *Ablauf der Klausurtagung*
- *Rollenverteilung Chef/in, Mitarbeiter/innen, Moderator/in*
- *individuelle Vorbereitung*
- *Organisation (Ort und Termin)*

Arbeitspapiere Ausgabe entsprechender Arbeitsunterlagen

Die Frage »*Wer gehört zum Team?*« ist in der Praxis nicht immer ganz leicht zu beantworten. Im einen Team gehört die Sekretärin dazu, im andern nicht. Oder es gibt Vertreter zentraler Fachfunktionen, die regelmäßig am Führungstisch sitzen und »so halb dazugehören«. Hier muß situativ entschieden werden. Generell gilt:

1) Gesetzt ist, wer im engeren Sinne zur organisatorischen »Familie« gehört: Chef/in plus Direktunterstellte in Kernfunktionen.

2) Weitere Teilnehmer/innen sollten zumindest am Anfang nur dazugenommen werden, wenn sich durch ihre Anwesenheit niemand – auch nicht der/die Vorgesetzte – bezüglich Offen-

heit den anderen Mitgliedern des Kernteams gegenüber gehemmt fühlen würde.

3) Im Zweifelsfalle ist auch die Größe des Kreises zu berücksichtigen. 5-6 Personen sind ideal, 7-8 Personen auch noch unproblematisch. Größere Kreise erfordern dagegen bereits mehr als zwei Tage. Die Kommunikation wird mühsamer. Die einzelne Person kommt weniger zum Zuge.

Abbildung 29

Wann sind Feedback-Übungen *nicht* angezeigt?

- *Mangelnde wechselseitige Grundakzeptanz*
  Einzelne oder alle Beziehungen im »Team« sind hoffnungslos zerrüttet. Man verkehrt ausschließlich auf taktischer Ebene miteinander, hält aber im Grunde wechselseitig wenig voneinander. Feedback im Team wäre eine reine Alibi-Übung.

- *Völlig neu formiertes Team*
  Man kennt sich noch gar nicht richtig. Es fehlt an praktischen Erfahrungen in der Zusammenarbeit und im Umgang miteinander. *(Wenn dagegen nur ein oder zwei Teammitglieder neu sind und wenn man bereits einige Monate zusammengearbeitet hat, macht persönliches Feedback durchaus Sinn.)*

- *Auflösung des Teams*
  Eine Umstrukturierung steht vor der Tür, man hat überhaupt keine gemeinsame Zukunft. Dies bedeutet zwar mitnichten, daß persönliches Feedback keinen Sinn macht. Jeder einzelne könnte für sich selbst sehr wertvolle Erkenntnisse aus einem Feedback gewinnen. Aber die »Investition ins Team« würde wegfallen.

- *Die Gruppe hat überhaupt keine Funktion als Team*
  Das Team ist gar kein Team: Es gibt keine gemeinsamen Ziele, keine gemeinsamen Aufgaben, keine Querverbindungen. Man hat lediglich – per Zufall – denselben Vorgesetzten. Feedback im Gesamtkreis bringt wenig bis gar nichts. *(Selbständige Profit Center können aber in einem Geschäftsfeld durchaus gemeinsame strategische Aufgaben haben!).*

- *Ein Teammitglied ist grundsätzlich in Frage gestellt*
  Ein Mitglied des Kreises steht auf der »Abschußliste«. Man weiß bereits, daß es demnächst aus qualifikatorischen Gründen ausscheiden wird. Konstruktives Feedback ist in diesem Falle nicht möglich. Feedback würde entweder zu einer »Generalabrechnung« oder aber zu einer verlogenen Show entarten. Dazu kommt: »Feedback« wäre im Hause ab dann abgestempelt als »Mittel zum Einleiten von Abberufungen«.

272

- *Akute Konflikt- oder Krisensituation*
  Es gibt im Team zwischen zwei oder mehreren Personen einen akuten, nicht bearbeiteten Konflikt. Dieser würde das persönliche
  Feedback emotional überlagern und konstruktive Rückmeldungen
  zumindest teilweise verunmöglichen.

- *Hohe Offenheit im Alltag*
  Eher selten der Fall, kommt aber vor: Man hat in der täglichen Zusammenarbeit bereits einen Offenheitsgrad und eine Konfliktfähigkeit entwickelt, die es völlig überflüssig machen, Feedback im Rahmen einer speziellen Veranstaltung zu üben.

Wichtigste Feedback-Regel: Beschreiben – nicht bewerten

Warum befürchten die meisten Menschen, jemanden zu »verletzen«, wenn
sie ihm offenes Feedback geben würden? Dafür gibt es einen guten Grund:
den Mechanismus »Aktenschrank«.

Wir können nicht in andere Menschen hineinsehen. Was wir erkennen
können, sind ausschließlich faktische Verhaltensweisen. Aber wir sind nun
mal keine rationalen Wesen. Wir neigen dazu, das, was wir an einem anderen wahrnehmen, zu *interpretieren* – und anschließend die Person aufgrund dieser Interpretation zu *bewerten*. Um uns selbst das Leben einfacher zu machen, fügen wir unseren Beobachtungen zweierlei hinzu:
Erstens die *Motive* des Verhaltens; zweitens die *Charaktereigenschaften*,
welche diesen Motiven und Verhaltensweisen zugrunde liegen. Und das,
was wir da in den anderen Menschen hineinlegen, ist nicht immer sehr
schmeichelhaft. Hier handelt es sich nun aber um reine Unterstellungen,
das heißt um sogenannte *Projektionen*.

Diese Projektionen haben Konsequenzen.

Erstens, es wird unterstellt, daß der andere »*nun mal so ist, wie er ist*«, und
deshalb gar nicht anders kann, als sich so zu verhalten. Der Mitmensch
wird abgestempelt, in einem bestimmten Kästchen untergebracht und ein
für allemal im Aktenschrank abgelegt.

Zweitens, es wirkt ab sofort die sogenannte *selektive Wahrnehmung*: Man
nimmt praktisch nur noch wahr, was die eigenen Vorurteile bestätigt.

Drittens, man nimmt – völlig zu Recht – an, der andere würde sich *verletzt fühlen*, wenn man ihm ungeschminkt sagen würde, was man über ihn denkt. Resultat: Feedback unterbleibt – mögliche und notwendige Verhaltensänderungen finden nicht statt. Und weil sie nicht stattfinden, wird das eigene Bild vom anderen laufend »bestätigt« und damit verstärkt.

Beim Üben von offenem Feedback geht es darum, diesen negativen in einen positiven Kreisprozeß umzukehren – d. h. eine Form der Kommunikation zu finden, die es erlaubt, wichtige Informationen zu transportieren, ohne Schaden anzurichten. Die wichtigste Regel lautet deshalb: *Beschreiben – nicht bewerten.*

Was kann man beschreiben?

---

1) **Wahrgenommenes Verhalten**
   ➡ Was sehe, erlebe, erfahre, beobachte ich …?

   z. B. *»Sie zitieren mich häufig ohne jegliche Voranmeldung sofort zu sich, ohne sich darum zu kümmern, wo ich gerade bin und was ich tue.«*

2) **Eigene Gefühle, Empfindungen, Fragen**
   ➡ Was löst das in mir aus …?

   z. B. *»Ich komme mir vor wie Ihr Leibeigener. Ich habe das Gefühl, daß da einfach über mich verfügt wird und daß ich als Partner überhaupt nicht ernst genommen werde.«*

3) **Konsequenzen für die praktische Arbeit**
   ➡ Was hat es für Auswirkungen auf die Arbeitsprozesse …?

   z. B. *»Meine gesamte Zeitplanung fliegt über den Haufen. Vor allem aber: Ich werde aus Meetings herausgerissen, in denen noch eine ganze Reihe anderer Leute sitzt. Einige von ihnen sind sogar von weit her angereist. Da kommt es in jedem einzelnen Falle zu massiven Verzögerungen von Arbeits- oder Entscheidungsprozessen.«*

Was heißt bewerten?

1) **Pauschale Werturteile fällen**

> z. B. *»Sie sind ein Despot.«*
> *»Du bist ein Chaot.«*
> *»Sie sind undiszipliniert und desorganisiert.«*

2) **Vorwürfe machen**

> z. B. *»Du denkst immer nur an Dich und nie an die anderen.«*
> *»Sie mißbrauchen Ihre Macht als Vorgesetzter auf meine Kosten.«*
> *»Sie verhindern, daß man hier effizient und produktiv arbeiten kann.«*

3) **Moralinsaure Unterstellungen vornehmen**

> z. B. *»Es ist Ihnen völlig egal, daß Sie mein Arbeitsprogramm kaputtmachen.«*
> *»Es scheint Ihnen Spaß zu machen, die Puppen tanzen zu lassen.«*
> *»Dir geht es nur um Dein Profil nach oben – alles andere ist Dir wurst.«*

Die konsequente Einhaltung dieser Regel hat zwei Konsequenzen. Erstens, der *Feedback-Empfänger* kann auch kritische Rückmeldungen akzeptieren, weil er sich in seiner persönlichen Integrität nicht verletzt fühlt. Dies ist eine Grundvoraussetzung für eine Veränderung des Verhaltens. Zweitens, der *Feedback-Geber* lernt, die Zerrbilder, die er von seinen Mitmenschen hat, in Frage zu stellen. Er lernt, vorsichtiger zu sein in seinem Urteil. Er lernt, anderen eine Chance zu geben.

275

6. Kapitel
Prozeßorientiertes Projektmanagement

Prozeßorientiertes Projektmanagement unterscheidet sich in wesentlichen Punkten von konventionellen technokratischen Modellen. Der Hauptunterschied liegt in der ganzheitlichen Betrachtungs- und Vorgehensweise oder, anders ausgedrückt, im Berücksichtigen der *strategischen und politischen Dimension von Projektarbeit.* Ein Projektleiter, der glaubt, es genüge, methodisch »sauber« vorzugehen, um ein großes, komplexes Projekt zum Erfolg zu führen, handelt blauäugig und verschleudert letztlich in gewaltigem Umfang kostbare Ressourcen seines Unternehmens. Zwei Aspekte, über die herkömmliche Handbücher sich von vornherein ausschweigen, entscheiden nämlich weitgehend über den Verlauf der Projektarbeit: die *Dynamik* und die *Vernetzungen.*

- *Energie:* Wo liegt die »ownership« – wer betrachtet dieses Projekt als »seine Sache«? Wer alles ist am Erfolg des Projekts interessiert und bereit, sich persönlich dafür zu engagieren?

- *Macht:* Wer hat welchen Einfluß auf das Geschehen? Welches sind die »Schlüssel-Hierarchen«, welches die informellen »Opinion-Leaders« – und wie können sie gewonnen werden?

- *Kräftefeld:* Was gibt es insgesamt für unterstützende, was für hindernde Einflüsse – und welche Konsequenzen ergeben sich aus diesem Kräftefeld für die Umsetzbarkeit von Maßnahmen?

- *Vernetzungen:* In was für ein Umfeld ist das Projekt eingebettet? Wer muß bei welchen Fragen aktiv einbezogen werden? Was für Informations- und Kommunikationskanäle müssen etabliert werden, damit eine reibungsarme Projektarbeit sichergestellt werden kann?

Solche und ähnliche Fragen stehen zunächst im Vordergrund – und müssen im weiteren Verlauf immer wieder gestellt werden. Im Brennpunkt der

Aufmerksamkeit stehen die am Projekt beteiligten und vom Projekt betroffenen Personen und Gruppen – und damit das dynamische Geschehen im Spannungsfeld von Interessen, Bedürfnissen, Motivationen und Machtkonstellationen. Die Dynamik ergibt sich letztlich immer aus situativ variierenden Antriebsenergien und Widerständen – wobei sich stets einiges an der Oberfläche abspielt, während anderes verdeckt abläuft. Nicht selten ist es gerade das Wichtigste, das »unter fremder Flagge segelt«.

Eine Checkliste

Im Hinblick auf die Gestaltung konkreter Projekte haben wir die wesentlichen Punkte zunächst in Form einer Checkliste zusammengestellt (siehe Abbildung 30). Diese werden anschließend, mit konkreten Leitfragen versehen, kurz skizziert. Denn darauf kommt es letztlich an: Daß die richtigen Fragen gestellt werden. Wenn dies geschieht, ergeben sich die gebotenen Schritte des Vorgehens im konkreten Fall fast von selbst.

Im Vorfeld zu klärende Fragen

> *»Wer das erste Knopfloch verfehlt,*
> *kommt mit dem Zuknöpfen nicht zu Rande.«*
> Johann Wolfgang v. Goethe

Viele Verwirrungen und Turbulenzen in Projekten rühren daher, daß mit ungeklärten Voraussetzungen begonnen wurde. Man hat sich sozusagen in das Projekt hineingeschlampt. Die folgenden Aspekte sollen als Prüffragen für eine Rüttelstrecke dienen, um die Schwachstellen eines Projektvorhabens rechtzeitig erkennen und beheben zu können. Es geht darum, »die Kuh festzubinden, ehe man zu melken beginnt«, wie man in Südafrika sagt.

Anlaß und Problemstellung

– Ist der benannte Anlaß des Projektes nachvollziehbar, oder scheint er eher vorgeschoben, weil man den eigentlichen Beweggrund nicht ohne weiteres offenlegen mag?

Abbildung 30

Checkliste »Projektarbeit«

Im Vorfeld zu klärende Punkte:

- Anlaß und Problemstellung
- Auftraggeber
- Betroffene und Interessierte
- Einbeziehung der Personalvertretungen
- Zielsetzung und Leistungserwartungen
- Restriktionen und Tabus
- Geplante Vorgehensweise
- Zeitperspektive
- Erfolgskriterien
- Gründe für den Status quo
- Projekthypotheken
- Abhängigkeiten und Vernetzungen
- Projektkultur und Unternehmenskultur
- Projektleitung
- Projektteam
- Ressourcen
- Ungereimtheiten und kritische Punkte

Für den Projektverlauf entscheidende Faktoren:

- Leitlinien der Projektarbeit
- Projektorganisation
- Entscheidungsstruktur
- Kraftfeldanalyse
- Projekt-»Unterwelt«
- Topographie des Projektes
- Projektsupervision und Teamwartung

- Handelt es sich um eine Situation, die in dieser Form zum ersten Mal aufgetreten ist? Oder gibt es dazu Erfahrungen?
- Ist eine echte Analyse erwünscht, oder sind Diagnose und Lösungsvorstellungen – ausgesprochen oder unausgesprochen – bereits vorgegeben?
- Erscheint die Problemstellung plausibel? Ist sie wichtig und komplex genug, um die Inangriffnahme eines Projektes zu rechtfertigen?

Auftraggeber

- Wie ernsthaft ist bzw. scheint seine Bereitschaft, an dieses Problem heranzugehen?
- Ist der Auftraggeber tatsächlich oder nur mittelbar für dieses Thema zuständig?
- Inwieweit ist er von der Problemstellung überhaupt selbst betroffen?
- Inwiefern könnte er selbst Teil des Problems sein?
- Zeigt er sich einsichtig und bereit, seinen Teil zur Lösung beizutragen, soweit er Teil des Problems ist?
- Weshalb hat er das Problem bisher nicht gelöst?

Betroffene und Interessierte

- Wer ist von der Problemstellung direkt betroffen?
- Wer ist indirekt betroffen und könnte insofern an einer Aufrechterhaltung oder Veränderung des bestehenden Zustandes interessiert sein?
- Inwieweit können, sollen und wollen die Betroffenen bzw. Interessierten in den Prozeß der Problembearbeitung einbezogen werden?

Einbeziehung der Personalvertretungen

- Inwieweit unterliegt das Projektvorhaben der gesetzlichen Mitbestimmung?
- Gibt es Aspekte, die dafür sprechen, über den gesetzlich geregelten Rahmen hinauszugehen?

Zielsetzung und Leistungserwartungen

– Welche Erwartungen hat der Auftraggeber? Was soll in ein bis zwei Jahren anders sein als heute?
– Wie konkret und meßbar sind die genannten Ziele?
– Gibt es Anzeichen für verdeckte Erwartungen?
– Welche erklärten oder verdeckten Erwartungen haben die anderen Betroffenen bzw. Interessierten?
– Wie plausibel, realistisch und kompatibel sind diese Erwartungen insgesamt?

Restriktionen und Tabus

– Was wird vom Auftraggeber bzw. von den anderen Betroffenen und Interessierten nicht gewünscht? Was darf nicht passieren?
– Wird darüber offen gesprochen?
– Sind die Begründungen dafür nachvollziehbar und plausibel?
– Gibt es Tabu-Themen oder Tabu-Fragen?

Geplante Vorgehensweise

– Gibt es bestimmte Vorstellungen oder Einschränkungen, was das methodische Vorgehen betrifft?
– Passen die geplanten bzw. gewünschten Methoden zum Vorgehen, das im Hinblick auf Problemstellung und Zielsetzung gewählt werden muß?

Falls Berater beigezogen werden:

– Können sich Auftraggeber und Betroffene bzw. Interessierte unter den vorgeschlagenen Vorgehensweisen der Berater konkret etwas vorstellen?
– Verstehen sie die Konzepte der Berater und die dahinterliegende Philosophie? Können sie beurteilen, was gegebenenfalls auf sie zukommt?
– Fühlen sie sich kompetent genug, um die Regie für das Projekt wahrnehmen zu können – oder würden sie sich von den Externen auf Gedeih und Verderb an die Hand nehmen lassen?

Zeitperspektive

- Welche Zeitvorstellungen haben Auftraggeber und die anderen Betroffenen bzw. Interessierten?
- Wie realistisch sind diese Vorstellungen? Läßt sich das Projekt in dieser Zeit durchziehen?

Erfolgskriterien

- Aufgrund welcher quantitativen und qualitativen Kriterien soll der Erfolg des Projektes gemessen werden?

Gründe für den Status quo

- Warum sind die Dinge noch immer so, wie sie sind – wenn doch angeblich so viele darunter leiden?
  D. h.: Worin besteht die »Vernunft« des Bestehenden?
- Wer sind die Nutznießer des Status quo – wer wäre Nutznießer einer Veränderung?
- Sind sich Auftraggeber und Betroffene bzw. Interessierte in dieser Einschätzung einig – oder gibt es Meinungsunterschiede?

Projekthypotheken

- Ist dieses Thema »jungfräulich«, oder wurde früher schon daran gearbeitet? Wenn ja: Wann mit welchem Ergebnis, welchen Erfahrungen und welchen Auswirkungen?
- Welches »Image« hat dieses Thema bzw. Projekt im Unternehmen? Ist es in irgendeiner Form »vorbelastet«?
- Welche Konsequenzen ergeben sich daraus für das geplante Vorgehen?

Abhängigkeiten und Vernetzungen

- Gibt es Projekte mit ähnlicher Aufgabenstellung?
- Gibt es andere aktuelle Themen, die mit der Fragestellung vernetzt werden könnten oder müßten?
- Wird oder wurde das vorliegende Thema schon einmal unter einer anderen Fragestellung bearbeitet?

Projektkultur und Unternehmenskultur

- Wie stark orientiert sich das Unternehmen am Prinzip der Arbeitsteiligkeit, wie stark an der Hierarchie?
- Wieviel Erfahrung und Kompetenz hat das Unternehmen bezüglich der Steuerung komplexer Projekte?
- Inwieweit gehört Teamarbeit zur bisherigen Kultur des Unternehmens?

Projektleitung

- Ist die *Sachkompetenz* vorhanden, um die anfallenden Sachfragen richtig einschätzen zu können?
- Ist ausreichende *Methodenkompetenz* vorhanden, um die für diesen Fall richtigen Vorgehensweisen, Instrumente und Verfahren auswählen zu können?
- Ist die erforderliche *Sozialkompetenz* vorhanden, um den Umgang mit unterschiedlichen Menschen, Gruppen und gruppendynamischen Prozessen im Umfeld dieses Projektes – speziell in schwierigen und konflikthaften Situationen – aktiv zu gestalten?
- Sind zeitliche *Verfügbarkeit* und *persönliches Engagement* gewährleistet, um sich dem Projekt so zu widmen, wie es notwendig ist oder werden könnte?
- Sind Reserven eingeplant für *Teaminspektion* der Projektgruppe sowie zur Bereinigung unvorhergesehener Turbulenzen im Projektumfeld?

Projektteam

- Ist gesichert, daß alle vorgesehenen Mitglieder der Projektgruppe neben allen sonstigen willkommenen Qualifikationen auf jeden Fall eine Grundbedingung erfüllen, nämlich *teamfähig* zu sein?
- Haben die vorgesehenen Mitglieder der Projektgruppe insgesamt ausreichend *Sachkompetenz*, um zu verstehen, worum es geht, und um die anfallenden Sachfragen richtig beurteilen zu können?
- Ist insgesamt hinreichend *Methodenkompetenz* vorhanden, um die vorgesehenen Methoden, Instrumente und Verfahren anwenden zu können? Wenn nein: Ist die Bereitschaft vorhanden und die Möglichkeit gegeben, sich entsprechend weiterzubilden oder sich externer Ressourcen zu bedienen?

– Ist im Gesamtteam insgesamt genügend *Sozialkompetenz* vorhanden, um den Umgang mit anderen Menschen, Gruppen und gruppendynamischen Prozessen im Rahmen des Projektes, speziell aber in schwierigen und konflikthaften Situationen konstruktiv zu gestalten?
– Ist die Gruppe bereit und fähig, diese Kompetenz auch auf ihre eigene Situation anzuwenden und sich in regelmäßigen Intervallen einer gemeinsamen, kritischen *Selbstüberprüfung* zu unterziehen?
– Ist allen Mitgliedern der Projektgruppe klar, daß der Erfolg des Projektes in hohem Maße von der Bereitschaft abhängt, ihre soziale Kompetenz weiterzuentwickeln?
– Stehen *Energie, Engagement* und *verfügbare Zeit* der vorgesehenen Mitglieder der Projektgruppe in einem realistischen Verhältnis zu den voraussichtlichen Anforderungen?
– Ist allen klar, daß – neben sachlich-inhaltlichen Problemen – Turbulenzen im Projektumfeld sowie gruppendynamische Spannungen im Projektteam selbst auftreten können, ja, wahrscheinlich auftreten werden – und daß die Bearbeitung solcher Schwierigkeiten »zum Geschäft« gehört?

Ressourcen

– Gibt es eine halbwegs solide und plausible Einschätzung des Aufwandes, der über die »Manpower« hinaus notwendig erscheint – z.B. an Sachmitteln, Raum, Geld, Verfügbarkeit eventueller Gesprächspartner für Interviews und/oder Workshops sowie ggf. externe Unterstützung?
– Wird diese Einschätzung von allen, die darüber zu befinden haben, in etwa geteilt?

Ungereimtheiten und kritische Punkte

– Was erscheint insgesamt widersprüchlich, wenn man die bisherigen Erkenntnisse zusammenfügt?
– Inwieweit sind durch auferlegte Restriktionen und Tabus die Projektziele oder erforderliche Vorgehensweisen in Frage gestellt?
– Wie erfolgversprechend scheint es, dieses Thema unter diesen Umständen auf die geplante bzw. vorgeschlagene Weise überhaupt anzugehen?
– Welches sind die kritischen Fragen bzw. »Engpaßfaktoren«, die besonders im Auge behalten werden müssen?

Für den Projektverlauf entscheidende Faktoren

Leitlinien für die Projektarbeit

Was sich in der Führung und Entwicklung von Unternehmen generell bewährt, kann auch für die Projektarbeit wichtig sein: die Ausrichtung auf ein klares Leitbild. Als »Spielregeln« oder »Grundsätze« formuliert und veröffentlicht, gibt die Grundphilosophie allen Beteiligten die Möglichkeit, sich besser zu orientieren und gegebenenfalls auch von den Grundsätzen abweichende Vorgehens- oder Verhaltensweisen einzuklagen. »Betroffene beteiligen«, »offene Information für alle«, »Hilfe zur Selbsthilfe«, »soviel Selbststeuerung wie möglich«, »konsequentes Einhalten von Terminen und Vereinbarungen« – solche Prinzipien können beispielsweise wesentliche Elemente sein.

Projektorganisation

- *Pflichtenheft:* In einem sogenannten »Pflichtenheft« sind

  1. die *Ziele* so konkret beschrieben, daß man sich die angestrebte Zukunft möglichst plastisch vorstellen kann;

  2. die *Aufgaben und Tätigkeiten* aufgelistet, die erledigt werden müssen, um die Ziele zu erreichen;

  3. die *quantitativen und qualitativen Kriterien* dargestellt, mit denen der *Erfolg gemessen* werden soll;

  4. die geplanten *Vorgehensschritte* einschließlich der notwendigen Kommunikation mit den Betroffenen und Interessierten, auf der Zeitachse in Form einer *Projektmatrix* grafisch dargestellt – mit klar markierten *Meilensteinen*: Anfang, Ende und alle wesentlichen Zwischenstationen (s. Abbildung 31: Muster einer Projektmatrix);

  5. die weniger planbaren, aber mit hoher Wahrscheinlichkeit auftretenden Turbulenzen im Projektteam und im Projektumfeld dadurch berücksichtigt, daß ausreichend *zeitliche Pufferzonen* vorgesehen sind (diese Zeitplanung muß in regelmäßigen Abständen überprüft und aktualisiert werden).

Abbildung 31

Muster einer Projektmatrix

Projekt: Struktur 95	Jan.	Feb.	März	April	Mai	Juni	Juli	Aug.	Sept.	Okt.	Nov.	Dez.	Jan.	Feb.	März	April	Mai	Juni	Juli	Aug.	Sept.	Okt.	Nov.	Dez.
Entscheidung: Projekt ja/nein	■																							
Schaffen Projektgrundlagen		□																						
Auftaktveranstaltung			■																					
Befragung			□	□	□																			
Analyse und Diagnose					□	□																		
Datenfeedback							■																	
Konzeption								□	□															
Präsentation Konzepte										■														
Diskussion Konzepte											□													
Entscheidung												■												
Umsetzung Phase I													□	□										
Umsetzung Phase II															□	□	□	□	□	□	□	□	□	
Abschluss des Projektes																								■
Leitungsausschuß	●			●			●			●	●	●		●			●			●		●	●	
Information im Unternehmen	○			○			○			○	○	○		○			○			○		○	○	○

- *Aufgaben- und Rollenverteilung:* Die Aufgaben und Rollen werden in offener Teamdiskussion auf der Basis der erkennbaren fachlichen und persönlichen Kompetenz der einzelnen Mitglieder für alle transparent verteilt. Soweit möglich und dem Ganzen zuträglich, werden auch persönliche Entwicklungserwartungen und Profilierungsbedürfnisse zugelassen und berücksichtigt.

- *Arbeitsorganisation: Projektgruppe oder Steuergruppe:* Je nach Komplexität wird die Aufgabenstellung von einer einzigen Projektgruppe oder in mehreren Teams unter der Regie einer Steuergruppe bearbeitet.

  Ist die Aufgabenstellung sachlich überschaubar, inhaltlich verkraftbar, und sprechen keine weitergehenden sozialen oder unternehmenspolitischen Gesichtspunkte für eine direkte Einbeziehung weiterer Personen oder Gruppen, so empfehlen wir, eine *Projektgruppe* mit der Bearbeitung der Problemstellung zu beauftragen. Als besonders effizient erweisen sich immer wieder Arbeitsgruppen mit nicht weniger als fünf und nicht mehr als sieben Mitgliedern. Ist die Gruppe zu klein, besteht die Gefahr einer zu geringen Ideenvielfalt. Ist die Gruppe zu groß, benötigt sie zuviel Energie zur Steuerung ihrer internen Gruppendynamik. Sie beschäftigt sich dann mehr mit sich selbst als mit ihrer Aufgabe. Mit anderen Worten: Größe und Zusammensetzung solcher Gruppen dürfen einzig und allein nach den Kriterien der *benötigten Kompetenzen* und der *Funktionsfähigkeit der Gruppe* entschieden werden und nicht, wie so oft, nach Vertretungswünschen der Interessenparteien, die sich am Proporz orientieren. Solchen Wünschen der Mitgestaltung kann über vielfältige andere Wege der Beteiligung Rechnung getragen werden – beispielsweise durch Befragungen, fest installierte Beratungsausschüsse oder regelmäßige Hearings, in denen der Projektstatus dargestellt und Anregungen dazu abgefragt werden.

  Ist die Aufgabenstellung komplexer, der zeitliche Erwartungshorizont relativ eng oder gibt es gute Gründe, von Anfang an mehrere Gruppen ins Boot zu holen, läßt man verschiedene Projektteams simultan an unterschiedlichen Teilaufgaben arbeiten. Diese Satellitengruppen müssen aber von einer sogenannten *Steuer- oder Regiegruppe* beauftragt und koordiniert werden. Für die Mitglieder einer solchen Steuergruppe gilt als ausschließliches und entscheidendes Auswahlkriterium gut ausgeprägte Sozial- und Prozeßkompetenz. Ins Detail gehende Sachkenntnis oder Zugehörigkeit zu bestimmten Bereichen ist dagegen von untergeordneter Bedeutung.

- *Projektpromotoren:* Ist ein Projekt in seinem Umfeld besonderen Turbulenzen und Gefährdungen ausgesetzt, die vom Projektteam nicht ohne weiteres gemeistert werden können, so kann es empfehlenswert sein, sogenannte *Projektpromotoren* zu etablieren. Dabei handelt es sich um Mitglieder der Organisation, die genügend Durchblick und Einfluß haben, um bei Gefährdungen den entsprechenden Schutz zu bieten und bei versuchten Blockaden den notwendigen Durchbruch zu erzwingen. Diese Unterstützungs- und Schutzfunktion kann auch durch einen entsprechend zusammengesetzten *Projektbeirat* erfolgen.

- *Zeitmanagement und Berichterstattung:* Der Projektleiter koordiniert die Projektarbeit und die Mitglieder der Projektgruppe. Das setzt zunächst ein effizientes Zeitmanagement voraus: Die Verfügbarkeit der am Projekt Beteiligten muß mit den vom Projekt her notwendigen Aufgaben und Terminen in Einklang gebracht werden. Unerläßlich dazu ist ein frühzeitig fixiertes *Termingerüst* mit allen voraussichtlich notwendigen Besprechungen und sonstigen voraussehbaren Arbeitseinsätzen – einschließlich ausreichender Puffertermine für nicht Vorhersehbares.

  Der Projektleiter gewährleistet eine zeitgemäße Form der *Dokumentation* und *Berichterstattung* – zur Unterstützung der Arbeit des Projektteams und als Voraussetzung für ein effizientes *Projektcontrolling*. Dadurch werden Projektmitarbeiter und Auftraggeber in regelmäßigen Abständen über den Grad der Zielerreichung und die Arbeitsqualität informiert, um bei Abweichungen vom Soll-Wert rechtzeitig korrigierende Maßnahmen ergreifen zu können.

- *Kommunikationskonzept und Projektmarketing:* Die Projektgruppe bzw. die Steuergruppe konzipiert gleich zu Beginn ein spezielles *Kommunikationskonzept* für dieses Projekt. Im Modell einer mehrdimensionalen Matrix wird geklärt: Wer ist von wem über was jeweils wann und auf welche Weise zu informieren oder aktiv einzubeziehen?

  Nach Maßgabe der Bedeutung des Projektes und der Notwendigkeit, Verbündete und Mitstreiter zu gewinnen, wird das Image des Projektes in einem weiteren Umfeld durch entsprechendes *Projektmarketing* verankert und gefördert.

Entscheidungsstrukturen

Entschließt man sich, eine Problemstellung nicht im Rahmen der normalen, häufig arbeitsteiligen Linienorganisation bearbeiten zu lassen, sondern durch eine speziell für diese Aufgabenstellung gebildete Projektorganisation, so schafft man damit auch eine besondere Schnittstelle zum offiziellen Entscheidersystem. Sind die eigentlichen Entscheider nicht vollzählig in der Projekt- bzw. Steuergruppe vertreten, so daß schon im Verlauf der Projektarbeit die jeweils fälligen Entscheidungen getroffen werden können, so muß sichergestellt sein, daß die formal zuständigen Funktionen oder Gremien regelmäßig informiert bzw. rechtzeitig einbezogen werden – entweder direkt oder über einen zwischengeschalteten *Lenkungsausschuß.*

Kraftfeldanalyse

Nicht nur für die Projektarbeit, sondern vor allem für die spätere erfolgreiche Umsetzung der Projektergebnisse in die Praxis ist von entscheidender Bedeutung, daß die innere Haltung aller vom Projektthema berührten Interessengruppen rechtzeitig erfaßt wird:

- *Wer ist für eine Änderung des derzeitigen Zustandes – und mit wieviel Energie wird er sich dafür einsetzen?*
- *Wer ist gegen eine Änderung, und mit welchen Verhinderungs- oder Blockadestrategien wird er vermutlich arbeiten?*
- *Wer hält sich zwar im Moment heraus, könnte aber unter bestimmten Bedingungen ein »Förderer« oder ein »Widerständler« werden?*
- *Welche anderen Themen und Projekte sind mit diesem Projekt verflochten?*
- *Welches Energiefeld ergibt sich daraus insgesamt für das geplante Vorhaben?*

Projekt-»Unterwelt«

Es ist ganz normal und zunächst nicht weiter schlimm, daß in jedem Projekt neben offiziellen – selbstverständlich immer höchst ehrenwerten – Zielen auch andere Interessen verfolgt werden. Schlimm ist nur, wenn dies nicht rechtzeitig erkannt und ins Kalkül gezogen wird. Deshalb muß das

Energiefeld um diese *verdeckte Dimension* ergänzt werden. Die generelle Leitfrage lautet: *Was spielt sich bei diesem Projekt alles unter der Decke ab?*

- *Welche verdeckten Ziele könnte eventuell der Auftraggeber verfolgen? Etwa, sich mit Hilfe einer Reorganisation bestimmter Mitarbeiter zu entledigen?*
- *Besteht die Möglichkeit, daß wichtige Betroffene im Hintergrund bleiben und dort die Drähte ziehen, so daß das Ganze im Endeffekt ein »Marionettenprojekt« werden könnte?*
- *Wie groß ist die Gefahr, daß man versucht, bisher erfolglose Bemühungen lediglich unter der Tarnkappe einer neuen Bezeichnung erneut anzuschieben, also in neuen Schläuchen alten Wein anzubieten?*
- *Gibt es Anzeichen für eine reine Alibiübung, die letztlich nur beweisen soll, daß das Ziel gar nicht erreicht werden kann?*
- *Welche Tabus könnte es geben? Wo und wie sind die »heiligen Kühe« versteckt?*
- *Gibt es tatsächliche oder im Projektumfeld vermutete, sachfremde Interessen des Projektteams oder des Projektleiters, die sich ungünstig auf den Projektverlauf auswirken könnten?*

Topographie des Projektes

Es kann für die Projektgruppe äußerst aufschlußreich sein, die bisherigen Informationen aus der Analyse des Kraftfeldes und der Projekt-«Unterwelt« in einer Lagebeschreibung des Projektes bildlich darzustellen. In diesem Bild sollten deutlich werden

- Vernetzungen mit anderen Themen und Projekten,
- projektrelevante Umwelten und Rahmenbedingungen,
- offene und verdeckte fördernde bzw. hemmende Faktoren, Personen und Gruppen sowie die daraus abzuleitenden kurz-, mittel- und längerfristigen Chancen und Gefahren für das Projekt.

Die Verdeutlichung der Dynamik und der Vernetzungen auf einem Bild kann eine wertvolle Entscheidungshilfe sein, ob bzw. wie das Projekt angefangen werden muß und gesteuert werden kann.

Projektsupervision und Teamwartung

Die Projektgruppe – bzw. bei größeren Projekten die Steuer- oder Regiegruppe – unterzieht sich in regelmäßigen Intervallen (bei Anzeichen von Störungen auch außerplanmäßig) einer Überprüfung. Ob diese Inspektion in eigener Regie durchgeführt wird oder mit Unterstützung durch externe Beratung – die Fragen, um die es geht, sind die gleichen:

- *Inwieweit ist das Kräftefeld, in dem sich das Projekt bewegt, noch vergleichbar mit der Ausgangssituation? Wie muß eventuell die Lagebeurteilung verändert werden?*
- *Verfolgen wir mit diesem Projekt noch die richtigen Ziele?*
- *Haben wir die richtigen Leute an Bord?*
- *Arbeiten wir mit den bestmöglichen Methoden?*
- *Beteiligen wir in angemessener Weise die Betroffenen – und zwar aus deren eigener Sicht beurteilt?*
- *Wie gut fühlen sich die Entscheider eingebunden?*
- *Inwieweit halten wir uns in der praktischen Projektarbeit an die von uns formulierten Leitlinien?*
- *Wie gut funktioniert unsere interne Projektorganisation?*
- *Welche Erfahrungen haben wir bislang mit unserem Kommunikationskonzept? Welche Reaktionen darauf kennen wir?*
- *Wie zufrieden ist jeder im Projektteam mit der Rolle, die er spielt? Wie zufrieden ist jeder mit der Rolle, die andere spielen, sowie mit dem Zusammenspiel und dem Klima untereinander?*
- *Was gäbe es darüber hinaus noch für Möglichkeiten, die Arbeit effizienter oder befriedigender zu gestalten?*

In welchen Phasen eines Projektes welche speziellen Klippen zu beachten sind, haben wir in Teil II, Kap. 3 *Phasen des Prozesses und ihre Tücken* näher beschrieben.

7. Kapitel
Umgang mit Widerstand

Widerstand ist im Arbeitsbereich ein ganz alltägliches Phänomen und eine normale Begleiterscheinung jedes Entwicklungsprozesses. Es gibt in der Praxis kein Lernen und keine Veränderung ohne Widerstand. Widerstand zwingt jedoch, wann und wo immer er auftritt, zu Denkpausen, zu klärenden Gesprächen, mal hier und mal da sogar zu einer Kurskorrektur. Wenn Zeitdruck herrscht – und er herrscht praktisch immer –, erscheint Widerstand außerordentlich lästig, eventuell sogar unerträglich und inakzeptabel. Man ist geneigt, ihn zu mißachten – und exakt dies ist ein Fehler, den man später bitter zu bereuen hat. Es ist für den Fortgang eines Veränderungsprojektes von entscheidender Bedeutung, daß Widerstand – in welcher Form auch immer – rechtzeitig erkannt und richtig beantwortet wird. Wenn dies nicht der Fall ist, kommt es zu ernsthaften Verzögerungen, schwerwiegenden Blockaden und kostspieligen Fehlschlägen. Konstruktiver Umgang mit Widerstand ist deshalb einer der zentralen Erfolgsfaktoren beim Management von Veränderungen.

Was ist »Widerstand«?

Von Widerstand kann immer dann gesprochen werden, wenn vorgesehene Entscheidungen oder getroffene Maßnahmen, die auch bei sorgfältiger Prüfung als sinnvoll, »logisch« oder sogar dringend notwendig erscheinen, aus zunächst nicht ersichtlichen Gründen bei einzelnen Individuen, bei einzelnen Gruppen oder bei der ganzen Belegschaft auf diffuse Ablehnung stoßen, nicht unmittelbar nachvollziehbare Bedenken erzeugen oder durch passives Verhalten unterlaufen werden.

Wie entsteht Widerstand?

Die Ursachen für Widerstand sind im Grunde – wenn man sich ernsthaft bemüht, sich in die Lage der Betroffenen zu versetzen – durchaus naheliegend. Etwas vereinfacht, gibt es deren drei:

1. Der oder die Betroffenen haben die Ziele, die Hintergründe oder die Motive einer Maßnahme *nicht verstanden.*

2. Die Betroffenen haben verstanden, worum es geht, aber sie *glauben nicht*, was man ihnen sagt.

3. Die Betroffenen haben verstanden, und sie glauben auch, was gesagt wird, aber sie *wollen oder können nicht mitgehen*, weil sie sich von den vorgesehenen Maßnahmen keine positiven Konsequenzen versprechen.

Der dritte und letzte Punkt ist der häufigste und schwierigste. Negative Erwartungen können nämlich weder durch zusätzliche Erklärungen noch durch gutgemeinte Beteuerungen aus der Welt geschafft werden.

Widerstand als verschlüsselte Botschaft

Wenn normalintelligente und nicht verhaltensgestörte Menschen sich gegen sinnvoll erscheinende Maßnahmen sträuben, dann haben sie irgendwelche *Bedenken, Befürchtungen* oder *Angst*. Mit anderen Worten: Man hat es nicht mit sachlichen Überlegungen und logischen Argumenten, sondern mit *Emotionen*, d. h. mit Gefühlen zu tun.

Wo immer Gefühle beteiligt sind, ist jedoch die Verständigung erschwert. Zum einen kann es sein, daß eine angekündigte Maßnahme den Betroffenen irgendwie »nicht geheuer« vorkommt, daß sie aber selbst nicht so genau wissen, warum. Sie können deshalb auf Befragung auch keine unmittelbar einleuchtende Erklärung abgeben, sondern bringen allenfalls – um nicht »dumm« zu erscheinen – irgendwelche Verlegenheitsbegründungen vor.

Zum andern kann es sein, daß die Betroffenen durchaus konkrete Befürchtungen haben, es jedoch aus Angst, jemanden zu verletzen oder selbst in ein schiefes Licht zu geraten, peinlich finden würden, darüber zu sprechen. Auch in diesem Falle wird es auf dem Wege einer klaren Frage und einer direkten Antwort kaum gelingen, die eigentlichen Ursachen des Problems zu ermitteln.

In beiden Fällen liegt ein und dieselbe Situation vor: Die logische Verbindung zwischen Verhalten und Aussage fehlt – die eigentliche »Botschaft« ist gleichsam verschlüsselt. Es gilt zunächst, die tiefer liegenden Gründe für das festgestellte Verhalten zu ermitteln, die geheime Botschaft zu entschlüsseln – erst dann kann das weitere Vorgehen situationsgerecht gestaltet werden.

Wie erkennt man Widerstand?

Widerstand ist nicht immer leicht zu erkennen. Klar ist in der Regel nur, daß irgend etwas »nicht stimmt«. Dies sind typische Anzeichen für Widerstand bei einzelnen Individuen oder kleineren Gruppen (siehe Abbildung 32):

- Es »rollt« plötzlich nicht mehr. Die Arbeit kommt nur noch mühsam und zähflüssig voran. Sitzungen werden lustlos geführt. Entscheidungsprozesse geraten ins Stocken.

- Es wird geblödelt; es wird endlos über nebensächliche Fragen debattiert; man gerät vom Hundertsten ins Tausendste; keiner hört dem andern zu; der »rote Faden« geht verloren.

- Es entstehen peinliche Schweigepausen. Man sieht betretene Gesichter. Auch Mitarbeiter, die sich sonst engagieren, halten sich auffallend zurück. Es herrscht allgemeine Ratlosigkeit.

- Auf klare Fragen erhält man unklare Antworten. Das eine oder andere erscheint vordergründig plausibel, aber vieles läßt sich auch bei genauem Zuhören nicht richtig »einordnen«.

Auf betrieblicher oder Unternehmensebene sind folgende Phänomene typische Anzeichen für Widerstand:

- Hoher Krankenstand, hohe Fehlzeiten- und Fluktuationsraten
- Unruhe, Intrigen, Gerüchtebildung
- Papierkrieg, interner Verkehr per Memo mit ellenlangen Verteilern
- Hoher Ausschuß, Reibungsverluste, Pannen

Dies sind typische Indizien für Widerstand: eine diffuse Problemlage – und die Schwierigkeit, das Problem zu »orten«.

Abbildung 32

	verbal (Reden)	non-verbal (Verhalten)
aktiv (*Angriff*)	**Widerspruch**	**Aufregung**
	Gegenargumentation	*Unruhe*
	Vorwürfe	*Streit*
	Drohungen	*Intrigen*
	Polemik	*Gerüchte*
	Sturer Formalismus	*Cliquenbildung*
passiv (*Flucht*)	**Ausweichen**	**Lustlosigkeit**
	Schweigen	*Unaufmerksamkeit*
	Bagatellisieren	*Müdigkeit*
	Blödeln	*Fernbleiben*
	ins Lächerliche ziehen	*innere Emigration*
	Unwichtiges debattieren	*Krankheit*

Allgemeine Symptome für Widerstand

Konstruktiver Umgang mit Widerstand

Jeder Mitarbeiter und jede Mitarbeiterin – ob Hilfsarbeiter, Sekretärin oder Führungskraft – stellt sich angesichts geplanter Veränderungen zunächst einmal folgende simple Fragen:

1. *»Warum und wozu das Ganze?«*
   - *Was ist das Ziel dieser Übung – und erscheint mir dieses Ziel plausibel?*
   - *Sagt uns die Leitung alles, oder gibt es Ziele und Hintergründe, die uns verschwiegen werden?*
   - *Ist die Sache wirklich wichtig – oder gäbe es dringendere Probleme, um die sich das Management vorrangig kümmern sollte?*

2. »*Kann ich das?*«
   - *Bin ich dem, was da mit mir vorgesehen ist, gewachsen?*
   - *Kann ich die neuen bzw. zusätzlichen Aufgaben, die da auf mich zukommen, erfüllen?*
   - *Wie stehen meine Chancen für gute Arbeitsergebnisse und persönlichen Erfolg?*

3. »*Will ich das?*«
   - *Was bringt's mir? Ist die Tätigkeit interessant? Ist sie im betrieblichen Umfeld gut angesehen? Mit was für Leuten habe ich es da zu tun?*
   - *Besteht das Risiko, etwas zu verlieren: einen sicheren Arbeitsplatz, Einkommensanteile, einen guten Vorgesetzten, angenehme Kolleginnen und Kollegen, interessante Karriereperspektiven?*

Die erste spontane Reaktion auf Widerstand ist in der Regel Ungeduld, Ärger oder sogar persönliche Betroffenheit. Die zweite Reaktion ist der Versuch, das Problem durch zusätzliche Erklärungen aus der Welt zu schaffen. Meist stellt sich aber bald heraus, daß dies auch nicht weiterführt. Man läuft Gefahr, sich zu wiederholen, jede weitere Erklärung wirkt nur noch wie eine persönliche Rechtfertigung. Spätestens hier wird klar, daß die Ursachen des Problems tiefer liegen müssen.

Es gibt nun nur noch eine einzige sinnvolle und weiterführende Haltung: die analytische. Jetzt muß in Ruhe mit den Betroffenen gesprochen werden – einzeln oder in kleinen Gruppen. Nur das ruhige, ohne Zeit- und Ergebnisdruck geführte Gespräch und das aufrichtige Interesse für die Situation der Betroffenen und für ihre persönlichen Meinungen können die Vertrauensbasis schaffen, die notwendig ist, damit auch heiklere Gedanken und Empfindungen geäußert werden. Es gilt, Fragen zu stellen und gut zuzuhören:

- *Was ist für die Betroffenen besonders wichtig? Welches sind ihre Interessen, Bedürfnisse, Anliegen?*

- *Was könnte passieren, wenn man wie vorgesehen vorgehen würde? Was sollte aus Sicht der Betroffenen nach Möglichkeit verhindert werden?*

- *Was für Alternativen sehen die Betroffenen selbst? Wie müßte ihrer Ansicht nach vorgegangen werden, um das Problem zur Zufriedenheit aller Beteiligten zu lösen?*

Solche Fragen führen schrittweise näher an die »verschlüsselte Botschaft« und damit an den Kern des Problems heran.

Auf folgende Punkte, die unmittelbar mit den wichtigsten menschlichen Bedürfnissen im Arbeitsbereich zu tun haben, muß immer besonders geachtet werden:

Lohn/Gehalt	Werden direkte Einkommenseinbußen oder andere, indirekte finanzielle Nachteile erwartet?
Sicherheit	Wird ein Wechsel oder gar der Verlust des Arbeitsplatzes befürchtet – oder werden andere unkalkulierbare Risiken gesehen?
Kontakt	Drohen gute persönliche Beziehungen – zum Vorgesetzten, zu Kolleginnen und Kollegen, zu Mitarbeiterinnen und Mitarbeitern – verlorenzugehen? Ist in der neuen Situation der Zwang zur Zusammenarbeit mit besonders schwierigen oder unangenehmen Menschen zu befürchten?
Anerkennung	Bestehen Befürchtungen, in der neuen Arbeitssituation fachlich oder persönlich überfordert zu sein oder nicht mehr über die Mittel zu verfügen, die notwendig sind, um die Aufgabe erfolgreich zu erfüllen? Ist die neue Aufgabe oder der neue Arbeitsort mit einem schlechten Ruf im Hause behaftet?
Selbständigkeit	Ist der Verlust von Entscheidungsbefugnissen oder persönlichem Handlungsspielraum zu befürchten? Bestehen in der heutigen Situation aufgrund persönlicher Beziehungen indirekte Einflußmöglichkeiten, die in Zukunft nicht mehr gegeben wären?
Entwicklung	Was für Lernbedürfnisse und Karriere-Ambitionen liegen vor? Was für Möglichkeiten sind in der heutigen Situation gegeben – und wie ist die zukünftige Konstellation diesbezüglich einzuschätzen?

Wenn einmal klar ist, wo die Hauptursachen des Widerstandes liegen, ist der Weg offen für das Aushandeln von Vorgehensweisen, die den Interessen der Betroffenen Rechnung tragen, ohne die Ziele des Projektes in Frage zu stellen.

Beispiel 1: Teilautonome Arbeitsgruppen

In einem Fertigungs- und Montagebetrieb, in dem traditionell an Einzelarbeitsplätzen gearbeitet wurde, sollte umgestellt werden auf teilautonome Gruppenarbeit. Mitarbeiterinnen und Mitarbeiter wurden sorgfältig mit dem neuen Konzept und den Vorteilen, die dieses bietet, vertraut gemacht: abwechslungsreichere Arbeit, mehr Kontakt mit anderen, größere Flexibilität in der Arbeitszeitgestaltung, direkter Einfluß auf die Organisation der Arbeitsabläufe. Doch eine Mehrheit lehnte dieses Vorhaben vehement ab. Die Betriebsleitung verstand zunächst überhaupt nicht, wie dies möglich war, denn Arbeitspsychologen hatten die Vorteile des neuen Organisationskonzeptes für die Arbeitnehmer in den leuchtendsten Farben geschildert. Besonders irritierend war, daß die Gründe für die Ablehnung, die in Betriebs- und Abteilungsversammlungen vorgebracht wurden, kein verständliches Bild der Problemlage ergaben. Man stand vor einem Rätsel. Der Widerstand war aber so stark, daß die Betriebsleitung das Projekt ernsthaft gefährdet sah. Sie beschloß, der Sache auf den Grund zu gehen. Im Verlaufe vieler Einzelgespräche kristallisierte sich folgendes heraus: Die meisten Mitarbeiterinnen und Mitarbeiter hatten in ihrem ganzen Leben noch nie in einem Team gearbeitet. Sie konnten sich überhaupt nicht vorstellen, in unmittelbarer Abhängigkeit von Kolleginnen und Kollegen in einer Gruppe produktiv arbeiten und zu gemeinsamen Entscheidungen kommen zu können. Sie befürchteten ein ständiges Gerangel in der Gruppe – und letztlich schlechte Arbeitsergebnisse. »An meinem heutigen Arbeitsplatz weiß ich, was ich zu tun habe – und niemand behindert mich bei meiner Arbeit.« Nun kann man Menschen nicht etwas schmackhaft machen, das sie nicht kennen. Sie haben lieber den Spatz in der Hand als die Taube auf dem Dach. Nachdem die Betriebsleitung die Bedenken der Mitarbeiterinnen und Mitarbeiter verstanden hatte, traf sie mit ihnen folgende Vereinbarung: Man würde zunächst für eine Experimentalphase von 6-8 Monaten auf Gruppenarbeit umstellen, damit alle Beteiligten durch eigene Erfahrung die Vor- und Nachteile des neuen Systems kennenlernen könnten. Die Experimentalphase würde gemeinsam ausgewertet. Wenn die Mitarbeiterinnen und Mitarbeiter danach immer noch mehrheitlich zur Einzelarbeit zurückkehren möchten, würde das Experiment abgebrochen. Darauf konnte die ganze Belegschaft sich einlassen. Das »Experiment« verlief äußerst erfolgreich. Nach einem halben Jahr wollte praktisch niemand mehr zur alten Organisation zurückkehren. Nur eine Frau und ein Mann fühlten sich ausgesprochen unwohl in einem Team. Sie konnten problemlos außerhalb der Gruppen eingesetzt werden.

Beispiel 2: Umstellung auf EDV

In einem kommerziellen Telefonservice-Institut arbeiteten zwölf Telefonistinnen. Sie betreuten eine große Zahl von Telefonstationen. Jede Station gehörte einem Kunden, der – anstelle eines Anrufbeantworters oder einer eigenen Sekretärin – in diesem Institut eine eigene Linie gemietet hatte, auf die er bei Abwesenheit umschalten konnte. Der gesamte Informationsfluß wurde von Hand abgewickelt. Vor jeder Kundenlinie standen zwei Kästchen: eines für die Instruktionen des Kunden; das andere für eingehende Meldungen. Der Betrieb war eigentlich eine Zettelwirtschaft. Man war von morgens bis abends mit Schreiben, Verschieben, Ablegen und Vernichten von handgeschriebenen Notizen beschäftigt. Eines Tages stellte der Geschäftsinhaber fest, daß es im Ausland bereits ein ausgereiftes EDV-System mit entsprechender Standard-Software gab, die es erlaubte, den gesamten Informationsfluß über Bildschirm abzuwickeln. Man würde keine Zettel mehr schreiben müssen. Es würde keine Fehlermeldungen aufgrund unleserlicher Handschriften mehr geben. Die Telefonistinnen würden immer sofort die Gesamtübersicht über alle für einen Kunden eingegangenen Meldungen auf dem Bildschirm haben. Und: Die Damen würden nicht mehr ständig von einer Kundenlinie zur andern wandern müssen. Jeder eingehende Anruf, für welchen Kunden auch immer, würde automatisch zu einer gerade nicht besetzten Telefonistin geschaltet werden können. Trotz der hohen Investition, die mit dem neuen System verbunden sein würde, war der Geschäftsinhaber von der Idee begeistert. Freudig erzählte er seinen Mitarbeiterinnen von diesen Zukunftsperspektiven – und biß auf Granit. Die Damen, allesamt langjährige Mitarbeiterinnen, gaben tausend Gründe an, warum das Ganze von vornherein nur ein Flop werden könnte und auf gar keinen Fall ins Auge gefaßt werden dürfte: »Maschinen haben immer mal Ausfälle – und dann bricht bei uns der gesamte Betrieb zusammen«; »Stellen Sie sich mal vor, was das kostet – soviel Geld können wir gar nie hereinwirtschaften«; »Wir sind Telefonistinnen und keine Datentypistinnen«. Niemand sagte: »*Ich kann keinen Computer bedienen – und ich glaube auch nicht, daß ich das lernen kann.*« Exakt dies war aber, wie sich in vielen Gesprächen langsam herausstellte, der tiefere Grund für die Opposition. Der Geschäftsinhaber machte den Mitarbeiterinnen folgendes Angebot: »Wir fahren alle miteinander nach Paris und schauen uns den Betrieb, der mit diesem System arbeitet, genau an. Wir sprechen mit den Telefonistinnen dort über ihre Erfahrungen. Und dann diskutieren wir nochmals, was wir hier machen wollen.« Die Reise wurde gemacht. Allein die ruhige Arbeitsatmosphäre und die aufgeräumten, übersichtlichen Arbeitsplätze wirkten Wunder. Die Erfahrungen der französischen Kolleginnen überzeugten die Zürcher Telefonistinnen endgültig. Der Betrieb wurde umgestellt – und niemand möchte heute die frühere Arbeitssituation wieder zurückhaben.

Beispiel 3: Job-Rotation für Manager

In einem multinationalen Konzern beklagte sich das Topmanagement bitterlich über die mangelnde Mobilität der Führungskräfte. Man hatte immer wieder dringenden Bedarf für qualifizierte Manager in einzelnen Auslandsgesellschaften – aber so gut wie niemand war bereit, sich vom Stammhaus ins Ausland transferieren zu lassen. Man hatte gerade ein Haus gebaut; die Ehefrau wollte nicht zu weit weg von ihren Eltern wohnen; die Kinder sträubten sich dagegen, ihren Freundeskreis aufgeben zu müssen. Das Problem wurde eingehender untersucht. Eine größere Anzahl von Tiefeninterviews ergab folgendes Bild:

Manch eine Frau fände es sogar spannend, für ein paar Jahre ins Ausland zu gehen; Kinder wollen zwar immer ihren Freundeskreis behalten, aber man kann sich in seinem Leben nicht nur nach den Kindern richten; im übrigen schadet es Kindern keineswegs, wenn sie einmal eine völlig neue Umgebung kennenlernen. Hingegen ist es in diesem Konzern wenig ratsam, ins Ausland zu gehen, wenn man Karriere machen will. Die wenigen, die im Laufe der Jahre den Schritt ins Ausland gewagt hatten, mußten gleich für immer dort bleiben. Sie hatten im Stammhaus nie mehr Anschluß an die Aufstiegspfade gefunden. »*Wer mal weggeht, ist hier abgekoppelt. Bei uns macht man im Stammhaus Karriere – oder gar nicht. Der Fahrstuhl funktioniert nur senkrecht. Gucken Sie sich mal an, wer in den obersten Etagen unseres Hauses sitzt. Da finden Sie Leute, die aus zentralen Stäben direkt in die Konzernleitung hinaufgefallen sind, ohne je einen ordentlichen Job in der Linie gehabt zu haben. Aber Sie finden keinen, der selbst auch nur für zwei Jahre im Ausland gewesen wäre.*« Es bedurfte im Grunde nur dieses und einiger ähnlicher Zitate, um der Konzernleitung klarzumachen, wo der Hase im Pfeffer lag. Es war durchaus kein Ding der Unmöglichkeit, qualifizierte Manager für Ausland-Rotationen zu gewinnen. Aber man brauchte individuelle Entwicklungspläne – und saubere Vereinbarungen über mehr als die nächsten paar Monate hinaus. Kurz: Wenn man Ausland-Rotationen haben wollte, mußten Ausland-Rotationen *belohnt* und nicht bestraft werden. Heute sind diese Vor-

Abbildung 33

»Widerstand« – vier Grundsätze

1. Grundsatz: *Es gibt keine Veränderungen ohne Widerstand!*

Widerstand gegen Veränderungen ist etwas ganz Normales und Alltägliches. Wenn bei einer Veränderung keine Widerstände auftreten, bedeutet dies, daß von vornherein niemand an ihre Realisierung glaubt.

➡ *Nicht das Auftreten von Widerständen, sondern deren Ausbleiben ist Anlaß zur Beunruhigung!*

2. Grundsatz: *Widerstand enthält immer eine »verschlüsselte Botschaft«!*

Wenn Menschen sich gegen etwas sinnvoll oder sogar notwendig Erscheinendes sträuben, haben sie irgendwelche Bedenken, Befürchtungen oder Angst.

➡ *Die Ursachen für Widerstand liegen im emotionalen Bereich!*

3. Grundsatz: *Nichtbeachtung von Widerstand führt zu Blockaden!*

Widerstand zeigt an, daß die Voraussetzungen für ein reibungsloses Vorgehen im geplanten Sinne nicht bzw. *noch nicht* gegeben sind. Verstärkter Druck führt lediglich zu verstärktem Gegendruck.

➡ *Denkpause einschalten – nochmals über die Bücher gehen!*

302

4. Grundsatz: *Mit dem Widerstand, nicht gegen ihn gehen!*

Die unterschwellige emotionale Energie muß aufgenommen – d. h. zunächst einmal *ernst genommen* – und sinnvoll kanalisiert werden.

- *(1) Druck wegnehmen (dem Widerstand Raum geben)*
- *(2) Antennen ausfahren (in Dialog treten, Ursachen erforschen)*
- *(3) Gemeinsame Absprachen (Vorgehen neu festlegen)*

aussetzungen gegeben – und siehe da: Man findet die entsprechenden Kandidaten.

Der Problemlöser ist selbst das Problem

Widerstand ist immer ein Signal. Es zeigt an, wo Energie blockiert ist. Mit anderen Worten: Widerstand zeigt an, wo *Energien freigesetzt* werden können. Widerstand ist also im Grunde nicht ein Störfaktor, sondern eine Chance – vorausgesetzt, sie wird als solche erkannt und wahrgenommen. Das gefährlichste Hindernis liegt nicht im Widerstand der Betroffenen – sondern in der gestörten Wahrnehmung und in der Ungeduld der Planer und Entscheider. Sie vergessen leicht, wie lange sie selbst gebraucht haben, wie viele kontroverse Diskussionen geführt und wie viele Zweifel überwunden werden mußten, bis sie sich zu einem neuen Konzept durchringen konnten. Vor allem aber: Sie sind nicht in der Lage, sich in die Situation der Menschen zu versetzen, deren Aufgabe nicht darin besteht, für andere neue Konzepte zu entwickeln, sondern die davon unmittelbar betroffen sind. Wenn Manager einmal überzeugt sind, den richtigen Weg gefunden zu haben, ertragen sie es sehr schlecht, wenn ihnen die Mitarbeiter keine Gefolgschaft leisten. Ihr Ärger, ihr Selbstmitleid, ihre Ungehaltenheit und ihr Handlungsdruck sind die schwierigsten und letztlich die einzig wirklich gefährlichen Hindernisse auf dem Weg zu einver-

303

nehmlichen Lösungen. Mit anderen Worten: *Der kritische Faktor im Umgang mit Widerstand ist letztlich der Umgang mit sich selbst.* Da gilt es, die eigenen Emotionen zu überwinden, sich in die Lage anderer zu versetzen – und Dinge zu untersuchen, die man längst für geklärt gehalten hatte. Das eigene Bild einer Sachlage – und damit letztlich sich selbst – in Frage zu stellen, dies ist die erste und wichtigste Klippe, die überwunden werden muß, wenn ein konstruktiver Umgang mit Widerstand gefunden werden soll (siehe. Abbildung 33).

8. Kapitel
Gestaltung der Kommunikation

Kommunikation und Veränderung

Statistiken zeigen, daß Führungskräfte 80% ihrer Zeit mit Kommunikation beschäftigt sind – in Gesprächen, Sitzungen und Konferenzen sowie beim Analysieren, Aufbereiten und Weiterleiten schriftlicher Information. Die meisten beklagen sich auch noch darüber: »Man hängt nur noch in Sitzungen herum und hat keine Zeit mehr für die eigentliche Arbeit!« Da kann man nur sagen: Irrtum! Kommunikation *ist* die eigentliche Arbeit, Kommunizieren *ist* der Job der Führung. Wer dafür gesorgt hat, daß die richtigen Informationen zur richtigen Zeit am richtigen Ort ankommen und daß die richtigen Leute zur richtigen Zeit die richtigen Fragen auf die richtige Art und Weise miteinander besprechen, der hat seinen Job als Manager hervorragend getan. Die Infrastruktur der Kommunikation ist nämlich das Nervensystem des Unternehmens.

Funktionsstörungen im Nervensystem des menschlichen Körpers können – je nachdem, welche Nervenstränge betroffen sind – die vielfältigsten Symptome zeitigen: Die Hände können zittern; es können kleinere oder auch große Lähmungen auftreten; man kann mit gesunden Augen erblinden; man kann sich schwere Verbrennungen zuziehen, weil der Schmerz nicht weitergeleitet wird; oder man kann überhaupt nicht mehr gehen, weil einzelne Muskelpartien nicht auf die Steuerungsimpulse des Gehirns ansprechen – von schweren, bis zum Tod führenden Störungen des Stoffwechsels gar nicht zu reden.

Exakt so ist es auch bei einem Unternehmen: Sein Wohl und Wehe hängt davon ab, ob die Informationen aus dem Umfeld präzise genug aufgenommen, intern rasch weitergeleitet und richtig verarbeitet werden. Allein schon das operative Tagesgeschäft erfordert eine effiziente Koordination und Steuerung. Sobald aber irgendwelche Veränderungen ins Haus stehen, steigt der Kommunikationsbedarf enorm an: Das Tagesgeschäft muß störungsfrei weiterlaufen, gleichzeitig und parallel dazu aber müssen Innovationen vorbereitet und umgesetzt werden. Beide Prozesse müssen in sich gut koordiniert, darüber hinaus aber auch noch sorgfältig aufeinander abgestimmt werden. Dies ist nur möglich, wenn alle Beteiligten genau wissen, was wann warum zu geschehen hat. Qualifizierte Kommunikation wird zum entscheidenden Erfolgsfaktor.

In einer Zeit, da Veränderung nicht die Ausnahme, sondern den Normalzustand darstellt, ist es keine grobe Vereinfachung, wenn *Peter Drucker* sagt: *Management ist Kommunikation.*

Das eigentliche Defizit: Verständigung

>*Tatsächlich ergeben sich nur sehr wenige politische, gesellschaftliche und vor allem persönliche Probleme daraus, daß irgendwelche Informationen unzureichend sind. Dennoch: während sich unbegreifliche Probleme um uns türmen, während der Begriff des Fortschritts verblaßt, während der Sinn selbst suspekt wird, hält der Technopolist unerschütterlich an der Hypothese fest, was die Welt brauche, sei mehr, immer mehr Informationen – wie in dem Witz von dem Mann, der sich im Restaurant darüber beschwert, das Essen, das man ihm vorgesetzt habe, sei ungenießbar und außerdem seien die Portionen zu klein.*<
Neil Postman

Wir haben in der Regel kein Informationsdefizit. Im Gegenteil, wir leiden unter einer nicht mehr zu bewältigenden Informationsflut. Unser Problem ist vielmehr ein *Kommunikationsdefizit*. Kommunikation – der Austausch untereinander und die Auseinandersetzung miteinander – ist die Grundvoraussetzung zwischenmenschlicher Verständigung. Hinter dem im Unternehmen häufig vorgetragenen Wunsch nach besserer Information verbirgt sich fast immer ein viel weiter gehendes Anliegen: der Wunsch nach Dialog und Beteiligung. Menschen wollen gar nicht, wie vielfach befürchtet, »bei allem und jedem mitreden«, Einfluß nehmen und Macht ausüben. Sie wollen aber – zumal in turbulenten Zeiten – Entwicklungen und Veränderungen nicht blind ausgeliefert sein. Sie wollen Ziele und Absichten, Hintergründe und Zusammenhänge verstehen. Sie wollen wissen, was auf sie zukommt. Sie haben das Bedürfnis, eigene Anliegen mitteilen zu können, und hoffen, daß diese Berücksichtigung finden.

306

Dies alles ist nur möglich im direkten Gespräch – in manchmal sehr zeit-
aufwendigen Besprechungen und Konferenzen. In der Praxis angewen-
dete Informationsstrategien bezwecken jedoch oft das genaue Gegenteil:
Man versucht, die Betroffenen so lange wie möglich aus dem Geschehen
herauszuhalten. Man versucht, sie hinzuhalten, abzuwiegeln und Zeit zu
gewinnen. Und wenn es sich dann gar nicht mehr verhindern läßt, »kommuniziert« man nach Art amtlicher Mitteilungen und versorgt Massen von
Menschen mit schriftlicher Information. Solche »Kommuniqués« halten die
Adressaten nicht nur auf Distanz, sondern erfordern von ihnen auch noch
die hohe Kunst der Interpretation. Lesen zwischen den Zeilen ist gefragt.
Die Spekulation wird angeheizt – und damit sind keine Kommunikationsprobleme gelöst, wohl aber in gewaltigem Umfang neue geschaffen.

Die geregelte Kommunikation im Unternehmen

Zweierlei ist also zunächst entscheidend. Zum einen: der Unterschied zwischen der *Verteilung von Information im Einwegverfahren* – und echter,
menschlicher Kommunikation, die letztlich nur auf dem Weg des Dialogs
im *direkten Gespräch der Menschen miteinander* stattfinden kann. In einer Zeit, da der Begriff »Kommunikation« für jeden noch so einseitigen
Massentransport von Information verwendet wird – nicht zuletzt für die
Produktwerbung in den Massenmedien –, kann dieser Unterschied gar
nicht deutlich genug hervorgehoben werden. Zum zweiten: *Menschen lernen und verändern ihr Verhalten praktisch nur durch direkte Kommunikation*. So wichtig die Gestaltung des Informationsflusses mittels Medien
auch ist – die Kunst der Fuge im Management besteht darin, die menschliche Kommunikation im Unternehmen im Hinblick auf *Effizienz und
Qualität* richtig zu organisieren.

Es gibt eine Vielzahl erprobter Methoden und Verfahren, mit deren
Hilfe die Kommunikation in der Praxis erfolgreich gestaltet werden kann.
Wir beginnen mit der externen Kommunikation, weil wir den Grundsatz
vertreten, daß von außen nach innen gedacht und organisiert werden muß.
Der Akzent liegt aber in diesem Kapitel ganz klar auf der internen Kommunikation. An ihr liegt es nämlich in der Regel, wenn die Gesamtsteuerung versagt.

Das Kernstück der innerbetrieblichen Kommunikation ist der geregelte
Führungsrhythmus: sinnvoll vernetzte, regelmäßig stattfindende Teambesprechungen auf allen Ebenen – eine Schlüsselfunktion im Hinblick auf

die Steuerung und Entwicklung des Unternehmens. Ihm widmen wir hier besondere Aufmerksamkeit. Das ergänzende Instrumentarium kommentieren wir vor allem im Hinblick auf seine praktische Anwendung.

Kommunikation zwischen außen und innen

»Von außen nach innen organisieren« kann nur, wer *einerseits* sich laufend alle notwendigen Informationen von außen verschafft, um die Bedürfnisse des Marktes, die Bewegungen am Markt und die eigene Akzeptanz im Markt rechtzeitig zu erkennen, und *andererseits* seine Leistungen und sein angestrebtes Profil kontinuierlich und erfolgreich in diesen Markt hineinkommuniziert.

Die wichtigsten Mittel und Wege:

– Befragungen der Kunden, vielfältig segmentiert nach den jeweils als relevant erachteten Kriterien;
– Imagestudien;
– Markt- und Markttrendanalysen;
– Wettbewerbsvergleich;
– Kundenbetreuungs- und Kundeninformationssysteme (z. B. Kundendienst-Hot-line, zielgruppenspezifische Kataloge, Kundenbriefe, Kundenzeitschriften);
– Imagewerbung und Öffentlichkeitsarbeit;
– Werbewirksamkeitsanalysen;
– systematische Erfassung und Auswertung der Informationen aller Mitarbeiter mit direkten Kunden- bzw. Marktkontakten (Vertriebsaußendienst, technischer Kundendienst, Bestellungsannahme, Reklamationsbearbeitung, Telefonvermittlung).

Die Informationen von außen können aber nur dann ihren wirklichen Nutzen entfalten, wenn sie intern weitergeleitet und verarbeitet werden. Zweierlei muß gewährleistet sein:

1. daß Informationen über Bedürfnisse von Kunden und über Trends im Markt direkt, unverfälscht und unverzüglich an die richtigen internen Fachstellen gelangen und in Form entsprechender Produkte und Dienstleistungen in Problemlösungen umgesetzt werden;

2. daß die Meinungen und Interessen anderer Stellen im Unternehmen – Hierarchie, zentrale Fachfunktionen, Mitbestimmungsorgane etc. – so

aufeinander abgestimmt werden, daß die Prozeßkette zur Marktbearbeitung unterstützt und gefördert und nicht gestört oder behindert wird.

Die Realität sieht häufig anders aus: Wertvolle Marktinformationen werden nicht weitergeleitet oder nicht ausgewertet; sie gelangen allenfalls zunächst in die Hände zentraler Stäbe und werden dort zu Tode analysiert oder politisch zerredet; Entwicklung und Vertrieb liegen sich in den Haaren und sprechen nicht miteinander; man gibt kostspielige Studien extern in Auftrag, um Daten zu erarbeiten, die bei den eigenen Mitarbeitern an der Front längst vorliegen würden; das Management befaßt sich mit dem Jahr 2010; und niemand fühlt sich für die Gesamtsteuerung verantwortlich.

Hier liegen in der Regel die Hauptursachen für Reibungsverluste, Pannen, Konflikte und Fehlentwicklungen: in einer ungenügend qualifizierten unternehmensinternen Kommunikation.

Netzwerk regelmäßiger Führungsbesprechungen

Dies ist das unabdingbar notwendige Grundgerüst der unternehmensinternen Kommunikation: ein Netzwerk geregelter Teambesprechungen auf allen Ebenen – von der Spitze des Unternehmens bis zur Basis. Im Rahmen dieses Netzwerkes wird die Grundversorgung mit Information sichergestellt. Die relevante Information kann stufengerecht von oben nach unten sowie von unten nach oben weitergegeben und auf jeder Ebene im direkten Dialog verarbeitet werden.

Nun gehören regelmäßige Führungsbesprechungen in vielen Unternehmen längst zur Routine. Zweierlei läßt jedoch sehr häufig zu wünschen übrig: die *Effizienz*, d. h. das Verhältnis von Aufwand und Nutzen – und die *Qualität der Verständigung*. Die Effizienz mißt sich im wesentlichen an der Dynamik der Innovations- und Entscheidungsprozesse, die Qualität der Verständigung an der Lust oder Unlust, mit der die Teilnehmer in eine Sitzung gehen. Wenn die Führungsbesprechung im internen Jargon als »Morgenandacht«, »Abnickrunde« oder »Muppetshow« bezeichnet wird, kann man davon ausgehen, daß es entweder an der Struktur der Sitzungen oder am Verhalten der Teilnehmer – oder an beidem – einiges zu verbessern gibt.

Es wird in Führungsetagen viel zuviel um das Mysterium menschlicher

Zusammenarbeit herumgeheimnißt. Es sind in der Regel verhältnismäßig einfache Regeln, die mißachtet werden, wenn Führungsbesprechungen zu Unzufriedenheit Anlaß geben.

Trennung von Tagesgeschäft und Grundsatzfragen

Aus dem Leben gegriffen: Der eine Sitzungsteilnehmer spricht über ein Problem im Tagesgeschäft, ein zweiter entdeckt eine Grundsatzfrage dahinter, der dritte stellt die langfristige Unternehmensstrategie in Frage. Die Diskussion geht hin und her – und am Schluß der Sitzung ist das Tagesproblem ungelöst, keine Grundsatzfrage besprochen und die Strategie nicht diskutiert.

Es gilt, von vornherein zu unterscheiden zwischen Fragen von kurzfristiger, mittelfristiger und langfristiger Wirksamkeit. Es ist in der Regel von großem Vorteil, für jede dieser drei Kategorien gesonderte Sitzungen anzuberaumen. Erstens sind ganz unterschiedliche Formen der Vorbereitung notwendig, und zweitens fällt die Verständigung leichter, wenn alle vom gleichen reden. In vielen Unternehmen hat sich ein Rhythmus bewährt, der in etwa folgendes vorsieht: wöchentlicher »Jour fixe« für die Steuerung des laufenden Geschäftes; einmal pro Monat eine Sitzung, die reserviert ist für Grundsatz- bzw. »Policy«- Fragen; zweimal pro Jahr eine Strategie-Klausur, in welcher man sich mit der längerfristigen Zukunft befaßt; und einmal pro Jahr eine Klausur, in der das Team ausschließlich und intensiv die Kommunikation und Kooperation im eigenen Kreis zum Thema macht.

Es gibt in praktisch allen Unternehmen Themen, die jedes Jahr aktuell werden und von denen man aufgrund des normalen Geschäftsrhythmus fast auf die Woche genau sagen kann, wann dies der Fall sein wird: Zielvereinbarungs-, Planungs- und Budgetrunden etwa, aber auch große Ereignisse wie Auslandsvertreter-Konferenzen oder Betriebsversammlungen, die entsprechend vorbereitet sein wollen. Es ist von großem Vorteil, nicht nur den Sitzungsplan fürs ganze Jahr im voraus festzulegen, sondern die wichtigsten voraussehbaren Themen auch gleich entsprechenden Terminen fest zuzuordnen. Dies hat den großen Vorteil, daß alle – vor allem auch die Mitarbeiter, die Vorarbeiten zu leisten haben – wissen, wann was ansteht. Man muß dann nicht alle Jahre wieder »plötzlich und unvorhergesehen« das ganze Unternehmen in eine wilde Hektik versetzen.

Einige wenige Dinge müssen von Anfang klar geregelt sein, wenn ein Führungskreis als echtes Team funktionieren und nicht zu einer Dauerkirmes degenerieren soll:

- Führungsbesprechungen haben Vorrang – insbesondere Policy- und Strategie-Sitzungen. Die Teilnahme ist verbindlich.

- Keine Stellvertreter – auf jeden Fall nicht in Policy- und Strategie-Sitzungen.

- Mitarbeiter können punktuell zu einzelnen Sachthemen in die Führungsbesprechung eingeladen werden – aber nur gegen Voranmeldung und zeitlich begrenzt auf den entsprechenden Tagesordnungspunkt.

Entstehung der Tagesordnung

Aus dem Leben gegriffen: Man beginnt die Sitzung ohne Tagesordnung, diskutiert stundenlang im Kreis herum und weiß anschließend nicht, wozu man eigentlich zusammengekommen ist. Oder aber: Man hat eine ellenlange Liste von Tagesordnungspunkten, beginnt mit dem »Kleinkram«, arbeitet nur einige Besprechungspunkte ab und vertagt den Rest – oft gerade das Wichtigste – auf die nächste Sitzung.

Das Einbringen der Besprechungsthemen ist grundsätzlich eine Bringschuld aller Teilnehmer. Die Koordination liegt in der Regel beim Leiter. Und dieser sorgt dafür, daß erstens das Wichtigste zuoberst auf der Liste steht; daß zweitens für jeden Tagesordnungspunkt das zu erreichende Ziel benannt ist (Information, Meinungsbildung, Antrag, Entscheidung etc.); und daß drittens alle Sitzungsteilnehmer rechtzeitig vor dem Treffen im Besitz der Tagesordnung sowie der Unterlagen sind, die vorbereitend gelesen werden müssen.

Zu Beginn der Sitzung wird die Tagesordnung gemeinsam daraufhin überprüft, ob sie aufgrund aktueller Ereignisse ergänzt bzw. abgeändert werden muß. Anschließend werden die einzelnen Besprechungspunkte mit einem Zeitbudget versehen. Nur wenn dies geschieht und der Sitzungsleiter dafür sorgt, daß es eingehalten wird, ist sichergestellt, daß alle Tagesordnungspunkte abgearbeitet werden können. Was allenfalls vertagt werden kann, muß vor Beginn der Sitzungsarbeit, in Kenntnis der Prioritäten, aus der Liste gestrichen werden.

Vorbereitung der Teilnehmer

Aus dem Leben gegriffen: Der Leiter des Ressorts X braucht in einer wichtigen Frage dringend eine Entscheidung des Kreises. Aber außer ihm ist nie-

mand sachkundig. Die einen benutzen die Sitzung, um sich schlau zu fragen. Andere blättern nervös in irgendwelchen Akten. Die dritten melden alle möglichen Bedenken an. Und die ganz Geschickten schweigen sich aus und plädieren anschließend für eine Vertagung.

Eine Führungsbesprechung ist kein Promenadenkonzert, kein Sauna-Treff und kein Stammtischpalaver. Anspruchsvolle Sachfragen können auch in einem guten Team intelligenter Leute nur effizient bearbeitet werden, wenn alle Mitglieder sich vorher sachkundig gemacht und auf die Diskussion vorbereitet haben. Merksatz: *In Sitzungen wird nicht gelesen* – weder individuell noch kollektiv! Wenn überhaupt Akten verteilt werden, dann nur zur späteren Lektüre. Es ist selbstverständlich möglich – und immer wieder notwendig –, komplexe Fragen und Projekte zunächst in Form mündlicher und visuell unterstützter Präsentationen aufzurollen. »Information« kann also durchaus das Ziel einer Sitzungssequenz sein. Sowie es aber um gemeinsame Analyse, um Meinungsbildung oder gar um Entscheidungsvorbereitung geht, ist Sachkunde Bürgerpflicht. Und diesbezüglich trägt jeder die Mitverantwortung für die Arbeitsfähigkeit des Gesamtteams.

Ablauf der Sitzung

Aus dem Leben gegriffen: Die Sitzung beginnt, es sind noch nicht alle da. Diejenigen, die da sind, sind in Eile. Man beginnt sofort mit dem Abarbeiten der geplanten Besprechungspunkte – möglichst rasch, damit man wieder an seinen Schreibtisch zurückkehren kann. Der eine kriegt von seiner Sekretärin laufend Zettel in die Sitzung gebracht; der zweite muß mal schnell raus, um zu telefonieren; der dritte studiert Akten zur Vorbereitung auf eine andere Sitzung. Alle schauen abwechselnd auf die Uhr. Einige der Uhren piepsen alle fünf Minuten. Nachdem die letzten gekommen sind, müssen die ersten schon wieder gehen. Die meisten hüten sich, noch ein Wort zu sagen, aus Angst, die Sitzung könnte verlängert werden. Die Sitzung wird geschlossen – und innerhalb von Sekunden sind alle wieder aus dem Raum verschwunden.

Menschen sind keine Maschinen. Damit sie sich gut verständigen können, brauchen sie

a) die Anwesenheit ihrer Partner,
b) ein einigermaßen angenehmes Klima und
c) die notwendige Zeit und Ruhe, um zuhören und sprechen zu können.

Es ist ein guter Brauch, zehn Minuten vor Beginn der Sitzungsarbeit zusammenzukommen, sich erst mal ohne unmittelbaren Arbeitsdruck zu sehen und außerhalb der Tagesordnung vieles zu erledigen, was auch wichtig ist: die Weitergabe einer interessanten Information an den einen Kollegen, eine kleine Rückfrage an einen anderen, eine Terminvereinbarung mit dem dritten.

Am Anfang der Sitzungsarbeit steht, wie erwähnt, immer die Bereinigung der Tagesordnung. Es kann aber sehr sinnvoll sein, als ersten, regelmäßigen Tagesordnungspunkt eine kleine, zeitlich begrenzte Informationsrunde einzuschalten, in der jeder ganz kurz berichtet, was bei ihm aktuell gerade ansteht. Für den Hauptteil der Sitzung ergeben sich jedoch die Reihenfolge der Themen und die Zeitdauer der einzelnen Besprechungspunkte automatisch aus der Tagesordnung.

Sitzungen, die länger dauern als ein bis zwei Stunden, sollten grundsätzlich durch eine Pause unterbrochen werden. Was im Sport als »Intervall-Training« längst Allgemeingut geworden ist, wird im Management zuwenig berücksichtigt:

Kurze Erholungspausen verzögern den Arbeitsprozeß nicht, sondern beschleunigen ihn.

Keine Sitzung sollte abgeschlossen werden, ohne daß folgende Punkte kurz besprochen sind:

- Wichtigste Punkte fürs Protokoll
- Wichtige Themen für die nächste Sitzung
- Inhalt, Form und Adressaten der Information nach außen

Manchmal kann es auch notwendig sein, die Sitzungsarbeit kurz kritisch zu reflektieren:

- Was war gut? Was war weniger gut?
- Auf was müssen wir in Zukunft besser achten?

Dies bedeutet: Die letzte Viertelstunde der Sitzung ist von vornherein reserviert für Rückblick und weiteres Vorgehen.

Protokoll der Ergebnisse

Aus dem Leben gegriffen: Wichtige Dinge sind beschlossen, Aufgaben verteilt worden. Man erwartet Aktionen, aber nichts geschieht. Irgendeinmal schlägt das Problem, das alle gelöst wähnten, wieder zu. Allgemeine Rat-losigkeit. Die einen wissen von gar nichts, andere erinnern sich ganz schwach: »Da war doch mal was ...« *Niemand ist zuständig, niemand kann haftbar gemacht werden. Man trifft neue Verabredungen. Es geschieht wieder nichts. Mit der Zeit ist das Thema ausgesessen. Neue, viel ernstere Probleme beherrschen die Szene. Und alle lieben ihre Freiheit, Vereinba-rungen nach Gutdünken einhalten oder vergessen zu können. Es gibt ja keine Kontrolle – und ohne Kontrolle keine Sanktionen.*

Umsetzung und Durchsetzung von Entscheidungen ist ein wesentlicher Teil der Führungsarbeit. Wenn getroffene Entscheidungen und Vereinba-rungen bereits auf Führungsebene verschlampt werden, kann nicht er-wartet werden, daß die Mitarbeiter sie ernst nehmen. Damit der einzelne sich in der turbulenten Vielfalt unterschiedlicher Sitzungen und Oblie-genheiten organisieren, vor allem aber damit das Team seinen eigenen Ar-beitsprozeß kontrollieren kann, sind Protokolle unerläßlich. Im Gegen-satz zu einer Konferenz des UNO-Sicherheitsrates geht es bei normalen Führungsbesprechungen nicht darum, die gesamte Sitzung für die Nach-welt wortgetreu schriftlich festzuhalten. Lange Protokolle können in der Managementpraxis von vornherein nicht gelesen werden. Gefragt ist da-gegen ein *Ergebnis-Protokoll*, in dem kurz festgehalten ist, was inhaltlich beschlossen und bezüglich des weiteren Vorgehens festgelegt wurde: *Wer tut was bis wann?*

Da dieses Protokoll kurz ist, kann es unmittelbar nach der Sitzung ge-schrieben und allen Teilnehmern sofort als Arbeitsunterlage zugestellt werden. Aus diesem Protokoll ist auch gleich ersichtlich, wann – d. h. an-läßlich welcher zukünftigen Sitzung – welches Teammitglied zu welchem Thema Zwischenbericht zu geben oder Vollzugsmeldung zu erstatten hat. Das »Gesetz des Wiedersehens« ist nicht nur eine besonders humane, son-dern auch eine besonders effiziente Form der Steuerung und Kontrolle.

Feedback und Teamentwicklung

Aus dem Leben gegriffen: Eine wichtige Angelegenheit wird im Führungs-kreis besprochen. Mehrere Sitzungsteilnehmer sind wie üblich nicht vor-bereitet. Es werden nur Statements abgegeben. Keiner hört dem anderen zu. Es findet kein Dialog statt. Einige beteiligen sich überhaupt nicht an der Diskussion. Am Schluß faßt der Vorsitzende zusammen und hält fürs Protokoll fest, was er für eine »gemeinsame Entscheidung« *hält. Diese wird bekanntgegeben. Doch im Betrieb geht die Kontroverse weiter, als wenn nichts geschehen wäre. Ganze Bereiche halten sich nicht an die Entscheidung. Einzelne Mitglieder des Führungskreises verkünden jedem, der es hören will: »Ich war immer dagegen und bin es noch – aber man hat mich überstimmt.« Der Chef ist verärgert, das Klima miserabel – und es wird nicht darüber gesprochen.*

Auch wenn die innere Verfassung eines Teams grundsätzlich intakt ist: es gibt in der praktischen Zusammenarbeit immer wieder Reibungsverluste, Pannen, unterschwellige Spannungen oder auch mal handfeste Konflikte. Und: Die Struktur und die Organisation der Sitzungen müssen immer wieder mal geänderten Verhältnissen angepaßt werden. Es ist deshalb unabdingbar notwendig, in regelmäßigen Abständen eine Inspektion vorzunehmen und die Arbeitsweise des Teams gemeinsam kritisch zu überprüfen:

– *Was läuft gut? Was läuft nicht so gut?*
– *Stimmt die Organisation unserer Treffen noch?*
– *Befassen wir uns mit dem wirklich Wichtigen?*
– *Wie beurteilen wir die Art und Weise unserer Verständigung in der Diskussion?*
– *Sind wir offen genug miteinander – oder wird in unserer Runde hauptsächlich taktiert?*
– *Halten sich alle an die gemeinsam vereinbarten Spielregeln?*
– *Wie wird das Arbeitsklima empfunden? Freuen wir uns in der Regel auf unsere gemeinsamen Sitzungen – oder ist jeder froh, wenn er sie hinter sich hat?*
– *Kann in unseren Sitzungen auch mal gelacht werden – oder herrschen tierischer Ernst und angespannte Hektik?*
– *Wie werden die Sitzungen geleitet – was ist hilfreich, was müßte anders gemacht werden?*
– *Sind wir zufrieden mit der Art und Weise der Meinungsbildung und Entscheidungsfindung?*
– *Wenn man die Ergebnisse insgesamt betrachtet: Ist unsere gemeinsam verbrachte Zeit gut genutzt?*
– *Wenn nein: Woran liegt es? Wer kann was dazu beitragen, daß es besser wird?*

Solche Fragen müssen von Zeit zu Zeit gestellt und in Ruhe gemeinsam besprochen werden. Offenheit und Ehrlichkeit müssen im Team geübt und entwickelt werden. Nur so kann das Team lernen, sich besser zu steuern – sowohl im Hinblick auf *Effektivität* als auch im Hinblick auf das *emotionale Klima* und die persönliche Befindlichkeit der Teammitglieder.

Teams, die es überhaupt nicht gewohnt sind, Fragen der Zusammenarbeit zu besprechen, brauchen in der Regel mehrere, möglicherweise sogar extern moderierte Klausuren, um die notwendige Sensibilität für Verhaltensfragen und den erforderlichen Grad der Offenheit im Gesamtkreis zu entwickeln. Teams, die diese Grundvoraussetzungen bereits geschaffen haben, sind in der Lage, ihre Sitzungen gleich vor Ort kurz auszuwerten. Reibungsverluste, Störungen und emotionale Spannungen können laufend behoben werden. Doch die hohe Schule der Offenheit und der Dynamik in einem Team besteht darin, daß die Teammitglieder sich jederzeit, auch während der Sitzung, spontan äußern, wenn sie sich besonders freuen oder ärgern – über wen oder was auch immer. Damit ist die bestmögliche Früherkennung und Behebung von Problemen in der Zusammenarbeit gewährleistet. Dies setzt allerdings eine Offenheit und Konfliktfähigkeit voraus, die in Führungsetagen leider nur selten anzutreffen ist.

Zweierlei ist abschließend zu bemerken.

Zum einen: Ein sinnvoll vernetztes System gut funktionierender Führungsbesprechungen ist grundlegende Voraussetzung nicht nur für die Steuerung des Unternehmens im Normalbetrieb, sondern insbesondere auch für die Bewältigung des organisatorischen Wandels – d. h. für die Gesamtsteuerung innovativer Prozesse sowie deren Vernetzung mit der Normalorganisation. Unternehmensentwicklung kann ohne ein gut funktionierendes Netzwerk der internen Kommunikation nicht erfolgreich betrieben werden. Dies bedeutet: *Unternehmensentwicklung beginnt nicht selten exakt bei der Optimierung dieser Infrastruktur der Kommunikation.*

Zum zweiten: Damit das Gesamtsystem funktionieren kann, müssen die einzelnen Teams funktionieren. Es sind häufig gar nicht Fragen der Gesamtvernetzung, die als erstes anstehen, sondern das *Schaffen von Voraussetzungen für offene und ehrliche Verständigung in den einzelnen Teams.* Dieser Prozeß beginnt nicht selten *an der Spitze.* Was dort praktiziert und vorgelebt wird, prägt wie nichts sonst die Kommunikation und die Kooperation auf den nachfolgenden Stufen der Hierarchie.

Das ergänzende Instrumentarium

Spezielle Klausurtagungen und Workshops

Es gibt Fragen, die sich im Rahmen von Sitzungen, die in die Hektik des Tagesgeschäfts eingebettet sind, von vornherein nicht qualifiziert bearbeiten lassen:

- Strategiebildung
- eingehende Überprüfung der Zusammenarbeit im Team
- Bearbeitung von Spannungen und Konflikten
- Grundsatzfragen der Führung und Zusammenarbeit
- längerfristige Organisationsentwicklung

Für die Bearbeitung solcher Themen ist es für Arbeitsgruppen, Projektteams und Führungskreise sinnvoll, sich außerhalb der Reichweite störender Telefonate für einen oder zwei Tage in Klausur zu begeben. Ein Projektteam, das neu gebildet worden ist, sollte seine Arbeit gar nicht aufnehmen, ohne im Rahmen einer Start-Klausur in Ruhe seine Arbeit geplant und die Spielregeln für die Zusammenarbeit gemeinsam festgelegt zu haben. Und jedes Führungsteam sollte sich zumindest einmal im Jahr zwei Tage nehmen, um Rückschau zu halten auf die Zusammenarbeit im vergangenen Jahr – und Vorschau auf die mittelfristige Zukunft.

Dialogveranstaltungen in größeren Kreisen

Geregelte Kommunikation in den einzelnen Teams der Normalorganisation und der Projekte reicht in turbulenten Zeiten nicht aus, um – vorab in größeren Unternehmen – den Informationsfluß und die Koordination sicherzustellen. Treffen in größeren Kreisen von Mitarbeitern sind erforderlich, um zu gewährleisten, daß alle das gleiche hören – und sich bezüglich der Hintergründe und Zusammenhänge ein verläßliches Bild machen können.

Die Effekte lebendig gestalteter Treffen in größeren Kreisen lassen sich auf keinem anderen Wege erzielen. Zum einen *Klarheit*: Was im großen Kreis klargemacht worden ist, wird hinterher nicht mehr zerredet oder mißinterpretiert. Zum zweiten *Verhaltenswirksamkeit*: Der Dialog im großen Kreis übt eine eigene Suggestionskraft aus, der Einfluß auf das Verhalten ist besonders ausgeprägt. Zum dritten, *»Wir«-Gefühl*: Es gibt kaum einen anderen Weg, auf dem sich in gleich nachhaltiger Weise ein Gefühl der Gemeinsamkeit erzielen ließe.

Es ist allerdings entscheidend, daß ein echter Dialog mit hoher Begegnungsqualität inszeniert wird. Wenn die Arbeit in einem großen Kreis nicht zur »Musik von vorn« degenerieren soll, müssen besondere, gruppenorientierte Arbeitsformen gewählt werden. Außerdem stellen sich spezielle Anforderungen bezüglich Visualisierung, Raumbedarf und Moderation. Aber dieser Aufwand ist eine Investition, die sich durch die erzielte Wirkung mehr als rechtfertigt.

Nachstehend vier Arten von Treffen in größeren Kreisen, die sich in der Praxis außerordentlich bewährt haben:

- *Strategie-Klausur der oberen zwei bis drei Führungsebenen:* Wenn die Unternehmensleitung sich einmal jährlich gemeinsam mit den direkt unterstellten Leitern der operativen Einheiten zum strategischen Dialog zurückzieht, erreicht sie zweierlei. Erstens, sie erhält äußerst wertvolle Anregungen. Zweitens, die motivatorische Wirkung auf die Führungskräfte ist nicht zu unterschätzen. Man hat die Mannschaft wirklich »hinter sich«. Manchmal ist es sogar empfehlenswert, auch die dritte Führungsstufe einzubeziehen – entweder von Anfang an, oder aber in einer zweiten Phase des Prozesses.

  Durchaus möglich, diesen Prozeß in zwei Phasen zu gestalten: Zunächst trifft sich die zweite Führungsebene unter sich – in großen Unternehmen in überschaubare, dialogfähige Gruppen unterteilt –, um eine Bestandsaufnahme der Situation zu erstellen sowie Ideen und Wege zu entwickeln, wie man den neuen Anforderungen gerecht werden könnte. Mit diesem »Material« geht man dann in die zweite Phase des eigentlichen Dialogs mit der Unternehmensleitung.

- *»Kick-off-Meeting«:* Größere Veränderungsprojekte stellen namentlich in der Startphase hohe Anforderungen an die Kommunikation. Der beste Weg, Klarheit zu schaffen und eine positive Aufbruchsstimmung zu erzeugen, besteht darin, alle direkt Beteiligten und Betroffenen im Rahmen einer Auftaktveranstaltung gemeinsam über Ziele, Hintergründe, Vorgehensweise, Organisation und Zeitplan zu informieren und alle Fragen im Zusammenhang mit dem Projekt gleich vor Ort zu klären.

- *Projekt-Informationsveranstaltung:* Bei großen und komplexen Projekten ist es notwendig, den Gesamtkreis der Beteiligten und der direkt Betroffenen in größeren Zeitabständen zu einer gemeinsamen Zwischenbilanz und Standortbestimmung zusammenzuholen. Solche Veranstaltungen sind nicht nur von hohem Informationswert. Sie sind vielmehr echte Steuerungsinstrumente und unabdingbare Elemente eines funktionsfähigen Frühwarnsystems.

- *Mitarbeiter-Forum:* Die Entfremdung zwischen Spitze und Basis ist in praktisch allen größeren Unternehmen ein Problem. Ein Mitglied der Unternehmensleitung kann immer nur mit einer sehr begrenzten Zahl von Mitarbeiterinnen und Mitarbeitern in Kontakt kommen, auch wenn es den Grundsatz des »Management by wandering around« hochhält. Die Institution Mitarbeiter-Forum hilft hier, eine Lücke zu schließen: Regelmäßige Termine eines oder mehrerer Vertreter der Führung mit jeweils wechselnden, größeren Gruppen von Mitarbeitern. Mitarbeiter-Foren taugen allerdings nur als feste Institution. Nur dann gehen die Mitarbeiter nämlich aus sich heraus, nur dann können die Treffen wirklich interaktiv gestaltet werden.

Das Mitarbeitergespräch

Das geregelte Mitarbeitergespräch ist Pflichtteil jeder Kommunikationsstrategie. Zwei Themen bedürfen eines mindestens einmal jährlich stattfindenden persönlichen Grundsatzgespräches jeder Mitarbeiterin und jedes Mitarbeiters mit dem direkten Vorgesetzten:

- *Zielvereinbarung und -kontrolle:* Gemeinsame kritische Beurteilung der Zielerreichung in der abgelaufenen Periode. Vereinbaren quantitativer und qualitativer Ziele für die bevorstehende Periode. Festlegen einer gemeinsamen Halbzeit-Bilanz. Vereinbaren der Modalitäten einer rechtzeitigen Rücksprache, wenn der Mitarbeiter erkennt, daß sich eine Zielabweichung ergibt.

- *Qualifikation und Entwicklungsplanung:* Kritischer Rückblick auf ein Jahr Zusammenarbeit. Gegenseitiges offenes Feedback: fachliche und persönliche Stärken und Defizite des Mitarbeiters aus Sicht des Vorgesetzten; Stärken und Defizite des Vorgesetzten aus Sicht des Mitarbeiters. Treffen von Vereinbarungen in bezug auf die weitere Zusammenarbeit. Planung von Qualifizierungsmaßnahmen. Besprechen der mittelfristigen Entwicklungsperspektiven für den Mitarbeiter im Unternehmen.

Diese Gespräche sind nicht nur unverzichtbare Steuerungsinstrumente. Sie sind auch wichtige Gelegenheiten zur Erzeugung von Motivation und Identifikation, zur Erkundung von Potentialen sowie zur Entwicklung der Mitarbeiter-Qualifikation.

Projektspezifisches Kommunikationskonzept

Projekte sind Veränderungsmaßnahmen. Sie führen in der Praxis so gut wie immer zu internen Informationslücken, Spannungen und Konflikten. Gerade im Zusammenhang mit Projektarbeit gilt der Satz: *Kommunikation ist alles.* Es sollte kein Projekt verabschiedet werden, wenn nicht ein entsprechendes Kommunikationskonzept vorliegt. Sowohl die Kommunikation im Rahmen der Projektorganisation als auch die Information über den Verlauf des Projektes im Umfeld bedürfen einer klaren Regelung. Aufgrund des geplanten Phasenverlaufes läßt sich von vornherein absehen, wann ein Informationsschub anstehen wird – und wenn er fest eingeplant ist, wird er erstens nicht vergessen und kann zweitens sorgfältig vorbereitet werden. Bei umfassenderen Projekten in größeren Unternehmen kann es sogar sinnvoll sein, in bestimmten Abständen eine eigene Projekt-Zeitung herauszugeben. Lebendig gestaltet, kann sie wesentlich zur Grundversorgung der Mitarbeiter mit Information beitragen.

Kommunikation ist im Rahmen des Projekt-Managements zunächst ein unverzichtbares Steuerungsinstrument. Gleichzeitig trägt die Kommunikation über aktuelle Projekte aber auch zur Identifikation der Mitarbeiter sowie zur Entwicklung einer offenen und lebendigen Unternehmenskultur bei (vgl. Teil II, 3. Kap.: *Phasen des Prozesses und ihre Tücken*).

Controllingsysteme

Auf dem Hintergrund eines Managementkreislaufes von unternehmerischer Zielsetzung, strategischer Planung, daraus abgeleiteten operativen Maßnahmen in unterschiedlichen Teilbereichen und an unterschiedlichen Stellen wird Ergebnis-, Prozeß- und Qualitätscontrolling zum unverzichtbaren Führungsinstrument. Das Controlling sollte sich allerdings als *Dienstleister* verstehen und dem verantwortlichen Leistungsersteller alle relevanten Steuerungsdaten liefern, die dieser braucht, um einen laufenden Überblick zu haben, wie die Dinge sich tatsächlich entwickeln, und um bei gravierenden Abweichungen rechtzeitig korrigierend eingreifen zu können. Das geht oft nicht ohne ein gehöriges Maß an Auseinandersetzung – vor allem, wenn die Botschaft, die mit diesen Daten geliefert wird, eher unangenehm ist. Doch dieser Vorgang wird nur dann zum fruchtbaren Dialog, wenn Controllingdaten nicht – wie so oft! – als Herrschaftsmittel gebraucht und zum Beweismittel der Anklage umfunktioniert werden.

Mitarbeiterbefragung

Die Befragung der Mitarbeiterinnen und Mitarbeiter zu ihrer Arbeitssituation, zu ihrer Sicht der Dinge, zu ihren Vorschlägen und Anregungen in bezug auf die Organisation, die Führung und die Zusammenarbeit im Betrieb ist ein wesentliches Instrument der Kommunikation im Unternehmen. Entsprechend gestaltet, kann allein schon die Befragung selbst positive Effekte erzeugen. Entscheidend sind allerdings die Resultate – und was daraus gemacht wird. Befragungsergebnisse sind eine hervorragende Datengrundlage, um in den einzelnen Organisationseinheiten gemeinsam mit den Mitarbeitern Verbesserungsvorschläge und Veränderungsideen zu evaluieren und entsprechende Maßnahmen zu realisieren. Dieser Prozeß – lebendige Kommunikation im besten Sinne – trägt wesentlich bei zur Optimierung der Leistungsorganisation sowie zur Entwicklung von Motivation und Identifikation bei den Mitarbeitern (vgl. Teil III, 2. Kap.: *Organisationsdiagnose*).

Betriebsversammlung

Betriebsversammlungen sind eigentlich dafür vorgesehen, der gesamten Belegschaft die Möglichkeit zu geben, die für sie relevanten Informationen aus erster Hand zu erhalten, sowohl von seiten der Vertretungsorgane als auch von seiten der Unternehmensleitung. Sie können für die Mitarbeiter gute Gelegenheiten sein, grundsätzliche Auseinandersetzungen im Sinne einer fairen Streitkultur »live« mitzuerleben und selbst mitzugestalten.

In der Praxis sind aber gerade solche Zusammenkünfte gefährdet, zur Wahlkampfarena, Showveranstaltung oder öffentlichen Gerichtssitzung zu degenerieren. Belegschaftsvertretung und Unternehmensleitung treten an zum populistischen Schaukampf, der Belegschaft wird nur die Rolle des Publikums zugeteilt, um dessen Applaus gebuhlt wird. Echte inhaltliche Auseinandersetzung, wo es darum ginge, die eigene Position ohne manipulative Dramatisierung darzulegen, Gegenpositionen zuzulassen und zu verstehen zu versuchen, Prozesse der gemeinsamen Meinungsbildung zu generieren – dies alles findet nicht statt, ist gar nicht vorgesehen. Mit etwas gutem Willen aller Beteiligten, wirklich sorgfältiger Vorbereitung sowie gegebenenfalls professioneller Moderation läßt sich dagegen eine Betriebsversammlung als lebendiges und eindrückliches Ereignis gestalten, welches wesentlich zu einer positiven inneren Verfassung des Unternehmens beitragen kann.

Dialog mit den Vertretungsorganen

Auf Dauer gesehen lohnt es sich allemal, und zwar für beide Seiten, genügend Zeit und Energie in das Zusammenspiel zwischen Unternehmensleitung und Personalvertretungsorganen zu investieren. Über das hinaus, was vom Gesetz vorgeschrieben ist, geht es im wesentlichen um folgende Themen:

– Zukunft des Unternehmens

– Stimmungslage in der Belegschaft bzw. in bestimmten Gruppen

– unausgeschöpftes oder blockiertes Potential

– Klima und Wertschätzung im gegenseitigen Umgang von Management und Vertretungsorganen

– Effizienz der Kommunikation miteinander, speziell auch im Hinblick darauf, heikle Probleme und Spannungsfelder rechtzeitig zu orten und ihre Bearbeitung sicherzustellen

Solche Begegnungen bedürfen oft eines zusätzlichen informellen Rahmens, damit der Dialog gelingen kann. Andererseits wird gerade der »gepflegte informelle Rahmen« von manchen Unternehmensleitungen genutzt, um die Vertretungsorgane zu verwöhnen und zu versuchen, sie dadurch zu domestizieren – manchmal auch zu korrumpieren. Trotzdem, wer sich auf die gesetzlich vorgeschriebene formale Informationspflicht zurückzieht – und diese auch noch eng interpretiert –, sollte sich zumindest nicht über die Folgen wundern. Wo keine echte Verständigung stattfindet, bleibt es beim Austausch vorgefertigter Kommuniqués, akribisch erstellter Forderungslisten oder gar pathetischer Anklageschriften – Vorspiel für Betriebs- und Unternehmensversammlungen, die nach dem bereits skizzierten Modell Show, Wahlkampf oder öffentliche Gerichtssitzung abgehalten werden.

Gerade die vielfältigen Kontakte, welche die Vertretungsorgane mit der Belegschaft haben, sind eine unerschöpfliche Quelle von Informationen, die auch vom Management genutzt werden könnte. Liegt es doch in der Regel auch im Interesse der Vertretungsorgane, über die Mißstände zu berichten, um für Abhilfe zu sorgen.

Das »Schwarze Brett«

In seiner herkömmlichen Form ist das Schwarze Brett sicher kein besonders kommunikatives Instrument. Es dient aber immerhin der schnellen Übermittlung von Sachinformationen. Modernere Varianten, wie zum Beispiel Litfaßsäulen oder Bildschirme an verschiedenen Knotenpunkten des Unternehmens (Eingangsbereich, Casino, Pausenzonen), können einen wichtigen Beitrag zur Aktualisierung und Verlebendigung der Information leisten. Voraussetzung ist allerdings auch hier, daß nicht ein Informationsstil nach Art amtlicher Mitteilungen gepflegt wird.

Betriebs- und Mitarbeiterzeitung

Betriebszeitungen gibt es schon relativ lange. Ebenso alt wie das Modell der Betriebszeitung sind auch die häufig beklagten Defizite: zuviel Raum für Stellungnahmen durch die Unternehmensleitung, kaum verschleierte Hofberichterstattung, Charakter einer Kirchenzeitung mit Sonntagspredigten und sonstigen frommen Ermahnungen.

Entscheidende Kriterien einer lebendigen Hauszeitung:

- Redaktion in den Händen der Belegschaft oder zumindest mit ihrer maßgeblichen Beteiligung;
- professionelle Mithilfe bei der journalistischen Gestaltung;
- lebendiges Layout, das »anmacht«, weil es der Lesekultur der Adressaten entspricht;
- voll aus dem prallen Leben gegriffen, mit Fotos, Kurzreportagen und Interviews;
- überwiegende Mehrheit der Berichte und Fotos über Menschen und Ereignisse an der Basis.

Von der Belegschaft akzeptierte, »freche« und lebendige Medien sind hervorragende Träger für wichtige Unternehmensbotschaften. Werden sie aber als einseitige »bischöfliche Hirtenbriefe« erlebt, wird ihnen deren Schicksal nicht erspart bleiben: Sie werden nur von ganz wenigen – und zwar in der Regel von den falschen – gelesen.

Immer mehr Unternehmen trauen sich, der »Tugend der Frechheit« Raum zu geben, indem sie solche Publikationen zwar fördern, aber auf jede Form der Zensur verzichten. Der Tugend des Mutes bedarf es aber allemal, um solche Freiheit auch entsprechend zu nutzen.

Informationsmarkt

Eine zeitgemäße Art, vor allem auch horizontale Kommunikation und Begegnung zu gewährleisten, bietet das Modell des Informationsmarktes: Gruppen, Funktionen oder Bereiche stellen sich in Form von »Marktständen« einander vor und kommen darüber miteinander ins Gespräch. Zum Beispiel: Projektgruppen informieren über den aktuellen Stand ihrer Projekte; die Geschäftsleitung stellt die derzeitige Unternehmensstrategie dar und steht den Besuchern ihres Standes Rede und Antwort; die Ergebnisse interessanter Erhebungen werden einer breiteren internen »Öffentlichkeit« vorgestellt. Das Ganze kann vorbereitet und gemanagt werden von einer kleinen Gruppe, die man interdisziplinär zusammensetzt. Die wesentlichen Erfolgskriterien dieses Instrumentes sind: lebendige Form der Standpräsentationen, genügend Möglichkeit zur Aussprache, Freiheit der Diskussion.

Die informelle Kommunikation

Wer sich unter Gesichtspunkten der Führung und Einflußnahme intensiv mit der geregelten Kommunikation in Unternehmen befaßt, vergißt leicht dies: Man kann nicht verhindern, daß Menschen miteinander kommunizieren – offiziell oder inoffiziell, formell oder informell, geplant oder ungeplant, offen oder verdeckt. Menschen sind von ihrem Wesen her auf Gemeinschaft angelegt. Mit anderen kommunizieren ist ein menschliches Grundbedürfnis und eine Grundvoraussetzung seelischen Wohlbefindens. Wenn viele Menschen mit vielen anderen kommunizieren, können sich Informationen, Vorurteile oder Stimmungen mit erstaunlicher Geschwindigkeit verbreiten. Man spricht dann gerne von der »Buschtrommel« oder von der »Gerüchteküche«.

Die formelle, offizielle und geregelte Kommunikation und die informelle, inoffizielle, nicht geregelte Kommunikation sind zwei verschiedene, aber außerordentlich wichtige Dimensionen der Kommunikation im Unternehmen. In der Praxis stellt sich allerdings die Frage, ob die formelle und die informelle Kommunikation sich gegenseitig ergänzen und sinnvoll genutzt werden – oder ob sie sich als zwei »Gegenwelten« darstellen, die immer wieder im Widerspruch zueinander stehen.

Beispiel: Informations-Pannen ...

Es gibt kaum ein größeres Unternehmen, das nicht schon diese Erfahrung gemacht hätte: In einer wichtigen Frage werden im engsten Kreise des Topmanagements streng geheime Diskussionen geführt und Vorentscheidungen getroffen; man plant sorgfältig die einzelnen Schritte der Bekanntgabe im Unternehmen; und am Vortag steht alles – leider weitgehend richtig recherchiert – in der Zeitung. Resultat: Alle Mitarbeiter sind frustriert, über die Zeitung erfahren zu müssen, was sich im Unternehmen tut. Im Management: Großes Rätselraten; unausgesprochene wechselseitige Verdächtigungen; Mißtrauen den eigenen Führungskräften gegenüber. Und häufig erfährt man nie, wie's wirklich gelaufen ist.

Tatsachen sind:

Erstens: Wenn ein Politikum – etwa eine bevorstehende Fusion oder Restrukturierung – eine genügend hohe Plausibilität aufweist, muß es nicht erst bekanntgegeben werden, damit das Thema in aller Munde kommt.

Zweitens: Die obersten Chefs haben in der Regel keine Ahnung, was alles längst als offenes Geheimnis im Unternehmen gehandelt wird.

Drittens: In Tat und Wahrheit hat überhaupt niemand irgendwo bewußt die ganze heiße Kiste ausgepackt. Aber: Menschen kommunizieren eben gerne. Der eine hat mal hier eine Vermutung geäußert; ein zweiter hat mal dort eine vage Andeutung gemacht; ein dritter hat vielleicht auf eine direkte Frage mit Schweigen geantwortet. Und wer nicht auf den Kopf gefallen ist, kann sich nach kurzer Zeit eine ganze Menge zusammenreimen.

Last not least: Auch Aufsichtsräte sind Menschen. Von spektakulären Indiskretionen in der Wirtschaft gehen zwei Drittel auf quasselnde Aufsichtsräte zurück. Die einen wollen sich nur irgendwo interessant machen; die andern streuen aus politischem Kalkül gezielt Informationen.

Preisfrage: Gegen wen richten sich am Schluß die Emotionen des Managements? Gegen die Medien, die aus purer Sensationsgier und ohne Rücksicht auf Verluste Stimmung gegen ein Unternehmen machen ...

Wer die Kommunikation im Unternehmen entwickeln will, muß sich auch um die informelle Kommunikation im Unternehmen kümmern. Es gelten drei Grundsätze:

- Die informelle Kommunikation gezielt fördern.
- Dafür sorgen, daß formelle und informelle Kommunikation nicht in Widerspruch zueinander geraten.
- Die informelle Kommunikation konsequent nutzen.

Auch dafür gibt es eine ganze Reihe bewährter Verfahren:

- *Betriebsbesuche – oder »Wandering around« …:* In bezug auf das, was in den Köpfen und Herzen der Mitarbeiterinnen und Mitarbeiter auf den unteren Stufen sowie insbesondere an der Basis vorgeht, sind die obersten Chefs die am schlechtesten informierten Leute im ganzen Unternehmen. Die Entfremdung zwischen Spitze und Basis ist in allen großen Unternehmen ein nackter Tatbestand – sofern das Kommunikationsdefizit nicht durch gezielte Maßnahmen kompensiert wird: durch *direkte, informelle Besuche an der Front.* Hier haben die Mitarbeiter ein »Heimspiel«. Sie befinden sich in ihrer gewohnten Arbeitsumgebung. Sie freuen sich, von einem hohen Vorgesetzten besucht zu werden. Wenn sie auch noch feststellen, daß der Besuch keinen anderen Zweck hat als das Interesse, zu erfahren, was sich hier tut und was einen bewegt – dann öffnen sich Menschen. Auf diesem Weg erfährt der Chef Dinge, über die noch nicht mal die Vorgesetzten auf den Zwischenstufen informiert sind. Er kann sich ein realistisches Bild von der Situation in seinem Unternehmen machen. Manch einer wird allerdings feststellen, wie vorsichtig sich die Mitarbeiter selbst am eigenen Arbeitsplatz einem »Hierarchen« gegenüber verhalten. Aber auch dies ist eine wichtige Information. Man kann dann selbst entscheiden, ob dies so bleiben oder ob etwas dagegen unternommen werden soll.

- *Informelle Gesprächsrunden:* Ähnlich ergiebig – als Temperaturfühler sowie als Instrument zum Kommunizieren wichtiger Botschaften – sind informelle Gesprächsrunden mit Führungskräften, beispielsweise am Rande von Bildungsveranstaltungen. Der entspannte Rahmen und die Gelegenheit zum lockeren Meinungsaustausch ermutigen die Mitarbeiter, sich das, was sie wirklich bedrückt, von der Seele zu reden. Solche »Kamingespräche« sind dann besonders ertragreich, wenn auf große Präsentationen – bei denen ohnehin häufig Form vor Inhalt geht – verzichtet wird. Am besten ist es für das Ingangkommen eines Dialogs, wenn der Chef gar nicht erst mit eigenen Statements anfängt, sondern zunächst auf Empfang schaltet und allenfalls seinerseits Fragen zur Situation vor Ort sowie zur Befindlichkeit der Gesprächspartner stellt. Besonders gut ist es, wenn der oberste Kriegsherr nicht glaubt, er müsse auf jede an ihn gerichtete Frage sofort eine druckreife Antwort haben. Nachdenken muß erlaubt sein – und zugeben, daß man dessen bedarf, bevor man zu eindeutigen Schlüssen kommt. Wichtig ist allerdings, mitzuteilen, was man mit einer offengebliebenen Frage oder einer Anregung weiter zu tun gedenkt.

- *Telefongespräche mit Mitarbeitern:* Amerikanische Präsidenten, Meister in der Kunst des »Lobbying«, haben es sich zur Angewohnheit gemacht, vor schwierigen Gesetzesvorstößen oder kontroversen Budgetdebatten eine Reihe von Senatoren, zumal die »Opinion Leaders«, persönlich anzurufen und mit ihnen zu diskutieren. Dieses Modell eignet sich hervorragend, um mit Mitarbeitern im Außendienst oder in Außenstellen, die weniger eng in die interne Kommunikation eingebunden sind, in Kontakt zu treten. Das Management ruft einen ausgewählten Querschnitt von Mitarbeitern persönlich, gegebenenfalls zu Hause an. Man erhält dabei nicht nur den gewünschten Lagebericht sowie eine Reihe von Anregungen, sondern setzt dadurch auch Zeichen des persönlichen Interesses.

  Mit unteren Stufen in direkte Kommunikation treten darf allerdings nicht bedeuten, nach Gutsherrenart überall einzugreifen und an den Vorgesetzten vorbei Aufträge zu erteilen. In das Unternehmen hineinhören, sich ein Bild von der Lage machen, wichtige Botschaften direkt an die Front bringen und Interesse dokumentieren – dies sind die Ziele. Wer den großen, wilden Mann spielt oder überall an den zuständigen Vorgesetzten vorbei Aufträge erteilt, dem werden direkte Kontakte mit den Mitarbeitern auf Dauer nicht zum Segen gereichen.

- *Feste und Ausflüge:* Viele Manager sind buchstäblich zwanghaft auf Effizienz – ausgedrückt in Zahlen – getrimmt. Sie funktionieren wie Computer: digital. Alles Menschliche ist ihnen im Laufe ihrer Karriere fremd geworden. Jedes nicht zielorientiert geführte Gespräch ist für sie nutzloses Geschwätz; Gefühle: ein Greuel; Feste: der Beginn von Sodom und Gomorrha. In Wirklichkeit sind gerade Betriebsfeste und gemeinsame Ausflüge exzellente Gelegenheiten für zwanglose Begegnungen. Wer als Vorgesetzter aufmerksam daran teilnimmt und es schafft, zumindest ansatzweise als »einer von uns« erlebt zu werden, hat gute Chancen, tiefe Einblicke in das innere Gefüge des Unternehmens zu gewinnen. Gleichzeitig können wesentliche Botschaften unverfälscht »unters Volk« gebracht werden. Bei den Mitarbeitern hinterlassen solche natürlichen Begegnungen oft einen wesentlich nachhaltigeren Eindruck als noch so aufwendige offizielle Veranstaltungen.

Wer tiefer in die Unterwelt seines Unternehmens Einblick nehmen und »dem Volk aufs Maul schauen« möchte, braucht oft nur eine kleine Anregung zu geben, damit Betriebsangehörige im Rahmen einer Festivität ein Kabarett auf die Beine stellen. Viele heikle Fragen, die im Unternehmensalltag schon gar nicht mehr angesprochen werden, weil man sich längst – verärgert oder resigniert – damit abgefunden hat, kommen dann oft überdeutlich, wenn auch in unterhaltsamer Form, auf den Tisch.

- *Begegnungsräume im Arbeitsumfeld:* Diese Chance wird in der Praxis viel zuwenig genutzt: Normale und natürliche Kontakte können systematisch gefördert werden durch das gezielte Ausrichten der vorhandenen Begegnungsräume auf die Möglichkeit zur Kommunikation. Dies beginnt beim Einrichten von Kaffee-Ecken, wo sich alle, die gerade da sind, in der Pause treffen können. Und es betrifft sehr stark das Kasino – eine besonders wichtige Gelegenheit zum informellen Dialog. In vielen Firmen tafeln die höheren Führungskräfte allerdings immer noch in getrennten Räumen. Es herrscht eine Zweiklassengesellschaft, gefördert wird dadurch fast ausschließlich die Kommunikation innerhalb der Klassen. Aber auch dort, wo es nur ein gemeinsames Kasino gibt, kann sich aufgrund des Verhaltens des Managements eine Tendenz entwickeln, daß immer nur die gleichen Cliquen miteinander zu Tisch gehen. Wenn dann keine offene Cafeteria vorhanden ist, wo man um ungezwungenes Zusammentreffen fast nicht herumkommt, ist eine täglich wiederkehrende Gelegenheit zu spontanen Kontakten und lebendiger Kommunikation von vornherein verpaßt.

Gesetzmäßigkeiten der Kommunikation

Kommunikation hat in einer zeitgemäßen Organisation einen ganz zentralen Stellenwert. Ein wesentlicher Teil der Organisation und der Führung besteht im Grunde aus nichts anderem als strukturierter Kommunikation. Bezüglich konkreter Instrumente und Verfahren herrscht kein Mangel – im Gegenteil: Man hat eher die Qual der Wahl. Im Hinblick auf kreatives und kompetentes kommunikatives Handeln in der Praxis ist es allerdings wichtig, einige grundsätzliche Aspekte – gewissermaßen »Gesetzmäßigkeiten« – der Kommunikation zu beachten.

- *Kommunikation als siamesischer Zwilling jeder Veränderungsstrategie:* Jedwede Veränderungsstrategie ist so gut wie das Konzept zu ihrer Kommunikation. Es gibt keine erfolgreiche Veränderung im Unternehmen – es sei denn, begleitet durch eine offene und lebendige Kommunikationspolitik.

- *Die Effizienz der Kommunikation beruht auf dem lebendigen Dialog:* Es fehlt, wie wir gesehen haben, nicht an erprobten Instrumenten, Methoden und Verfahren, mit deren Hilfe die Kommunikation handwerklich gestaltet werden kann. Je formalisierter allerdings die Form, desto geringer sind Reiz, Lebendigkeit und Eindrücklichkeit. Deshalb: Je einschneidender eine Botschaft in ihrer Wirkung sein soll, je größer darüber hinaus die Wahrscheinlichkeit ist, daß wesentliche Interessen der Empfänger berührt sind, je emotional aufgeladener also die Situation ist, desto mehr empfiehlt es sich, ein Verfahren zu wählen, das den lebendigen Dialog ermöglicht. Im Klartext: Je mehr wir uns in der Praxis vor einer direkten Begegnung und Auseinandersetzung fürchten, desto eher ist sie angesagt.

- *»Man kann nicht nicht kommunizieren«:* Der Kommunikationswissenschaftler *Watzlawick* hat dieses Axiom für die persönliche Interaktion zwischen einzelnen Menschen formuliert. Es ist aber durchaus übertragbar auf größere organisatorische oder gesellschaftliche Gebilde. Lücken in der erwarteten Kommunikation, Schweigen, einseitige Stellungnahmen, für die kein Platz zur Auseinandersetzung eingeräumt wird, werden mit eigenen Phantasien und Interpretationen aufgefüllt. Was nicht gesagt wird, wird tendenziös – d. h. entsprechend den eigenen Vorurteilen – *hineininterpretiert.* Solche vom Empfänger selbst konstruierten »Ersatzbotschaften« sind im Endeffekt genau gleich wirksam wie direkt vermittelte Botschaften.

- *Man kommt fast immer zu spät:* Schneller Wandel verstärkt den Drang nach Kommunikation. Wer möglichst vollständig und schön der Reihe nach kommunizieren will, kommt im Strudel der Ereignisse fast immer zu spät. Spekulationen eilen der ordentlich geplanten Kommunikation voraus – nach dem eben erwähnten Grundsatz: *Man kann nicht nicht kommunizieren …* Meist ist es deshalb besser, unvollständig, aber zügig und häufiger zu kommunizieren, als abzuwarten, bis man irgendeinmal exakt und vollständig informieren kann. Aber einen Tod stirbt

329

man immer – unvollständig, weil zu früh, oder zu spät, dafür aber vollständig; der Unterschied besteht lediglich darin, ob mit eher gutem oder eher schlechtem Gewissen.

- *Jeder hört nur, was er hören will:*
  »Was dem Herzen widerstrebt, läßt der Kopf nicht ein«
  Schopenhauer

  Je emotional geladener die Situation, desto größer ist die Gefahr der sogenannten »selektiven Wahrnehmung« der Empfänger: Die Botschaft wird nicht so aufgenommen, wie sie vom Sender gemeint ist. Es wird nahezu immer *etwas anderes* verstanden als das, was der Sender eigentlich auf die Reise geschickt hat. Kommunizieren in emotional aufgeheizten Situationen ist wie säen im Sturm ...

  Die selektive Aufnahme von Informationen vollzieht sich hauptsächlich unter dem Einfluß von zwei Faktoren: *Glaubwürdigkeit des Senders und Vorerfahrungen des Empfängers.* Je nach Kontext, Perspektive, Vorerfahrung und Einschätzung der Glaubwürdigkeit können jeweils völlig unterschiedliche »Wahrheiten« empfangen beziehungsweise dem Sender unterstellt werden.

- *Richtiges Kommunizieren erfordert sorgfältiges Erkunden:* Richtig kommunizieren kann nur, wer vorher sondiert, wie seine Adressaten innerlich eingestellt sind. Nur auf der Basis dieser Kenntnisse kann er seine Kommunikation präzis auf den Empfänger ausrichten und entscheiden, mit welcher Methode, welchen Instrumenten, welcher »Verpackung« und mit wem als Übermittler der Botschaft die höchsten Chancen bestehen, wirklich »anzukommen«.

- *Es gibt keine zweckfreie Kommunikation:* Kommunikation ist kein Wert an sich. Jede Kommunikation will etwas erreichen – offen oder manipulativ. Je genauer geplant und je gekonnter inszeniert, desto stärker die Absicht. Wer darauf aus ist, den Versuch der Beeinflussung zu verschleiern oder gar in Abrede zu stellen, vor dem sollte man wirklich auf der Hut sein – denn er führt etwas im Schilde.

- *Schnelle Kommunikation erfordert direkte Wege:* Hängt die Wirksamkeit einer Botschaft davon ab, daß sie schnell und möglichst unverfälscht ihren Adressaten erreicht, muß sie

  - auf möglichst kurzem Weg,
  - direkt, d. h. ohne Zwischenstationen und
  - mit der Möglichkeit von direktem Feedback (Rückfragen und Kommentare)

an den Empfänger transportiert werden. Und hierfür ist die Kaskade des hierarchischen Dienstweges in der Regel von vornherein ungeeignet. Wer über Zwischenvermittler zentrale Botschaften versendet, kann mit an Sicherheit grenzender Wahrscheinlichkeit davon ausgehen, daß etwas anderes ankommt:

Niemand wird nämlich etwas weiterleiten, was ihn selbst in ein ungünstiges Licht stellen könnte; er wird alles für ihn Schädliche herausnehmen oder zumindest durch Relativierungen entschärfen.

Jeder, der etwas weiterleiten soll, wird im Gegenteil darauf achten, daß es ihm von Nutzen ist; also wird er es mit eigenen Duftmarken versehen. Ebenso muß, wer hierarchisch oben steht, prinzipiell davon ausgehen, daß alles, was ihm von ›weiter unten‹ über hierarchische Zwischenträger übermittelt wird, in der Regel so nicht ›auf die Reise geschickt wurde‹.

Aber auch dort, wo direkter Dialog möglich ist, kann es zu emotionalen Überlagerungen und Mißverständnissen kommen. Es ist auch hier notwendig, die Qualität der Kommunikation zu überprüfen:

- Was ist beim Empfänger »angekommen«, was hat er verstanden?
- Welche Reaktion löst die Botschaft bei ihm aus?
- Stimmen Empfang und Reaktion mit den Absichten des Senders überein?

Erst die Überprüfung läßt erkennen, ob und gegebenenfalls wo korrigiert oder ergänzt werden muß.

- *Es gibt auch des Guten zuviel:* In größeren und komplexen Unternehmen und Unternehmensgruppen ist es manchmal notwendig, eine besonders wichtige Botschaft mehrmals und auf unterschiedlichen Wegen auf die Reise zu schicken. In solchen Situationen muß sorgfältig darauf geachtet werden, daß es für die Mitarbeiter nirgends zu stereotypen Wiederholungen kommt. Wiederholungen führen nämlich sehr rasch zu Immunisierungsreaktionen. Die Menschen stumpfen ab und sind für neue Informationen in der Zukunft nicht mehr genügend empfänglich.

- *Der Appetit kommt mit dem Essen …:* Nur informierte Mitarbeiter sind engagierte Mitarbeiter. Mit zunehmender Intensität und Qualität der Kommunikation steigt aber auch das Anspruchsniveau. Die Mitarbeiter werden kritischer, selbstbewußter und unbequemer. Es kann sich sogar eine gewisse »Motzkultur« entwickeln. Aber die Frage ist, was man für Ziele verfolgt. Man kann durch regelmäßige und offene Kommuni-

331

kation dafür sorgen, daß Arbeits- und Veränderungsprozesse reibungsarm ablaufen. Man kann Motivation und Identifikation erzeugen. Man kann Qualifikation entwickeln. Aber man darf nicht erwarten, daß die Mitarbeiter »zufriedener« werden. Das Gegenteil ist der Fall: Wer informiert ist, kann angesichts der vielen Probleme gar nicht anders als unruhig werden. In der heutigen Zeit können Ruhe und Zufriedenheit aber auch gar nicht sinnvolle Ziele sein. Ein Unternehmen, das überleben will, braucht Mitarbeiter, die wissen, daß und warum Veränderungen durchgeführt werden müssen. Und dies geht nun mal nicht ohne ein gewisses Maß an Unruhe. Im Gegenteil: Wenn allenthalben Ruhe und satte Zufriedenheit herrschen, ist dies Anlaß zu höchster Beunruhigung.

• *Kommunikation bedeutet nicht »Alle reden bei allem mit«:* Viele Vorgesetzte betreiben in wichtigen Fragen, in denen sie sich bereits eine Meinung gebildet und eventuell eine Vorentscheidung getroffen haben, eine Geheimdiplomatie, weil sie Dialog mit Mitsprache oder gar Mitbestimmung gleichsetzen. Sie haben Angst davor, die Mitarbeiter könnten die bestehende Absicht grundsätzlich in Frage stellen und die getroffene Vorentscheidung zerreden. Diese Angst beruht auf Unsicherheit. Entweder, man hat seine Hausaufgaben nicht gemacht und verfügt nicht über genügend hieb- und stichfeste Argumente für die bestehende Absicht. Oder man traut sich nicht, sich vor die Mitarbeiter hinzustellen und zu sagen: »*Das habe ich vor. Dies sind meine Gründe. Dies werden die Konsequenzen sein. Ich möchte mit Ihnen darüber reden, wie wir das am besten realisieren können.*« Wenn ein Konzept Hand und Fuß hat – was leider in der Praxis nicht immer der Fall ist –, sind Mitarbeiter gar nicht so schwer für Veränderungen zu gewinnen. Sie wollen das Rad auch nicht immer von neuem selbst erfinden. Sie schätzen eine Führung, die Ideen hat und Impulse setzt. Aber sie wollen Ziele, Hintergründe und Konsequenzen wirklich verstehen – und dort, wo sie unmittelbar betroffen sind, auf die Vorgehensweisen bei der Realisierung Einfluß nehmen können. Dies aber ist nur im direkten Dialog möglich.

• *Es gibt auch »nicht-kommunizierbare Botschaften«:* In der Praxis wird im allgemeinen zuwenig offen, zuwenig regelmäßig und zuwenig lebendig kommuniziert. Aber es soll hier nicht der Eindruck erweckt werden, als sei Kommunikation ein Allerweltsheilmittel und als sei jede Information in jeder Situation kommunizierbar – wenn man nur die richtige Form wählt. Kommunikation muß, wenn sie wirksam sein soll,

332

a) zielgruppengerecht,
b) zeitgerecht und
c) mit Blick aufs Ganze

erfolgen. Es gibt Situationen, in denen eine offene Information unter einem oder mehreren dieser Gesichtspunkte entweder nicht möglich oder nicht sinnvoll ist.

– Dinge, die absolut nicht nach außen dringen dürfen, können nicht in größeren Kreisen diskutiert werden.

– Einem Mitarbeiter, dem in langen Jahren nie irgend jemand gesagt hat, daß er den Anforderungen hinten und vorne nicht genügt, kann man nicht mit der Kündigung eine Generalabrechnung seiner Defizite auf den Tisch legen und erwarten, daß er in tiefer Einsicht das Unternehmen verläßt.

– Wenn ein Direktor, der seiner Führungsaufgabe nicht gewachsen war, vorzeitig in den Ruhestand versetzt wird, kann man nicht im ganzen Unternehmen offen über die Hintergründe informieren.

– Und wenn irgendwo ein Turnaround ansteht, kann man weder mit allen darüber reden, welche personellen und strukturellen Maßnahmen getroffen werden sollten, noch im Vorfeld alle möglichen Absichten bekanntgeben. Da gilt es in der Tat, klare Entscheidungen zu treffen, diese möglichst rasch umzusetzen – und mit dem bereinigten Team gemeinsam an die Bewältigung der Zukunftsaufgaben zu gehen.

Wenn allerdings diejenigen, die zu verantworten haben, daß es zu einem Turnaround kommen mußte, danach wie eh und je an prominenter Stelle zu finden sind – dann ist bezüglich Kommunikation im Unternehmen auch mit den schönsten Instrumenten endgültig Hopfen und Malz verloren.

9. Kapitel
Die Kunst der Gestaltung von Workshops

Was ist ein »Workshop«?

Der Begriff »Workshop« hat sich eingebürgert für eine *Werkstatt-Veranstaltung*, in der eine überschaubare Gruppe von Personen – ein Führungskreis, ein Projektteam, ein Fachausschuß – ein konkretes Thema bearbeitet, dessen Komplexität den Rahmen einer normalen Besprechung sprengen würde. Dies gilt insbesondere für strategische und planerische Aufgaben. Workshops sind Schlüsselveranstaltungen im Rahmen mittel- und längerfristiger Entwicklungs- und Veränderungsprozesse, in denen gemeinsam ein Konzept erarbeitet bzw. ein wichtiger Arbeitsschritt umsetzungsreif geplant wird.

- *Workshops sind Schlüsselveranstaltungen im Rahmen innovativer Prozesse.*
- *Workshops sind immer eingebettet in eine Entwicklung – d. h., es gibt immer ein »Vorher« und ein »Danach«.*
- *Workshops finden außerhalb der normalen Besprechungsroutine statt.*
- *Das Ziel eines Workshops ist die Erarbeitung konkreter, umsetzbarer Ergebnisse.*

Typische Anlässe für Workshops

- *Aktualisierung von Leitbildern, Zielen, Strategien und Maßnahmen:* Die Umwelten, die für das Unternehmen oder eine Organisationseinheit von Bedeutung sind, ändern sich – kaum daß die Planzahlen durch die betriebsinternen Abstimmungsrituale gelaufen und abgesegnet sind.

Mindestens ein- bis zweimal im Jahr – manchmal noch öfter – muß deshalb geprüft werden, ob die Strategie und die daraus abgeleiteten Maßnahmen der aktuellen Lage noch entsprechen bzw. inwieweit sie aktualisiert oder sogar völlig neu konzipiert werden müssen. Bisweilen erkennt man, daß selbst Ziele und Leitbilder überholt sind.

- *Konfliktbearbeitung:* Daß es an einer wesentlichen Stelle des Unternehmens »klemmt« – im Zusammenspiel innerhalb eines Bereiches oder an Nahtstellen der bereichsübergreifenden Zusammenarbeit –, ist eine der häufigsten Ursachen für Demotivation und Reibungsverluste in Unternehmungen. Konflikte nicht einfach »auszusitzen«, sondern professionell zu handhaben, ist eine der ganz zentralen Herausforderungen an das Management. Wir haben diesem Aspekt angesichts seiner Bedeutung ein eigenes Kapitel gewidmet.

- *Teaminspektion und Teamentwicklung:* Zusammenarbeit im Team war schon immer ein Schlüsselfaktor für die Erfüllung komplexer Aufgaben. Mit der wachsenden Bedeutung von Projektorganisation und Führungsmodellen, die dem Mitarbeiter einen größtmöglichen »unternehmerischen Freiraum« schaffen sollen, wird die Bedeutung der Teamarbeit noch weiter zunehmen.

  Teams aber sind äußerst differenzierte und anfällige Gebilde. Während wir für komplexere Maschinen ganz selbstverständlich viel Geld für Wartung und Inspektion investieren, die Maschinen in festen Intervallen stillegen und Produktionsausfall in Kauf nehmen, gehen wir in der Regel davon aus, die viel komplizierteren und deshalb für Störungen im Prinzip viel anfälligeren sozialen Systeme würden ohne Aufwand für Wartung und Unterhalt funktionieren. Viele Teams bleiben weit unter ihrer eigentlichen Leistungsfähigkeit, weil sie buchstäblich verwahrlost sind. Man beschäftigt sich mit ihnen, wenn nahezu nichts mehr läuft, wenn für alle offensichtlich bereits viel Porzellan zerschlagen ist. Wirtschaftlich wäre dagegen eine vorsorgliche Systempflege: In regelmäßigen Intervallen, mindestens einmal im Jahr, macht sich das Team selbst zum Thema. Es begibt sich auf den Prüfstand und untersucht sich nach allen Regeln der Kunst, in allen Dimensionen, die für seinen Bestand, seine Leistungsfähigkeit und die Zufriedenheit seiner Mitglieder von Bedeutung sind.

- *Der Anpassung voraus: Entwicklungen erspüren…:* Was aber, wenn momentan scheinbar keine Probleme vorliegen – weder am Markt noch in der Organisation, noch im zwischenmenschlichen Umgang miteinander? Unsere These besagt: In so turbulenten Zeiten wie heute hat dasjenige Unternehmen die besten Erfolgs- und Überlebenschancen, das dem Wettbewerb um das berühmte kleine Quentchen voraus ist. Wie aber voraus sein, wenn alle Konkurrenten vergleichbare Produkte und vergleichbare Organisationsformen haben und sich, mit allen anderen vergleichbar, am Kundenwunsch orientieren? Allen voraus sein kann nur, wer nicht wartet, bis alle Bedürfnisse von allen bis ins letzte erkannt sind. Er muß zukünftige Bedürfnisse erahnen und sich vorsorglich darauf einstellen. Wer dagegen 5 nach 12 hektisch versucht, sich dem generellen Trend anzupassen, hat letztlich das Nachsehen.

Allen diesen Ausgangssituationen – und anderen, ähnlich gelagerten – ist gemeinsam:

– Man hat es mit unterschiedlichen, zum Teil kontroversen Meinungen zu tun. Auseinandersetzungen sind vorprogrammiert.

– Es braucht Zeit, um vielleicht überhaupt erst Problembewußtsein zu schaffen und die notwendige innere Unruhe für Veränderung zu erzeugen – Einstellungen, die sich möglicherweise über Jahre hinweg aufgebaut haben, zu destabilisieren, verhärtete Krusten aufzuweichen.

– Man benötigt neben »neuem Denken« auch Aufbruchsstimmung, ein verstärktes »Wir«-Gefühl, so etwas wie einen gruppendynamischen »Konzilseffekt«, um die Dinge in Schwung zu bringen.

Leitbilder und strategische Ziele entwickeln, sich mit Konflikten intensiv auseinandersetzen, ein Team einer sorgfältigen Inspektion unterziehen, Zukunftsvisionen entwerfen – solche grundsätzlichen Überlegungen können nicht zwischen Tür und Angel angestellt werden. Solche Themen benötigen eine andere Atmosphäre, ein anderes Ambiente und eine andere Art der Leitung als normale Besprechungen, Sitzungen oder Konferenzen, die in aller Regel unter dem Diktat festgelegter Tagesordnungen und Besprechungszeiten stehen. Hier bieten Workshops – in Form von Klausurtagungen, bewußt abgeschottet von der operativen Hektik des Tagesgeschäftes, abgegrenzt von der gewohnten Besprechungsroutine – eine wichtige Alternative.

Der Anfang liegt vor dem Beginn

Ein Workshop ist eine kostspielige Veranstaltung. Er bindet die Zeit einer unter Umständen nicht geringen Anzahl besonders qualifizierter Mitarbeiter oder hochbezahlter Führungskräfte. Darüber hinaus laufen in solchen Zusammenkünften gruppendynamische Prozesse ab, deren kompetente Ausnutzung geradezu den eigentlichen atmosphärischen Wert und Antriebseffekt der Veranstaltung ausmacht, deren Vernachlässigung aber ebenso unerwünschte Nebenwirkungen und Spätfolgen nach sich ziehen kann. Umso wichtiger ist es, vorher gewissenhaft zu prüfen, ob eine solche Veranstaltung überhaupt angebracht ist, und – wenn ja – sie sorgfältig vorzubereiten. Dies aber bedarf einer gründlichen Voruntersuchung im Hinblick auf Anlaß, Betroffene und Erfolgsaussichten (siehe Abbildung 34 auf S. 340).

Speziell, wenn man von außen als Berater oder Moderator zugezogen wird, gilt es, sich ein eingehendes Bild darüber zu verschaffen:

- *Von wem geht eigentlich die Initiative aus?*
- *Liegt es überhaupt in der Kompetenz des Initiators, dieses Thema anzugehen?*
- *Welches Interesse und welche Ziele verfolgt er?*
- *Erscheinen die Ziele klar und realistisch?*

Der veröffentlichte Anlaß, die offiziellen Ziele sind natürlich immer hehr und edel. Oft aber sind auch verdeckte Interessen im Spiel – ja manchmal liegt gerade in den verdeckten Interessen der eigentliche Grund für die vorgesehene Maßnahme. Wehe, man entdeckt sie nicht rechtzeitig und läßt sich unbemerkt vor den Karren verdeckter Interessen spannen!

- *Wer ist von dem anstehenden Thema sonst noch betroffen – unmittelbar oder auch nur indirekt? Wie steht es mit deren Energie, die Dinge anzugehen?*

- *Wer ist Nutznießer des bestehenden Zustandes oder wird als solcher von anderen so gesehen?*

- *Wo sind Gemeinsamkeiten, wo Unterschiede oder Gegensätze in der Einschätzung der Ausgangssituation, in den Erklärungen, warum die Dinge so sind, wie sie sind?*

- *Welche Chancen gibt man dem Unterfangen, sie zu verändern? In welchem Abhängigkeitsverhältnis stehen die Beteiligten untereinander? Wie könnte sich das auf den Workshop auswirken?*

- *Gibt es Vorerfahrungen mit dieser Art des Vorgehens und zu diesem Thema? Hat man sich schon einmal an der Problemlösung versucht? Mit welchem Ergebnis? Welche positiven oder negativen Erinnerungen haften daran?*

– *Welche Vorstellungen und Erwartungen bestehen hinsichtlich der Moderation und der Organisation?*

Um dies alles zu erkunden, muß eine Reihe von Gesprächen geführt werden.

Ganz entscheidend in dieser Phase: daß man sich nicht einseitig informiert bzw. informieren läßt. Man muß, ja man kann zu diesem Zeitpunkt noch nicht den Anspruch haben, die detaillierte Tiefenanalyse zu betreiben; viel wichtiger ist es, einen groben Gesamtüberblick zu bekommen, was und wer in dieses Thema hineinspielt. Sind die Gespräche geführt, hat man ein ungefähres Bild über das Kräftefeld, in dem das Vorhaben sich bewegt. Man weiß, wer vermutlich mitmachen und dafür sein wird. Man weiß auch, mit wessen Widerstand zu rechnen ist.

Auf der Basis dieser Sondierungsgespräche läßt sich entscheiden:

Erstens, ob man überhaupt einen Workshop macht und ob es günstig ist, ihn gerade zu diesem Zeitpunkt zu machen. Man beachte allerdings: Schon die Ankündigung einer solchen Maßnahme weckt Erwartungen; besteht aber kaum Aussicht auf Erfolg, ist es besser, das Vorhaben erst gar nicht zu beginnen, statt fahrlässig Enttäuschungen geradezu vorzuprogrammieren.

Zweitens, mit welcher Zielsetzung, welchen Teilnehmern sowie in welcher Regie und Verantwortung die Veranstaltung im einzelnen konzipiert werden müßte.

In dieser Phase der Vorsondierung und der Vorbereitung einer Grundsatzentscheidung werden häufig folgende Fehler gemacht:

– Man will sich über unangenehme Aspekte der Situation nicht wirklich klarwerden. Also läßt man die Konflikte lieber unterm Teppich – in der trügerischen Hoffnung, daß sie schön brav dort bleiben werden.

– Man unterschätzt die Vorgeschichte der Betroffenen mit diesem Thema und die Auswirkungen auf ihre Motivation, an die Dinge heranzugehen. Man läuft dadurch Gefahr, »eine Leiche von Mund zu Mund zu beatmen«.

– Man hat wenig Neigung, eine gemeinsame Problemlösung zu entwickeln. Man entwickelt lieber im stillen Kämmerlein selbst eine fertige Lösung oder läßt sich vor eine Lösung spannen, die von einer der beteiligten Personen oder Gruppen angeboten wird – getrieben vom Anspruch als jemand zu gelten, der die Dinge schnell durchschaut und »die Kuh vom Eis holt«.

Abbildung 34

| Checkliste | **Sondierungsphase** |

Was ist zu klären?

- Kompetenzen und Handlungsspielraum des Initiators
- Anlaß der Frage- bzw. Problemstellung
- Unmittelbar und indirekt Betroffene
  (sowie ihre Abhängigkeiten untereinander und mögliche Konsequenzen)
- Offengelegte sowie verdeckte Ziele und Interessen der Betroffenen
- Vorerfahrungen der Betroffenen mit diesem Thema und die Konsequenzen (»Hypotheken«)
- Kraftfeld im Hinblick auf die Chance, etwas zu bewegen:
  - *Veränderungsenergie*
  - *Widerstandsenergie*
  - *Nutznießer des derzeitigen Zustandes*
- Erwartungen an die Organisation und an die Moderation.

Was ist zu tun?

- Gespräche mit Vertretern der unterschiedlichen Lager und Sichtweisen führen.
- Sich daraus ein Gesamtbild machen über:
  - *Ziele,*
  - *Betroffene,*
  - *mögliche Art des Vorgehens,*
  - *Chancen und Risiken der Maßnahme.*
- Eine Vorentscheidung treffen über das weitere Vorgehen.

Was ist zu vermeiden?

- Oberflächenschau der Problemstellung (in der Regel wegen Konfliktscheu).
- Unterschätzung der »Geschichte« des Vorhabens und möglicher »Hypotheken«.
- »Fertige Lösung im Kopf« – Veranstaltung als Alibi.

Konzeption und Planung

Vorbereitungsgruppe bilden

Die Sondierungsphase hat ein erstes grobes Bild ergeben, wer von dem Vorhaben betroffen ist oder sich betroffen fühlen könnte, wessen Interessen vermutlich berührt sind, und wer die Erwartung hat, in die weitere Bearbeitung einbezogen zu werden. Man kennt das Spektrum der Einschätzungen und hat einen Eindruck davon, aus wieviel unterschiedlichen Perspektiven das Thema angegangen werden muß, wenn eine praxisrelevante, für alle akzeptable Problemlösung entwickelt werden soll. Unabhängig davon weiß man: Rechtzeitige Beteiligung, gerade auch in der Vorphase, führt zu einer stärkeren Identifikation der Beteiligten mit dem Vorhaben und mit der Art des Vorgehens. Sie erhöht vor allem die Bereitschaft, sich auch später, in der Umsetzungsphase, stärker zu engagieren – war man doch schließlich von Anfang an »dabei«. Dem so häufig auftretenden »Not invented here«- Syndrom wird dadurch von vornherein der Boden entzogen. Auf der Basis dieser Erkenntnisse kann jetzt entschieden werden, wer am Workshop und dessen Vorbereitung zu beteiligen ist.

Ziele und Inhalte des Workshops festlegen

Gemeinsam mit dieser Gruppe wird man nun – auf dem Hintergrund der in den Sondierungsgesprächen erkannten Anliegen und Interessen – die endgültigen Ziele des Workshops definieren; sich auf die Themen einigen, die bearbeitet werden sollen; die Reihenfolge der Themen und die Tiefe der Bearbeitung festlegen; und schließlich die »emotionelle Ladung« der einzelnen Themen beurteilen und abschätzen, welche Konsequenzen für die Art und den Zeitpunkt ihrer Bearbeitung sich daraus ergeben.

Teilnehmer auswählen

Die Auswahl der Teilnehmer orientiert sich einerseits an den Zielen, die man erreichen, und an den Themen, die man inhaltlich bearbeiten will. Andererseits muß gewährleistet werden, daß die entscheidenden Dinge auf den Tisch kommen, die eigentlichen Praxis-Anwender und Umsetzer sich gut repräsentiert fühlen, und niemand sich massiv gekränkt fühlt, weil er nicht berücksichtigt wird. Um diesen Aspekten gerecht zu werden, kann es erforderlich sein, die Teilnehmer nicht nur unter rein hierarchischen Gesichtspunkten auszuwählen.

In der Praxis ergibt sich nicht selten folgende Situation: Eine Gruppe von Mitarbeitern, die maßgeblich vertreten sein sollte, umfaßt insgesamt 10, 20 oder mehr Personen. Es muß eine Auswahl getroffen werden, weil sonst die Workshop-Gruppe viel zu groß und nicht mehr arbeitsfähig wäre. In dieser Situation besteht die eleganteste Lösung darin, die Vertreter von der Gesamtgruppe wählen zu lassen. Man kann sich darauf verlassen: Die Wahl wird auf Kolleginnen und Kollegen fallen, die sowohl über die notwendige Sach- als auch über Sozialkompetenz verfügen. Mitarbeiterinnen und Mitarbeiter – gleich welcher Ebene – haben ein feines Gespür dafür, wer sie unter ganzheitlichen Gesichtspunkten am besten vertreten wird. Man hat dann gleich zwei Fliegen auf einen Streich: ein qualifiziertes Workshop-Team – und beste Voraussetzungen für die Akzeptanz der Workshop-Ergebnisse im Gesamtkreis.

Ausgangssituation der Teilnehmer einschätzen

Nachdem man nun weiß, wer an diesem Workshop teilnehmen, wer dort mit wem zusammentreffen und mit welchen Themen man sich beschäftigen wird, stellen sich folgende Fragen:

> *Mit welcher psychologischen Ausgangssituation ist zu rechnen? Wissen die betroffenen Menschen, worum es wirklich geht? Sind sie bereit und in der Lage, offen an die Dinge heranzugehen – oder ist mit Vorsicht und Angst zu rechnen?*

Ein ganz wesentliches Merkmal eines Workshops besteht ja gerade darin, gemeinsam mit den Betroffenen die Fragestellungen aus allen relevanten Perspektiven zu beleuchten, sich auf eine gemeinsame Sichtweise und Diagnose zu einigen, um schließlich eine Lösung der festgestellten Probleme zu erarbeiten, die von allen getragen wird. Dazu müssen sie miteinander in einen Dialog treten. Dieser aber kann nicht einfach verordnet werden.

Die Teilnehmer werden in der Regel unterschiedlich weit vom Thema und voneinander entfernt sein. Um das richtige Vorgehen auswählen zu können, muß man die psychologische Situation der Teilnehmer kennen und ihre Bereitschaft, an die Dinge heranzugehen. Davon hängt ab, ob man den direkten Einstieg wählt oder ob eine Phase des »Auftauens« vorgeschaltet werden muß, um die Beteiligten miteinander, mit dem Thema, mit der geplanten Vorgehensweise und mit den dahinterliegenden Absichten so vertraut zu machen, daß Motivation entsteht, sich wirklich damit auseinanderzusetzen.

Um die Ausgangssituation der Teilnehmer richtig einschätzen zu können, wird sich das Vorbereitungsteam ein Bild darüber verschaffen, wie klar die Zielsetzung ist, wie gut überhaupt der Informationsstand der Teilnehmer ist, welches Problembewußtsein und welchen Problemdruck sie haben, wie hoch ihr Vertrauen in die Initiatoren der Maßnahme ist. Je nachdem, wie diese Fragen beantwortet werden, ist auch klar, wie hoch oder wie gering das Engagement bzw. die Vorsicht der Teilnehmer sein werden, mit dem zu Beginn der Veranstaltung zu rechnen sein wird. Welche Fragen dazu im einzelnen gestellt werden müssen und was dabei sonst noch zu beachten ist, haben wir in Teil II, Kap. 2 (»*Die Betroffenen dort abholen, wo sie sind*«) und in Teil III, Kap. 6 (»*Im Vorfeld zu klärende Fragen*«) eingehend beschrieben.

Ergibt die Voruntersuchung, daß wesentliche Aspekte der Ausgangssituation der Teilnehmer unklar und nicht kalkulierbar sind, oder kann man sogar mit Sicherheit von einer schwierigen Anlaufsituation ausgehen, dann ist eines auf jeden Fall gewiß: Man darf nicht sofort ins Thema einsteigen. Der erste Schritt ist vielmehr so zu konzipieren, daß es den Teilnehmern möglich wird, sich Klarheit zu verschaffen und Vertrauen aufzubauen – und dadurch *Dialog- und Arbeitsfähigkeit* herzustellen. Wie man dies bewerkstelligen kann, werden wir bei der Beschreibung der Durchführung näher erläutern.

Arbeitsmethoden und Verfahren festlegen

Die Auswahl der Art und Weise, wie ein Thema bearbeitet wird, ist ganz entscheidend für den Erfolg. Es gibt die eher sachlichen Themen, für deren Bearbeitung es unabdingbar ist, etwas von der Sache zu verstehen. In solchen Fällen ist es erstens nötig, sowohl rechtzeitig entsprechende Unterlagen zur Verfügung zu stellen als auch vor Ort das Thema fachlich kompetent einzusteuern. Es gibt andererseits psychologische Themen, die die Einstellung oder das Miteinander betreffen. Um an solche »heißen« Themen heranzukommen, ist es in der Regel sinnvoll, ohne schriftliche Unterlagen zu arbeiten und zu versuchen, möglichst schnell in ein offenes Gespräch zu kommen. Hingegen kann es hilfreich sein, mit einigen kurzen Visualisierungen die wesentlichen Aspekte des Diskussionsstandes für alle deutlich zu machen. Der Einsatz von Hilfsmitteln zur Visualisierung und die Auswahl von Arbeitsformen müssen anhand der Art des Themas, seiner Komplexität, der Zielsetzung, die mit der Bearbeitung des Themas verfolgt wird, und nicht zuletzt auf dem Hintergrund gruppenpsychologischer Aspekte entschieden werden (Konkretisierungen dazu siehe Teil 3, Kap. 4 *Moderation*).

Vorbereitung der Teilnehmer und des Umfeldes

Meist macht es sich bezahlt, dafür zu sorgen, daß alle Teilnehmer sich gut vorbereiten – durch formlose Beschäftigung mit dem Thema, durch eine gezielt formulierte Aufgabenstellung oder durch das Vorabstudium von Unterlagen. Die gemeinsame Zeit vor Ort ist kostbar und muß für Diskussionen und Verhandlungen reserviert bleiben. Man sollte sie nicht zum Studium von Unterlagen und langwierigen Einführungen verwenden.

Anders ist es, wenn es um emotionale Spannungsfelder geht. In solchen Fällen kann Vorbereitung geradezu schädlich sein für die konstruktive Arbeit im Workshop. Die »Gegner« sammeln eventuell nur Material für ihre gegenseitigen »Anklageschriften«, »schnitzen ihre Pfeile« und versuchen Bündnispartner zu gewinnen. Die Gesprächssituation wird durch derartige Vorbereitungen eher verschärft, Verhandlungen werden erschwert.

Ob mit oder ohne Vorbereitungsauftrag – den Teilnehmern muß auf jeden Fall in der Einladung klar mitgeteilt werden, warum man etwas tut, was man sich davon verspricht, wie man vorzugehen gedenkt und wer alles dabeisein wird:

- Anlaß
- Ziele
- Inhalte
- Ablauf (Vorgehensweise in groben Zügen)
- Spielregeln
- Teilnehmer/innen

Wenn ohne großen Aufwand leistbar, ist es empfehlenswert, diese Aspekte im Rahmen einer internen Zusammenkunft persönlich vorzubesprechen.

Da Workshops Impulse setzen sollen, die oft weit über die einzelne Veranstaltung hinausgehen, ist es ratsam, auch das Umfeld gut auf die Maßnahme einzustimmen. Aus den Sondierungsgesprächen weiß man, wer im Hinblick auf die Ziele zu den Betroffenen gehört oder sich dazu zählt. Man weiß, wer mit welchem Einfluß das Kräftefeld, in dem dieses Thema sich bewegt, mitgestaltet. Auf dem Hintergrund dieser Erkenntnisse ist zu entscheiden, wer von wem in welcher Weise über diese Maßnahme informiert, auf dem laufenden gehalten und dadurch am Gesamtprozeß mitbeteiligt wird.

Dauer

Nachdem Themen und Methoden festgelegt sind und man sich ein Bild von der Befindlichkeit der Teilnehmer gemacht hat, kann man auch einschätzen, wieviel Zeit für den Workshop zu veranschlagen ist.

Dreierlei sollte dabei allerdings berücksichtigt werden:

- Ein scheinbar harmloses Sachthema kann überraschende Tücken in sich bergen. Erst bei genauerer Diskussion und dem entsprechenden Grad von Offenheit entdeckt man, was sich eigentlich an ganz anderen Themen dahinter verbirgt.

- Manche Verspannungen in Sachfragen oder im Beziehungsgefüge werden erst in einer Atmosphäre besprechbar und vielleicht auch lösbar, wo genügend Zeit zum informellen Kontakt und zum Gespräch eingeräumt wird – oft bis spät in die Nacht hinein.

- Es gibt immer gruppendynamische Unwägbarkeiten. Unvermutete Rivalitäten und Grabenkämpfe, alte Hypotheken aus mißglückten früheren Lösungsversuchen, können viel Zeit in Anspruch nehmen – jedenfalls weit mehr als geplant.

Will man Workshops nicht nur zur Bearbeitung konkreter Sachthemen nutzen, sondern gleichzeitig das »Wir«-Gefühl stärken und Aufbruchsstimmung erzeugen, dann empfiehlt es sich allemal, die Zeit etwas großzügiger zu planen. Die Abende einzubeziehen, mit gemeinsamem Übernachten, bewährt sich gerade dann, wenn es um emotional aufgeladenere Fragestellungen geht.

Besonders empfehlenswert ist es in solchen Fällen, am Vorabend anzureisen, Ziele, Ablauf, Spielregeln und Rahmenbedingungen gemeinsam zu besprechen, den Abend informell zu gestalten und am nächsten Vormittag frisch ausgeruht direkt mit der Arbeit zu beginnen. Dies ist nicht nur die beste Form des »Anwärmens«, sondern hat den Vorteil, daß Unklarheiten gegebenenfalls rechtzeitig und in aller Ruhe besprochen werden können, ohne daß dadurch das inhaltliche Programm gefährdet wird. Außerdem können bilateral viele kleine Informationen ausgetauscht bzw. unerledigte Aufgaben abgearbeitet werden, so daß alle danach den Kopf frei haben für die anstehenden gemeinsamen Themen.

Abbildung 35

Organisation von Workshops

Es gibt eine ganze Reihe scheinbarer »Nebensächlichkeiten« im Bereich der Organisation, die sich außerordentlich fördernd oder hindernd auf das Arbeitsklima und damit letztlich auf die Ergebnisse auswirken können. Hier die wichtigsten Faustregeln:

– Ideale Dauer eines Workshops: zwei Tage
 (Ein Tag ist meist zu kurz – nach drei Tagen Klausur geht der Energiepegel zurück)

– Pünktlicher Beginn und pünktliches Ende
 (Kein Beginn mit Ärger – Planbarkeit der Abreise!)

– Ruhiger und heller Plenumsraum
 (Die Arbeitsatmosphäre überträgt sich auf das Arbeitsklima!)

– Auf Funktionstüchtigkeit überprüftes Arbeitsmaterial
 (Keine Störungen oder Pannen wegen fehlenden oder fehlerhaften Materials!)

– Sitzordnung im Kreis, bequeme Stühle, keine Tische
 (Es geht um Dialog und Diskussion, nicht um Aktenverarbeitung!)

– Nach 1 1/2 bis 2 Std. Pause
 (Pausen tragen wesentlich zur Entkrampfung und Dynamisierung bei!)

– Mindestens ein Abend für informelles Beisammensein
 (wichtig für die Sachdiskussion sowie für die persönlichen Beziehungen!)

– Eher später zu Abend essen und danach keine Arbeitssitzung mehr
 (Abschlaffen in den Abendstunden, ungenügende Arbeitseffizienz!)

– Gelegenheit zu körperlichem Ausgleich
 (bei mehrtägigen Workshops)

346

Organisation und Rollenverteilung

Die Festlegung des Tagungsortes, die Auswahl der Tagungsräume, die konkrete Zeitgestaltung sollten nicht nur unter sachlich-ökonomischen, sondern auch unter psychologischen Gesichtspunkten erfolgen (vgl. Abbildung. 35 *Organisation*). Der betriebene Aufwand und der organisatorische Rahmen werden von den Teilnehmern auch unter dem Aspekt der Wertschätzung interpretiert. Es ist schon ein Unterschied, ob der Eindruck vermittelt wird, daß es ausschließlich um die effiziente Erledigung von Sachaufgaben geht, oder ob ersichtlich wird, daß die Zeit auch für beziehungsfördernde Begegnungen miteinander genutzt werden soll.

Zu guter Letzt bleibt noch zu klären, wer welche Aufgaben und welche Rolle übernimmt:

- *Wer formuliert das Tagungskonzept? Wer formuliert die Einladung, wer unterschreibt und verschickt sie?*

- *Welche Rollenverteilung gilt im Workshop: Welche Aufgaben übernimmt der Moderator, was ist Aufgabe des Managements?*

- *Gelten die üblichen mit einem höheren Status verbundenen Privilegien speziell im Hinblick auf Häufigkeit, Länge und Reihenfolge der Diskussionsbeiträge – oder ist diese »Hackordnung« während des Workshops außer Kraft gesetzt?*

- *Wer eröffnet die Veranstaltung? Wer führt eventuell notwendige Entscheidungen herbei?*

- *Soll ein Protokoll erstellt werden? Wenn ja, von welcher Art: Ablauf-, Inhalts- oder Ergebnisprotokoll? Wer ist verantwortlich für die Erstellung und Verteilung des Protokolls?*

Je klarer diese Dinge geregelt sind, desto besser können alle Beteiligten sich auf die eigentliche Arbeit konzentrieren.

Spielregeln

Um die Teilnehmer auf die besondere Form der Arbeit im Workshop einzustimmen, kann es hilfreich sein, die wesentlichen Aspekte in Form von Spielregeln zu formulieren und als *Verhaltensgitter* zu vereinbaren. Folgende Aspekte könnten sich zum Beispiel als Orientierung anbieten:

- *Grundsätze der Organisationsentwicklung:* z. B.: Betroffene beteiligen, ganzheitlicher Ansatz, Hilfe zur Selbsthilfe, prozeßorientiertes Vorgehen, rollende Planung.

- *Gleichzeitig an den Inhalten und an der Verhaltenskultur arbeiten:* D. h. zwar durchaus die Sacharbeit in den Vordergrund stellen, soweit aber klimatische Faktoren, persönliche Einstellungen und gegenseitige Akzeptanzprobleme eine Rolle spielen, »die Bühne drehen«, diese Aspekte aufgreifen und sorgfältig besprechen, bis klar wird, wie diese beiden Dimensionen zusammenhängen und sich wechselseitig beeinflussen.

- *Nach Lösungen suchen – wenn möglich im Rahmen der eigenen Zuständigkeit:* D. h. sich nicht damit zufriedengeben, die Probleme lediglich neu zu beschreiben oder zu beklagen, sondern sich auf Problemlösungen konzentrieren – und zwar auf solche, die die Anwesenden selbst verantworten und bewerkstelligen können.

- *Die Kunden im Auge haben:* Bei allen Analysen und Problemlösungen auch die Sichtweisen der Bereiche berücksichtigen, die nicht anwesend, wohl aber beteiligt sind: Mitarbeiter, Zulieferbereiche, interne und externe Kunden.

- *Den Prozeß der Weiterverfolgung sichern:* Ist absehbar, daß man im Workshop nicht alle Themen, die man sich vorgenommen hat, abgearbeitet haben wird, muß rechtzeitig geklärt werden, wie die Weiterverfolgung der noch offenen Fragen sichergestellt werden kann.

Auch die Phase der Konzeptentwicklung und Vorbereitung birgt ihre speziellen Gefahren und Risiken:

– Jede der betroffenen Parteien versucht, den Moderator auf ihre Seite zu ziehen. Läßt er sich zu stark von der Sichtweise und Argumentation einer Seite beeinflussen, läuft er Gefahr, von den anderen nicht mehr akzeptiert zu werden.

– Um sich selbst kein schlechtes Zeugnis ausstellen zu müssen, wird die Ausgangssituation der Teilnehmer falsch eingeschätzt – nämlich zu positiv. Dies hat zur Folge, daß ein falsches Vorgehenskonzept entwickelt wird: zu versachlicht, auf »Efficiency« getrimmt und ohne die notwendige Zeit zum »Auftauen«.

Abbildung 36

| Checkliste | **Konzeption und Vorbereitung** |

Was ist zu tun?

- Vorbereitungsteam bilden

- Ziele und Inhalte festlegen

- Teilnehmer auswählen

- Ausgangssituation der Teilnehmer einschätzen im Hinblick auf:

  – *Klarheit der Ziele*
  – *Informationsstand*
  – *Problembewußtsein*
  – *Vertrauen in das Vorhaben*
  – *Offenheit*
  – *Motivation und Engagement*

- Arbeitsmethoden bestimmen

- Information und Vorbereitung der Teilnehmer sichern

- Dauer festlegen

- Organisatorischen Rahmen klären

- Information nach außen sicherstellen

- Aufgaben- und Rollenverteilung zwischen Veranstalter, Moderator und ggf. anderen Funktionsträgern abklären

- Spielregeln formulieren

Was ist zu vermeiden?

- einseitige Sichtweise und Parteilichkeit

- falsche (*zu positive*) Einschätzung der Startsituation

349

Durchführung

Die Konzeption dient sowohl dem Veranstalter als auch den Teilnehmern und dem Moderator zur Orientierung. Deshalb sollte sie möglichst nachlesbar, nicht nur im Kopf des Veranstalters oder des Moderators vorhanden sein. Die schriftliche Fixierung bedeutet aber keineswegs, daß alles so ablaufen muß, wie es geschrieben steht. Es muß möglich sein – ja die Kunst besteht gerade darin –, auf dynamische Entwicklungen flexibel zu reagieren.

Besonderheiten der Anfangssituation

Jeder Anfang in einer neuen Gruppenkonstellation ist geprägt durch psychologisch bedingte Anfangsschwierigkeiten der Teilnehmer. Im Vordergrund stehen zunächst nicht die im Einladungsschreiben benannten sachlichen, sondern in der Regel verdeckte, emotionale Fragestellungen:

- *Was kommt hier auf mich zu?*
- *Wer sind die anderen Teilnehmer – und wie werden sie sich verhalten?*
- *Was kann man hier riskieren – und wo sollte man besser auf der Hut sein?*
- *Wie werde ich hier klarkommen?*

Eine solche Anfangssituation psychologisch richtig zu gestalten entscheidet weitgehend über den späteren Erfolg der Veranstaltung. Vergessen wir nicht: So ausgezeichnet die Vorbereitung gewesen sein mag, so gut diejenigen, die unmittelbar daran beteiligt waren, mit der Sache und miteinander in Kontakt sind – für die Teilnehmer ist es in dieser Zusammensetzung, mit diesen Themen und mit dieser Vorgehensweise oft ein absoluter Neubeginn. Gerade in der Anfangssituation werden nach unserer Erfahrung – aus Unkenntnis, aus Unsicherheit, manchmal auch aus fehlendem Mut – gravierende Fehler gemacht. Wir werden uns deshalb hier speziell auf solche Aspekte konzentrieren und vor allem für die Startphase Werkzeuge liefern.

In einem ersten Schritt geht es darum, alle Teilnehmer auf ein gemeinsames Ausgangsniveau zu bringen, für alle eine gemeinsame Arbeitsbasis herzustellen. Dazu werden Veranstalter und Moderator zunächst informieren,

- welche Vorgespräche bisher stattgefunden haben,
- welche Erkenntnisse daraus gewonnen wurden,
- zu welchem Veranstaltungskonzept dies geführt hat und
- welche Erwartungen der Veranstalter mit diesem Workshop verbindet.

Außerdem werden die Spielregeln für die Veranstaltung erläutert, inklusive der Rollenverteilung zwischen dem verantwortlichen Leiter und dem gegebenenfalls zugezogenen Moderator.

Hat man in der Vorbereitungsgruppe die Ausgangssituation als »normal« prognostiziert, sind im direkten Anschluß an diese Einführung die *Teilnehmer* an der Reihe, ihre Erwartungen zu artikulieren – z. B. anhand folgender Leitfragen:

– *Wie beurteile ich den Anlaß, die Zielsetzung und die Themen dieser Veranstaltung?*
– *Was halte ich von der Art und Weise, wie wir hier an die Dinge herangehen wollen?*
– *Welche Konsequenzen ergeben sich daraus für meine Stimmung, meine Motivation und mein Engagement in diesem Workshop?*

Ist eine Gruppe größer als 10-12 Personen, empfiehlt es sich, diese Fragen in kleineren Untergruppen zu besprechen und im Plenum nur über die wesentlichen Trends berichten zu lassen.

Alle haben nun einen ersten aktuellen Eindruck voneinander – sachlich und emotional. Die Art und Weise, wie die Erwartungen von den Teilnehmern vorgetragen werden, gibt zusätzlichen Aufschluß über die Ausgangssituation – und damit die Möglichkeit, das geplante weitere Vorgehen entsprechend zu gestalten. Läuft alles erwartungsgemäß, wird man in der geplanten Tagesordnung fortschreiten.

Ist man sich bereits in der Vorbereitung klargeworden, daß sich die Teilnehmer aller Voraussicht nach in einer gespannten oder nicht kalkulierbaren Aussgangssituation befinden werden – oder zeigt sich spätestens anläßlich der Einstiegsrunde, daß es aus irgendwelchen Gründen »klemmt« –, muß als vertrauensbildende Maßnahme eine Phase des »Auftauens« zwischengeschaltet werden.

Modelle des Auftauens

»Auftauen« bedeutet: Die Analyse der Ausgangssituation der Teilnehmer wird zu einem eigenen ersten Teil des Workshops ausgebaut. Die Befindlichkeit der Teilnehmer und die Konsequenzen, die sich daraus ergeben für ihre Arbeits-, Dialog- und Leistungsfähigkeit in dieser Veranstaltung, werden zum Thema gemacht. Gemeinsam wird analysiert, was zu diesem Zustand geführt hat und was geschehen müßte, um ihn zu verändern. Die große Schwierigkeit besteht nun aber gerade darin, daß die wesentlichen

Aspekte »unter dem Teppich« und nicht ohne weiteres besprechbar sind. In solchen Fällen helfen sogenannte *projektive Methoden* – Verfahren, die es ermöglichen, Unterschwelliges nicht direkt, sondern über Umwege und ohne Gesichtsverlust an die Oberfläche zu bringen.

Modell 1: *Bild ohne Worte*

1. Gruppenbildung: Um die Hemmschwellen herabzusetzen, in einem noch unsicheren Frühstadium zu heiklen Themen persönlich Stellung zu nehmen, läßt man die Teilnehmer sich nach freier Wahl in kleinen Gruppen von drei bis fünf Personen formieren. »Cliquenbildung« ist hier geradezu erwünscht, macht sie doch das informelle Netzwerk in der Gesamtgruppe deutlich.

Damit die unterschiedlichen Sichtweisen der Mitarbeiter und der Leitung nicht miteinander vermischt werden – bzw. um zu vermeiden, daß sich Mitarbeiter in gewohntem, vorauseilendem Gehorsam opportunistisch der Meinung ihrer Vorgesetzten anschließen, aber auch, um zu vermeiden, daß die Vorgesetzten selbst »in Deckung« bleiben können – bildet der verantwortliche Manager bzw. das Managementteam eine eigene Gruppe.

2. Aufgabenstellung: Jeder notiert zunächst kurz *(ca. 10 Min.)* für sich allein seine Gedanken zu den Fragen:

> – *Wie erlebe ich die derzeitige Situation?*
> – *Wodurch ist sie im wesentlichen bestimmt:*
>   *z. B. Personen, Positionen, Normen, Klima,*
>   *Zusammenspiel, Konflikte?*
> – *Wo und wie wirkt sich dieser Zustand auf uns,*
>   *unsere Befindlichkeit und unsere*
>   *Leistungsfähigkeit aus?*

Man trifft sich mit diesem Ausgangsmaterial in der gewählten Gruppe, tauscht sich über die vorhandenen Sichtweisen aus, erarbeitet die Gemeinsamkeiten und die Unterschiede und bereitet schließlich eine Gruppenpräsentation vor. Das Gruppenergebnis soll sowohl die Übereinstimmungen enthalten als auch die Streubreite der individuellen Erwartungen widerspiegeln *(ca. 30 Min.)*.

Im Anschluß daran einigt sich die Gruppe, wie sie ihre wesentlichen Aussagen in einem gemeinsamen »*Bild ohne Worte*« – auf Flipchart oder auf einer Stellwand – symbolisch darstellen will, und erstellt ihr Werk *(ca. 30 Min.)*.

3. *Präsentation der Ergebnisse:* Der Clou besteht darin, daß die Gruppen ihre Bilder nacheinander zunächst nur ausstellen – ohne eigenen Kommentar. Dafür dürfen alle anderen, die nicht zu der jeweiligen Gruppe gehören, frei assoziieren, was sie auf dem jeweiligen Bild dargestellt glauben. Dies ermöglicht, gleichsam ohne Verantwortung – man hat das Bild ja schließlich nicht selbst gemalt! –, alles das loszuwerden, was einem auf der Seele liegt. Man darf blödeln, überzeichnen, unterstellen, andere anmachen – alles, was sonst in der normalen angepaßten Umgangskultur nicht gestattet ist. Kommt der freie Gedankenfluß der Kollegen zum Erliegen, werden die »Künstler« schließlich ihre eigene Interpretation darlegen.

Selten, daß diese Übung nicht greift. Zwar gibt es zu Beginn fast immer einige Vorwände zu überwinden: »*Wir sind doch keine Kunstmaler! ... Was soll dieser Kinderkram?!*« Doch mit einigem pädagogischen Geschick und dem Hinweis »*Ein Bild sagt mehr als tausend Worte*« läßt sich diese Hemmschwelle gewöhnlich leicht überwinden.

Sind alle Bilder interpretiert und kommentiert, ist man mit der Analyse des Beziehungsgefüges und der emotionalen Gesamtsituation einen guten Schritt vorwärtsgekommen. Nun sind auch die unterschwelligen Aspekte leichter ansprechbar. Im Regelfall kann jetzt mit der »normalen« Abklärung der Erwartungen – wie oben beschrieben – fortgefahren werden.

Erweist sich allerdings, daß genau in diesem unterschwelligen klimatischen Bereich die eigentlichen Probleme liegen – entweder offen geäußert oder durch Widerstand in Form von demonstrativem »Mauern« und Verleugnen vorgeführt –, sollte auf keinen Fall zur geplanten Tagesordnung übergegangen werden. Entweder man wird das begonnene, unterschwellige Thema weiter bearbeiten, bis die Gruppe sich als arbeitsfähig genug erweist, um an die geplanten Sachthemen herangehen zu können. Oder man entscheidet sich spontan, die vorgesehene Tagesordnung zu ändern und das »*Nebenthema*« zum *Hauptthema* zu machen.

Modell 2: *Was man denkt, was die anderen denken ...*

Wem der geschilderte Umgang mit Bildern weniger liegt, der kann sich auch durch verbale Fragen an die innere Befindlichkeit der Teilnehmer heranpirschen. Das entscheidende projektive Element bei diesem Vorgehen liegt darin, nicht nur nach der persönlichen Einschätzung der Situation zu fragen, sondern auch danach, *was man denkt, was andere Teilnehmer denken ...*

1. Die Fragen formulieren: Die Fragen sollten möglichst exakt zugeschnitten sein auf Bereiche, wo man aufgrund der Voruntersuchung ver-

353

Abbildung 37

Workshop zur Strategie- und Teamentwicklung
Beispiel eines Fragebogens

---

1. *Identifikation mit dem Szenarium der Unternehmensentwicklung und der geplanten Strategie*

a) Ich selbst bin damit voll und ganz einverstanden.

1 2 3 4 5 6

Ich meine eher, man soll sich lieber nicht so genau festlegen.

b) Soweit ich die anderen hier kenne, bin ich sicher, daß alle voll dahinterstehen.

1 2 3 4 5 6

Ich habe eher Zweifel, ob alle voll dahinterstehen.

2. *Zufriedenheit mit der neuen Organisation und mit der Verteilung der Aufgaben*

a) Ich selbst bin damit noch nicht so ganz glücklich.

1 2 3 4 5 6

Ich finde die neue Form und Verteilung voll gelungen.

b) Ich könnte mir vorstellen, daß bestimmte Kollegen hier die neue Situation noch als problematisch erleben.

1 2 3 4 5 6

Ich bin davon überzeugt, daß alle hier voll und uneingeschränkt dahinterstehen.

3. *Von oben praktizierter Führungsstil*

a) In den offiziellen Leitlinien ist das kooperative Führungskonzept vorgegeben – die Wirklichkeit aber sieht aus meiner Sicht ganz anders aus.

1 2 3 4 5 6

Die letzten Monate haben mich überzeugt: das Konzept wird von oben herunter mit Leben erfüllt und konsequent umgesetzt.

b) Ich vermute, daß meine Kollegen hier die offiziellen Leitlinien aufgrund ihrer bisherigen Erfahrungen nicht mehr richtig ernst nehmen.

1 2 3 4 5 6

Ich weiß, auch die anderen hier sind durch die bisher erlebte Führungspraxis vom Konzept völlig überzeugt.

4. *Eigener Führungsstil*

a) In meinem eigenen Verantwortungsbereich habe ich das kooperative Führungskonzept voll umgesetzt.

1 2 3 4 5 6

Anspruch und Wirklichkeit klaffen bei mir noch weit auseinander.

b) Ich vermute, daß meine Kollegen den kooperativen Stil schon voll umgesetzt haben.

1 2 3 4 5 6

Nach meinem Dafürhalten haben meine Kollegen diesbezüglich noch viel zu tun.

5. *Kooperation untereinander*

a) Das Zusammenspiel in unserem Managementteam ist meiner Meinung nach noch sehr entwicklungsbedürftig.

1 2 3 4 5 6

Ich bin mit dem Zusammenspiel voll und uneingeschränkt zufrieden.

b) Andere hier sehen bei uns wahrscheinlich doch noch gute Möglichkeiten zur Verbesserung.

1 2 3 4 5 6

Andere hier haben vom Zusammenspiel sicher ein uneingeschränkt positives Bild.

6. *Gesamtbeurteilung des bisherigen Vorgehens*

a) Ich persönlich halte das bisherige Vorgehen und die geplanten nächsten Schritte für gut und erfolgreich.

1 2 3 4 5 6

Ich habe erhebliche Vorbehalte und bin deshalb im Moment noch eher skeptisch.

b)   Soweit ich meine   1 2 3 4 5 6   Ich vermute, daß
Kollegen hier kenne,   einige doch eher
weiß ich, daß alle   noch stark am
das Vorgehen uneinge-   Zweifeln sind.
schränkt für gut und
erfolgreich halten.

7.   *Glaube an den Erfolg unserer Strategie*

a)   Ich bin felsenfest   1 2 3 4 5 6   Man sollte warten,
davon überzeugt, daß   die Praxis wird es
wir es schaffen werden.   zeigen.

b)   Ich bin sicher, daß   1 2 3 4 5 6   Ich vermute doch
alle anderen voll vom   erhebliche Zweifel
Erfolg überzeugt sind.   und Vorbehalte.

8.   *Motivation und Engagement für diese Veranstaltung*

a)   Ich selbst bin vom   1 2 3 4 5 6   Mir ist eher unklar,
Sinn dieser Veranstal-   was wir hier
tung voll überzeugt   eigentlich wollen,
und entsprechend   und ich warte mal ab,
motiviert und engagiert.   was so kommt.

b)   Ich bin überzeugt, daß   1 2 3 4 5 6   Ich bin ziemlich
die anderen hier voll   sicher, man ist
motiviert und engagiert   innerlich eher
dabei sind.   distanziert.

9.   *Offenheit und Ehrlichkeit in der Veranstaltung*

a)   Ich selbst werde hier   1 2 3 4 5 6   Ich werde mich
ganz offen und ehrlich   eher zurückhalten
sagen, was ich wirklich   und abwarten, wie
denke.   die Dinge sich so
                        entwickeln.

b)   Wie ich meine Kollegen   1 2 3 4 5 6   Ich vermute, daß
so kenne, werden sie alle   eine ganze Reihe
ganz offen und ehrlich   eher abwarten
ihre unverfälschte   und verdeckt
Meinung sagen.   taktieren wird.

mutet, daß Emotionen gebunden sein könnten, aber »unterm Teppich« gehalten werden. Das können eher *sachliche* Bereiche sein – z. B. Identifikation mit der Unternehmensstrategie, Struktur und Aufgabenverteilung, Fragen des Führungsstils von Vorgesetzten oder Kollegen, Fragen der Kooperation und der Kommunikation – aber auch eher *emotionale* Fragen der Motivation, des Engagements oder der Offenheit und Ehrlichkeit in der Veranstaltung selbst (siehe Abbildung 37).

2. *Die Fragen erläutern, ausfüllen lassen und auswerten:* Die Fragen werden gut sichtbar – z. B. auf Metaplanwände – aufgeschrieben und kurz erläutert. Auf einem Blatt Papier gibt jeder anonym seine Einschätzung ab. Die Ergebnisse werden eingesammelt, ausgewertet und plakativ auf die Stellwände übertragen. Es ist wichtig, daß nicht nur der Mittelwert, sondern auch die Streubreite der Antworten deutlich gemacht wird – z. B.:

Offenheit und Ehrlichkeit in dieser Veranstaltung

a)	Ich selbst werde hier ganz offen und ehrlich sagen, was ich wirklich denke.	1 2 3 4 5 6 x x x x x x x x x x	Ich werde mich eher zurückhalten und abwarten, wie die Dinge sich entwickeln werden.	ø 1,7
b)	Wie ich meine Kollegen kenne, werden sie alle ganz offen und ehrlich ihre Meinung sagen.	1 2 3 4 5 6 x x x x x x x x x x	Ich vermute, die meisten werden zunächst abwarten und sich bedeckt halten.	ø 3,6

Die Gefahr, sich in einzelnen Aspekten zu verzetteln, kann man durch eine zusätzliche, generelle Frage am Schluß vermeiden, z. B.:

Reparaturbedarf bzw. Entwicklungspotential insgesamt: Wenn ich mir die Gesamtorganisation, um die es hier geht, vor Augen halte, sehe ich insgesamt einen »Reparaturbedarf« bzw. ein »Entwicklungspotential« von ca.:
100 % 90 % 80 % 70 % 60 % 50 % 40 % 30 % 20 % 10 % 0 %

3. *Gemeinsame Analyse:* Die Auswertungszahlen sprechen in der Regel für sich und bedürfen keiner langen Kommentierung. Entscheidend ist, miteinander ins Gespräch darüber zu kommen, was sich eigentlich hinter den Zahlen verbirgt – vor allem *hinter den Annahmen, die die Kollegen betreffen.*

Diese Art von gezielter Befragung ist ein weiterer Weg, Betroffenheit herzustellen, Problembewußtsein zu schaffen, das Unterschwellige nach oben zu bringen, vorhandene Motivationen und Widerstände offenzulegen und zu aktivieren.

Ist das psychologische Gelände hinreichend geklärt und die notwendige Arbeits- und Dialogfähigkeit hergestellt, kann man die Sachaufgaben in Angriff nehmen. Stürzt man sich dagegen mit einem Kaltstart in die Sacharbeit, besteht eine hohe Wahrscheinlichkeit des Scheiterns. Die nicht bearbeiteten psychologischen Aspekte werden die sachliche Arbeit überlagern und verfälschen oder blockieren.

Prioritäten setzen und das endgültige Programm festlegen

Nachdem nun die Erwartungen des Veranstalters und die der Teilnehmer offen auf dem Tisch liegen, werden Ziele und Themenfelder der Veranstaltung, die vorgesehene Reihenfolge und Tiefe ihrer Bearbeitung gemeinsam überprüft und gegebenenfalls ergänzt bzw. korrigiert. Liegen die Dinge quasi auf der Hand, wird man dies in einer kurzen Diskussion klären können. Ist die Situation weniger übersichtlich, sollte man mit einem geeigneten Hilfsmittel die unterschiedlichen Sichtweisen und Wünsche transparent machen, um jedem Manipulationsverdacht vorzubeugen. Der einfachste Weg besteht darin, daß jeder Teilnehmer eine bestimmte Anzahl von Bewertungspunkten erhält, mit denen er die Themen, die ihm besonders wichtig erscheinen, entsprechend kennzeichnen kann.

Das Muster der Themen-Bearbeitung

Folgendes Vorgehen in der Bearbeitung der Themen hat sich bewährt – unabhängig davon, ob im Plenum oder in Untergruppen gearbeitet wird:

1. Datensammlung und Symptombeschreibung
Worum geht es genau? Was ist der eigentliche Anlaß, weshalb wir uns mit dem Thema beschäftigen?
Wo schmerzt es? Welche Symptome treten auf?
Welche Folgeprobleme sind erkennbar?

2. Problemanalyse
Was steckt dahinter? Was sind die möglichen Ursachen?
Worin besteht das eigentliche Problem? Womit hängt es zusammen?

3. *Kraftfeldanalyse*
   a) Was macht den derzeitigen Zustand so attraktiv, daß er überhaupt entstanden ist bzw. nach wie vor besteht? Wer ist Nutznießer dieses Zustandes? Wer könnte also Interesse daran haben, daß alles so bleibt, wie es ist (obwohl er sich vielleicht lauthals darüber beklagt)?
   b) Wer ist wirklich unzufrieden? Wer ist wirklich an einer Veränderung interessiert?
   c) Wie sieht die Gesamtbilanz der beharrenden Kräfte gegenüber den Kräften aus, die eine Veränderung anstreben?

4. *Veränderungskonzept*
   Wie könnte die Veränderung unter Berücksichtigung des erkannten Spektrums der unterschiedlichen Interessen aussehen?
   Wie kann mit dem absehbaren Widerstand umgegangen werden?
   Welche Alternativen gibt es bezüglich des konkreten Vorgehens?

5. *Aktionsplan*
   Wie kann die vorgesehene Veränderung konkret realisiert werden? Mit welchen Mitteln und welchem Aufwand?
   Wer muß dazu was bis wann tun?

6. *Letzter Check*
   Was passiert, wenn nichts passiert?
   (Die Beschäftigung mit diesem Szenario dient einerseits dazu, den geplanten »Veränderungsaufwand« nochmals abzuwägen – manchmal kommt es nämlich im Endeffekt »billiger«, mit bestimmten Problemen zu leben; andererseits kann die Diskussion dieser Frage aber auch den letzten notwendigen Impuls zur Veränderung geben.)

7. *Prognose*
   Wie hoch ist der Glaube an den Erfolg der geplanten Veränderung?
   (Abschließende Überprüfung, ob hier nur »Fleißarbeit« abgeliefert wird oder ob echte Erfolgsaussichten bestehen – wesentliches Kriterium für die endgültige Entscheidung, ob das Problem tatsächlich angegangen werden soll.)

Das Prinzip der zwei Ebenen

Wann immer Menschen zusammen sind, entwickeln sie Beziehungen zueinander. Die Art dieser Beziehung beeinflußt maßgeblich die Effizienz der Arbeit – positiv oder negativ. Das Augenmerk ist also nicht nur auf die sachliche Vorgehensweise und die inhaltliche Diskussion zu richten, sondern auch darauf, wie miteinander umgegangen wird. Sobald es anfängt zu »klemmen«, bleibt nichts anderes übrig, als die Sacharbeit zu unterbrechen und einen Blick »hinter die Kulissen« zu werfen, nachzuschauen, was sich dort im Bereich des Zwischenmenschlichen abspielt – und wie sich dies im Moment auf die Arbeit auswirkt.

Zwischenbilanzen

Zur Früherkennung von möglichen Störungen empfiehlt es sich – unabhängig von der situativen Bearbeitung eventuell auftretender Störungen oder Blockaden –, in regelmäßigen Abständen vorbeugend die innere Verfassung der Gruppe zu erkunden, z. B. anhand folgender Fragen:

– *Haben wir die richtigen Themen am Wickel?*
– *Wie zufrieden sind wir mit dem bisherigen Ergebnis?*
– *Wie beurteilen wir Art und Weise des Vorgehens?*
– *Wie empfinden wir den Stil im Umgang miteinander?*

Solches Innehalten, um aus besonderem Anlaß oder prophylaktisch Zwischenbilanzen zu ziehen oder ein aktuelles Stimmungsbild zu erheben, gibt den Blick frei auf die so wichtige unterschwellige Beziehungs- und Verhaltenskultur. Die Erkenntnisse aus diesen Zwischenbilanzen ermöglichen es zu entscheiden, ob man ohne Bedenken in der Bearbeitung der ausgewählten Sachthemen weiter fortfahren kann oder ob es angeraten ist, vorübergehend das Thema zu wechseln, um aufgelaufene Störungen zu beheben. Beide Dimensionen – die Sache, um die es geht, und die Beziehungen zwischen den beteiligten Personen, also das *Was* und das *Wie* – gleichzeitig im Auge zu behalten, miteinander in Beziehung zu setzen und je nach Bedarf auf der jeweils gerade spielentscheidenden Seite der Bühne zu arbeiten – das macht die wirklich kompetente Moderation aus.

360

Am Ende ist noch lange nicht Schluß ...

Workshops sind keine isolierbaren Einzelveranstaltungen. Wir haben bereits darauf hingewiesen: Workshops sollen vielmehr entscheidende Impulse setzen für längerfristig angelegte Entwicklungsprozesse – oft weit über die Veranstaltung hinaus. Im Hinblick auf all das, was nach dem Workshop folgt, ist es erforderlich, die Arbeit an den inhaltlichen Themen rechtzeitig zu beenden bzw. abzubrechen, damit ausreichend Zeit bleibt, um das weitere Vorgehen zu klären:

- *Was haben wir erledigt, und wie sichern wir die Umsetzung in die Praxis?*
- *Welche Punkte sind offengeblieben, und was passiert damit?*
- *Wer ist über die Ergebnisse zu informieren – von wem und auf welche Weise?*
- *Wer steuert insgesamt den weiteren Prozeß?*

Mit klaren Vereinbarungen darüber, wer was bis wann zu erledigen hat und wer den weiteren Entwicklungsprozeß insgesamt verantwortlich in die Hand nehmen wird, gilt es schließlich, die Umsetzung und den weiteren Entwicklungsprozeß zu sichern.

Nach erfolgter Sachbilanz und »Follow-up«-Planung sollte zum Schluß kurz eine gemeinsame emotionale Bilanz gezogen werden. »Gemeinsam« bedeutet in diesem Falle, daß alle Teilnehmer/innen sich zumindest kurz persönlich äußern.

Leitfragen:

- *Wie bewerte ich die Ergebnisse?*
- *Wie beurteile ich den Verlauf des Workshops?*
- *Wie zufrieden oder unzufrieden bin ich mit der Rolle, die ich in diesem Workshop gespielt habe?*
- *In welcher Stimmung gehe ich jetzt nach Hause?*

Das Schluß-Feedback sollte nicht unter Zeitdruck erfolgen. Es bietet eine letzte Gelegenheit, bisher nicht entdeckte Unwuchten im Beziehungsgefüge oder Unwägbarkeiten im weiteren Vorgehen zu identifizieren und zu besprechen.

Abbildung 38

Checkliste	**Durchführung**

Phase I *Einführung*

- *Einstimmung*
  - Begrüßung und Information über die Vorgeschichte des Workshops
  - Abklärung der Erwartungen der Teilnehmer/innen

- *Auftauen*
  wenn die Teilnehmer/innen sich gegenseitig nicht gut kennen: Arbeits- und Dialogfähigkeit herstellen:
  - Bild ohne Worte oder
  - Selbst- und Fremdeinschätzung der Ausgangssituation

- *Programm*
  - Übersicht über die Themen
  - Prioritäten setzen und Reihenfolge bestimmen
  - Zeitkontingente zuordnen

Phase II *Bearbeitung der Themen*

Vorgehensmuster:

1) *Datensammlung/Symptombeschreibung*
2) *Problemanalyse*
3) *Kraftfeldanalyse*
4) *Konzeption notwendiger Veränderungen*
5) *Aktionsplan*
6) *Was passiert, wenn nichts passiert?*
7) *Erfolgsprognose*

Kontinuierliche Überwachung:

a) *Fortschritt der inhaltlichen Arbeit*
b) *Kommunikation und Zusammenarbeit im Gesamtteam*

Phase III *Ergebnissicherung und Planung des weiteren Vorgehens*

- Zusammenfassung der Ergebnisse und Klärung der offenen Punkte

- Festlegen des weiteren Vorgehens:
  - Konkrete und terminierte Aufträge: *Wer tut was bis wann?*
  - Vorschau: *Wie geht es danach weiter?*
  - Protokoll: *Wer/bis wann/an wen/in welcher Form?*
  - Information über den Workshop: *Wer/an wen/wie/bis wann?*

- Feedback *(gemeinsame emotionale Bilanz)*

Häufig auftretende Gefahren

- *Versachlichung:* Trotz aller Erkenntnisse über die Bedeutung der zwischenmenschlichen Beziehungen in der sachlichen Arbeit und der besten Absicht, dies im Verlauf auch zu berücksichtigen, ist es doch allzu verlockend, den Workshop möglichst sachlich zu gestalten. Beziehungsthemen sind heikel. Kein Wunder, daß in der Praxis meistens versucht wird, sie soweit wie möglich zu vermeiden. Man spricht die Dinge erst dann an, wenn es wirklich nicht mehr anders geht, d. h., wenn es in der Bearbeitung der Sachinhalte so massiv »klemmt«, daß nichts mehr läuft. Wertvolle Zeit ist verloren. Anfangs wäre es vielleicht noch möglich gewesen, die drohende Arbeitsstörung rechtzeitig aufzufangen. Die Behandlung einer ausgewachsenen Beziehungsstörung dagegen ist nicht nur äußerst aufwendig, sondern auch weit weniger kalkulierbar.

- *Fixierung auf Lösungen:* »*Ich habe eine wunderschöne Lösung – leider fehlt mir das Problem dazu*« – dieser Spruch ist natürlich voll aus dem Leben gegriffen. Vermutlich hat es damit zu tun, daß es dem persönlichen Prestige förderlicher erscheint, fixe Patentlösungen zu bieten – möglichst spektakuläre noch dazu –, als sich auf die unauffällige, mühevolle Suche nach Hintergründen und Zusammenhängen einzulassen. Wenn man den Anfängen nicht wehrt, entwickelt sich ein regelrechtes Drängeln auf der Überholspur der Vorzeigelösungen. Die Atmosphäre wird hektisch, jeder ist besorgt, nur ja entsprechend zur Geltung zu kommen. In diesem Fall hilft nur: die Bühne drehen, das störende Verhaltensmuster ansprechen, dadurch Raum schaffen für eine ruhigere Atmosphäre, in der gemeinsame Suche, Sorgfalt und die »Tugend der Langsamkeit« gefragt sind.

- *Übereifriger Moderator:* Der Moderator fühlt sich in der Hauptverantwortung für das Ergebnis. Er will etwas vorweisen können – seinem Kunden, vor allem aber sich selbst. Er treibt das System an, führt sich als »der bessere Manager« auf, entwickelt sich zum eigentlichen Energieträger. Die Teilnehmer können sich unbemerkt aus der Trägerschaft zurückziehen. Auftretender Widerstand wird entweder nicht erkannt oder geschickt wegmoderiert.

- *Verwirrspiel der Teilnehmer: So tun, als ob ...:* Jeder Zustand hat für bestimmte Menschen eine nicht zu unterschätzende Attraktivität, sonst bestünde er nämlich gar nicht. Darüber klagen heißt noch lange nicht, daran auch wirklich etwas ändern zu wollen. Werden diese aus gutem Grund sehr verdeckten Interessenlagen nicht erkannt, geht man zumindest als externer Moderator einer solchen Klientel leicht auf den Leim. Eine der raffinierteren Formen der Verweigerung und des Widerstandes besteht nämlich darin, so zu tun, als ob man wirklich mit Leib und Seele dabei wäre. Alle flüchten sich in operative Hektik und produzieren Material. Es gibt ellenlange Problemlisten und Veränderungsvorschläge. Es wird visualisiert auf Teufel komm raus. Gleichzeitig wissen alle – und arbeiten auch gezielt darauf hin –, daß sich nach dem Workshop nichts ändern wird. Aber man ist geübt, den Schein zu wahren, damit kein Verdacht aufkommt. Die nach wie vor häufigen Klagen über die Folgenlosigkeit so mancher Workshops lassen vermuten, daß es weit mehr solcher Alibiveranstaltungen gibt, als man glauben möchte. Je stärker der Moderator auf die Sachthemen fixiert ist, um so weniger wird er diesem Spiel auf die Schliche kommen. Im Gegenteil, er wird den Eifer der Teilnehmer als echtes Engagement und, wenn möglich, als Resultat seiner gekonnten Moderation interpretieren.

- *Verhütungsdesign:* Der große Vorteil von Klausurveranstaltungen liegt in ihrer unschätzbar wertvollen, wenn auch nicht immer leicht steuerbaren *Gruppendynamik.* Auf einmal werden Prozesse möglich, die bisher undenkbar schienen. Verständlicherweise fühlt sich manch ein Veranstalter oder Moderator im Hinblick auf diese potentielle Dynamik der Veranstaltung eher unsicher und ängstlich. Um die eigene Unsicherheit zu binden, wird er versuchen, die Veranstaltung inhaltlich, methodisch und zeitlich so exakt und so eng wie nur möglich – ohne jeden freien

Spielraum – zu strukturieren, damit, wie er nun hofft, nur ja nichts passieren kann, was er nicht im Griff hat – nach dem Motto: »*Das Design ist dazu da, daß es dem Moderator gutgeht.*«

Eine derartige Überstrukturierung ist allein schon im Hinblick auf wichtige Ziele einer solchen Veranstaltung ein unangemessenes Zwangskorsett. Ein Workshop soll nämlich unter anderem echte Begegnungsqualität ermöglichen, Lern- und Entwicklungsräume schaffen und »Wir«-Impulse erzeugen. Im übrigen zeigt die Praxis, daß eine unterdrückte emotionale Dynamik sich unbesehen aller Vorkehrungen früher oder später Bahn bricht – auf die eine oder andere Weise. Je stärker ohne zwingenden Grund strukturiert wird, desto mehr muß man auf unliebsame Überraschungen gefaßt sein.

Abbildung 39

Sicherung des Transfers

Merksätze

- *Ohne Ergebnisprotokoll und Umsetzungsplanung gibt es keinen gesicherten Transfer!*

- *Ergebnis- und Transfersicherung sind entscheidend für die Motivation der Teilnehmer!*

- *Der Workshop ist nur so gut wie die Planung des weiteren Vorgehens!*

- *Die Umsetzungsplanung ist mit Abstimmungs- und Diskussionsaufwand verbunden!*

- *Man verschätzt sich regelmäßig beim Zeitbedarf für die Transfersicherung!*

- *Zeitliches Überziehen am Schluß führt zu Unruhe und Ärger!*

Konsequenz

Von vornherein am Schluß des Workshops genügend Zeit für Ergebnis- und Transfersicherung reservieren!
Erfahrungswert: 1 Stunde pro Workshop-Tag
(exkl. Feedback!)

Abbildung 40

Hauptsächliche Gefahren

- Versachlichung emotionaler Themen

- Fixierung auf Lösungen

- Übereifer des Moderators

- Verwirrspiel der Teilnehmer (So tun, als ob ...)

- Verhütungs-Design

- Ungenügende Ergebnis- und Transfersicherung

Genauso verkehrt wäre es selbstverständlich, auf Teufel komm raus gruppendynamische Themen hochzukochen. Die sachlichen Arbeitsergebnisse des Workshops sind allemal das erstrangige Ziel. Es geht vielmehr darum, situativ zu erspüren, wann unterschwellige, emotionale Vorgänge den Arbeitsprozeß überlagern und aus dem Untergrund heraus behindern. Das Offenlegen und Besprechen solcher Vorgänge hat nur ein Ziel: die Dialog- und Arbeitsfähigkeit wiederherzustellen – nach dem bekannten Prinzip: *»Störungen haben Vorrang.«*

- *Ungenügende Ergebnis- und Transfersicherung:* Viele, auch an sich gut verlaufene Workshops enden mit einer unangemessenen operativen Hektik, ohne klare Vereinbarungen bezüglich des weiteren Vorgehens und mit entsprechend gemischten Gefühlen der Teilnehmer bezüglich des Aufwand/Nutzen-Verhältnisses. Erstens, man hat von vornherein zuwenig Zeit für Ergebnissicherung, weiteres Vorgehen und Feedback eingeplant. Zweitens, man ist gegen Ende gerade in einem wichtigen Thema drin und möchte dieses unbedingt noch zu einem »Abschluß« bringen. Drittens, alle werden unruhig, weil sie ihre Rückreise dem Programm entsprechend terminiert haben und befürchten, man würde die Zeit überziehen. Resultat: Der Abschluß gerät zur unwürdigen Schluderei oder unterbleibt ganz. Der gemeinsame Arbeitsprozeß bricht abrupt ab, die Folgeaktivitäten werden der Substanz dessen, was im Workshop gemeinsam erarbeitet worden ist, in keiner Weise gerecht. Dies gehört schlicht in die Rubrik »Verschleuderung wertvoller Ressourcen«. Es ist immer möglich, nicht abgeschlossene Themen weiter zu bearbeiten – vorausgesetzt, daß dies rechtzeitig gemeinsam geplant wird. Der Schlußteil eines Workshops muß deshalb mit genügend Zeit im Programm versehen werden, und diese darf unter gar keinen Umständen angetastet werden.

10. Kapitel
Konfliktmanagement

Die Normalität von Konflikten

Konflikte sind an sich eine ganz normale und alltägliche Begleiterscheinung menschlichen Zusammenlebens. Es gibt keine dauerhaft konfliktfreien Beziehungen. Wo immer Menschen zusammenwirken, treffen unterschiedliche Meinungen, Bedürfnisse und Interessen aufeinander – mal zwischen einzelnen Individuen, mal zwischen kleineren Gruppen, mal auch zwischen großen Organisationen. Und wenn irgendwo irgendwelche Veränderungen anstehen, sind Konflikte von vornherein programmiert – denn da gibt es immer die einen, die etwas Neues schaffen wollen, und die anderen, die den bisherigen Zustand erhalten möchten. Es gibt keine Veränderung ohne Konflikt.

Die meisten Konflikte werden im täglichen Leben auf völlig unspektakuläre Art und Weise beigelegt. Mal gibt der eine nach, mal der andere, mal wird ein beiderseits tragbarer Kompromiß ausgehandelt – und am nächsten Tag weiß keiner mehr, daß es überhaupt eine Konfliktsituation gegeben hat. Mal hier und mal da nehmen die Dinge aber – plötzlich und unerwartet – einen ganz anderen Verlauf. Der Dialog gerät zum Streitgespräch, dieses wiederum zur harten Auseinandersetzung. Emotionen heizen die Szene an: Empörung und Wut, Haß und Verachtung. Die Gegner verkeilen sich in einem Abtausch von Angriff und Gegenangriff ineinander. Es kommt zu Verletzungen – und ehe man es sich versieht, ist ein Krieg im Gange, in dem die Vernichtung des Gegners zum Hauptziel geworden ist. Am Schluß gibt es entweder einen Sieger und einen Besiegten – oder zwei Verlierer. Zurück bleiben immer die Schäden – im günstigsten Falle zerstörte zwischenmenschliche Beziehungen; im ungünstigsten Falle tote, körperlich verletzte und seelisch geschädigte Menschen, ruinierte Siedlungen, verbrannte Erde.

Einen solchen Verlauf zu verhindern – im Zusammenleben der Völker, in der Familie oder im Arbeitsbereich – ist unter Gesichtspunkten sowohl der menschlichen Ethik als auch der Ökonomie ein erstrangiges Ziel. Die Fähigkeit, Konfliktsituationen rechtzeitig zu erkennen und so zu steuern, daß Veränderung möglich und gleichzeitig Schaden begrenzt wird, ist etwas vom Allerwichtigsten, was ein Manager heute für die erfolgreiche Ausübung seines Berufes braucht.

Dramaturgie der Konfliktbildung

Wer ein Fahrrad oder ein Automobil reparieren will, muß zunächst verstehen, wie es funktioniert. Deshalb hier in aller Kürze das Wichtigste über die Dynamik von Konflikten.

Ein unkontrollierter Konflikt verläuft typischerweise in vier klar unterscheidbaren Phasen:

1. Die Diskussion

Im Verlaufe eines längerfristigen Konfliktgeschehens kann sie durch Folgeereignisse so stark überlagert werden, daß am Schluß keiner mehr weiß, daß es sie jemals gegeben hat. Aber am Anfang gibt es sie immer: die *Sachfrage* – den Diskussionsgegenstand, der im Rahmen eines zunächst durchaus partnerschaftlichen Dialogs Anlaß war, unterschiedlicher Meinung zu sein oder unterschiedliche Interessen geltend zu machen.

Beispiel: In einem Großraumbüro, in dem enge Platzverhältnisse herrschen, bittet Abteilung X wegen Anschaffung eines Spezialgerätes die benachbarte Abteilung Y, ihr 4 m² Raum abzutreten. Abteilung Y macht jedoch geltend, selbst unter Platznot zu leiden und nicht in der Lage zu sein, Büroraum abzugeben.

Der Streitgegenstand ist ganz alltäglicher Natur. Es gibt zunächst keinen Grund für einen schweren Konflikt. Ähnliche Probleme sind in diesem Büro schon mehrmals aufgetreten. Man hat immer eine Lösung gefunden.

2. Die Überlagerung

Im Verlaufe der Diskussion entsteht eine kritische Situation: Argumente der einen Seite werden von der anderen nicht akzeptiert. Man stellt das, was gesagt wird, in Frage. Man unterstellt der anderen Seite Eigennutz, Taktik und, in der Konsequenz, Unaufrichtigkeit. An diesem Punkt gerät die Auseinandersetzung auf die moralische Ebene. Die Sachfrage wird überlagert durch Wert-, Beziehungs- und Personenfragen. Emotionen kommen ins Spiel.

Beispiel: Abteilung X ist der Meinung, daß in Abteilung Y bei weitem nicht so enge Arbeitsverhältnisse herrschen wie bei ihr. Außerdem wird die Arbeit an dem neuen Gerät hohe Konzentration erfordern und keine laufenden Störungen vertragen. Abteilung Y andererseits ist der Meinung, daß Abteilung X ein ganz normales Arbeitsgerät zum Anlaß nimmt, sich auf Kosten anderer mehr Komfort zu verschaffen.

Gerechtigkeit wird zum Thema. Außerdem fühlt Abteilung X sich in ihrer professionellen Bedeutung nicht ernst genommen. Sie fühlt sich abgewertet. Abteilung Y dagegen befürchtet, ausgebeutet und über den Tisch gezogen zu werden. Wert- und Personenfragen sind auf den Plan getreten.

3. Die Eskalation

Sobald eine Seite glaubt, von der anderen nicht ernst genommen, in ihrer Würde und Integrität verletzt oder gar vorsätzlich angelogen oder mißbraucht zu werden, reagiert sie mit Wut und Empörung. Sie betrachtet den Fehdehandschuh als geworfen und geht zum – wie sie glaubt – berechtigten Gegenangriff über. Und exakt das gleiche geschieht auf der Gegenseite.

Die Kommunikation mit dem Partner wird abgebrochen. Man versucht, den Gegner zu isolieren und ihm Schaden zuzufügen. Es wird im Umfeld nach Verbündeten gesucht. Der Konflikt gerät in die *heiße* Phase. Es kommt zu einer sogenannten *symmetrischen Eskalation*. Diese beruht auf drei Mechanismen:

- *Erstens:* Die Emotionen liefern auf beiden Seiten in gewaltigem Umfang Energie, die Menschen engagieren sich wie nie zuvor.

- *Zweitens:* Das Geschehen vollzieht sich nicht mehr auf der Ebene der Sachlogik, der Vorgang ist *der rationalen Kontrolle entzogen.*

- *Drittens:* Beide Seiten leiden unter sogenannter *selektiver Wahrnehmung*: Sie registrieren nur noch, was ihr Vorurteil über den Konfliktpartner bestätigt – und blenden systematisch alles aus, was diesem widerspricht. Konsequenz: Durch jeden Schritt der einen Seite fühlt sich die andere legitimiert, noch massiver zurückzuschlagen.

Es steht nun nicht mehr die ursprüngliche Sachfrage im Vordergrund, sondern das *aktuelle Verhalten* der jeweils anderen Seite. Der Kampf generiert sich selbst.

Beispiel: Es kommt zu einem unschönen Auftritt zwischen Vertretern der Abteilungen X und Y, bei welchem man sich gegenseitig alles an den Kopf wirft, was man voneinander hält. Es werden beiderseits persönliche Beschuldigungen und kränkende Vorwürfe erhoben. Danach ist das Klima versaut. Man spricht nicht mehr miteinander. Beide Seiten unternehmen Schritte bei der Hierarchie. Geharnischte schriftliche Vorlagen werden abgefaßt. Das Umfeld wird einbezogen und polarisiert. Das Großraumbüro ist in zwei »Lager« gespalten.

Emotionen beherrschen die Szene. Die Raumfrage ist zwar nicht vom Tisch. Aber im Vordergrund stehen nun Fragen der Gerechtigkeit, der Wichtigkeit oder Unwichtigkeit bestimmter Aufgabenbereiche sowie – last not least – der Glaubwürdigkeit einzelner Personen.

4. Die Verhärtung

Kein Konflikt bleibt dauerhaft in einer heißen Phase. Früher oder später kommt es zu einer Abkühlung – sei es, weil eine Seite gewonnen und ihre Interessen durchgesetzt hat, sei es, weil aufgrund der Kräfteverhältnisse eine Pattsituation entstanden ist, aus der sich ein Zustand labilen Gleichgewichts entwickelt hat. Im letzteren Falle herrscht »kalter Krieg«, der Konflikt ist »chronisch« geworden. Im Arbeitsbereich ist dies eine sehr häufige Situation. Sie kann Jahre oder gar Jahrzehnte überdauern. Tatsächlich oder vermeintlich erlittenes Unrecht wird aber nicht vergessen. Es bleibt als dauerndes Konfliktpotential für die Zukunft bestehen.

Beispiel: Das Management hat angesichts der Krise den gordischen Knoten durchgeschnitten und ein »salomonisches« Urteil gefällt: Abteilung Y gibt 2 m² Raum ab. Diese Entscheidung ist endgültig, es gibt keine weiteren Diskussionen, in beiden Abteilungen wird es enger. Im weiteren Umfeld geht man zur Tagesordnung über, aber das Klima zwischen den beiden Abteilungen bleibt gestört. Es wird nicht miteinander gesprochen und schon gar nicht kooperiert. Man geht sich systematisch aus dem Wege.

Die Aufrechterhaltung dieses Zustandes, insbesondere die *mangelnde Kommunikation und Kooperation zwischen zwei Funktionsbereichen*, kostet unerhört viel Zeit, Geld und Nerven. Außerdem ist die Gefahr eines offenen Ausbruchs nie ganz gebannt. Aber das Umfeld hat gelernt, die Situation zumindest in kaltem Zustand einigermaßen zu stabilisieren.

Grundvoraussetzungen für eine Konfliktregulierung

Jeder Konflikt hat seine Geschichte. Er ist nicht irgendein plötzliches und schon gar kein zufälliges Ereignis, sondern das Ergebnis eines ganz bestimmten Entwicklungsprozesses. Ein Konflikt wird »gelernt« – und wer ihn aus der Welt schaffen will, muß dafür sorgen, daß er wieder »verlernt« wird. Verständnis für das Geschehene muß gewonnen, Mißtrauen schrittweise abgebaut, Vertrauen schrittweise wiederaufgebaut werden. Der Weg, der in die Irre geführt hat, muß gemeinsam ein Stück weit zurückgegangen werden, bevor man ohne Gefahr eines Rückfalles gemeinsam einen neuen Weg in die Zukunft gehen kann.

Was muß konkret geschehen?

- *Direkte Kommunikation herstellen*
  Ein Konflikt kann, wenn überhaupt, nur von den direkt betroffenen Konfliktpartnern selbst gelöst werden. Die direkte Verständigung ist jedoch in einer Frühphase des Konfliktgeschehens abgebrochen worden. Das erste und Wichtigste besteht deshalb darin, die direkte Dialogsituation wiederherzustellen, d.h., die beiden Kontrahenten an einen Tisch zu bringen.

- *Dialog kontrollieren*
  Die beiden Konfliktparteien sind zunächst gar nicht in der Lage, sich wirklich zu verständigen. Ohne fremde Hilfe würden sie sich aufgrund der nach wie vor wirksamen selektiven Wahrnehmung innerhalb kürzester Zeit wieder gegenseitig mißverstehen und in einem Streit verheddern. Eine neutrale, dritte Seite muß die Interaktionen zwischen den beiden Konfliktparteien vor allem in der ersten Phase sorgfältig überwachen und bei jedem einzelnen Schritt sicherstellen, daß das gesprochene Wort nicht anders verstanden wird, als es gemeint ist.

- *Emotionen offenlegen*
  Es gibt keine Hoffnung auf eine Lösung des Konfliktes, wenn die subjektiven Empfindungen, die enttäuschten Erwartungen, die Gefühle der Kränkung und der Verletzung auf beiden Seiten nicht offen ausgesprochen werden können. Nur wenn dies geschieht, läßt sich der Druck der gestauten Emotionen senken und der Konflikt auf seinen Ursprung, nämlich die realen Bedürfnisse und Interessen, reduzieren.

- *Vergangenheit bewältigen*
  Das Äußern der Gefühle allein genügt nicht. Beide Partner müssen der anderen Seite verständlich machen können, welche Umstände, Situa-

tionen oder Ereignisse bei ihnen Frustration, Enttäuschung oder Wut ausgelöst haben – und warum. Nur wenn dies geschieht, kann nämlich der Partner seinen eigenen – gewollten oder ungewollten – Anteil am Konfliktgeschehen erkennen und akzeptieren lernen. Dies wiederum ist Grundvoraussetzung dafür, daß er den anderen nicht weiterhin als den alleinigen »Schuldigen« betrachtet.

- *Beiderseits tragbare Lösung aushandeln*
  Wenn der Schutt weggeräumt ist, geht es darum, gemeinsam eine dauerhafte Lösung des Problems zu erarbeiten. Entscheidend ist hierbei: Es darf keinen »Verlierer« geben (siehe Abbildung 31: *Modelle menschlichen Konfliktverhaltens*). Es muß sich für beide Partner wirklich lohnen, über den eigenen Schatten zu springen und in Verhandlungen einzutreten. Die Lösung muß die Interessen beider Seiten berücksichtigen. Aber die Lösung selbst ist nur das eine, sie partnerschaftlich auszuhandeln, das andere. Das Einüben von Zusammenarbeit ist in sich selbst ein wichtiger Schritt der

Abbildung 41

Modelle menschlichen Konfliktverhaltens

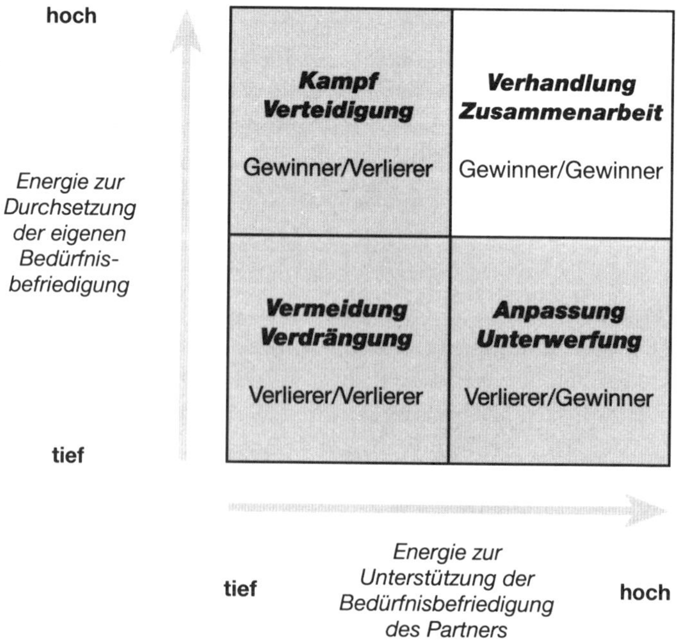

Konfliktverarbeitung. Erst hier wird faktisch vom Konflikt Abschied genommen. Bis hierher hat man nur geredet. Jetzt *tut* man etwas gemeinsam. Es wird eine *neue Situation* geschaffen.

Phasenmodell der Konfliktregelung

Der gezielte und geplante Prozeß der Konfliktlösung zwischen zwei Parteien – Individuen oder Gruppen – vollzieht sich, ausgehend von den genannten Voraussetzungen, in sechs Phasen. Die »Prozeß-Architektur« ist nicht beliebig. Jede Phase baut auf den vorangehenden auf, keine darf ausgelassen werden.

Phase 1:	*Vorbereitung*

Dies ist die Phase des neutralen Dritten, des Vermittlers, des Konfliktmanagers. Er hat Zugang zu beiden Konfliktparteien und stellt zunächst die einzige Verbindung zwischen diesen dar. Er hat in dieser Phase zwei Ziele. Erstens, die *Hintergründe des Konfliktes verstehen*: die Geschichte aus Sicht beider Seiten erfahren; die Interessen und die empfindlichen Stellen beider Seiten eruieren. Zweitens, *Voraussetzungen für direkte Gespräche schaffen*: Perspektiven aufzeigen; die »Hoffnungslosigkeit« der Situation in Frage stellen; Mut machen; Spielregeln und Verfahrensschritte für die direkte Begegnung vorschlagen. Der Vermittler pendelt in dieser Phase – eventuell während längerer Zeit – zwischen den beiden Konfliktpartnern hin und her. Über ihn bahnt sich eine erste, indirekte und behelfsmäßige Kommunikation zwischen zwei Parteien an, die sich formal im Zustand der Nicht-Kommunikation befinden. »*Kissinger-Diplomatie*« ist in diesem Zusammenhang ein Begriff geworden.

Phase 2:	*Eröffnung*

Wenn es dazu kommt, ist schon viel gewonnen: daß man sich überhaupt wieder gemeinsam an einen Tisch setzt. Aber das Klima ist gespannt, das Mißtrauen groß. Es geht jetzt darum, all das, was man in bilateralen Kontakten vorbesprochen hat, in Gegenwart beider Konfliktparteien zu bestätigen: die *Ausgangslage*; das *Ziel* der Übung; die einzelnen *Schritte des Vorgehens*; die *Spielregeln*; die *Rolle des Moderators*; die *Rolle der beiden Konfliktparteien*; den *Zeitplan*. In der Regel gibt es hier kaum Rückfragen

375

oder Korrekturen. Aber man tut gut daran, diese Dinge am Anfang nochmals ganz klar zu benennen. Die beiden Konfliktparteien sind emotional erregt. Sie haben längst nicht mehr alles im Kopf, was besprochen war. Eine klare Struktur gibt Sicherheit – auch der Moderation.

Phase 3:	*Konfrontation*

Es geht nun darum, daß beide Partner offen ihre Sicht der Dinge, ihre konkreten Erlebnisse und Erfahrungen sowie die damit verbundenen Gefühle darlegen können. Dies geschieht mit großem Vorteil in strukturierter Form: zuerst die eine Seite, dann die andere. Wenn von beiden Seiten gleichzeitig wild durcheinandergeredet wird, ist eine echte Verständigung nicht möglich, die Moderation wird überfordert. Entscheidend ist zweierlei. Erstens, daß beide Berichte vollständig angehört, nicht unterbrochen, zunächst nicht diskutiert und nicht zerredet werden. Zweitens Offenheit. Die Berichtenden sollen so reden, wie ihnen der Schnabel gewachsen ist, und aus ihrem Herzen keine Mördergrube machen. Es darf nachgefragt werden, wenn etwas nicht verstanden wird. Jede andere Unterbrechung aber wird von der Moderation sofort geahndet.

Phase 4:	*Auswertung*

Wenn alles auf dem Tisch liegt, was die Konfliktpartner an Erfahrungen und Gefühlen mitgebracht haben, muß das Material gemeinsam gesichtet, geordnet und ausgewertet werden. Da gibt es Fragen, die offengeblieben sind und geklärt werden müssen; da gibt es wichtige neue Erkenntnisse, Dinge, die man nicht gewußt oder möglicherweise falsch interpretiert hatte; und da gibt es Dinge, auf denen man nicht sitzen bleiben mag – Punkte, die präzisiert, Bilder, die geradegerückt, Wunden, die geleckt werden müssen. In dieser Phase ist Sorgfalt oberste Bürgerpflicht. Hier, wenn überhaupt, werden Aggression, Mißtrauen und Vorurteile abgebaut; hier, wenn überhaupt, werden die Voraussetzungen für das Aufbauen neuen Vertrauens geschaffen. Es kann notwendig sein, ein Stück weit in die Vergangenheit zurückzugehen, um das, was dort passiert ist, besser zu verstehen – zu begreifen als unglücklich verlaufenes, prozessuales Geschehen, und nicht als einseitigen aggressiven Akt, dessen Opfer man geworden ist. Die moralinverschmierte Brille abzulegen und von der Schuldfrage wegzukommen – dies ist hier das wesentliche Ziel.

Phase 5:	*Verhandlung*

Welches sind die echten Anliegen? Welche sachlichen Interessen liegen vor
– und welche emotionalen Bedürfnisse? Dies muß auf beiden Seiten geklärt werden. Nur wenn beide Seiten die Prioritäten des Partners wirklich
verstanden haben, kann das Aushandeln einer Lösung mit Aussicht auf
Erfolg beginnen. An Ideen fehlt es im allgemeinen nicht. Wichtig ist allerdings, daß die Lösung nach beiden Seiten hin sorgfältig abgesichert wird.
Das alle Beteiligten glücklich machende Ei des Kolumbus findet man selten. Die Lösung wird für beide Seiten ein Kompromiß sein – aber es darf
kein billiger, kein fauler und kein vorschneller Kompromiß sein. Beide
Partner müssen ausdrücklich bekräftigen, daß die gefundene Lösung ihnen fair erscheint und für sie tragbar ist. Sonst muß weiterverhandelt werden. Im übrigen gehören zu einer dauerhaften Lösung nicht nur konkrete
Maßnahmen im Zusammenhang mit der anstehenden Sachfrage. Es müssen zusätzliche Vereinbarungen getroffen werden: Spielregeln für den
Umgang und die Kommunikation miteinander im betrieblichen Alltag;
Modalitäten der Bearbeitung eventueller Pannen in den wechselseitigen
Beziehungen; der Termin für eine gemeinsame Zwischenbilanz und Standortbestimmung.

Phase 6:	*Realisierung*

Es gibt nichts Gutes, außer man tut es. Die Qualität der Lösung mißt sich
an ihrer Umsetzung – und dafür muß einiges getan werden. Die offene
Aussprache hat zu beiderseitiger Erleichterung geführt. Eine gewisse Eu-
phorie kommt auf. Man glaubt, jetzt sei »alles in Butter«. Aber das Tagesgeschäft hat seine Tücken. Trotz beiderseits guten Willens kommt es im
Alltag zu Pannen. Beide Partner werden auf Herz und Nieren daraufhin
getestet, ob sie es mit der offenen Zusammenarbeit ernst meinen. Nur die
strikte Einhaltung der vereinbarten Spielregeln hilft, neue kritische Situationen zu überwinden, ohne gleich wieder in Streit zu geraten. Das neue
Kooperationssystem bedarf der Pflege. Aber mit der Zeit lernen beide Seiten, mit dem Partner umzugehen. Die Beziehungen normalisieren sich –
und irgendeinmal denkt niemand mehr an den Konflikt zurück. Dann ist
er endgültig überwunden.

Konfliktregelung zwischen zwei Gruppen

Konflikte zwischen zwei Gruppen gehören in Unternehmen und Institutionen zu den häufigsten und gleichzeitig kostspieligsten Problemsituationen. Folgende Konfliktkonstellationen sind beispielsweise in der Praxis sehr häufig anzutreffen:

- Vertrieb ↔ Entwicklung
- zentrales Controlling ↔ Linie
- zentrale EDV ↔ Linie
- zentrale Personalabteilung ↔ Linie
- Betriebsrat ↔ Management
- Holding-Stäbe ↔ Konzerngesellschaften

Aber auch zwischen benachbarten Gruppen oder Bereichen, zwischen Ausschüssen, zwischen Projektgruppen und Linienbereichen kann es zu Spannungen und Konflikten kommen. Die Komplexität solcher Situationen macht häufig ein besonders systematisches Vorgehen erforderlich: Die Vorbereitung und Durchführung eines *Konfrontations-* bzw. *Konfliktlösungstreffens* (siehe Abbildung 42). Diese Methode hat sich in der Praxis sehr gut bewährt und wird deshalb hier kurz beschrieben.

Abbildung 42

Konfliktlösungstreffen – Fragen und Antworten

Was ist ein Konfliktlösungstreffen?
Eine Methode strukturierter und moderierter Konfliktlösung zwischen zwei Gruppen.

Was ist das Ziel eines Konfliktlösungstreffens?
Einleiten eines Prozesses der Konfliktregelung:
- Herstellen von Transparenz bezüglich der Problemzusammenhänge für die direkt vom Konflikt Betroffenen.
- Deeskalation der Emotionen und Reduktion des Konfliktes auf die sachlichen Meinungsverschiedenheiten und Interessengegensätze.
- Aushandeln von möglichen Lösungsansätzen sowie konkreten Vorgehensweisen zu deren Realisierung.

Wie groß ist die Anzahl der Teilnehmer/innen?
Idealerweise zwei Gruppen von je 5-8 Personen *(plus 1-2 Moderatoren)*.

Wie lange dauert ein Konfliktlösungstreffen?
1-2 Tage *(je komplexer und verharzter das Problem, desto eher 2 Tage!)*.

Welches sind die Vorteile eines Konfliktlösungstreffens?
– *Hohe Effizienz*: Das Wichtigste kommt in kurzer Zeit und in konzentrierter Form auf den Tisch und wird besprechbar.
– *Lebendige Arbeitsform*: Man kann für einmal richtig »auspacken« – ohne ständige Gefahr, in ein »Hickhack« abzudriften.

Welches ist der Nachteil eines Konfliktlösungstreffens?
Bei Problemen zwischen größeren Bereichen kann immer nur eine Auswahl der direkt Betroffenen teilnehmen, weil sonst die Gruppen zu groß werden und sich in der Tagung nicht mehr verständigen können.

Wann ist ein Konfliktlösungstreffen sinnvoll?
Wenn ein akuter oder latenter Konflikt von hoher Brisanz seit längerer Zeit ansteht – und wenn die Sachprobleme überlagert sind durch Einstellungs- und Verhaltensprobleme.

Welches sind die wichtigsten Voraussetzungen für gute Ergebnisse?
1) Sorgfältige *Auswahl der Teilnehmer/innen*: nur direkt Betroffene mit hohem Interesse an der Problemstellung.
2) Sorgfältige *Vorbereitung*: Die beiden Präsentationen am Anfang sind die Grundlage für die ganze weitere Tagungsarbeit.
3) Straffe *Moderation*: Einhalten des Programms, des Zeitplans sowie der eingangs vereinbarten Spielregeln.
4) Sorgfältige *Nachbereitung*: Sichern der Ergebnisse durch konsequente Nachbearbeitung sowie durch regelmäßige, gemeinsame Zwischenbilanz und »Manöverkritik«.

Der Ablauf im Überblick:

1) Vorbereitung
Beide Konfliktparteien bereiten anhand eines detaillierten Leitfadens (siehe Abbildung 45: *Konfliktlösungstreffen – Leitfragen zur Vorbereitung*) eine Präsentation vor über ihre Sicht der Konfliktsituation – ihr Bild vom Konfliktpartner, ihr Selbstbild sowie ihr vermutetes Fremdbild.

379

2) *Konfliktlösungstreffen*

Im Rahmen einer gemeinsamen Klausurtagung mit klar strukturiertem Ablauf (siehe Abbildung 43: *Konfliktlösungstreffen – Ablauf*) und klaren Spielregeln (siehe Abbildung 44: *Konfliktlösungstreffen – Spielregeln*) präsentieren zunächst beide Seiten ihre Ergebnisse. Anschließend wird das Material geordnet und gemeinsam verarbeitet. Ziel ist es, noch in der Tagung erste Lösungswege aufzuzeigen und die gemeinsame Arbeit an der Konkretisierung verbindlich festzulegen.

3) *Nachbearbeitung*

In gemischt zusammengesetzten Arbeitsgruppen werden zunächst konkrete Lösungsvorschläge für die eruierten Probleme erarbeitet. In einer zweiten gemeinsamen Klausurtagung werden die Ergebnisse bereinigt und verabschiedet.

Für die Vorbereitung und Leitung des Treffens ist es sinnvoll, nicht direkt Beteiligte als Moderatoren einzusetzen. Ihre Rolle muß von Anfang an für alle Beteiligten klar und von diesen akzeptiert sein. Die Funktion des Konfliktmanagers verlangt, neben einer gut entwickelten Kommunikationsfähigkeit, die Einhaltung ganz bestimmter Verhaltensregeln (siehe Abbildung 46: *Zehn goldene Verhaltensregeln für Konfliktmanager*).

Abbildung 43

Konfliktlösungstreffen – Ablauf der Tagung		
1)	*Plenum*	*Einführung* – Kurzer Rückblick auf die Vorgeschichte – Ziele und Ablauf der Tagung – Spielregeln
2)	*Plenum*	**Präsentation der Partei A** Verständnisfragen *(keine Diskussion!)*
3)	*Plenum*	**Präsentation der Partei B** Verständnisfragen *(keine Diskussion!)*
4)	*Gruppenarbeit* *(A + B getrennt)*	*Auswertung* • *Wichtigste Botschaften, die wir verstanden haben …*

- Was ist für uns neu, evtl. überraschend?
- Wichtigste Themen für die gemeinsame Diskussion

5)	*Plenum*	**Präsentationen** plus Verständnisfragen Erstellen einer gemeinsamen Themenliste durch Moderation *(Themen mit Zeitbudgets versehen!)*
6)	*Plenum*	**Diskussion der wichtigsten Themen** unter Moderation *(Einhalten der Zeitlimits, damit kein wichtiges Thema unbearbeitet bleibt!)*
7)	*Gruppenarbeit (3 gemischte Gruppen)*	**Weiteres Vorgehen** • *Was für Sofortmaßnahmen können eingeleitet werden?* • *Welche Themen müssen eingehender bearbeitet werden?* • *Wie soll das geschehen (wer mit wem bis wann)?*
8)	*Plenum*	**Präsentation der Vorschläge** Kurze, straff moderierte Diskussion
9)	*Plenum*	**Erstellen der Arbeitsorganisation und des Zeitplanes** Gemeinsam festlegen: *Wer tut was bis wann?* – Bildprotokoll der Tagung an alle Teilnehmer – Form und Inhalt der Information über die Tagung – Termin für nächstes gemeinsames Treffen
10)	*Plenum*	**Feedback** Kurze persönliche Statements: • *Wie zufrieden/unzufrieden bin ich mit den Ergebnissen?* • *In welcher Stimmung gehe ich jetzt nach Hause?*

Abbildung 44

Konfliktlösungstreffen – Spielregeln

Gleichberechtigung
Partei A und Partei B sind zwei unabhängige und gleichberechtigte Partner.

Thema: Zusammenarbeit
Gegenstand der Tagung ist die Zusammenarbeit zwischen Partei A und Partei B – wir sind nicht hier, um Sachfragen aus dem Tagesgeschäft zu besprechen.

Offenheit und Ehrlichkeit
Probleme klar und direkt ansprechen – nicht um den »heißen Brei« herumreden!

Beschreiben – nicht »moralisieren«
Zustände und Verhalten beschreiben, Tatsachen und Meinungen vortragen – keine Beschuldigungen, keine Vorwürfe!

Zuhören und verstehen
Zuhören, nicht unterbrechen – nachfragen, nicht rechtfertigen!

Praktische Beispiele
Beispiele aus dem betrieblichen Alltag zur Illustration einbringen (aber keine Einzelfälle als Drama hochspielen)!

Personen direkt ansprechen
Anwesende Personen direkt ansprechen (aber Verhaltensweisen und ihre Auswirkungen beschreiben, nicht Motive in andere hineininterpretieren)!

382

Gesucht: Konfliktfähigkeit

Effektvolle Methoden des Konfliktmanagements sind eine prima Sache. Aber neun von zehn Konflikten hätten sich gar nicht erst soweit entwickeln müssen, daß derart aufwendige Aktionen zu ihrer Beilegung erforderlich werden – wenn jemand rechtzeitig das Vorhandensein unterschiedlicher Interessen benannt, auf die Gefahr unfruchtbarer Auseinandersetzungen hingewiesen und die Konfliktparteien an einen Tisch gebracht hätte. Nicht selten genügt es, daß das Problem offen angesprochen und den Beteiligten bewußtgemacht wird – und die Angelegenheit regelt sich ganz von selbst.

In der Praxis werden jedoch offensichtliche Differenzen von Bedürfnissen, Interessen und Werthaltungen systematisch verdrängt und verharmlost – nicht nur von den unmittelbar Beteiligten selbst, sondern auch vom gesamten Umfeld. Und irgendeinmal stellt man dann fest, daß die Beziehungen hoffnungslos zerrüttet sind. Je höher man in der Hierarchie steigt, desto neurotischer wird häufig das Konfliktverhalten. Während einfache Menschen im allgemeinen noch so reden, wie sie denken und empfinden, ist vielen Managern Taktik bereits zur zweiten Natur geworden. Da findet man die Weltmeister – sowohl im Verdrängen von Konflikten als auch in Star Wars und Karate.

Dabei gilt auch im Management die Binsenwahrheit: *Prophylaxe ist besser als Therapie.* Die Fähigkeit,

– Konflikte rechtzeitig zu erkennen,
– Konflikte offen und unbefangen anzusprechen,
– Konflikte als direkt Beteiligter konstruktiv auszutragen,
– Konflikte als nicht direkt Beteiligter regeln zu helfen,

gehört bei Menschen, die in Organisationen Verantwortung tragen, zu den ganz großen Tugenden. Doch diese Tugend ist durchweg Mangelware. Daß viele Leute im Management gute Ellbogen, wenig Gespür und eine harte Rechte haben, mit der sie ohne Rücksicht auf Verluste um sich schlagen, ist eine Sache. Aber woran liegt es, daß ebensoviele Leute Konflikten von vornherein fast zwanghaft aus dem Wege gehen – Konflikte, auch wo sie sich förmlich aufdrängen, scheinbar überhaupt nicht wahrnehmen?

Menschen verfügen – genau wie übrigens auch Tiere – nicht nur über die zur Selbst- und Arterhaltung erforderlichen natürlichen Aggressionstriebe, sondern auch über instinktgesteuerte Verhaltensprogramme, welche den Aggressionspegel reduzieren oder den gesamten Mechanismus außer Kraft setzen, wenn dies zur Fortpflanzung, für das soziale Zusam-

Abbildung 45

**Konfliktlösungstreffen –
Leitfragen zur Vorbereitung der Präsentation**

---

1. **Fremdbild**
   - *Wie sehen bzw. erleben wir die anderen? Wie nehmen sie ihre Aufgabe wahr? Wie verhalten sie sich uns gegenüber?*
   - *Was ist (oder scheint) für sie besonders wichtig? Wo liegt ihre Hauptmotivation? Was interessiert sie besonders, was interessiert sie weniger?*
   - *Was gefällt uns insgesamt an ihnen und ihrem Verhalten? Was läuft gut in der Zusammenarbeit? Wo liegen ihre Stärken?*
   - *Wo hapert's? Was stört uns? Wo sehen wir Defizite, Reibungsverluste, Konfliktherde – d. h. immer wiederkehrende Probleme in der täglichen Zusammenarbeit?*
   - *Welches sind Fragen, auf die wir schon lange gerne eine Antwort gehabt hätten – oder die wir gerne einmal mit den anderen besprechen würden?*

2. **Selbstbild**
   - *Wie sehen wir uns und unsere eigene Rolle? Wie beurteilen wir unser eigenes Verhalten in der Zusammenarbeit mit den anderen?*
   - *Wo liegt unsere Hauptmotivation? Was ist uns wichtig in der Wahrnehmung unserer Aufgabe?*
   - *Was leisten wir? Was tragen wir zu einer guten Zusammenarbeit bei?*
   - *Was gibt es bei uns intern für Probleme, die sich möglicherweise auf die Zusammenarbeit mit den anderen auswirken? Wo sehen wir bei uns selbst Defizite?*

3. **Vermutetes Fremdbild**
   - *Was glauben wir, wie die anderen uns sehen? Was vermuten wir, wie unser allgemeines »Image« aussieht?*
   - *Welches sind die wichtigsten »Knackpunkte«, die die anderen uns vermutlich vortragen werden?*

Vortrag: max. 45 Min. – wichtigste Aussagen in Stichworten auf Flip-Charts
(Konkretisierung durch praktische Beispiele, Nennen der beteiligten Personen, Beschreiben typischer Verhaltensweisen – aber Vermeiden von Vorwürfen und Unterstellungen!).

menleben in einer Gemeinschaft oder zur zielgerichteten Kooperation in komplexen Aufgaben notwendig ist.

Das praktische Leben zeigt, wie schwierig es ist, mit neuen Partnern – Vorgesetzten, Kollegen oder Mitarbeitern – eine vertrauensvolle Arbeitsbeziehung aufzubauen. Wenn dies aber erst mal gelungen ist, man angefangen hat, kollegial, partnerschaftlich, eventuell sogar freundschaftlich miteinander zu verkehren, werden die Hürden, die man überwinden muß, um sich gegenseitig weh zu tun, immer höher. Und irgendeinmal sind sie so hoch, daß jede konflikthafte Auseinandersetzung von vornherein unterbleibt. Es entsteht das, was man im Interesse der Klarheit bei Menschen nicht anders nennen sollte als bei Hunden, nämlich »Beißhemmung«.

Während gesunde Tiere aber immer bereit sind, sich auch »familienintern« auseinanderzusetzen, wenn dies mal notwendig ist, kommt diese Fähigkeit vielen Menschen endgültig abhanden. Meinungsunterschiede werden nicht mehr angesprochen, offene Auseinandersetzungen sorgfältig vermieden, Interessengegensätze frei nach Freud glatt aus dem Bewußtsein verdrängt. Es gelten – selbstverständlich unausgesprochen – folgende Normen: *»Kritik ist unfein«; »erwachsene Menschen streiten nicht«; »Emotionen sind Ausdruck von Unreife«; »Konflikte sind schädlich«.* Resultat: eine Führungskultur nach dem sogenannten »Harmonie-Modell« – Friede, Freude, Eierkuchen. Und exakt hier liegt das Problem: Das betriebliche Geschehen ist einer laufenden kritischen Überprüfung entzogen, Entpannung findet nicht statt, die Organisation ist nicht mehr erneuerungsfähig und erstarrt.

Wenn eine Norm nicht sinnvoll ist, muß sie geändert werden. Dies ist der erste und wichtigste Schritt zu einer flexiblen, lebendigen und innovativen Organisation: die Norm, daß Kritik nicht »unfein«, Streit nicht »böse«, Konflikt nicht von vornherein »schlecht« ist; daß das Offenlegen von Meinungsunterschieden und Interessengegensätzen Voraussetzung ist für den gemeinsamen Erfolg; daß nicht eine »Harmonie« gefragt ist, die es gar nicht gibt, sondern eine *konstruktive Streitkultur*: eine Welt, in der

Abbildung 46

Zehn goldene Verhaltensregeln für Konfliktmanager

---

1. *Sorgfältige Diagnose vornehmen*
   Machen Sie sich ein gutes Bild von den Hintergründen und Zusammenhängen des Konfliktes. Versuchen Sie, die Dynamik des Geschehens zu verstehen.

2. *Planmäßig vorgehen*
   Legen Sie sich einen Plan für Ihr Vorgehen zurecht. Arbeiten Sie nicht ohne Konzept. Eine Fahrt ins Blaue führt nicht zum Ziel.

3. *Rollenklarheit sicherstellen*
   Machen Sie sich und Ihren Partnern klar, welches Ihre Rolle ist und wie Sie Ihre Aufgabe wahrzunehmen gedenken – und halten Sie sich konsequent daran.

4. *Akzeptanz schaffen*
   Nehmen Sie beide Konfliktparteien ernst. Versuchen Sie, sich in ihre jeweilige Lage hineinzuversetzen.

5. *Kommunikation fördern*
   Halten Sie die Kommunikation mit und zwischen den beiden Konfliktparteien im Gange und fördern Sie die Verständigung.

6. *Emotionen zulassen*
   Versuchen Sie nicht, das emotionale Geschehen auf Teufel komm raus zu versachlichen. Auch Gefühle sind Realitäten – die wichtigsten sogar!

7. *Neutralität bewahren*
   Ergreifen Sie unter gar keinen Umständen Partei für eine der beiden Seiten. Lassen Sie sich nicht vereinnahmen. Erhalten Sie sich Ihre Unabhängigkeit und Ihre Unbefangenheit.

8. *Offen und ehrlich sein*
   Bleiben Sie für beide Partner immer transparent und glaubwürdig. Verhalten Sie sich bei gemeinsamen Treffen in keinem Punkt anders als im bilateralen Gespräch.

9. **Geduld haben**
   Erwarten Sie keine schnellen Fortschritte oder Resultate. Achten Sie auf die kleinen Schritte in die richtige Richtung.

10. **Bescheiden bleiben**
    Fühlen Sie sich nicht allein für den Erfolg verantwortlich. Wenn ein oder beide Partner den Konflikt nicht beigelegt haben wollen – Freud spricht bekanntlich vom »*sekundären Krankheitsgewinn*« –, bleibt er bestehen. Sie können nicht zaubern.

Konflikte nicht verdrängt, sondern zum Anlaß genommen werden, auf dem Wege partnerschaftlicher Auseinandersetzung neue Lösungen zu finden (siehe Abbildung 41: *Modelle menschlichen Konfliktverhaltens*).

11. Kapitel
Veränderung der Unternehmenskultur

Unter den großen, weltweit tätigen Unternehmen ist Hewlett Packard wahrscheinlich dasjenige mit der ausgeprägtesten Unternehmenskultur. In diesem Unternehmen ist einiges anders, als man es sonst landauf, landab in der Wirtschaft gewohnt ist. Wer in der deutschen Hauptverwaltung zu Besuch ist, wird zunächst in ein scheinbar ganz normales Großraumbüro geführt. Das Besondere fällt auf den ersten Blick gar nicht auf: Mitarbeiter/innen und Management arbeiten hier in ein und demselben Raum. Statussymbole sind nicht vorhanden. Man muß schon die Personen kennen, um festzustellen, wo ein Sachbearbeiter und wo der oberste Boß sitzt. Delegation von Verantwortung und Kompetenzen wird großgeschrieben. Sachbearbeiter/innen führen selbständig wichtige Verhandlungen mit externen Lieferanten oder Beratern. Entscheidungen fallen grundsätzlich dort, wo der entsprechende Sachverstand vorhanden ist. Das Klima ist auffallend locker. Es wird allenthalben in Teams und größeren Gruppierungen diskutiert und gearbeitet. Angst scheint ein Fremdwort zu sein. Es fühlt sich auch niemand von Arbeitslosigkeit bedroht. Anläßlich der letzten großen Rezession in den siebziger Jahren sind die Löhne und Gehälter solidarisch und nach oben hin progressiv zurückgefahren worden, damit niemand entlassen werden mußte.

Prinzipien wie *Respekt vor dem Individuum, Recht auf fachliche und persönliche Entwicklung, teamorientierte Zusammenarbeit* oder *Beschäftigungssicherheit* gehören zu den verbrieften Grundlagen der Unternehmensführung. Die Inhalte dieses Führungsleitbildes – sie gehen auf die Gründerväter des Unternehmens zurück – sind gleichrangig wie die High-Tech-Produkte oder der Geschäftsbericht dokumentiert und werden im Rahmen des Zielvereinbarungs-, Qualifikations- und Führungsprozesses *top-down* konsequent gefördert und kontrolliert. Daß Hewlett Packard auch in den gegenwärtigen, schwierigen Zeiten ebenso innovativ wie erfolgreich am Markt tätig ist, liegt zwar nicht ausschließlich an der Unter-

389

nehmenskultur. Aber die Kultur ist fester Bestandteil eines äußerst erfolgreichen Unternehmenskonzeptes.

Und eines kann aus diesem Beispiel klar abgeleitet werden: Wenn eine bestimmte Kultur entwickelt und gefestigt werden soll, muß sie im Unternehmen zum Thema gemacht, von der obersten Führung konsequent vorgelebt, auf allen Stufen eingefordert, systematisch kontrolliert sowie durch Belohnung und Sanktion gestützt werden. Bei Hewlett Packard hat es Fälle von tüchtigen Managern gegeben, die keine Karriere gemacht haben oder von denen man sich wieder getrennt hat, weil sie nicht willens oder nicht in der Lage waren, der Führungskultur des Unternehmens nachzuleben.

Kultur als Steuerungssystem

Unternehmenskultur kann man definieren als die *Gesamtheit aller Normen und Werte*, die den Geist und die Persönlichkeit des Unternehmens ausmachen. Was ist ihre Funktion?

Normen und Werte sind Steuerungsgrößen. Sie kanalisieren das Verhalten der Menschen. Das Ziel ist letztlich eine *Reduktion von Komplexität:* Sie schaffen Klarheit für alle Mitglieder eines Sozialverbandes, was in dieser Organisation als *»gut«* bzw. *»nicht gut«* gilt, was *»erlaubt«* bzw. *»nicht erlaubt«* ist, was *»belohnt«* und was *»bestraft«* wird. Dies zu wissen hilft dem einzelnen nicht nur, sich an seine Umwelt anzupassen, einigermaßen konfliktfrei zu leben und von seinem Umfeld akzeptiert zu werden. Es gibt ihm auch Orientierung bezüglich des Verhaltens der anderen: Er weiß, was er von seinen Mitmenschen erwarten darf und was nicht – und wie er sich demzufolge auf bestimmte Situationen einzustellen hat. Sein soziales Umfeld wird für ihn verstehbar, durchschaubar, berechenbar. Menschliche Gemeinschaften, gleich welcher Art, sind ohne solche »Spielregeln« – Normen, die Orientierung nach innen und Zusammenhalt nach außen gewährleisten – überhaupt nicht funktionsfähig.

Jede Norm und jeder Wert steuern das Verhalten von Individuen und Gruppen in eine ganz bestimmte Richtung, die für das Überleben und den Erfolg des Gesamtverbandes von Bedeutung ist – *»Kundenorientierung«* zum Beispiel, *»Kostenbewußtsein«* oder *»Teamarbeit«* (siehe Abbildung 49). Hier liegt auch der tiefere Grund, weshalb »Unternehmenskultur« in der Wirtschaft noch vor zehn Jahren kaum ein Thema war: In den früheren, klassisch-hierarchischen und arbeitsteiligen Organisationen wurden die Menschen direktiv, durch engbegrenzte Arbeitsinhalte sowie durch die unmittelbare Führungsautorität der Vorgesetzten gesteuert. In den netzwerkartigen Organisationen der Zukunft, im Zeitalter der dezentralen Selbstorganisation, verfügen die Mitarbeiter aller Stufen über einen großen Handlungsspielraum. Sie nehmen komplexe und anspruchsvolle Aufgaben wahr – ohne hierarchische Aufsicht und im Rahmen einer Organisation, die sich ständig im Fluß befindet. In dieser Situation ist es nicht mehr die äußere Struktur, die Orientierung und Sicherheit geben kann. An ihre Stelle treten vielmehr *transparente und stabile Normen und Werte*. Sie übernehmen die entscheidende Ordnungsfunktion. Sie geben der Gemeinschaft eine Identität und schaffen den Rahmen, innerhalb dessen Individuen und Gruppen sich weitgehend selbständig organisieren können, ohne die gemeinsame Marschrichtung aus den Augen zu verlieren.

Es gibt letztlich keine effizientere Steuerung als eine ausgeprägte, in sich stimmige Unternehmenskultur. Wenn nämlich die allgemeine Marschrichtung stimmt, kann man den Rest vertrauensvoll der dezentralen Selbstorganisation überlassen. Aufwendige Koordinations- und Kontrollsysteme entfallen. Dies ist der Hauptgrund, weshalb »Unternehmenskultur« mittlerweile die Bedeutung eines zentralen Erfolgsfaktors erlangt hat.

Ausdrucksformen

Die Unternehmenskultur ist das nur schwer faßbare, letztlich nie vollumfänglich objektivierbare Ergebnis eines ebenso komplexen wie langjährigen sozialen Geschehens. Sie drückt sich nicht in harten Fakten und Zahlen, sondern durch *emotionale Qualitäten* aus. Ihr Wesen kann letztlich nur erlebt, nicht gemessen und nicht berechnet werden. Woran erkennt man die Kultur eines Unternehmens? Wie teilt sie sich mit?

Man kann die Ausdrucksformen ganz grob wie folgt unterteilen:

- *Kommunikation:* Was wird schriftlich, was mündlich kommuniziert? Worüber wird überhaupt gesprochen und geschrieben? Was für ein Sprachstil wird gewählt? Was wird nicht angesprochen – was wird tabuisiert?

- *Verhalten:* Wie verhält sich die Führung? Wie kommen Entscheidungen zustande? Was für Verhaltensweisen werden belohnt, was für Menschen werden gefördert? Wie wird im Unternehmen kommuniziert und kooperiert? Wie geht man miteinander um?

391

- *Strukturen:* Was für Gebäude, Anlagen und Formen der Raumgestaltung beherrschen die Szene? Was für Organisationsformen und Regelungen werden bevorzugt? Was für ein Führungsinstrumentarium gibt es – und wie wird es benutzt?

- *Soziale Ereignisse:* Was gibt es – neben der täglichen Arbeit – für Veranstaltungen und Rituale? Wer kommt mit wem bei welchen Gelegenheiten zusammen? Wie laufen Veranstaltungen in größeren Kreisen ab, welchen Erlebniswert haben sie?

Auf all diesen Wegen teilt sich dem Außenstehenden ein Geist mit, der sich im Laufe der Geschichte des Unternehmens herausgebildet hat. Unverwechselbare »Gesetze« und »Spielregeln«, die das soziale Geschehen im Innern steuern, werden als »Charaktereigenschaften« erkennbar, welche die Persönlichkeit des Unternehmens prägen. Was man im Management-Jargon als *»Corporate Identity«* bezeichnet, ist aufs engste mit der im Unternehmen herrschenden Kultur verbunden.

Dem Internen ist die Kultur – bzw. Unkultur – seines Unternehmens allerdings oft überhaupt nicht bewußt. Er ist direkt betroffen, kennt nichts anderes und hält die ihm aus dem Alltag geläufige »Lebensart« für selbstverständlich. Manch einer erfährt erst, wie gut oder wie schlecht er's hat, wenn er bei externen Veranstaltungen mit Kolleginnen und Kollegen aus anderen Unternehmen zusammentrifft.

Einflußfaktoren

Die Kultur eines Unternehmens oder einer Institution kann stark oder schwach ausgeprägt, bewußt gepflegt oder historisch gewachsen, auf klaren Grundwerten fundiert oder in sich widersprüchlich sein. Aber in jeder Organisation, die älter ist als ein paar Monate, entwickeln sich bestimmte Normen und Werte. Welches sind die wesentlichen Einflußfaktoren?

Ein Unternehmen ist zunächst einmal durch eine ganze Reihe *fundamentaler Faktoren* geprägt – vorab durch die Branche, in der es tätig ist (siehe. Abbildung 47). Die Produkte, die hergestellt werden, die Art der Kunden, mit denen man es täglich zu tun hat, die Produktionsmittel, die das betriebliche Geschehen bestimmen, die Personalstruktur, die sich notwendigerweise aus der Tätigkeit des Unternehmens ergibt – all dies schafft ganz bestimmte Rahmenbedingungen, die das soziale Zusammenleben

392

Abbildung 47

Unternehmenskultur – fundamentale Faktoren
(nur bedingt beeinflußbar)

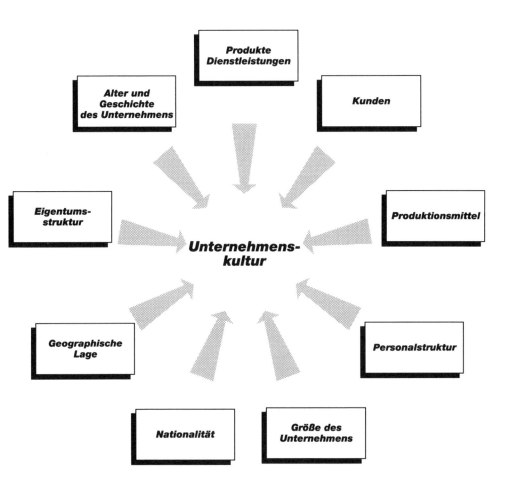

prägen. Die Kulturen in einer Gießerei, in einem Ingenieurbüro, in einem Modehaus oder in einer Großbank lassen sich deshalb letztlich nicht vergleichen. Wo viele Frauen tätig sind, geht es beispielsweise von vornherein lebendiger zu und her als in einem reinen Männerbetrieb.

In der öffentlichen Verwaltung schafft die Regelungsdichte von vornherein Voraussetzungen, welche bürokratische Arbeitsabläufe und absicherndes Verhalten begünstigen. Und in einer internationalen Luftverkehrsgesellschaft herrscht grundsätzlich eine andere Weltoffenheit als in einer lokal tätigen Baufirma. Aber auch die Größe des Unternehmens, die Nationalität des Stammhauses, die geografische Lage, das Alter des Unternehmens oder die Eigentumsstruktur spielen eine wichtige Rolle. In einem kleineren Familienunternehmen entwickelt sich eine ganz andere Kultur als im Stammhaus eines großen, multinationalen Konzerns.

Daneben gibt es aber sehr viele *unternehmensspezifische Faktoren*, die auch innerhalb ein und derselben Branche von einem Unternehmen zum andern völlig unterschiedliche Voraussetzungen für die Entwicklung des sozialen Zusammenlebens im Innern schaffen können (siehe Abbildung 48). Wenn das Topmanagement sich elitär, distanziert und hierarchisch verhält, darf nicht erwartet werden, daß sich im Unternehmen eine partnerschaftliche Kultur entwickelt. Wenn das gesamte Führungsinstrumentarium darauf ausgerichtet ist, Einzelleistungen zu züchten und zu prämieren, und wenn im Management auch noch täglich vorexerziert wird, wie man Ressortkriege führt, ist es schwierig, in interdisziplinär zusammengesetzten Projektgruppen Teamgeist zu entwickeln. Wenn die obersten Chefs nur per Memo miteinander verkehren, wenn Führungskräfte und Sachbearbeiter alle hinter geschlossenen Türen in Einzelbüros leben und wenn das Nachdenken über Veränderungen notorische Chefsache ist, kann es um die Innovationskraft des Unternehmens von vornherein nicht gut bestellt sein.

Es soll hier allerdings nicht der Eindruck erweckt werden, als herrschten allenthalben in der Wirtschaft archaische Zustände – oder als gäbe es so etwas wie die eine, einzig richtige Unternehmenskultur. Die Realität ist sehr viel komplizierter. Zum einen hängt das, was im konkreten Fall bezüglich Kultur als sinnvoll und wünschenswert definiert werden kann, sehr stark von der Gesamtsituation, insbesondere von der *Strategie* und von der *Struktur* des Unternehmens ab. Zum andern ist es in der Praxis – vorab in größeren Unternehmen oder Institutionen – selten so, daß man von einer durchgängig klaren und eindeutigen Kultur sprechen könnte. Das Problem besteht im Gegenteil meistens darin, daß überhaupt keine einheitli-

Abbildung 48

Unternehmenskultur – unternehmensspezifische Faktoren
(weitgehend beeinflußbar)

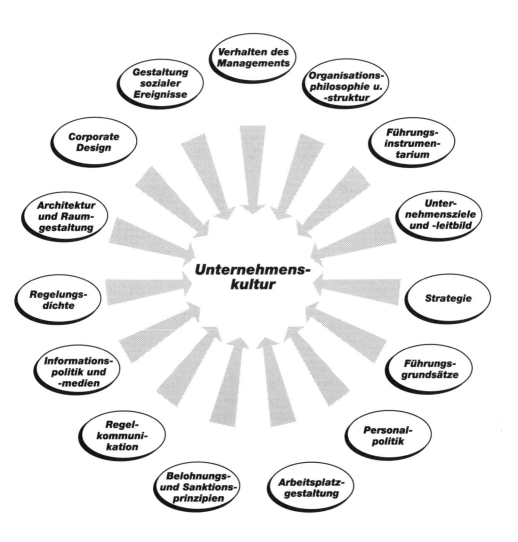

chen, zum Teil vielleicht sogar kraß widersprüchliche Normen und Werte wirksam werden. In solchen Fällen wird Komplexität nicht reduziert, sondern erhöht. Konsequenz: Es fehlt an Orientierung. Vorsicht wird zur Grundlage erfolgreichen Verhaltens. Taktik beherrscht die Szene.

Beispiel: Teamarbeit im Unternehmen

Einerseits ...
In den neu formulierten Grundsätzen der Führung wird speziell auf die Bedeutung der Teamarbeit für den Erfolg des Unternehmens hingewiesen. Es werden interdisziplinäre Projektteams eingesetzt. Qualitätszirkel sollen eingerichtet werden. Teilautonome Gruppen in der Produktion sind geplant. Mitarbeiter und Führungskräfte werden gruppendynamisch geschult. Es werden interne Moderatoren ausgebildet.

Andererseits ...
Der oberste Chef singt in Reden das hohe Lied herausragender Einzelleistungen. Der Finanzchef verkündet in Zeitungsartikeln: »So etwas wie kollektive Verantwortung gibt es nicht.« Der Vorstand demonstriert hierarchisches Verhalten in Reinkultur. Es gibt serienweise Manager, die »das ganze Teamgesäusel« für einen ausgemachten Quatsch erklären. Aufgrund des Lohn- und Gehaltssystems kann ausschließlich die Einzelleistung honoriert werden, Gruppenleistungsprämien sind tabu.

Konsequenz ...
Es werden endlose Grundsatzdebatten über Sinn oder Unsinn von Gruppenarbeit geführt; die Meinungen polarisieren sich; die Produktivität tatsächlich eingerichteter Gruppen bleibt weit hinter den Erwartungen zurück.

Dies ist häufig das eigentliche Problem: Impulse am einen Ort werden in ihrer Wirksamkeit durch gegenläufige Impulse an anderen Orten wieder aufgehoben – und zwar schlicht mangels eines Konzeptes und einer klaren Linie auf oberster Managementebene. Der Wildwuchs der in ein und demselben Unternehmen gleichzeitig herrschenden Normen und Werte erinnert nicht selten an den Bibelspruch: *»Denn sie wissen nicht, was sie tun ...«* Gerade sogenannte knallharte Rechner geben sich überhaupt keine Rechenschaft, was die inneren Widersprüche im Unternehmen unter dem Strich an Geld kosten. Was nicht gemessen werden kann, erscheint nicht in der Bilanz.

396

»Ist« und »Soll«

Der Erfolg jeder strategischen Reorganisation ist heute unter anderem davon abhängig, ob die kulturellen Voraussetzungen für das Funktionieren des neuen Strukturmodells gegeben sind oder nicht. Wer nur am Organigramm herumbastelt, riskiert von vornherein einen Flop. Eine Profit-Center-Organisation, in der alle Fachfunktionen zentralisiert bleiben und das Controlling sich ausschließlich als verlängerter Arm der obersten Heeresleitung versteht, wird nie richtig ins Laufen kommen; Manager, die nicht gelernt haben, vernetzt zu denken und Verantwortung zu delegieren, sind von vornherein nicht fähig, in flachen Strukturen erfolgreich zu führen; und wenn eine Behörde lange genug als »Staat im Staate« geführt worden ist, wird es durch strukturelle Maßnahmen allein mitnichten gelingen, sie in eine effiziente, bürgernahe und dienstleistungsorientierte Organisation zu verwandeln.

Wenn ein Unternehmen sich strategisch neu ausrichtet, stellt sich deshalb nicht nur die Frage nach den geeigneten Strukturen, sondern auch nach der geeigneten Kultur. Der »Soll-Zustand« muß definiert und der »Ist-Situation« gegenübergestellt werden. Ein Manager, der von außen neu in ein Unternehmen eintritt, hat in der Regel keine Mühe, die »Ist-Situation« zu beschreiben. Wer aber im Unternehmen Karriere gemacht hat, ist mit Betriebsblindheit geschlagen und praktisch nicht in der Lage, die herrschende Kultur mit all ihren spezifischen Stärken, Defiziten und Widersprüchen zu erkennen – am allerwenigsten dann, wenn er selbst einen starken Einfluß auf die Geschicke des Unternehmens gehabt hat.

Es gibt aber einen durchaus probaten Weg, ein konkretes und realistisches Bild der »Ist-Situation« zu erheben: die Beurteilung der Kultur durch die Mitarbeiterinnen und Mitarbeiter. Man kann zu diesem Zwecke einen speziellen Fragenkatalog entwickeln. Meistens genügt es aber bereits, wenn man die im Unternehmensleitbild und in den Führungsgrundsätzen genannten Punkte – oder auch eine Liste genereller Erfolgsfaktoren, wie sie etwa in Abbildung 49 enthalten sind – den Mitarbeitern zur Überprüfung vorlegt. Wenn alle Beteiligten sich dazu geäußert haben, welche Punkte im Unternehmen verwirklicht sind, welche nicht und woran sich dies in der Alltagspraxis festmachen läßt, liegen die wesentlichen Stärken und Defizite der Ist-Situation auf dem Tisch.

Das Hauptproblem ist jedoch weder die Analyse der Ist-Situation noch die Definition des angestrebten Soll-Zustandes, sondern vielmehr die Umsetzung – die Frage, wie die Kultur des Unternehmens im betrieblichen Alltag verändert werden kann.

Wege zur Veränderung

Es ist keine große Kunst, in einem Unternehmen die Strukturen zu verändern. Wer aber das Verhalten der Menschen verändern will, kann sich leicht die Zähne ausbeißen. Bevor Sie sich als Unternehmer oder Führungskraft ernsthaft vornehmen, die Kultur in Ihrem Verantwortungsbereich zu verändern, müssen Sie sich über eines Rechenschaft geben: Verhalten wird gelernt – und eine Kultur lernen heißt, die bisherige Kultur, die sich in Jahrzehnten entwickelt und gefestigt hat, zu verlernen.

Wir sagen das nicht, um Sie zu entmutigen und von einem eventuell überlebensnotwendigen Veränderungsvorhaben abzuhalten, sondern nur, um Ihnen bewußtzumachen, auf was für ein Unterfangen Sie sich da einlassen.

Es gibt eine ganze Reihe von Möglichkeiten der Einflußnahme:

- *Die angestrebte Kultur konkret beschreiben*
- *Die Notwendigkeit der Veränderung sorgfältig begründen*
- *Normen setzen durch Vorbildfunktion*
- *Gemeinsame Arbeit an der Kulturveränderung*
- *Umsteuerung durch personelle Besetzung von Schlüsselfunktionen*
- *Belohnung und Sanktion im Führungsprozeß*
- *Konsequentes Projekt-Management*

Dies ist allerdings kein Menu à la carte. Wenn nicht erst Ihre Urenkel Resultate erleben sollen, werden Sie von all diesen Möglichkeiten gleichzeitig und sehr konsequent Gebrauch machen müssen. Und auch dann werden Sie Ihre Welt noch nicht über Nacht verändern. Mittelfristig dürfen Sie dafür mit nachhaltigem Erfolg rechnen.

1.	*Die angestrebte Kultur konkret beschreiben*

Wer eine neue Kultur entwickeln will, muß zuerst mal sagen, wie sie aussieht. Er muß Sie beschreiben und die Kernelemente – Normen und Werte – benennen, auf denen sie beruht. Aber dies genügt nicht. Normen und Werte sind zunächst nur Schlagworte, leere Begriffshülsen. Wenn die Mitarbeiter/innen verstehen sollen, was gemeint ist, müssen diese abstrakten Begriffe durch nachvollziehbare Konkretisierungen ergänzt, unterfüttert, mit »Fleisch« angereichert werden.

Zum Beispiel:

»Kundenorientierung«

ist zunächst ein abstrakter Begriff.
Konkretisierungen:

- *Jeder weiß, wer sein Kunde ist.*
- *Der Kunde und seine Bedürfnisse werden ernst genommen.*
- *Auch interne Partner werden als Kunden betrachtet und behandelt.*
- *Es herrscht nach außen wie nach innen eine ausgeprägte Dienstleistungsmentalität.*
- *Die Beziehungen zu den Kunden sind lebhaft, freundschaftlich und persönlich geprägt.*
- *Interne und externe Kunden werden aktiv an der Entwicklung neuer Produkte und an der Verbesserung der Dienstleistungen beteiligt.*
- *Das Denken und Handeln von Mitarbeiter/innen und Führungskräften ist konsequent auf das Steigern von Kundennutzen ausgerichtet.*

Es wird im Laufe des Veränderungsprozesses noch genügend Widerstände geben. Aber wenn am Anfang die Orientierung fehlt, wohin die Reise gehen soll, kommt man gar nicht erst aus den Startlöchern.

2.	*Die Notwendigkeit der Veränderung sorgfältig begründen*

Ohne Einsicht in die Notwendigkeit gibt es bei Menschen keine Verhaltensänderung. Einsicht ist zwar noch lange keine Garantie, aber eine unabdingbare Voraussetzung. In einem Unternehmen muß man den Mitarbeiter/innen und Führungskräften erklären, daß und warum eine Veränderung angesagt ist. Dazu ist es nicht notwendig, die bisherige Kultur – und damit die gemeinsame Vergangenheit – schlecht zu machen. Man soll zu seiner Vergangenheit stehen. Die bisherige Kultur war ja unter den Bedingungen der Vergangenheit auch durchaus erfolgreich. Aber die Bedingungen haben sich geändert – und dies muß allen Beteiligten unmißverständlich klar gemacht werden.

Kultur ist kein Selbstzweck. Genauso, wie eine bestimmte Organisationsform unter bestimmten Gegebenheiten sinnvoll oder hinderlich sein kann, können bestimmte Werte und Verhaltensnormen geeignet oder ungeeignet sein, um die gemeinsamen Zukunftsaufgaben zu bewältigen. Mit anderen Worten: Es geht hier nicht um Unternehmensfolklore. Die neuen angestrebten Werte und Verhaltensnormen sind *strategische Erfolgsfaktoren*.

Die konkrete – und damit glaubhafte und plausible – Begründung schafft überhaupt erst die Voraussetzung für die im Unternehmen notwendige Bewußtseinsänderung. Wenn Führen durch Sinngebung gefragt ist, dann hier. Denn manch einer hat sich über Dinge wie »Kultur«, »Grundwerte« oder »Verhaltensnormen« noch gar nie Gedanken gemacht. Die herrschenden Verhältnisse werden von den meisten Menschen schicksalhaft hingenommen. Daß es so etwas wie »Kultur« überhaupt gibt, geschweige denn, daß man diese gestalten und verändern kann, ist für viele ein völlig neuer Gedanke.

| 3. | *Normen setzen durch Vorbildfunktion* |

Auch in einer Zeit, da Führungsautorität allenthalben in Verruf gerät, bleibt es dabei: Der wirksamste Weg, die Einstellungen und das Verhalten von Menschen in Organisationen zu beeinflussen, besteht darin, bestimmte Normen und Werte an der Führungsspitze glaubwürdig zu vertreten und modellhaft vorzuleben. Menschen suchen und brauchen heute mehr denn je Identifikationsfiguren, die zu überzeugen vermögen – nicht nur durch das, was sie sagen, sondern vor allem auch durch das, was sie tun und wie sie es tun. Wenn es Werte gibt, die die Führung für wichtig hält, dann muß sie dazu stehen, sie benennen – und danach handeln! Es gilt, Zeichen zu setzen durch Aktionen, die hohen Aufmerksamkeitswert haben. Verhaltensweisen, welche die Entwicklung unterstützen, müssen belohnt, Zustände, welche in die entgegengesetzte Richtung gehen, offen kritisiert werden. Und: den Direktunterstellten gegenüber ist eine gesunde Skepsis angebracht. Sie müssen daraufhin kontrolliert werden, ob sie ihrerseits die Ideen weitertragen und konsequent umsetzen helfen oder nicht. Auch hochangesiedelte Manager nehmen von ihrem direkten Vorgesetzten liebend gerne einen offenen, teamorientierten und partizipativen Führungsstil entgegen – und kommen von sich aus überhaupt nicht auf den Gedanken zu überprüfen, wie sie es denn selbst mit ihren Mitarbeitern halten. Nur der direkte Kontakt mit den Menschen auf den nächstunteren Stufen zeigt, was bei ihnen angekommen ist – und was nicht. Manch einer, der die höheren Stufen der Hierarchie erreicht hat, wird sagen: »Ich bin doch kein Missionar!« Nein, ein Manager ist kein Missionar – aber sicher ist dies: Eine Kulturveränderung läßt sich nicht vom Schreibtisch aus administrieren. Und wer, wenn nicht der oberste Chef, soll den Anfang machen? Wessen Verhalten hat am meisten Chancen, das Verhalten anderer zu beeinflussen? Und wer wird dafür bezahlt, im Unternehmen optimale Voraussetzungen für die Bewältigung der Zukunftsaufgaben zu schaffen?

4.   *Gemeinsame Arbeit an der Kulturveränderung*

Der erste Schritt zur Entwicklung der Kultur ist die Sensibilisierung – die eigene und diejenige der anderen; das Bewußtmachen der aktuell herrschenden Unternehmenskultur mit all ihren Stärken und Schwächen – und das Entwickeln von Ideen, wie man sie verändern könnte. Man muß als Chef nicht alles selbst erfinden – und schon gar nicht alles selbst machen. Am meisten bewegt man, wenn die Mitarbeiter selbst aktiv werden. Dafür zu sorgen, daß dies geschieht, ist Aufgabe der Führung: eine gemeinsame, kritische Bestandsaufnahme bezüglich der Ist-Situation; die Beschreibung des erwünschten Soll-Zustandes; Ideen, die dahin führen; konkrete Schritte, die einzuleiten sind. Man glaubt gar nicht, wieviel Phantasie und Engagement Mitarbeiterinnen und Mitarbeiter entwickeln können, wenn es darum geht, die Kultur des Zusammenlebens und Zusammenarbeitens im Unternehmen kritisch zu hinterfragen und neu zu gestalten. Wichtig ist aber auch, dafür zu sorgen, daß die Mitarbeiter nicht nur im eigenen Saft schmoren. Man muß sie aus dem Haus schicken – auf Besuch zu Firmen, die bereits langjährige Erfahrung haben mit neuen Formen der Organisation, der Führung und der Unternehmenskultur. Erstens, damit sie auf neue Ideen kommen. Zweitens, damit keiner sagt: »Das ist alles graue Theorie. So etwas funktioniert in der Praxis nicht.« Die gemeinsame Beschäftigung aller Mitarbeiter mit der Kultur ist nicht nur Mittel zum Zweck. Sie ist selbst bereits gelebte Praxis einer neuen, lebendigen Kultur.

5. *Umsteuerung durch die personelle Besetzung von Schlüsselpositionen*

Wie bereits an anderer Stelle erwähnt: Die wirksamste Steuerung und Beschleunigung erfolgt über Personen. Nichts bewegt in einer Organisationseinheit so schnell soviel wie der richtige Mann oder die richtige Frau an der Spitze. Damit kommt zunächst der Entwicklung des Führungsnachwuchses eine außerordentliche Bedeutung zu – den Auswahlkriterien, den Beurteilungsprozeduren und den Modalitäten der Beförderung. Aber so wichtig diese Systeme für die langfristige Zukunft des Unternehmens sein mögen – sie greifen nur sehr langsam. Im heutigen Zeitwettbewerb ist jedoch rasche Reaktion und damit rasches Handeln gefragt. Führungspositionen müssen sehr viel schneller und flexibler adäquat besetzt und, wo notwendig, umbesetzt werden, als man sich dies früher leisten konnte. Das Augenmerk der Unternehmensleitung darf hierbei nicht nur auf die Positionen in der Linie gerichtet sein. Leitende Funktionen in Projekten haben eine zunehmende Bedeutung für die Gesamtentwicklung des Unternehmens. Die Zeit ist vorbei, da man eine Projektleitung als Spielwiese für Vorgesetzte vergeben konnte, die anderswo nicht zu gebrauchen waren.

Zweierlei muß geschehen, wenn im Unternehmen etwas bewegt werden soll. Erstens, unkonventionelle *Beförderungen in Schlüsselfunktionen* – und zwar gezielt von Leuten, die durch ihr Verhalten besonders deutlich für die Werte stehen, die entwickelt werden sollen. Dies bedeutet eine Kursänderung bezüglich der Auswahlkriterien. Zweitens: Funktionsträger, welche die neue Kultur nicht glaubwürdig vertreten können oder wollen, müssen ebenso unkonventionell *aus Schlüsselfunktionen abberufen* werden. So schwierig dies erscheinen mag – es führt kein Weg daran vorbei. Einige wenige »Bremser« in Schlüsselpositionen genügen – und die Glaubwürdigkeit des gesamten Projektes ist infrage gestellt. Wird dagegen für alle erkennbar gehandelt, gehen auf breiter Front die Schleusen auf. Dann – und nur dann – lautet die Botschaft: *Es ist ernst gemeint.*

6.	*Belohnung und Sanktion im Führungsprozeß*

So wichtig punktuelle Personalentscheidungen sind, man kann in einem Unternehmen nicht alle Positionen nach Belieben umbesetzen. Dafür hat man schlicht nicht die entsprechenden personellen Ressourcen. Aber man kann und muß das gesamte Instrumentarium der Belohnung und Sanktion im Führungsprozeß konsequent ausschöpfen. Die beiden wichtigsten Steuerungsinstrumente: die *Zielvereinbarung* und die *Mitarbeiterbeurteilung*. Auch hier geht es nicht einfach darum, das Instrumentarium anzuwenden, sondern ganz spezifisch darum, die angestrebte Kultur konsequent als Meßlatte für das Führungsverhalten des einzelnen anzuwenden.

Nur wenn der einzelne spürt, daß nicht nur geredet, sondern auch gehandelt wird, daß Verhalten beobachtet und beurteilt wird und daß es Konsequenzen hat, wenn man tut, als ob nichts geschehen wäre, wird glaubhaft, daß die Sache ernst gemeint ist. Dies hat nichts mit einem negativen Menschenbild zu tun, sondern ausschließlich mit den Mechanismen, aufgrund welcher die Menschen nun mal zeit ihres Lebens Verhalten gelernt und verlernt haben.

7.	*Konsequentes Projekt-Management*

Wer genügend Zeit hat, kann die Veränderung der Unternehmenskultur selbstverständlich ganz gelassen als offenen und unstrukturierten Prozeß angehen – die Dinge »wachsen lassen«, wie man so schön sagt. Wer dagegen in verhältnismäßig kurzer Zeit – und dies bedeutet allemal noch zwei bis drei Jahre – eine andere Kultur braucht, damit überlebensnotwendige neue und schlanke Organisationsformen überhaupt funktionieren können, der muß die Kulturveränderung als Schlüsselprojekt angehen und konsequent managen. Da stellen sich – genau wie beim Bau eines neues Verwaltungsgebäudes, bei der Lancierung einer neuen Produktlinie oder bei der Einführung einer neuen Konzernstruktur – all die Fragen, die wir unter dem Thema *Zielorientiertes Management* (Grundsatz Nr. 1 in unserer »Charta des Managements von Veränderungen«) genannt haben.

Für den einen oder anderen mag dies ein Umdenken bedeuten – daß man auch dann, wenn es um die Veränderung von *»soft factors«* geht, zielorientiertes Management braucht: klare Zielsetzungen, Erfolgskriterien, eine funktionsfähige Projekt-Organisation, einen realistischen Phasen- und Terminplan, ein effizientes Projekt-Controlling sowie gegeignete Formen der Kommunikation. Manch ein wichtiges Vorhaben zur Veränderung der Unternehmenskultur ist nur deshalb im Sande verlaufen, weil es an konsequentem Management gefehlt hat.

Soweit der strategische Ansatz. Der Rest ist mehr oder weniger Handwerk: die Auswahl der konkreten Maßnahmen auf dem Weg zu einer veränderten Kultur. Auch hier hat die Führung eine steuernde Funktion. Bei der Suche nach Faktoren, welche die Kultur besonders stark beeinflussen, denken Mitarbeiter und Führungskräfte immer zunächst an

- das Leitbild
- den Führungsstil
- gemeinsame Veranstaltungen

So wichtig all dies tatsächlich ist – das Zusammenleben und Zusammenwirken im Unternehmen wird durch sehr viel handfestere Dinge entscheidend mitgeprägt:

- die Organisationsform
- die formalisierten Abläufe
- das Führungsinstrumentarium
- die Beförderungspraxis
- den Führungsrhythmus und die Sitzungsgestaltung
- die Informationspolitik und die Informationsmedien
- das Lohn- und Gehaltssystem
- die Fort- und Weiterbildung

All dies ist mit daraufhin zu untersuchen, ob und inwieweit es die angestrebte Kultur im Unternehmen unterstützt – oder aber ihr, in der bisherigen Form, diametral entgegenwirkt.

Im übrigen ist allerdings dem Phänomen »Kultur« mit Systematik allein nicht beizukommen. *Phantasie, Kreativität* und *Lebensfreude* sind
gefragt. Halten Sie vor allem nach Frauen sowie nach jungen Menschen
beiderlei Geschlechts Ausschau! Sie sind noch nicht ganz so verbildet wie
die meisten sogenannten gestandenen Männer und können Sie besonders
gut bei der Gestaltung der Kultur in Ihrem Unternehmen oder Ihrer Organisationseinheit unterstützen.

In diesem Zusammenhang eine letzte persönliche Empfehlung: Halten
Sie sich in kritischer Distanz zu sich selbst! Es kann nämlich sein, daß Sie in
Sachen Kultur kein sonderlich begabter Mensch sind. Es kann sein, daß Ihre
Mitarbeiterinnen und Mitarbeiter wesentlich mehr Gespür dafür haben, wie
die Kultur in Ihrem Verantwortungsbereich entwickelt werden kann. Dies
macht an sich gar nichts. Es ist durchaus nicht notwendig, daß alle zün-
denden Ideen von Ihnen kommen. Es fällt Ihnen keine Zacke aus der Krone,
wenn Sie sich auch mal von Ihren Mitarbeiterinnen und Mitarbeitern an
der Hand nehmen lassen. Aber handeln Sie um Gottes willen nicht nach
dem »*Not invented here*«-Prinzip! Schmettern Sie eine Idee Ihrer Mitarbeiter nicht voreilig ab, nur weil Sie sie ungewöhnlich finden. Riskieren Sie
auch mal etwas, das es in Ihrem Unternehmen noch nie gegeben hat. Dies
ist nämlich exakt, was Sie eigentlich wollen: daß es anders wird. Oder?

Abbildung 49

Normen und Werte

Beispiele von Normen und Werten als strategischen Erfolgsfaktoren, die im Unternehmen stark oder schwach ausgeprägt sein können:

Kundenorientierung

Das Denken und Handeln von Führungskräften und Mitarbeiter/innen ist auf den Kunden und auf den Kundennutzen ausgerichtet. Es herrscht nach außen wie nach innen eine ausgeprägte Dienstleistungsmentalität. Die Beziehungen zu den Kunden sowie zu den internen Dienstleistungsempfängern sind lebhaft, freundschaftlich und persönlich geprägt.

Mitarbeiterorientierung

Das Führungsverhalten und das Führungsinstrumentarium sind auf die Bedürfnisse der Mitarbeiter/innen ausgerichtet. Es herrscht ein angstfreies und partnerschaftliches Klima. Die Mitarbeiter/innen werden aktiv in die Entscheidungsprozesse einbezogen. Individuen und Gruppen wird Vertrauen geschenkt und Verantwortung delegiert. Mangel an »Kompetenzen« ist selten ein Thema.

Qualität

Qualität der Produkte und Dienstleistungen hat im gesamten Unternehmen einen hohen Stellenwert. Jedermann fühlt sich persönlich für die Qualität seiner Arbeitsergebnisse verantwortlich. Professionalität – in welcher Tätigkeit auch immer – ist im Unternehmen hoch angesehen und wird entsprechend belohnt. Es wird in Arbeitsmittel sowie in die Fort- und Weiterbildung der Mitarbeiter/innen und Führungskräfte investiert.

Ergebnisorientierung

Es wird auf allen Ebenen ziel- und ergebnisorientiert gearbeitet. Effizientes Management und persönliche Einsatzbereitschaft gehören zum Stil des Hauses. Führungskräfte und Mitarbeiter/innen handeln sowohl kostenbewußt als auch ertragsorientiert. Man weiß, wo man Geld verdient und wo man drauflegt. Man verfügt über moderne Informationssysteme und Controlling-Instrumente – und nutzt sie auch.

Innovationsbereitschaft

Es herrscht ein veränderungsfreudiges Klima. Die Optimierung der Produkte, der Produktionsmittel und der Arbeitsorganisation ist für alle ein ständiges Thema. Neue Ideen und Kritik am Bestehenden werden aufgenommen. Querdenker werden nicht ausgegrenzt. Es wird über Gruppen- und Funktionsgrenzen hinweg offen diskutiert und zusammengearbeitet. Lernbereitschaft gilt bis ins Topmanagement hinauf als Tugend. Fehler werden als Lernchancen betrachtet. Man experimentiert auch mit ungewöhnlichen Ideen und investiert mit Mut zum Risiko in Neuerungen.

Handlungsorientierung

Führungskräfte und Mitarbeiter/innen verfügen über große Handlungsspielräume – und nutzen diese voll aus. Entscheidungen werden nicht verschleppt. Man unterscheidet zwischen »wichtig« und »dringend«. Auch Gruppen, die im hierarchiefreien Raum arbeiten, sind handlungsfähig. Zuständigkeitsgerangel und Rückversicherungsrituale sind unbekannt. Wer mit einem Problem konfrontiert ist und die Möglichkeit dazu hat, handelt spontan vor Ort.

Offene Kommunikation

Offenheit und Ehrlichkeit prägen den Informations- und Kommunikationsstil in den bilateralen Beziehungen, in Sitzungen und Konferenzen sowie in den institutionalisierten Medien. Auch heikle Fragen, ungünstige Ergebnisse oder Kritik an der Führung werden nicht tabuisiert. Das Management informiert nicht nur schriftlich, sondern, wo immer möglich, mündlich und stellt sich persönlich der kontroversen Diskussion auch in größeren Kreisen. Die informelle Kommunikation hat einen hohen Stellenwert. Alles Wichtige und Interessante geht wie ein Lauffeuer durchs Unternehmen. Nicht zuletzt deshalb sind alle Mitarbeiter/innen immer bestens informiert.

Teamarbeit

In Führungskreisen und Arbeitsgruppen herrscht ein guter Teamgeist. Gruppenarbeit wird systematisch genutzt sowohl für operative als auch für innovative Aufgaben. Moderation, Visualisierung und Teamentwicklung haben einen hohen Stellenwert in der Fortbildung der Führungskräfte und der Mitarbeiter/innen. Teamfähigkeit wird im Unternehmen konsequent kontrolliert und gefördert.

Konfliktbewältigung

Probleme – auch zwischenmenschlicher Art – werden offen angesprochen. Es herrscht keine Harmonie – sondern eine konstruktive

Streitkultur. Meinungsverschiedenheiten und Interessenkonflikte werden offengelegt, kommen auf den Tisch des Hauses und werden in der Sache hart ausgetragen. Man investiert viel Zeit und Energie in sauber ausgehandelte, nicht auf faulen Kompromissen beruhende Lösungen. Es kommt auch mal zu ernsthafteren Verstimmungen – aber die ausgehandelten Entscheidungen werden von allen mitgetragen.

Beschäftigungssicherheit

Es gilt das Motto: Niemand hat Anspruch auf einen bestimmten Arbeitsplatz; jeder muß damit rechnen, versetzt zu werden oder eine andere Aufgabe übernehmen zu müssen; aber das Unternehmen tut alles, damit niemand aus wirtschaftlichen Gründen entlassen werden muß. Wenn der Geschäftsgang schlecht ist, werden nicht nur Kosten gespart und Reserven eingesetzt, sondern alle Beschäftigten nehmen solidarisch Einkommenseinbußen in Kauf.

Gemeinschaft im Unternehmen

Führungskräfte und Mitarbeiter/innen identifizieren sich mit dem Unternehmen und engagieren sich persönlich für die »gemeinsame Sache«. Sie vertreten nicht nur ihre eigenen Interessen oder diejenigen ihrer Organisationseinheit, sondern handeln mit Blick aufs Ganze. Es herrscht über Hierarchie- und Ressortgrenzen hinweg ein Gefühl der Zusammengehörigkeit. Dies äußert sich auch in der Fähigkeit, gemeinsam Feste zu feiern. Alle kommen gerne zu gemeinsamen Anlässen im großen Kreis.

12. Kapitel
Ergebnisverbesserung

Kostensenkungs- und Ertragspotentialermittlung

Die meisten Unternehmen sind heute mit zwei Problemen konfrontiert: zu *hohe Kosten* und *schwindende Erträge*. Weltunternehmen solidester Art, von denen man noch vor wenigen Jahren gesagt hätte, ihr Wohlstand sei Naturgesetz, geraten ins Trudeln und sehen sich zu tiefgreifenden Restrukturierungen gezwungen. Unternehmen, die zu lange nicht an die Zukunft gedacht haben, verschwinden ganz einfach von der Bildfläche. Aber auch gesunde und grundsätzlich erfolgreiche Unternehmen müssen Kosten und Erträge optimieren, um überleben zu können.

In vielen Unternehmen laufen Kostenstrukturanalysen jedoch in Form dramatischer Krisen-Interventionen ab – als einmalige, konfliktbeladene Kraftakte, die wie eine Flutwelle über das Unternehmen hereinbrechen und so ziemlich alles kaputtschlagen, was vorher in vielen Jahren an Führungskultur aufgebaut worden ist. Der Hauptgrund: Man hat zu lange gewartet – und glaubt jetzt gezwungen zu sein, den Kostenblock im Rahmen eines Crash-Programms auf einen Schlag massiv zu reduzieren. Und dies geht nun mal nur mit dem Hackebeil.

Aber nicht alle Unternehmen, in denen so vorgegangen wird, sind Sanierungsfälle. In manch einem im Kern gesunden Unternehmen geht es an sich um eine ganz normale Kostenstrukturanalyse. Doch hierbei handelt es sich im allgemeinen um Projekte von großem Aufmerksamkeitswert, die von der Börse nicht selten bereits auf Vorschuß honoriert werden. Management und Berater geraten dabei praktisch immer unter einen enormen, wenn auch weitgehend selbst erzeugten Erfolgsdruck. Das Resultat sind allzu häufig Vorgehensweisen, die zwar deutliche Kostenreduktionen zeitigen, gleichzeitig aber, was die innere Verfassung des Unternehmens anbetrifft, verbrannte Erde hinter sich lassen.

Sieben Todsünden

Hier zunächst die häufigsten und gleichzeitig gröbsten Fehler, die in der Praxis begangen werden, wenn Kostenstrukturanalysen und Kostensenkungsmaßnahmen auf dem Programm stehen. Wenn Sie diese »Todsünden« vermeiden, ist schon viel gewonnen.

Todsünde Nr. 1:	*Lineare Kürzungen*

Dies ist der wohl häufigste Managementfehler: Eine von oben verordnete, lineare Kürzung der Personal- oder Sachkosten um einen Prozentsatz X. Die Begründung ist immer ein und dieselbe: »Opfersymmetrie«. Es soll niemand bevorzugt oder benachteiligt werden. Aber der Schein trügt. In Tat und Wahrheit ist »Opfersymmetrie« die höchste Stufe der Ungerechtigkeit: Wer nämlich seinen Laden in der Vergangenheit bereits schlank getrimmt hat, muß genau soviel Blut lassen wie der Kollege nebenan, der nach dem Prinzip »Es gibt viel zu tun – warten wir's ab!« gehandelt und sich im Laufe der Jahre die dicksten Fettpolster zugelegt hat. Lineare Kürzungen können von vornherein nicht im übergeordneten Interesse des Unternehmens liegen. Es lassen sich nun mal nicht alle Funktionen über einen Leisten schlagen. Nur zwei Kriterien sind letztlich ausschlaggebend:

1. Wer erbringt heute welchen produktiven Mehrwert?

2. Wer braucht welche Ressourcen, um den von ihm erbrachten und verlangten produktiven Mehrwert sicherstellen zu können?

»Opfersymmetrie« hat hier nichts zu suchen. Lineare Kürzungen sagen vor allem über denjenigen etwas aus, der sie anordnet: Er traut sich offensichtlich selbst nicht zu, aufgrund von Vorlagen und kritischen Gesprächen beurteilen zu können, wo ohne Schaden fürs Ganze abgespeckt werden kann – und wo nicht. Und: er traut sich nicht, vor seinen Mitarbeitern für differenzierte Entscheidungen geradezustehen. So ungern manch einer dies hören mag: lineare Kürzungen sind letztlich immer der Ersatz für fehlende Managementkompetenz.

Todsünde Nr. 2:	*Einseitige Sparoptik*

So wichtig es ist, Kosten zu senken – genauso wichtig ist es, den Ertrag zu optimieren. Erstens: Ertrags- bzw. Leistungssteigerungen sind dringend erforderlich, um den Handlungsspielraum des Unternehmens zu erhöhen oder zumindest zu erhalten. Zweitens: Mitarbeiter tun sich wesentlich leichter, defensive Maßnahmen zu realisieren, wenn gleichzeitig auch offensive Maßnahmen eingeleitet werden. Drittens: Alle Beteiligten lernen, kostenbewußt *und* ertragsorientiert zu denken und zu handeln – und dies ist, solange das Unternehmen überhaupt noch eine Zukunft hat, von existentieller Bedeutung. Wenn dagegen einseitig Jagd auf Sparpotentiale gemacht wird, entwickelt sich sehr leicht eine nicht mehr funktionale, manchmal sogar gefährliche Sparmentalität. Das Management – und erst recht die mit der Kontrollfunktion beauftragten Erbsenzähler (wehe, wenn sie losgelassen!) – kann nur noch »*Kostensenkung*« denken und reden. Das gesamte Unternehmen gerät in den Sog eines delirischen »Spartrips«. Es wird nicht mehr in strategischen Gesamtzusammenhängen gedacht, sondern nur noch digital nach dem Gesichtspunkt »Kostenreduktion ja/nein« entschieden. Wichtige, auch kleinere Investitionen fallen der epidemischen Sparwut zum Opfer, die wie ein schwarzes Loch alles in sich hineinsaugt, was Geld kostet. Zukunftsorientierung ist »out«, längerfristige Chancen werden sinnlos vertan. Die Glaubwürdigkeit der Führung sinkt auf den Nullpunkt – und dies zu Recht; denn wer zuerst die Entwicklung verschläft und dann, fünf Minuten vor zwölf, derart Wind macht, daß tonnenweise Porzellan in die Brüche geht, gehört nicht an die Spitze eines Unternehmens.

Todsünde Nr. 3:	*Unrealistische Vorgaben*

Es gibt eine Faustregel, die besagt, daß in jedem Unternehmen oder Verwaltungsbetrieb, in dem seit fünf Jahren keine Strukturanalyse durchgeführt worden ist, die Kosten um 10-20 % gesenkt werden können, ohne die Gesamtleistung im geringsten zu beeinträchtigen. Und es gibt eine zweite Regel, die besagt, daß neun von zehn Führungskräften weder in der Lage noch bereit sind, die in ihrem Verantwortungsbereich vorhandenen Kostenreduktionspotentiale aufzuzeigen – ersteres, weil sie betriebsblind geworden sind; letzteres, weil sich bei jedem identifizierten Rationalisierungspotential die Frage erheben würde, warum dieses nicht längst erkannt und realisiert worden ist. Um diese Denkblockaden zu brechen, wird den Linienvorgesetzten bei Kostenstrukturanalysen häufig die Vorgabe gemacht, Vorschläge für Kostensenkungen in nachgerade groteskem Umfang – beispielsweise 40 % – zu unterbreiten. Solche Vorgaben führen in der Praxis nicht nur zu schwerwiegenden unterschwelligen Widerständen, sondern auch zu teilweise absurden Vorschlägen – die dann ihrerseits wiederum Störungen in den Beziehungen zwischen den Untersuchungseinheiten und der Entscheiderebene nach sich ziehen. Der psychologische Schaden, der bei solchen Übungen angerichtet wird, steht in keinem Verhältnis mehr zum sachlichen Ergebnis. Man sollte erwachsene Menschen, mit denen man auch in Zukunft zusammenarbeiten möchte, nicht wie dumme Jungs behandeln – zumal es andere Wege gibt, um die erwähnten, durchaus vorhandenen Denkbarrieren zu überwinden.

| Todsünde Nr. 4: | *Aussteuern der Linienverantwortung* |

Das Mißtrauen den eigenen Mitarbeitern gegenüber hat häufig eine weitere Konsequenz: Es werden Formen der Projektorganisation gewählt, durch die der Linienvorgesetzte einer Organisationseinheit auf den Prüfstand gesetzt und einem Gremium von Vorgesetzten, Kollegen und Außenstehenden gegenüber in eine Position der Ohnmacht gedrängt wird. Durch die inquisitorischen Methoden der Untersuchung sowie durch die für die betroffenen Führungskräfte nicht mehr nachvollziehbaren Entscheidungsmechanismen werden Muster der Auseinandersetzung provoziert, die auf Angriff und Abwehr beruhen, jede fruchtbare Diskussion übersteuern und die Vorgesetzten letztlich der Mitverantwortung für die bezüglich ihres Bereiches getroffenen Entscheidungen entheben. Da kommt es in den honorigsten Häusern plötzlich zu Entscheidungssitzungen, die nach dem Muster eines Standgerichtes ablaufen. Man wähnt sich in einem Schmierentheater in der Provinz. Manch ein Unternehmenschef würde zutiefst erschrecken, wenn er sich die Video-Aufzeichnung einer solchen Sitzung, an der er selbst teilgenommen hat, hinterher ansehen müßte. Bei solchen Gelegenheiten wird in einer halben Stunde auf der klimatischen Ebene praktisch irreparabler Schaden angerichtet. Vor allem aber unterbleibt der für die Zukunft so wichtige Lerneffekt: *das Einüben eines konsequenten, selbstverantwortlichen Kostenmanagements*. Im übrigen macht man es auf diese Weise manch einem schwachen Vorgesetzten viel zu leicht, sich um die Verantwortung für die in seinem Bereich eingeleiteten Veränderungen herumzudrücken. Wenn einmal das ganze Haus weiß, wie dieses Projekt abläuft, kann sich letztlich jeder hinter den Entscheidungsorganen verstecken. Last not least: Da kein echter Dialog stattfindet, besteht auch noch die Gefahr, daß diejenigen, die sich mit guten Argumenten gegen einschneidende Kürzungen wehren, als »nicht-kooperative« Elemente eingestuft und abqualifiziert werden. Die tatsächlichen personellen Schwachstellen dagegen bleiben unerkannt und werden im Tagesgeschäft, wenn wieder Führung verlangt wird, zu einer schwerwiegenden Hypothek.

Todsünde Nr. 5:	*Tabuisieren der Hierarchie*

Es ist in der Wirtschaft gang und gäbe, daß das oberste Management seine Rolle in Organisations- oder Ergebnisverbesserungs-Projekten auf die Auftragserteilung sowie die Aufsichts- und Entscheidungsfunktion begrenzt. Die einzelnen Organisationseinheiten werden zwar kritisch unter die Lupe genommen – aber der Olymp selbst steht nicht zur Disposition. Strukturen und Abläufe, Kommunikation und Kooperation werden überall überprüft, nur nicht dort, wo sie den größten Effekt fürs Gesamtunternehmen haben, nämlich an der Spitze. Darunter leidet zunächst das Vertrauen in die Führung. Es entstehen aber auch andere, *strukturelle Konsequenzen.*

Zum einen werden Schwachstellen an der Führungsspitze zementiert und der Nachwelt als Denkmal erhalten. Dabei liegen gerade hier nicht selten wesentliche Potentiale.

Zum zweiten werden zentrale Stäbe – in der Praxis häufig die Weltmeister im Verursachen indirekter Kosten – als »Instrumente des Managements« automatisch ebenfalls von einer kritischen Überprüfung ausgenommen oder aber lediglich einer Scheinüberprüfung unterzogen: Als »Kundschaft« wird ausschließlich das Topmanagement befragt – nicht aber all die Linienstellen im Unternehmen, welche täglich vom Wirken der Stäbe betroffen sind. Wenn diejenigen, die sich seinerzeit mit Stäben umgeben haben, und diejenigen, die heute über die einzuleitenden Maßnahmen entscheiden, identisch sind, haben Stäbe nicht nur ein gutes, sondern auch ein ewiges Leben.

Zum dritten: Eine Verflachung der Hierarchie, einer der entscheidenden Wege zur Kostenreduktion, wird entweder gar nicht erst in Betracht gezogen oder aber auf die unteren Stufen begrenzt – was dann zu den barocken Organisationsplänen führt, denen man in der Praxis gelegentlich begegnet.

Todsünde Nr. 6:	*Übergehen wichtiger Partner*

Eine Kostenstrukturanalyse ist immer ein hochbrisantes Projekt – nicht wegen der Analyse, sondern wegen dem, was unweigerlich folgt, sofern das Projekt nicht im Sande verläuft: Restrukturierungs- und, in der Folge, Personalmaßnahmen. Die Verführung für das Management ist groß, mit solchen Absichten möglichst lange hinter dem Berg zu halten und Personalvertretungen, Betriebsrat und Mitbestimmungsorgane dann zu informieren, wenn man gar nicht mehr darum herumkommt. Dieses Vorgehen rächt sich in der Praxis bitter. Zum einen fühlen sich diese Institutionen als Partner nicht ernst genommen, vielleicht sogar hintergangen, wenn sie feststellen, daß Projekte fix und fertig verpackt und verschnürt auf den Tisch des Hauses kommen, denen man auf den ersten Blick ansieht, daß das Management sich seit einem halben oder ganzen Jahr eingehend damit befaßt haben muß. Dies führt im günstigsten Falle zu schweren Verstimmungen, im Normalfall zu einem Rückzug der betroffenen Organe auf eine distanziert-kritische »Aufpasserrolle« im Projekt, im ungünstigeren und immer noch sehr häufigen Falle zu nackter Obstruktion. Ein zweites kommt hinzu: Alle diese Organe haben einen ganz anderen Zugang zu wichtigen Teilen der Belegschaft und verfügen über sehr interessante Informationskanäle. Sie können bei der Vorbereitung eines solchen Projektes, aktiv einbezogen, sehr wertvolle Beiträge leisten – nicht nur, was die Analyse der Ist-Situation, sondern auch, was die Gestaltung des Vorgehens im Projekt betrifft. Ganz entscheidend aber ist dies: Wenn sich einmal herausstellt, daß einschneidende Personalmaßnahmen unausweichlich sind, braucht man alle, die mithelfen können, die schmerzhaften Schritte sozial verträglich zu gestalten, als informierte, kompetente und verantwortungsvolle Verbündete. – Es soll hier nicht behauptet werden, der Betriebsrat müsse informiert und aktiv einbezogen werden, wenn im Management der erste Gedanke an ein solches Projekt geäußert worden ist. Aber wir sagen dies: Es liegt im Interesse des Unternehmens, daß er einbezogen wird, bevor es gesetzlich nicht mehr anders geht, insbesondere, bevor das Vorgehenskonzept mehr oder weniger endgültig festgelegt ist. Die Faustregel lautet: *Im Zweifelsfalle immer früher als später.* Wer ein gutes Gewissen, gute Argumente und nicht hoffnungslos zerrüttete Beziehungen mit seinem Partner hat, braucht keine Angst zu haben vor einem frühzeitigen Dialog. Was nämlich am Anfang in eine partnerschaftliche Auseinandersetzung investiert wird, zahlt sich später, wenn die haarigen Konsequenzen des Projektes aktuell werden, zehnmal aus.

Todsünde Nr. 7:	*Mangelnde Umsetzung*

Dies ist die siebente und letzte große Sünde: die Unfähigkeit oder die mangelnde Bereitschaft des Topmanagements, notwendige Entscheidungen zu treffen. Sei es, daß keiner da ist, der vor den Mitarbeitern für unpopuläre Entscheidungen geradestehen mag; sei es, daß man sich im Management nicht über die »Opfersymmetrie« zu einigen vermag; oder sei es, daß man plötzlich mit Schrecken feststellt: Es ist gar nicht so einfach, die vorhandenen Potentiale zu realisieren. Man kann nicht einfach auf diese oder jene Aufgabe zu 100 % verzichten, da und dort eine Arbeitskraft zu 100 % freisetzen oder mal hier und mal da eine einzelne Organisationseinheit ersatzlos auflösen. Es gibt zwar viele Potentiale. Doch diese sind arg verstreut und können letztlich nur auf dem Wege komplexer organisatorischer Umschichtungen ohne Schaden für das Gesamtsystem realisiert werden – eine Aufgabe, die höchste Anforderungen stellt bezüglich vernetzten Denkens und prozeßorientierten Vorgehens. Und da fühlt sich manch einer schlicht überfordert. Wie auch immer: Am Schluß solcher Projekte muß nicht selten gewaltig gezaubert und mit Zahlen jongliert werden, damit der Kommentar in der Presse hinterher nicht lautet: »*Außer Spesen nichts gewesen*«. Der Bereich der öffentlichen Verwaltung ist hier besonders gefährdet. Die Strukturen parteipolitisch zusammengesetzter Führungsgremien stehen häufig einem straffen und effizienten Entscheidungsmechanismus im Wege. Als Schlußakt einer umfassenden Analyse kommt es dann zu einem peinlichen, auf der Ebene des kleinsten gemeinsamen Nenners abgeschlossenen »Kuhhandels«. Die Ergebnisse des Projektes stehen in keinem Verhältnis mehr zum Gesamtaufwand. Wenn es nach langen und schmerzhaften Auseinandersetzungen im Unternehmen heißt: »*Der Berg hat eine Maus geboren*« – dann ist es mit der Motivation und mit dem Goodwill der Mitarbeiter vorbei. Das erste, was deshalb *vor Beginn* einer Kostenstrukturanalyse abgeklärt und sichergestellt werden muß, ist die *Fähigkeit* und die *Bereitschaft* der Verantwortungsträger zu echten Veränderungen und, wo notwendig, zu schmerzhaften Entscheidungen. Keine Analyse ist nämlich immer noch viel besser als eine Analyse ohne konkrete Ergebnisse.

Der konstruktive Ansatz

Wer angesichts einer Kostenstrukturanalyse bzw. eines Ergebnisverbesserungs-Projektes seinen Mitarbeitern gegenüber eine Mißtrauensstrategie wählt, verpaßt eine große Chance, in seinem Unternehmen das allenthalben beschworene »unternehmerische Denken« zu entwickeln. Wir plädieren in diesem Buch für ein *partizipatives* und *entwicklungsorientiertes* Vorgehenskonzept. Es beruht auf folgenden Grundsätzen:

- Die Projektarbeit erfolgt *eigenverantwortlich in der Linie*. Die Verantwortung für die Untersuchungen in einer bestimmten Organisationseinheit liegt bei deren Leiter, die Steuerung der Projektarbeit erfolgt im Rahmen des regulären Führungskreises.
Für die Untersuchung übergreifender Fragestellungen werden spezielle *Querschnittprojekte* definiert und mit einer entsprechenden Projektorganisation ausgestattet.
Die *Führungsorganisation* ist Gegenstand eines eigenen Teilprojektes.

- Es werden systematisch sowohl *Kostensenkungs-* als auch *Ertrags-* bzw. *Leistungspotentiale* ermittelt.

- Der Führungskreis jeder untersuchten Organisationseinheit wird für das Projekt ergänzt durch *mindestens einen Externen*. Die Verantwortung für die unterbreiteten Vorschläge bleibt jedoch in der Linie.

- Im Hinblick auf qualifizierte Entscheidungsgrundlagen bezüglich möglicher Aufwandreduktionspotentiale werden zwei Szenarien bearbeitet: *Kostensenkung um 10 % sowie Kostensenkung um 20 %*.

- Die *internen und externen Kunden* werden in geeigneter Form *in die Projektarbeit einbezogen*. Einzelne Vertreter der Kundschaft wirken aktiv im Rahmen des Projektes mit.

- Die *Mitarbeiterinnen und Mitarbeiter* werden nicht nur offen über Ziele und Ablauf des Projektes informiert, sondern *aktiv an der Projektarbeit beteiligt*.

- Es wird in geeigneter Form *Unterstützung durch eigene Fachdienste* oder *externe Beratung* verfügbar gemacht, die von den einzelnen untersuchten Organisationseinheiten abgerufen werden kann.

- Die Leiter der untersuchten Organisationseinheiten unterbreiten ihre Vorschläge dem *für die Entscheidungen verantwortlichen Leitungsausschuß* bzw. *der Unternehmensleitung.*

- Die Entscheidungen werden nach *eingehenden Diskussionen mit den verantwortlichen Linienchefs* auf der Ebene des Topmanagements nach Maßgabe der übergeordneten Unternehmensinteressen getroffen.

- Es wird eine *offene Informationspolitik* betrieben. Die gesamte Belegschaft wird vor Projektbeginn umfassend über Ausgangslage, Ziele, Inhalte und Ablauf der Untersuchung ins Bild gesetzt und während der Projektarbeit regelmäßig über den aktuellen Stand und die jeweils nächsten Schritte informiert.

Welches ist die Funktion der »Externen«?

Es braucht in jedem Projektteam jemanden, der nicht betriebsblind ist – jemanden, der die Dinge mit unverstelltem Blick betrachtet. Seine Aufgabe besteht darin, als Außenstehender sogenannte »dumme Fragen« zu stellen, als »Querdenker« alles kritisch zu hinterfragen und als nicht direkt Beteiligter seine Empfindungen, seine Ansichten und seine Ideen einzubringen. Er stellt eine wichtige Ergänzung zum Sachverstand der Internen dar – und hat häufig außerdem eine wichtige Funktion als Katalysator für die Kommunikation und die Kooperation im Team.

Wer kommt als »Externer« in Frage?

Grundsätzlich jedermann, der selbst in der Managementpraxis steht, aber keine eigenen »Aktien« in dem Bereich hat, den das Projekt betrifft. In großen Unternehmen und Konzernen kann sogar ein Kollege in Frage kommen, dessen Stammaufgabe weit genug entfernt angesiedelt ist. Gut geeignet sind vor allem qualifizierte Führungskräfte aus Kollegial-, Kunden- oder Lieferanten-Firmen.

Selbstverständlich können auch professionelle Berater als Externe eingesetzt werden. Dies empfiehlt sich vor allem dann, wenn das betreffende Team wenig Projektmanagement-Erfahrung hat oder wenn es sich um einen besonders großen und schwierig zu bearbeitenden Bereich handelt. Ein professioneller Berater kann auch vielseitiger eingesetzt werden. Neben der Funktion des neutralen Externen kann er eine ganze Reihe methodischer Beratungs- und Unterstützungsfunktionen übernehmen, die eine externe Linienführungskraft in dieser Form nicht wahrnehmen kann.

417

Was für Unterstützung muß verfügbar gemacht werden?

Zum einen: Es muß eine zentrale Projektleitung geben, die immer ansprechbar ist und den am Projekt Beteiligten Auskunft geben kann, wenn Vorgehens- bzw. Verfahrensfragen auftauchen. Zum zweiten: Der Sachverstand des Controlling, der Informatik, der Personalabteilung oder des Organisationsdienstes kann gefragt sein. Zum dritten: Nicht alle Linienstellen verfügen über die notwendige Erfahrung bezüglich der Methodik von Problemlösungsprozessen, der Gestaltung von Workshops oder der Konfliktbewältigung in einem Team. Sie brauchen Unterstützung in bezug auf Moderation, Visualisierung, Teamentwicklung. Entsprechend qualifizierte Fachleute finden sich in der Regel im Bereich des Bildungswesens.

Wie bereits erwähnt, können für alle diese Formen der Unterstützung auch externe Berater beigezogen werden. In vielen Fällen ist dies sinnvoll oder sogar notwendig. Doch bevor ein professioneller Berater eingesetzt wird, muß sorgfältig abgeklärt werden, welches der konkrete Bedarf ist – und ob dieser nicht intern abgedeckt werden kann. Das Motto muß sein: *»Mache selbst, was du selbst machen kannst – mache nicht selbst, was du nicht selbst machen kannst.«*

Warum zwei Szenarien: 10 %- und 20 %-Reduktion?

Das Ziel der Übung besteht darin, qualifizierte Entscheidungsgrundlagen zu schaffen, die es der Unternehmensleitung erlauben, in Kenntnis aller möglichen Konsequenzen zu entscheiden, wo abgespeckt werden kann und wo nicht. Der Entscheidungsträger muß beurteilen können, wo das »Fett« aufhört und wo die »Muskeln« beginnen. Dies ist erfahrungsgemäß meistens im Bereich zwischen 10 und 20 % der Fall. Das Einführen von zwei »Sonden« erleichtert die Beurteilung der Situation ganz erheblich.

Es gibt selbstverständlich Betriebe und Unternehmen, in denen insgesamt wesentlich mehr »Fett« steckt als 20 %. Aber in solchen Fällen stellt sich ernsthaft die Frage, ob eine Kostenstrukturanalyse überhaupt der richtige Weg ist. In der Regel steht dann nämlich eine strategische Gesamtreorganisation an – ein Projekt, das methodisch ganz anders angegangen werden muß und mit wesentlich tiefergreifenden Strukturveränderungen verbunden ist.

Im übrigen gibt es fast in jedem großen Unternehmen einzelne Organisationseinheiten oder Funktionsbereiche, in denen wesentlich mehr Kostenreduktionspotential steckt als 20% – sei es, weil die Funktion insgesamt an strategischer Bedeutung verloren hat, sei es, weil sie es verstanden hat, eine Nische zu finden, in welcher Parkinson sich ungehemmt entfalten konnte. Aber da muß gefragt werden: Was ist mit einem Management los, welches das gesamte Unternehmen flächendeckend mit einer 40%-Übung überziehen läßt, weil es nicht in der Lage ist zu beurteilen, in welchen Bereichen überproportional abgespeckt werden muß?

Wege zur Verbesserung der Ergebnisse

Es gibt im wesentlichen vier Möglichkeiten, das Ergebnis unter dem Strich zu verbessern:

---

1. *Abbau von Produkten, Dienstleistungen und Aufgaben mit ungünstigem Aufwand/Nutzen-Verhältnis*

Totalverzicht, Straffen des Sortiments, geringerer Leistungsumfang, geringere Qualität, geringere Frequenz etc.

---

2. *Ausbau von Produkten, Dienstleistungen und Aufgaben mit günstigem Aufwand/Nutzen-Verhältnis*

Zusätzliche Leistungen für bestehende Kunden, Akquisition neuer Kunden, Verrechnung bisher kostenfreier Leistungen, Anbieten interner Dienstleistungen an Dritte gegen Verrechnung etc.

---

3. *Effizienzsteigerung durch rationellere Organisation*

– *Optimieren der Struktur:*
   Zusammenlegung, Zentralisierung, Dezentralisierung, Auslagerung, andere Eingliederung, Abbau von Stäben, Verflachung der Hierarchie, Kunden- bzw. Kundenzielgruppen-orientierte Organisation, Projekt-Organisation, Selbstorganisation in teilautonomen Teams etc.
– *Optimieren von Abläufen:*
   Vereinfachung, Vereinheitlichung, Deregulierung etc.
– *Optimieren der Infrastruktur:*
   Produktionsmittel, Raumangebot und Layout, EDV, Management-Informations-System, Führungsinstrumente etc.

---

4. *Effizienzsteigerung durch verbesserte Kommunikation und Kooperation*

Informationsfluß, Entscheidungsbildung, Teambildung und Teamentwicklung, funktionsübergreifende Kooperation etc.

Abbildung 50

Ergebnisverbesserung – Auftrag: **Potentialermittlung**

Alle bestehenden Produkte, Dienstleistungen und Aufgaben sind systematisch zu überprüfen und nach folgenden Gesichtspunkten zu hinterfragen:

1) *Abbau (bei hohem Aufwand)*
   - Totalverzicht (ersatzloses Streichen)
   - Teilverzicht (Straffen des Sortiments bzw. Leistungsangebots)
   - geringere Qualität, geringere Frequenz, längere Reaktionszeit

2) *Ausbau (bei günstigem Aufwand/Nutzen-Verhältnis)*
   - zusätzliche Leistungen für bestehende Kunden/Dienstleistungsempfänger
   - Identifizieren neuer Kunden/Dienstleistungsempfänger
   - Verrechnung bisher kostenfrei erbrachter Leistungen
   - Anbieten interner Dienstleistungen an Dritte gegen Verrechnung

3) *Effizienzsteigerung durch Optimieren der Struktur*
   - Zusammenlegung/Zentralisierung
   - Dezentralisierung
   - Auslagerung
   - andere Eingliederung
   - Abbau von Stäben
   - Verkürzen bzw. Verflachen der Hierarchie
   - Kunden- bzw. Kundenzielgruppen-orientierte Organisation
   - Projektorganisation
   - Selbstorganisation in teilautonomen Gruppen

4) *Effizienzsteigerung durch Optimieren von Abläufen*
   - Vereinfachung
   - Vereinheitlichung
   - bessere Kapazitätsauslastung
   - Deregulierung

5) *Effizienzsteigerung durch Optimieren der Infrastruktur*
   - Produktionsmittel
   - EDV/Management-Informations-System
   - Führungsinstrumentarium

6) Effizienzsteigerung durch bessere Kommunikation und Kooperation
- Entscheidungsbildung
- Teamarbeit
- funktionsübergreifende Kooperation

Abbildung 51

Ergebnisverbesserung – Auftrag: **Einbezug der Kunden**

- Definition der wichtigsten externen Kunden bzw. internen Dienstleistungsempfänger.

- Abklärung der spezifischen Interessen und Bedürfnisse; Erheben des Fremdbildes (von außen wahrgenommene Stärken und Defizite); gemeinsame Standortbestimmung und Analyse der Zusammenarbeit.

- Besprechen der konkreten Konsequenzen des Verzichts auf einzelne Aufgaben bzw. Dienstleistungen; Erheben vorhandener Ideen im Hinblick auf eine Reduktion des Aufwandes.

- Besprechen der eigenen Vorstellungen bezüglich einer Steigerung des Ertrages bzw. der produktiven Leistung; Erheben der Ideen und Anregungen des Kunden.

Qualifizierte Gespräche mit externen Kunden und internen Dienstleistungsempfängern dienen nicht nur der sachlichen Datenerhebung, sondern sind gelebte Kundenorientierung und Teil der »Corporate Identity«!

Alle diese Möglichkeiten müssen systematisch geprüft werden – sowohl in den einzelnen Funktionsbereichen als auch auf der Ebene des Gesamtunternehmens. Gerade in Punkt 4 – Effizienzsteigerung durch verbesserte Kommunikation und Kooperation – liegen oft erhebliche Potentiale. Die Effekte weicher Faktoren lassen sich jedoch betriebswirtschaftlich oft kaum erfassen. Wo Erbsenzähler das Zepter führen, werden deshalb diese Potentiale fast immer sträflich vernachlässigt oder werden von vornherein nicht Betracht gezogen.

Beispiel: In einem Unternehmen herrscht ein fürchterliches Gremien-Unwesen. Viel zu große Gruppen und Gremien arbeiten an zu vielen Themen. Aufgrund falsch verstandener »Partizipation« und falsch verstandener »Vernetzung« wird in jede neu gebildete Gruppe jeder hineindelegiert, der auch nur in irgendeiner Weise von dem Thema berührt sein könnte. Konsequenz: Zu viele Leute tanzen auf zu vielen Hochzeiten; alle hängen nur noch in Sitzungen herum; zu viele Leute reden bei zu vielen Fragen rein; in allen Gruppen gibt es Leute, die im Grunde nur kontrollieren und verhindern, nicht aber konstruktive Beiträge liefern wollen. Resultat: Die Dinge kommen nicht voran; die Übersicht über die Prioritäten im Unternehmen geht verloren; der »Output« steht in keinem Verhältnis zum Aufwand.

Nun kann man nicht Hunderte von Führungskräften gruppendynamisch so lange schulen, bis sie alle fähig und bereit sind, in großen Gruppen effizient und konstruktiv zu arbeiten. Aber es kann eine ganz einfache Spielregel eingeführt werden:

Projektteams, Task-Forces und Ausschüsse dürfen ab sofort nicht mit mehr als fünf Personen besetzt sein. Ausnahmen – sechs oder sieben Personen – sind begründungs- und genehmigungspflichtig. Gremien von acht oder mehr Personen werden von vornherein nicht mehr toleriert.

Konsequenz: Innerhalb kürzester Zeit wird der Sitzungsaufwand wesentlich reduziert und die Effizienz der Gruppen nachgerade dramatisch gesteigert. Dieser Effekt ist jedoch nicht meßbar. Ein einziges erfolgreiches Projekt kann unter Umständen Millionen bringen – und der produktive Gewinn der insgesamt beschleunigten Arbeits- und Entscheidungsprozesse läßt sich gar nicht hoch genug veranschlagen. Aber all dies läßt sich nicht in Heller und Pfennig beziffern und schon gar nicht hieb- und stichfest als direkte Konsequenz der neuen Spielregel nachweisen.

Manch eine Kostenstrukturanalyse und Ertragspotentialermittlung, zumal in nicht allzu großen Bereichen, kann in eigener Regie und mit be-

Abbildung 52

| Ergebnisverbesserung – Auftrag: **Beteiligung der Mitarbeiter/innen** |

- Offene und umfassende Information über Ausgangslage, Ziele, Inhalte und Ablauf des Projektes.

- Stufengerechte Mitwirkung sowohl bei der Analyse als auch bei der Erarbeitung von Ideen und Vorschlägen zur Reduktion von Aufwand sowie zur Aktivierung von Ertrags- bzw. Leistungspotentialen.

- Regelmäßige Information über den Stand der Projektarbeit und die nächsten Schritte.

- Aktive Beteiligung bei der Umsetzung gemeinsam erarbeiteter und durch Management-Entscheidung eingeleiteter Maßnahmen.

Die aktive Beteiligung der betroffenen Mitarbeiter/innen erfolgt nicht nur im Hinblick auf Motivation und Identifikation, sondern auch mit dem Ziel, auf allen Stufen Kostenbewußtsein und Ertragsorientierung, d. h. unternehmerisches Denken und Handeln, zu entwickeln!

grenztem externem Beratungsaufwand durchgeführt werden. Es muß allerdings berücksichtigt werden, daß viele Führungskräfte so etwas noch nie gemacht haben. Sie brauchen eine gewisse methodische Anleitung. Im übrigen gilt hier einmal mehr: *Klare Aufträge sind das halbe Geschäft.*

Wir haben für Sie entsprechende Auftragsmuster zusammengestellt:

– *Potentialermittlung*	→	Abb. 50
– *Einbezug der Kunden*	→	Abb. 51
– *Beteiligung der Mitarbeiter/innen*	→	Abb. 52
– *Darstellung der Projektergebnisse*	→	Abb. 53
– *Phasenplan und Terminziele*	→	Abb. 54

Aber wer immer ein solches Projekt in seinem Verantwortungsbereich in Angriff nehmen möchte, sollte sich zuerst über die Zielsetzung klarwerden:

- *Besteht das Ziel darin, als einmalige Aktion, im Rahmen eines zeitlich engbegrenzten Projektes, den Kostenblock um einen Prozentsatz X zu reduzieren?*

Abbildung 53

| Ergebnisverbesserung – Auftrag: **Darstellung der Projektergebnisse** |

Die Leiter der untersuchten Organisationseinheiten sowie der Querschnittprojekte unterbreiten dem Leitungsausschuß bzw. der Unternehmensleitung ihre Vorschläge im Rahmen einer visualisierten Präsentation von 45 Min. nach folgenden Gesichtspunkten:

1) Maßnahmen, die zu treffen sind, wenn der *Gesamtaufwand (Personal- und Sachkosten) um 10 % reduziert* werden muß.

2) Maßnahmen, die zu treffen sind, wenn der *Gesamtaufwand um 20% reduziert* werden muß.

3) Maßnahmen, die zu treffen sind, um *Ertragspotentiale* zu aktivieren.

4) Maßnahmen, die zu treffen sind, um *Leistungspotentiale* zu aktivieren.

5) *Investitionen*, die notwendig sind, um bestehende Kernaufgaben effektiver oder wichtige neue Aufgaben zusätzlich bewältigen zu können.

Die Vorschläge sind gesondert zu unterbreiten bezogen auf:
a) *die eigene Organisationseinheit*
b) *andere Organisationseinheiten bzw. Funktionsbereiche*
c) *übergreifende Strukturen und Prozesse (Gesamtunternehmen).*

Es sind zu konkretisieren:

- Der *budgetwirksame Umfang* einer Aufwandreduktion, einer Ertragssteigerung, einer Leistungssteigerung oder einer Investition.

- Die *qualitativen Vor- und Nachteile* (Chancen und Risiken) einer vorgeschlagenen Maßnahme.

- Die *Auswirkungen* einer vorgeschlagenen Maßnahme:
  - innerhalb der Organisationseinheit
  - auf andere Organisationseinheiten bzw. Funktionsbereiche
  - auf unternehmensexterne Partner und Instanzen.

- Die *Realisierung* einer vorgeschlagenen Maßnahme:
  - notwendige Voraussetzungen
  - Vorgehensweise
  - Zeitplan.

- *Oder besteht die Zielsetzung darin, die Führungskräfte und die Mitarbeiter so zu motivieren und zu qualifizieren, daß sie in Zukunft aus eigenem Antrieb bereit und methodisch in der Lage sind, Kosten und Erträge kontinuierlich zu optimieren?*

Die Antwort auf diese Frage entscheidet über die Wahl des Vorgehens.

Abbildung 54

Ergebnisverbesserung – Auftrag: **Phasenplan und Terminziele**

Festlegen konkreter Termine bezüglich:

- *Auftaktveranstaltung und Beginn der Projektarbeit*
- *Wichtigste Phasen (von wann bis wann)*
- *Zwischenbilanzen (Stand der Analyse und bisherige Ergebnisse)*
- *Präsentation und Diskussion der Projektergebnisse*
- *Entscheidungen der Unternehmensleitung*
- *Information im Unternehmen und Beginn der Realisierung*
- *Zwischenbilanzen (Stand der Umsetzung und weiteres Vorgehen)*
- *Abschluß des Projektes*

13. Kapitel
Coaching

Alter Wein in neuen Schläuchen?

Ein alter Begriff ist in den letzten wenigen Jahren zu gewaltigen neuen Ehren gelangt: »*Coaching*«. Manch einer mag dies als reine Modeerscheinung abtun, die wieder geht, wie sie gekommen ist. Aber ein bißchen mehr ist schon dahinter, auch wenn der neudeutsche Ausdruck als solcher Modecharakter hat. Zum einen: Das generelle Führungsverständnis hat sich grundlegend gewandelt. Beratung und Betreuung wird zunehmend als zentrale Funktion der Führung verstanden: der Vorgesetzte als »*Coach*« seiner Mitarbeiter. Dadurch ist der Begriff schon mal salonfähig geworden. Zum zweiten: Das Führungsgeschäft ist schwieriger geworden. Eine hohe Komplexität beherrscht die Szene. Auch qualifizierte Führungskräfte haben nicht mehr alles einfach »im Griff« – und die weniger qualifizierten sind schlicht hoffnungslos überfordert. Die Bewältigung dieser Komplexität setzt Reflexion und Beratung im wechselseitigen Dialog voraus – aber nicht jeder hat intern immer gerade den richtigen Gesprächspartner für seine schwierigsten Probleme zur Hand. Dies hat in der Tat zu einer zunehmenden Nachfrage nach professionellem Coaching geführt. Und wo es Nachfrage gibt, entstehen Angebote – wenn auch nicht immer unbedingt die richtigen. Kaum ein Beratungsunternehmen, das nicht unter anderem auch Management-Coaching anbieten würde.

Um es vorwegzunehmen: Coaching kann eine äußerst erfolgreiche Maßnahme sein. Aber Coaching ist nicht, wie viele glauben, ein Allerweltsheilmittel. Manch einer, der am Verhalten seines Chefs oder seines Mitarbeiters verzweifelt, rät diesem, »Coaching« in Anspruch zu nehmen – in der Hoffnung, die Charakterneurose oder die Überforderung im Job würde sich in Minne auflösen. Aber Coaching ist keine Therapie. Und wenn ein Manager am falschen Platz ist, hilft noch nicht mal eine Therapie. Nein, es ist immer situativ und individuell abzuklären, ob Coaching

427

indiziert ist oder nicht. Und wenn es eine Faustregel gibt, dann diese: *Es sind die besten Manager, denen Coaching am meisten bringt* – und diese brauchen es nur in ganz bestimmten Situationen – im Rahmen besonders anspruchsvoller Aufgaben.

Fragen und Antworten

- *Was ist »Coaching«?*

Persönliche Beratung und Begleitung.

- *Um was geht es beim Coaching?*

Um das Besprechen konkreter Fragen und aktueller Probleme der Führung im eigenen Verantwortungsbereich. Kritisches Überprüfen des eigenen Führungshandelns im Dialog mit einem neutralen und kompetenten Gesprächspartner.

Im Gegensatz zur Fachberatung geht es nicht um das Vermitteln von methodischem Know-how, sondern um optimales Verhalten und Führungshandeln in einem hochkomplexen und hochvernetzten sozialen und politischen Umfeld. Da geht es nicht zuletzt auch darum, die eigenen emotionalen Verstrickungen zu erkennen und zu lösen. Die gefährlichsten Stolpersteine sind bekanntlich diejenigen, die sich in einem selbst befinden. Sie sind es in der Regel, die nicht rechtzeitig erkannt werden.

- *Warum und wozu wird Coaching für Führungskräfte angeboten?*

Die Führungsaufgaben sind in den letzten Jahren auf allen Stufen anspruchsvoller und komplexer geworden. Neben dem operativen Geschäft müssen schwierige strukturelle und personelle Veränderungen bewältigt werden. Wer führt, steht im Spannungsfeld vielfältiger Interessen. Das eigene Verhalten hat einen entscheidenden Einfluß auf Erfolg oder Mißerfolg. Kritische Reflexion und persönliches Feedback können von entscheidender Bedeutung sein, um die richtigen Vorgehensweisen zu entwickeln oder um »blinde Flecken« zu überwinden.

Die unmittelbaren Arbeitspartner – Vorgesetzte, Kollegen und Mitarbeiter – sind jedoch praktisch nie ganz unbefangen. Eigeninteressen, Vorurteile und hierarchische Abhängigkeiten begrenzen die Offenheit. Dazu kommt, daß es oft gerade Spannungen im unmittelbaren Umfeld der einzelnen Führungskraft sind, die einer Klärung bedürfen. Ein kompetenter und neutraler »Sparringspartner« kann in besonders turbulenten Phasen, schwierigen Projekten sowie akuten Konflikt- oder Krisensituationen wesentlich dazu beitragen, adäquate Vorgehenskonzepte zu entwickeln – im Interesse sowohl des einzelnen als auch des Unternehmens.

- *Was für Formen von Coaching gibt es?*

Erstens, *individuelles Coaching* oder *Einzelcoaching*. Hier geht es um eine ganz persönliche und individuelle Beratung, deren Form und Rhythmus situativ gestaltet werden können. Eine gewisse Regelmäßigkeit ist aber Voraussetzung für Erfolg.

Zweitens, *Team-Coaching*. Dieses beruht auf systematischem Erfahrungsaustausch, kollegialer Beratung und persönlichem Feedback in einem kleinen Team von Teilnehmer/innen mit in etwa vergleichbarer Führungsverantwortung, die aber im Tagesgeschäft nicht durch direkte Arbeitsbeziehungen verbunden sind. Das Team trifft sich in regelmäßigen Abständen zu gemeinsamen Arbeitstreffen, die durch einen Moderator geleitet bzw. begleitet werden. Jeder Teilnehmer hat bei jedem Treffen ein Zeitkontingent zur Verfügung, um mit dem Team an den Fragen zu arbeiten, die ihn besonders beschäftigen.

Team-Coaching bedeutet »Coaching im Team«. Wenn dagegen ein Team (Führungskreis, Projektteam, Fachausschuß) Beratung in Anspruch nimmt, um die interne Zusammenarbeit zu verbessern, fällt dies in den Bereich der »Teamentwicklung«.

- *Behindert Team-Coaching nicht die Entwicklung der formalen Teams?*

Nein. Ein Coaching-Team ist eine Lernplattform für den einzelnen. Alles, was er lernt, kommt der Arbeit und der Zusammenarbeit im Alltag zugute.

- *Kann man Erfahrungsaustausch und Feedback nicht im Rahmen der formalen Teams praktizieren?*

Doch, das kann man nicht nur, sondern sollte man auch. Aber erstens geschieht dies in der Praxis viel zu selten, weil es nicht zur gängigen Führungskultur gehört. In guten Zeiten war so etwas »nicht nötig« – und in schlechten Zeiten hat man wegen totaler Überlastung »keine Zeit«. Zweitens hat die Offenheit in formalen Teams gewisse natürliche Grenzen. Zumindest an die ganz »eingemachten« Fragen kann man leichter herangehen, wenn die Gesprächspartner nicht diejenigen sind, mit denen man im Alltag zusammenarbeitet.

Aber nochmals: Coaching soll Erfahrungsaustausch und Feedback in den formalen Teams sowie insbesondere zwischen Vorgesetzten und Mitarbeiter/innen nicht ersetzen und nicht verhindern, sondern im Gegenteil anregen und unterstützen. Wer im Coaching eine »Gegenwelt« zur Praxis aufzubauen sucht, ist kein professioneller »Coach«.

- *Wann Einzel-, wann Team-Coaching?*

Einzelcoaching kann ein sehr machtvolles Instrument sein, um Verantwortungsträger, die kritische Situationen bewältigen oder schwierige Veränderungsprozesse steuern müssen, zu unterstützen. Der Aufwand ist jedoch relativ hoch, die verfügbare Kapazität an qualifizierter Beratung begrenzt. Einzel-Coaching kann deshalb von vornherein nicht flächendeckend, sondern nur punktuell eingesetzt werden.

Anders verhält es sich mit Team-Coaching. Hier liegt der Schwerpunkt auf wechselseitiger kollegialer Beratung. Auf einen Team-Coach – der, entsprechend ausgebildet, auch ein Interner sein kann – kommen 5-6 Teilnehmer/innen. Dieses Instrument kann deshalb in einem großen Unternehmen auf breiterer Basis eingesetzt werden.

- *Wer wird als Management-Coach eingesetzt?*

Besonders erfahrene und sozialkompetente Führungskräfte, Berater oder Management-Trainer.

- *Welches sind die wichtigsten Voraussetzungen für erfolgreiches Coaching?*

Erstens, *Freiwilligkeit*. Nur wer selbst an einer gemeinsamen Beratung mit anderen interessiert ist, kann wirksam beraten werden. Zweitens, *Neutralität der Gesprächspartner*. Wer mit einem anderen durch direkte Arbeitsbeziehungen im Tagesgeschäft verbunden ist, kann nicht sein völlig unbefangener Berater sein. Drittens, *Offenheit* und *Vertrauen*. Ohne Offenheit können heikle Fragen nicht bearbeitet werden, und ohne persönliches Vertrauen kann das notwendige Maß an Offenheit nicht hergestellt werden. Vertrauen kann aber nur schrittweise aufgebaut werden. Wirklich wirksames Coaching setzt deshalb in der Praxis fast immer eine gewisse Regelmäßigkeit der Gespräche während einer bestimmten Zeitperiode voraus.

- *Welches ist der Unterschied zwischen »Coaching« und »Supervision«?*

Eigentlich keiner. Wie man das Ding nennt, ist letztlich Semantik. Im Bereich der therapeutischen, pädagogischen und sozialen Berufe ist diese Form der berufsbegleitenden Qualifizierung seit jeher ein selbstverständliches und unverzichtbares Instrument der Professionalisierung – und heißt »Supervision«. Im Management dagegen handelt es sich um eine »Entdeckung« der letzten wenigen Jahre, die unter dem Begriff »Coaching« läuft.

Konzeptionelle und methodische Grundlagen des Team-Coachings

Wenn in einem Unternehmen grundlegende Veränderungsprozesse anstehen, brauchen Führungskräfte gleich welcher Stufe, die an besonders exponierter Stelle stehen, eine angemessene praxisbegleitende Unterstützung. Hier hat sich Team-Coaching außerordentlich bewährt. In größeren Unternehmen können Coaching-Teams unternehmensintern gebildet werden. Für Führungskräfte mittlerer Unternehmen sowie für Manager der obersten Führungsebenen kommen nur unternehmensübergreifend zusammengesetzte Teams in Frage. »Joint-Ventures« mit anderen Firmen und Institutionen sind erforderlich.

Angesichts der Bedeutung des Team-Coachings erläutern wir nachstehend kurz das methodische Konzept:

1 *Was ist »Team-Coaching«?*
2 *Was ist das Besondere an Team-Coaching?*
3 *Was passiert im Team-Coaching ganz konkret?*
4 *Wie läuft eine Team-Beratung ab?*
5 *Wo liegt der Nutzen des Team-Coachings?*
6 *Welches sind die organisatorischen Essentials?*
7 *Was für Arbeitsvereinbarungen sind notwendig?*
8 *Welches sind die Aufgaben des Moderators?*
9 *Welches ist der Zeitaufwand für den einzelnen Teilnehmer?*
10 *Für wen eignet sich Team-Coaching?*

1	*Was ist »Team-Coaching«?*

Eine besonders effektvolle Form der Führungsentwicklung. Kleine Teams von Teilnehmern treffen sich in regelmäßigen Zeitabständen für jeweils 1 1/2 Tage unter Begleitung eines speziell für diese Aufgabe ausgebildeten Moderators zu systematischem Erfahrungsaustausch, wechselseitiger kollegialer Beratung und persönlichem »Feedback«. Gegenstand der Diskussion: aktuelle Führungsfragen, Probleme oder Konfliktsituationen aus dem Berufsalltag des einzelnen.

2	*Was ist das Besondere an Team-Coaching?*

Team-Coaching ist eine für die Anwendung im betrieblichen und unternehmerischen Bereich adaptierte Form teamorientierten, professionellen Erfahrungsaustausches:

- *hoch interaktiv*
  Diskussion in einem kleinen Team

- *on-the-job*
  auf konkrete Fragen des beruflichen Alltags bezogen

- *praxisbegleitend*
  regelmäßig stattfindende Treffen

- *prozeßorientiert*
  schrittweise Bearbeitung komplexer Vorgänge
  (Change Management) in der Zeitachse

Dazu kommen folgende Vorteile:

- *keine längeren Abwesenheiten für die Teilnehmer*
  jeweils 1 1/2 Tage

- *geringer organisatorischer Aufwand*
  dezentrale Selbstorganisation in kleinen Teams

3	*Was passiert im Team-Coaching ganz konkret?*

Der einzelne Teilnehmer stellt Fragen aus seinem beruflichen Alltag zur Diskussion:

- *kritische Führungs- und Kommunikationsprobleme*
- *heikle Personalia*
- *politisch delikate Entscheidungen*
- *komplexe und konfliktträchtige Projekte*
- *Spannungsfelder im eigenen unmittelbaren Arbeitsumfeld*
- *akute Konflikt- oder Krisensituationen im Unternehmen oder in wichtigen Außenbeziehungen*

Das Team analysiert gemeinsam das Problem und entwickelt mit dem Betroffenen mögliche Lösungsansätze (Vorgehensvarianten). Die Kollegen liefern aufgrund ihrer persönlichen Erfahrungen Ideen, Tips und Denkanstöße.

Ein wichtiger Teil der Analyse betrifft die persönlichen Einstellungen, Interessen und Motive, aber auch die Rolle und das Verhalten des Kollegen in seinem beruflichen Umfeld.

Schwierige Projekte, längerfristige Veränderungsprozesse und festgefahrene Konfliktkonstellationen können prozeßorientiert angegangen, d. h. schrittweise bearbeitet und beratend begleitet werden.

Ein entscheidender Aspekt der Coaching-Arbeit besteht darin, daß die zur Diskussion gestellten Probleme nicht nur nach rationalen Gesichtspunkten analysiert und methodisch bearbeitet werden. Die Vorgänge im Arbeitsumfeld des Teilnehmers, aber auch dessen persönliche Einstellungen und Verhaltensweisen werden ganz besonders mit Blick auf die unterschwellige *emotionale Dynamik* betrachtet.

Der Teilnehmer wird dadurch sensibilisiert in seiner Selbstwahrnehmung. Er lernt aber auch, die Stimmungslage und die Gefühle von Vorgesetzten, Kollegen und Mitarbeitern wahrzunehmen und sein Verhalten situativ auf die menschlichen und zwischenmenschlichen Realitäten in seinem Umfeld abzustimmen.

4	*Wie läuft eine Team-Beratung ab?*

In 6 Phasen mit wechselnder Aktivität des Teilnehmers (TN) bzw. des Teams:

1 TN   Anknüpfen an letzte Beratung
  - *Was war das Thema (Situation und Fragestellung)?*
  - *Was habt Ihr mir gesagt (wesentlichste Empfehlungen)?*

Funktion:
Den Kollegen den Wiedereinstieg erleichtern. Vor allem aber: Nicht in isolierten Einzelsituationen (*»Momentaufnahmen«*), sondern in Entwicklungsprozessen (*»Film«*) denken und handeln.

2 TN **Bericht über die weitere Entwicklung**
– *Wie ist es weitergegangen, was ist im einzelnen passiert?*
– *Was habe ich gemacht, wie habe ich mich verhalten?*
– *Was ist in mir vorgegangen?*
– *Wie beurteile ich die Situation heute?*
– *Was ist aus meiner Sicht gut gelaufen, was nicht?*

Funktion:
Die Kollegen »ins Boot holen«, sie mit den Ereignissen und der aktuellen Situation vertraut machen. Sich selbst die Entwicklung nochmals vergegenwärtigen.

Team **Nachfragen zum besseren Verständnis**
– *Fragen stellen (noch nicht diskutieren)*
– *Situation und Hintergründe verstehen*

Funktion:
Die nicht direkt Betroffenen haben keine »blinde Flecken« und finden einen unverstellten Zugang zu einzelnen Hintergründen und Zusammenhängen – ganz speziell, was die Rolle und das Verhalten des Kollegen selbst anbetrifft. Allein schon die Fragen der Kollegen führen in der Regel zu wichtigen Klärungen und neuen Erkenntnissen.

3 TN **Konkrete Fragen für die Beratung**
– *Was beschäftigt mich besonders?*
– *In welchen Punkten brauche ich Klärung?*
– *Zu welchen Fragen möchte ich eure Meinungen hören?*

Funktion:
1) Sich selbst bewußtmachen, wo Unklarheiten vorhanden sind (*Grundvoraussetzung für das Lösen eines Problems sowie für das selbständige Steuern des eigenen Erkenntnisprozesses*).
2) Den Kollegen Orientierung geben, wo Beratung gefragt ist (*lernen, andere sinnvoll einzubeziehen, zu aktivieren und zu nutzen*).

4 Team **Beiträge der Kollegen (Diskussion)**
- *Eindrücke und Empfindungen (Was ist mir aufgefallen?)*
- *Vermutungen (Hypothesen) in bezug auf mögliche Zusammenhänge*
- *Persönliche Rückmeldungen zum Verhalten des Kollegen*
- *Konkrete Ideen, Tips, Vorschläge (Varianten des Vorgehens)*

Funktion:
1) *Für den TN:* Denkanstöße für das konkrete Vorgehen sowie für das eigene Verhalten *(Voraussetzung für das Experimentieren mit Alternativen zu bisherigen Vorgehens- und Verhaltensmustern).*
2) *Für die Kollegen:* Lernen, andere zu beraten; lernen, persönliches Feedback *(konstruktive Kritik)* zu geben.

5 TN **Resümee und Kommentar**
- *Was ist mir klargeworden?*
- *Welche Anregungen waren für mich besonders wichtig – und warum?*
- *In welchen Punkten sehe ich noch immer nicht ganz klar?*
- *Was werde ich jetzt konkret tun?*

Funktion:
1) das Wesentliche herausarbeiten
2) den Kollegen rückmelden, was »angekommen« ist
3) sich und den andern vorhandene Grauzonen bewußt machen
4) Planung konkreter Umsetzungsschritte, deren Ergebnisse im Kollegenkreis wieder besprochen werden
(*»Gesetz des Wiedersehens«: Sozialer Druck, der zum Handeln – und damit zu konkreten Fortschritten – zwingt).*

6 Team **Kurze gemeinsame Bilanz**
- *Gibt es zum Beratungsthema selbst noch etwas nachzutragen?*
- *Wie beurteilen wir die Arbeitsweise und die Verständigung untereinander in dieser Beratungseinheit?*
- *Sind noch persönliche Fragen oder Empfindungen vorhanden, die besprochen werden sollten, bevor wir zur nächsten Beratung übergehen?*

| 5 | *Wo liegt der Nutzen des Team-Coachings?* |

Für den einzelnen Teilnehmer:

- *Entwicklung der Management-Kompetenz*
  - Lösung komplexer Führungsprobleme
  - Steuerung von Veränderungsprozessen

- *Entwicklung der Persönlichkeit*
  - individuelles Führungs-, Kommunikations- und Kooperationsverhalten

Für das Unternehmen:

- *Steigerung der Problemlösungskapazität*
  - fundiertere Entscheidungen
  - situativ angepaßte Vorgehensweisen in komplexen Problemsituationen
  - Deblockierung von »Hängepartien«

Für exponierte Manager ist das Coaching-Team in der Regel der einzige Ort, wo der einzelne die Möglichkeit hat,

- *heikle Situationen im emotionalen Spannungsfeld von Vorgesetzten, Kollegen und Mitarbeitern zu besprechen;*

- *kritische Situationen im Unternehmen im Vorfeld von Entscheidungen auf alle möglichen Konsequenzen hin zu untersuchen;*

- *eigene Unsicherheiten, Zweifel und Ängste auszusprechen und gemeinsam mit anderen aufzuarbeiten;*

- *methodische Vorgehens- und persönliche Verhaltensweisen in akuten Konflikt- und Krisensituationen zu erarbeiten;*

- *eigene »blinde Flecke« zu erkennen und persönliche Mißerfolge ohne Gesichtsverlust zu analysieren;*

- *eigene Einstellungen, Überzeugungen und Wertvorstellungen auf ihre Relevanz und Funktionalität hin zu überprüfen;*

- *Fragen der individuellen Berufs- und Lebensplanung im Vorfeld wichtiger Weichenstellungen sorgfältig auszuleuchten.*

6	Welches sind die organisatorischen Essentials?

- *Minimale Teamgröße: 5 Personen*
  - Vielfalt unterschiedlicher Ideen und Erfahrungen (keine geistige »Inzucht«)
  - Vielfalt der Persönlichkeiten (Differenzierung des Beziehungsgefüges)

- *Maximale Teamgröße: 6 Personen*
  - genügender Zeitanteil des einzelnen für seine Fragestellungen
  - leichte Verständigung im Team
  - kontinuierliche, aktive Beteiligung aller Teammitglieder

- *Kollegen, die nicht durch direkte Arbeitsbeziehungen vernetzt sind*
  - Unbefangenheit als Berater *(»Coach«)*
  - keine wechselseitigen Vorurteile oder Abhängigkeiten
  - keine eigenen »Aktien« des einzelnen in den Problemstellungen anderer

- *Kollegen aus unterschiedlichen Fachbereichen*
  - Führungserfahrungen aus unterschiedlichen Feldern im Team
  - unterscheiden lernen zwischen generellen und situativen Zusammenhängen

- *Kollegen mit vergleichbarer Führungsverantwortung*
  - wechselseitiges Verständnis
  - ausgeglichenes Geben und Nehmen
  - keine vorgegebene Hierarchie im Team

- *Stabile Teamzusammensetzung*
  - Aufbau von wechselseitigem persönlichem Vertrauen
  - intime wechselseitige Kenntnis der individuellen Arbeitssituation

- *Regelmäßig stattfindende Treffen*
  - Bearbeitung konkreter Fragen und Probleme *(Aktualität)*
  - beratende Begleitung komplexer Vorgänge, schrittweise Anpassung der Maßnahmen an aktuelle Entwicklungen *(Prozeßorientierung)*

- *Regelmäßiger Turnus – gleiche Zeitanteile*
  - keine »Voyeure« – keine »Platzhirsche«
  - lernen, sich gut beraten zu lassen – lernen, andere gut zu beraten

437

- *Qualifizierte Moderation*
  - Sicherstellen einer professionellen Arbeitsmethodik
  - konstruktive Bearbeitung der teaminternen Gruppendynamik

| 7 | *Was für Arbeitsvereinbarungen sind notwendig?* |

- *Aktive Beteiligung*
  Alle Teilnehmer beteiligen sich aktiv an der Arbeit des Teams – sowohl als Ratsuchende als auch als Beratende.

- *Bereitschaft zur Offenheit*
  Offenheit – bei Berichten über sich selbst wie auch bei persönlichen Rückmeldungen an Kollegen – ist die wichtigste Voraussetzung für wirkungsvolle Teamberatung.

- *Selbstverantwortlichkeit*
  Jeder bleibt selbst dafür verantwortlich, was er in seinem Arbeitsfeld tut oder nicht tut. Er entscheidet, welche Anregungen er aufnimmt und welche nicht. Die Beiträge der Kollegen sind Angebote, über deren Verwendung ausschließlich der Ratsuchende selbst zu entscheiden hat.

- *Verbindlichkeit und Termintreue*
  Die gemeinsam vereinbarten Termine werden konsequent eingehalten. Keiner ist nur hier, um für sich selbst zu profitieren. Jedes Teammitglied ist auch notwendiger Lernpartner und »Coach« für die Kollegen.

- *Individuelle Vorbereitung*
  Eine qualifizierte Beratung durch die Kollegen ist nur möglich, wenn der einzelne sich sorgfältig auf seine Beratungseinheiten vorbereitet.

- *Vertraulichkeit der Information*
  Die im Rahmen der Teamberatungen erhaltenen Informationen sind streng vertraulich und werden nicht nach außen getragen.

| 8 | *Welches sind die Aufgaben des Moderators?* |

1) Schaffen eines Klimas der Offenheit und des Vertrauens
  - Offenheit, Ehrlichkeit, Spontaneität
  - persönlich aufeinander eingehen
  - auf eigene Empfindungen und Gefühle achten
  - auf die Empfindungen und Gefühle der anderen achten

2) Sicherstellen einer professionellen Arbeitsmethodik
- Einhalten der Spielregeln
- Einhalten eines regelmäßigen Beratungsturnus
- Einhalten der einzelnen Arbeitsschritte beim Coaching
- bei jedem Arbeitsschritt die notwendige Sorgfalt sicherstellen

3) Analyse der emotionalen Dynamik sicherstellen
- offene und verdeckte Ziele, Interessen, Bedürfnisse der »Hauptakteure«
- Beziehungsgefüge (»Soziogramm«) und Machtkonstellationen
- manifeste und latente Stimmungen und Gefühle der Betroffenen
- Interessen und Bedürfnisse, Empfindungen und Gefühle des Teilnehmers

4) Moderation der Teamdiskussionen
- Zeit-Management
- ausgeglichene Beteiligung sicherstellen
- für qualifizierte Verständigung im Team sorgen
- Ergebnisse zusammenfassen und festhalten

5) Bearbeiten der teaminternen Gruppendynamik
- für regelmäßige, offene Zwischenbilanz und »Manöverkritik« sorgen
- dem Team Feedback geben bezüglich Kommunikation und Kooperation
- emotionale Spannungen offenlegen und besprechbar machen
- das Team bei der konstruktiven Bewältigung eventueller Konflikte beraten

6) Aktive Mitarbeit (Modell: »Spieler-Trainer«)
- Klärungsfragen stellen
- auf kritische Punkte hinweisen
- eigene Ideen und Erfahrungen einbringen
- den einzelnen Teammitgliedern persönliches Feedback geben

(Aber: Die Dienstleistung für das Team hat erste Priorität. Der Moderator stellt keine eigenen Problemsituationen zur Diskussion!)

| 9 | Welches ist der Zeitaufwand für den einzelnen Teilnehmer? |

- **5-6 mal 1 1/2 Tage (idealerweise) oder 8-10 mal 1 Tag pro Jahr**
  möglichst gleichmäßig über das Kalenderjahr verteilt
  1 1/2 Tage ermöglichen, daß jeder Teilnehmer bei jedem Treffen ein Zeitkontingent von ca. 2 Std. zur Verfügung hat, um mit dem Team an seinen Fragen zu arbeiten.
  Pro Treffen ist ein gemeinsamer Abend für informelle, persönliche
  Kontakte vorgesehen, und zwar ausdrücklich als Teil des Programms.

- **zusätzlich: 1-2 Std. individuelle Vorbereitung auf jedes Treffen**
  strukturierte und visualisierte Präsentation des Themas
  Die sorgfältige Vorbereitung des einzelnen trägt wesentlich zur Effektivität sowie zur Zeitökonomie der Coaching-Arbeit bei.

Die insgesamt eingesetzte Zeit ist jedoch nicht als Aufwand für »Bildung«
zu betrachten, sondern als Arbeit an konkreten Fragen aus dem individuellen Aufgabenbereich. Die Erfahrung zeigt, daß die für die Coaching-Arbeit eingesetzte Zeit im Rückblick als ganz besonders wertvoll beurteilt
wird.

| 10 | Für wen eignet sich Team-Coaching? |

Team-Coaching eignet sich für Führungskräfte, welche ...

- bezüglich Professionalität der Führungstätigkeit hohe Ansprüche an
  sich selbst stellen;
- interessiert und bereit sind, ihre eigene berufliche Arbeit gemeinsam
  mit anderen zu reflektieren und kritisch zu hinterfragen;
- gerne im Team arbeiten und nicht nur »profitieren« wollen, sondern
  Interesse haben an anderen Menschen und bereit sind, sich auf andere
  einzulassen;
- sensibel sind einerseits für die *strategische, politische und taktische
  Dimension* der Führungstätigkeit, andererseits für die *psychosoziale
  Dynamik* der Vorgänge im Unternehmen (menschliche, zwischenmenschliche, gruppendynamische und massenpsychologische Überlagerungen unternehmerischer und betrieblicher Sachfragen);
- keine Tabus aufgebaut haben, sondern bereit sind, in einem kleinen
  Kreis enger Vertrauter auch über Fragen persönlicher Einstellungen
  und Verhaltensweisen zu sprechen;

– sich selbst in ihrer strategischen und sozialen Kompetenz sowie in ihrer Konfliktfähigkeit konsequent weiterentwickeln wollen;
– bereit und in der Lage sind, im Verlaufe eines Kalenderjahres 8-10 Arbeitstage für Klausuren im Coaching-Team zu investieren und gemeinsam vereinbarte Termine konsequent einzuhalten.

Team-Coaching eignet sich nicht für Führungskräfte, welche ...

– verhaltensgestört, ungenügend qualifiziert oder im Job überfordert sind und nach Meinung ihrer Umwelt »auf Vordermann« gebracht werden sollten.

14. Kapitel
Kriterien erfolgreicher
Unternehmensführung

Eine der Möglichkeiten, sich zu sensibilisieren und auf den Weg zu machen, kann darin bestehen, eine Standortbestimmung vorzunehmen. Das kann man allein tun oder auch gemeinsam mit Kollegen, Mitarbeitern, ausgewählten Kunden oder Lieferanten. Wie bei einer Inspektion gilt es, das eigene Unternehmen oder den speziellen Bereich, für den man die unternehmerische Verantwortung trägt, einem fachgemäßen Check zu unterziehen. Genau dafür haben wir das folgende Instrument geschaffen. In ihm sind alle Aspekte zeitgemäßer Unternehmensführung und -gestaltung, die wir als wesentlich erachten, enthalten.

Ein Fragebogen zur Selbsteinschätzung

Es führen viele Wege nach Rom – und noch zahlreicher sind die Stationen, wo man die Reise beginnen kann. Aber vor den Beginn einer ersprießlichen Reise haben die modernen Götter den Schweiß der Standortbestimmung und der Planung gesetzt. Ein Raster von Erfolgskriterien soll Ihnen ermöglichen, Ihr Unternehmen oder Ihren Bereich wie mit einem Schleppnetz zu durchkämmen, um Stärken und Defizite zu identifizieren. Sie können dann gezielt entscheiden, wo es sich lohnt anzufangen.

443

Mein Unternehmen	Stimmt ...				
	voll + ganz	weit- gehend	teils, teils	eher nicht	gar nicht

1

Ein lebendiges Leitbild und klare Grundwerte schaffen im ganzen Hause Identifikation mit dem Unternehmen und Motivation für seine Weiterentwicklung. Sie sind Grundlage der jährlichen Zielvereinbarungen auf allen Stufen der Organisation.   ❑   ❑   ❑   ❑   ❑

2

Markt- und Kundenorientierung stehen ganz oben auf der Prioritätenliste. Der Kunde und seine Bedürfnisse stehen im Zentrum des Denkens und Handelns der Führungskräfte und der Mitarbeiter. Auch interne Dienstleistungsempfänger werden als »Kunden« betrachtet und behandelt.   ❑   ❑   ❑   ❑   ❑

3

Eine schlanke Organisationsstruktur – kleine Zentrale, kurze Wege sowie stark dezentralisierte Verantwortung – fördert unternehmerisches Denken und Handeln auf den unteren Stufen und gewährleistet eine intensive Betreuung der Kunden im Markt sowie der »Kunden« im Unternehmen.   ❑   ❑   ❑   ❑   ❑

4

Ergebnisorientierung und Kostenbewußtsein sind im ganzen Unternehmen stark entwickelt. Es wird generell ziel- und ergebnisorientiert geführt, und auch auf der untersten, nicht-leitenden Stufe engagieren sich die Mitarbeiter für die Zielerreichung und helfen aktiv mit, die Kosten tief zu halten.   ❑   ❑   ❑   ❑   ❑

5

Ein modernes Führungsinstrumentarium, das im ganzen Unternehmen verbindlich ist und dessen Anwendung regelmäßig kontrolliert wird, gewährleistet eine effiziente Steuerung und die notwendige Einheitlichkeit der Führung.

❏ ❏ ❏ ❏ ❏

6

Innovation wird großgeschrieben. Maßgeschneiderte Problemlösungen für den Kunden sind oberstes Ziel. In engem Kontakt mit dem Kunden entstehen die Ideen – und hausintern wird alles darangesetzt, diese Ideen möglichst rasch in praxisgerechte Produkte und Dienstleistungen umzusetzen.

❏ ❏ ❏ ❏ ❏

7

Entwicklung und Veränderung werden nicht als Ausnahmezustand, sondern als Daueraufgabe verstanden. Management, Führungskräfte und Mitarbeiter überlegen laufend, was man noch besser machen könnte. Die Organisationsstruktur und die Arbeitsabläufe werden flexibel immer wieder den aktuellen Anforderungen angepaßt.

❏ ❏ ❏ ❏ ❏

8

Die innere Verfassung des Unternehmens sowie sein Erscheinungsbild nach außen werden in regelmäßigen Abständen systematisch überprüft. Durch sorgfältige Befragungen nicht nur der Mitarbeiter, sondern auch der Kunden und Lieferanten werden Stärken, Schwachstellen und Problemfelder sowie Entwicklungstrends erfaßt und können realistisch beurteilt werden.

❏ ❏ ❏ ❏ ❏

9

Sowohl bei der Analyse als auch beim Einleiten von Veränderungsmaßnahmen wird ganzheitlich gedacht. Führung und Zusammenarbeit, Motivation und Qualifikation, Arbeitsklima und Unternehmenskultur werden genauso systematisch untersucht und entwickelt wie die Produktpalette, die Produktivität, die Ertragsstärke oder die Wertschöpfungskette.

10

Es wird auf allen Ebenen offen und unkompliziert zusammengearbeitet. Teamarbeit hat einen hohen Stellenwert. Weder Hierarchieebenen noch Ressortgrenzen wirken als Barrieren. Man arbeitet nach Gesichtspunkten des gesunden Menschenverstandes mit Blick auf den Kundennutzen und nicht primär nach Gesichtspunkten formaler Zuständigkeiten zusammen.

11

Es herrscht ein offenes Kommunikationsklima. Information wird nicht monopolisiert, sondern als wichtige Leistungsressource für alle Mitarbeiter verstanden. Ein differenziertes Instrumentarium der unternehmensinternen Kommunikation stellt sicher, daß alle Mitarbeiter nicht nur über die wichtigsten Daten und Fakten informiert sind, sondern Ziele, Hintergründe und Zusammenhänge des aktuellen Geschehens im Unternehmen verstehen.

12

Die Qualifikation der Mitarbeiter wird als zentrales Produktivitäts- und Kreativitätspotential begriffen und durch entsprechende Programme der Fort- und

Weiterbildung sowie der Personal- und
Organisationsentwicklung systematisch
gefördert. ❏ ❏ ❏ ❏ ❏

13
Das Potential der Mitarbeiter wird durch
Delegation von Verantwortung, teilautonome Gruppen sowie direkte Beteiligung
am Prozeß der Meinungsbildung und
Entscheidungsvorbereitung systematisch
genutzt. ❏ ❏ ❏ ❏ ❏

14
Die Unternehmensleitung befaßt sich regelmäßig und intensiv mit der mittel- und
längerfristigen Zukunft des Unternehmens. Sie entwickelt und realisiert Strategien der Zukunftssicherung, die von allen
Mitarbeitern verstanden und mitgetragen
werden. ❏ ❏ ❏ ❏ ❏

15
Die Mitglieder der Unternehmensleitung
gehen regelmäßig hinaus in den betrieblichen Alltag, um persönlich mit Mitarbeiterinnen und Mitarbeitern an ihrem
Arbeitsplatz zu sprechen. Sie kennen die
Stimmungslage an der Basis und wissen,
was die Mitarbeiter beschäftigt. ❏ ❏ ❏ ❏ ❏

16
Das Management ist offen für kritische
Rückmeldungen und arbeitet permanent
an der Weiterentwicklung seiner eigenen
Qualifikation, insbesondere an seiner stra-
tegischen und sozialen Kompetenz. ❏ ❏ ❏ ❏ ❏

17
Das Management hat Mut zu klaren Entscheidungen und auch zu unpopulären
Maßnahmen. Gesetzte Ziele werden konsequent verfolgt. Beim konkreten Vorge-

hen wird aber große Sorgfalt auf soziale Verträglichkeit und partnerschaftlichen Umgang mit den Menschen gelegt.

     ❐   ❐   ❐   ❐   ❐

18
Die Unternehmensleitung ist ein echtes Team. Entscheidungen werden gemeinsam getragen, Führungsimpulse einheitlich durchgesetzt. Dies schafft Orientierung und Sicherheit für die Miarbeiter.

     ❐   ❐   ❐   ❐   ❐

19
Das Management pflegt eine Kultur, in der man sich offen mit unterschiedlichen Meinungen und Interessen auseinandersetzt. Konflikte werden nicht verdrängt, sondern offengelegt und konstruktiv ausgetragen.

     ❐   ❐   ❐   ❐   ❐

20
Das Unternehmen kann insgesamt als »lernende Organisation« bezeichnet werden. Es verfügt über ein sensibles Frühwarnsystem, flexible Strukturen sowie motivierte, qualifizierte und umstellungsfähige Mitarbeiter. Wo immer Veränderung notwendig ist, wird dies rechtzeitig erkannt und ohne Verzögerungen in entsprechende Anpassungsleistungen und Innovationen umgesetzt.

     ❐   ❐   ❐   ❐   ❐

Auswertung

		++	+	+/-	-	--
1	Leitbild und Grundwerte	❑	❑	❑	❑	❑
2	Markt- und Kundenorientierung	❑	❑	❑	❑	❑
3	Ergebnisorientierung	❑	❑	❑	❑	❑
4	Schlanke Organisation	❑	❑	❑	❑	❑
5	Führungsinstrumentarium	❑	❑	❑	❑	❑
6	Innovation	❑	❑	❑	❑	❑
7	Flexibilität	❑	❑	❑	❑	❑
8	Regelmäßiges Feedback	❑	❑	❑	❑	❑
9	Ganzheitliches Management	❑	❑	❑	❑	❑
10	Kooperation	❑	❑	❑	❑	❑
11	Kommunikation	❑	❑	❑	❑	❑
12	Entwicklung Mitarbeiterpotential	❑	❑	❑	❑	❑
13	Nutzung Mitarbeiterpotential	❑	❑	❑	❑	❑
14	Strategiebildung	❑	❑	❑	❑	❑
15	Direkte Kontakte Spitze/Basis	❑	❑	❑	❑	❑
16	Qualifizierung Management	❑	❑	❑	❑	❑
17	Klare und sozialverträgliche Führung	❑	❑	❑	❑	❑
18	Management-Team	❑	❑	❑	❑	❑
19	Konfliktfähigkeit	❑	❑	❑	❑	❑
20	Lernende Organisation	❑	❑	❑	❑	❑

15. Kapitel
Qualifikation für Change Management

Wie überall im Leben, sind auch im Hinblick auf Change Management die Karten ungleich verteilt. Da gibt es Naturtalente, die das Gespür für Entwicklungs- und Veränderungsprozesse scheinbar im Blut haben. Dann gibt es andere, die sich systematisch ausbilden und trainieren müssen, um anspruchsvollere Veränderungsprojekte steuern zu können. Und dann gibt es diejenigen, die für das Leiten von Veränderungsprozessen von vornherein ungeeignet sind und die durch keine Schulungsmaßnahme der Welt je zu einem brauchbaren Change Manager gemacht werden können. Der Grund: Es gibt Fähigkeiten, die man lernen, und andere, die man – zumal als ausgewachsener Mensch – nicht mehr neu erwerben kann. So ist das nun mal mit vielen Tätigkeiten. Wessen Scheitel 1,60 m über dem Boden liegt, der wird nie ein erfolgreicher Hochspringer. Wer farbenblind ist, sollte sein Brot nicht als Kunstmaler verdienen wollen. Und wer zwei linke Hände hat, den sollte man davon abhalten, Chirurg zu werden, auch wenn es darum ginge, eine über Generationen fortgesetzte Familientradition zu erhalten.

Gibt es so etwas wie ein allgemeingültiges Anforderungsprofil für Change Manager? Zum Glück nicht. Genausowenig, wie es das eine und einzige Anforderungsprofil für Unternehmer, Forschungsleiter oder Verkaufsdirektoren gibt. Aber es gibt so etwas wie einen Orientierungsrahmen. Er benennt diejenigen Qualifikationen, die im Feld des Change Managements von Bedeutung sind. Der eine hat seine besonderen Stärken mehr hier, der andere mehr dort. Beide können sehr erfolgreich sein. Wenn aber gewisse wichtige Fähigkeiten völlig fehlen, ist der Mißerfolg vorprogrammiert. Und wenn es solche Defizite gibt, muß man scharf hingucken, ob es sich um Dinge handelt, die man lernen kann – oder um solche, die man nicht lernen kann.

451

Ein Fragebogen zur Selbsteinschätzung

Im Hinblick auf die Auswahl oder Entwicklung von Qualifizierungsmaßnahmen sowie im Hinblick auf interne Personalentscheidungen haben wir hier einen entsprechenden Fragebogen erstellt, den Sie natürlich
auch zur Selbstbeurteilung verwenden können.

Er ist wie folgt aufgebaut:

A	**Persönliche Eigenschaften**	– *nicht lernbar*
B	**Besondere Fähigkeiten**	– *bei den meisten Menschen bis zu einem gewissen Grade entwickelbar*
C	**Spezifische Erfahrungen**	– *abhängig von den bisherigen Tätigkeiten*
D	**Spezifisches Fachwissen**	– *lernbar*

Fragebogen	++	*ausgeprägte Stärke*
	+	*gut entwickelt*
Qualifikation für	+/–	*teils – teils*
Change Management	–	*eher wenig entwickelt*
	––	*ausgeprägtes Defizit*

	++	+	+/–	–	––
A **Persönliche Eigenschaften**					
1 Gesunde psychische Konstitution *(Selbstvertrauen, Stabilität, Belastbarkeit)*	❏	❏	❏	❏	❏
2 Positive Grundhaltung *(optimistische, konstruktive Einstellung)*	❏	❏	❏	❏	❏
3 Offenheit und Ehrlichkeit *(direkt, spontan, echt)*	❏	❏	❏	❏	❏
4 Bereitschaft zur Verantwortung *(persönliches Engagement)*	❏	❏	❏	❏	❏

5 Partnerschaftliche Grundeinstellung ❏ ❏ ❏ ❏ ❏
(vs. elitär, hierarchisch, autoritär)

6 Mut zu persönlicher Stellungnahme ❏ ❏ ❏ ❏ ❏
und zu Entscheidungen
(»Zivilcourage«)

7 Verbindlichkeit ❏ ❏ ❏ ❏ ❏
(Einhalten getroffener Vereinbarungen)

8 Intuition ❏ ❏ ❏ ❏ ❏
(Zugang zu den Emotionen)

9 Realitätsbezogenheit ❏ ❏ ❏ ❏ ❏
(Sinn für das Machbare)

10 Humor ❏ ❏ ❏ ❏ ❏
(Fähigkeit, sich selbst und andere
durch Lockerheit zu entspannen)

	++	+	+/–	–	– –

B Besondere Fähigkeiten

1 Klima der Offenheit und des Ver- ❏ ❏ ❏ ❏ ❏
trauens schaffen können

2 Gut zuhören können ❏ ❏ ❏ ❏ ❏
(»aktives Zuhören«)

3 Menschen überzeugen und begei- ❏ ❏ ❏ ❏ ❏
stern
(Motivation/Identifikation erzeugen)

4 Integrationsfähigkeit ❏ ❏ ❏ ❏ ❏
(Menschen in Teams zusammenfüh-
ren und »zusammenschweißen« können)

5 Konfliktfähigkeit ❏ ❏ ❏ ❏ ❏
(sich abgrenzen und auseinandersetzen sowie andere konfrontieren
können)

6 Prozeßkompetenz
(Fähigkeit, Entwicklungsvorgänge zu verstehen und zu steuern) ❏ ❏ ❏ ❏ ❏

7 Chaos-Kompetenz
(Fähigkeit, in turbulenten, überkomplexen Situationen handlungsfähig zu bleiben) ❏ ❏ ❏ ❏ ❏

8 Strategische Kompetenz
(Fähigkeit, komplexe Zusammenhänge zu erfassen und handlungsrelevante Konsequenzen daraus abzuleiten) ❏ ❏ ❏ ❏ ❏

9 Interkulturelle Kompetenz
(Fähigkeit, in unterschiedlichen sozialen Feldern zu arbeiten) ❏ ❏ ❏ ❏ ❏

10 Klarheit im Ausdruck
(Klarheit des Denkens, Prägnanz der Formulierung, einfache und allgemeinverständliche Ausdrucksweise) ❏ ❏ ❏ ❏ ❏

	++	+	+/–	–	– –

C Spezifische Erfahrungen

1 Selbsterfahrung
(intensivere und längerdauernde Auseinandersetzung mit der eigenen Persönlichkeit, den eigenen Motiven sowie dem eigenen Sozialverhalten) ❏ ❏ ❏ ❏ ❏

2 Einzelberatung
(Beratung, Begleitung, »Coaching« von Einzelpersonen) ❏ ❏ ❏ ❏ ❏

3 Teamarbeit und Teamentwicklung
(Leiten und Entwickeln von Kleingruppen) ❏ ❏ ❏ ❏ ❏

4 Großgruppen-Moderation
(Gestalten und Leiten von Arbeits-
tagungen mit größeren Teilnehmer-
kreisen) ☐ ☐ ☐ ☐ ☐

5 Projekt-Management
(Organisieren und Leiten von Ver-
änderungsprojekten) ☐ ☐ ☐ ☐ ☐

	++	+	+/–	–	––

D Spezifische Erfahrungen

	++	+	+/–	–	––
1 Psychologisches Basiswissen	☐	☐	☐	☐	☐
2 Betriebswirtschaftliches Basiswissen	☐	☐	☐	☐	☐
3 Systemtheorie/Chaos-Theorie	☐	☐	☐	☐	☐
4 Gruppendynamik	☐	☐	☐	☐	☐
5 Organisationslehre	☐	☐	☐	☐	☐
6 Organisationspsychologie	☐	☐	☐	☐	☐

7 OE-Ansätze
(Konzepte/Strategien) ☐ ☐ ☐ ☐ ☐

8 OE-Interventionen
(Instrumente/Methoden /
Verfahren) ☐ ☐ ☐ ☐ ☐

Ausblick und Perspektiven

Wir sehen keinerlei Anzeichen, daß wir wieder auf ruhigere Zeiten zugehen. Keine Aussicht also, daß das Thema »Veränderung« und die Herausforderung, diesen Wandel zu gestalten, in ihrer Bedeutung abnehmen
würden. Ganz im Gegenteil! Wir stehen wahrscheinlich vor einer Um-
bruchsituation, die alles Bisherige in den Schatten stellt. Die Entwicklungen beschleunigen sich, werden noch turbulenter, radikaler, globaler. Die
Chancen, Fluchtburgen zu bauen und dort Schutz und Ruhe vor diesen
Entwicklungen zu finden, werden geringer. Grundlegende Problemstellungen benötigen aber ebenso grundlegende Lösungen. In diesem Zusammenhang fällt häufig das Stichwort »Paradigmenwechsel«: Die bisherigen Muster, die Dinge anzuschauen und zu bewerten, reichen nicht mehr
aus, um das Geschehen zu erfassen – es bedarf neuer Kategorien.

Wir leben in einer Zeit des Übergangs. Angebotene Mittel und Wege
können aus zwei Gründen ins Leere gehen:

- Sie werden *zu früh* angeboten: Die Zeit ist noch nicht reif, und es würde
  eines zu großen Aufwandes bedürfen, schon mit ihnen zu arbeiten.
  Diese Erfahrung konnte man z. B. mit dem Thema »Enthierarchisie-
  rung« machen. Was vor über zehn Jahren unter dem Stichwort »Vor dem
  Ende der Hierarchie« von den meisten als Provokation abgetan und nur
  von wenigen vorausschauend in Angriff genommen wurde, kann heute
  unter dem Motto »Lean Management« nahezu allen nicht schnell genug
  gehen.

- Sie können aber auch *zu spät* angeboten werden: Der Zustand hat sich
  dermaßen verändert, daß die Therapie nicht mehr stimmt. Fehlentwicklungen sind so weit fortgeschritten, daß nur noch mit drastischen
  Maßnahmen Abhilfe geschaffen werden kann.

Wir wollen mit unserem Buch Instrumentarien an die Hand geben, um die
gegenwärtigen Herausforderungen erfolgreich zu meistern. Wir haben

uns bewußt darauf beschränkt zu beschreiben, mit welchen Mitteln *derzeit* die Dinge angegangen werden können. Wohin aber geht die Reise?

Um nicht selbst Gefahr zu laufen, daß unsere Lösungen Teil des Problems werden, möchten wir in wenigen Stichworten die Aspekte und Trends aufzeigen, denen wir – wahrscheinlich schon in naher Zukunft – Rechnung tragen müssen.

Renaissance des Autoritären

Es scheint, daß viele die dauerhafte Unsicherheit und Unberechenbarkeit nicht aushalten, sich der Angst, die damit verbunden ist, nicht stellen wollen. Die sogenannten alten Zeiten, wo noch Ordnung herrschte, wo man wußte, woran man war, werden in Erinnerung gerufen. Die Sehnsucht nach diesen im nachhinein rosa gefärbten Zeiten droht hervorzubrechen – ein fruchtbarer Nährboden für autoritäre Ansätze. Hier gilt, was *Popper* in bezug auf die Gesellschaft generell formuliert:

»Es gibt keine Rückkehr in einen harmonischen Naturzustand. Wenn wir uns zurückwenden, dann müssen wir den ganzen Weg gehen – wir müssen wieder zu Bestien werden ... Wenn wir von einer Rückkehr zu unserer Kindheit träumen, wenn wir versucht sind, uns auf andere zu verlassen und auf diese Weise glücklich zu sein, wenn wir vor der Aufgabe zurückschrecken, unser Kreuz zu tragen, das Kreuz der Menschlichkeit, der Vernunft und der Verantwortlichkeit, wenn wir den Mut verlieren und der Last des Kreuzes müde sind, dann müssen wir versuchen, uns zu stärken mit dem klaren Verstehen der einfachen Entscheidung, die vor uns liegt. Wir können wieder zu Bestien werden. Aber wenn wir Menschen bleiben wollen, dann gibt es nur einen Weg, den Weg in die offene Gesellschaft. Wir müssen ins Unbekannte, ins Ungewisse, ins Unsichere weiterschreiten und die Vernunft, die uns gegeben ist, verwenden, um, so gut wir es eben können, für beides zu planen: nicht nur für Sicherheit, sondern zugleich auch die Freiheit.« (Die offene Gesellschaft und ihre Feinde, Tübingen 1992, S. 238)

Wer die Selbstverantwortung nicht aufgeben und autoritären Versuchungen den Boden entziehen will, muß etwas bieten. Die Sicherheit, irgendein »Gelobtes Land« zu erreichen, kann es nicht sein. Ein solches Versprechen wäre Scharlatanerie. Was bleibt, ist das Angebot, sich mit den turbulenten Entwicklungen und der Angst, die diese auslösen, auseinanderzusetzen und die eigenen Handlungsmöglichkeiten zu erkennen und zu nutzen. Die Angst kann dadurch nicht gebannt, aber gebunden werden. Diese Auseinandersetzung muß jedoch sorgfältig geführt werden. Ein Zuviel kann zu Lähmung führen und die Verängstigten in die Arme autoritärer Rattenfänger treiben.

In autoritären Systemen wird viel Zeit und Energie darauf verwendet, die alleinseligmachende Wahrheit zu definieren – und für den Erhalt dieser reinen Lehre zu kämpfen. Die offene Auseinandersetzung wird es möglich machen, einer vernünftigen Betrachtungsweise zum Durchbruch zu verhelfen, wo es nicht darum geht, wer im Besitz von letzten Wahrheiten ist, sondern herauszufiltern, was sich im Handeln bewährt hat. Diesen offenen Dialog benötigen wir, um gemeinsam die Schritte zu entwickeln, die dazu dienen, auf eine faire Art das Überleben zu sichern, anstatt uns blind in die Hände von Leuten zu begeben, die sich uns als Retter anpreisen.

Statt »Spielregeln für Sieger« eine neue Art von Solidarität

Auf dem Hintergrund der bisherigen Muster, Entwicklungen zu gestalten, würde es in Zukunft immer mehr Verlierer geben. Denn Konzepte, die dafür geschaffen wurden, Prosperität im Rahmen von Expansion zu sichern, passen kaum auf eine Situation, wo es darauf ankommt, in einem stagnierenden oder schrumpfenden Markt das Überleben zu sichern – in einer Situation klar begrenzter Ressourcen, wo Erfolg in der Regel nur durch Verdrängung oder Umverteilung möglich ist. Wir haben bereits an anderer Stelle dieses Buches dafür plädiert, in den Unternehmen sozial anerkannte Ab- und Ausstiegsmodelle zu schaffen, um die anstehenden personellen Veränderungen sowohl flexibel als auch sozial verträglich zu gestalten. Wenn wir aber davon ausgehen, daß wirtschaftliche Kaufkraft und Nachfrage sich in absehbarer Zeit nicht dramatisch erhöhen werden, der Wettbewerb weiter dazu zwingen wird, Produkte und Dienstleistungen möglichst rationell zu produzieren, die Rücksichtnahme auf die Umwelt eine sehr viel sparsamere Art im Umgang mit Ressourcen, sprich Energie fordern wird, dann werden umfassendere Lösungen gebraucht:

- Menschen können ihre Energie auf Dauer nicht auf einem gleichmäßig hohen Pegel halten, wenn sie sich in ihrem Grundbedürfnis nach einem Arbeitsplatz ununterbrochen verunsichert fühlen – wenn sie jederzeit damit rechnen müssen, in eine Gruppe von Menschen abgeschoben zu werden, die aufgrund der aktuellen Entwicklung als »Entsorgungsfälle« definiert werden. Unsere gesamte Wirtschaft funktioniert nach dem Modell: »*Wer muß als nächster aus dem Boot, um das Überleben der Verbleibenden zu sichern?*« Verunsicherung führt zu Angst, Angst zu Mißtrauen. Denn am Arbeitsplatz hängt ein Großteil des sozialen Netzwerkes sowie der Möglichkeiten der Selbstentfaltung.

- Aufgrund unserer heutigen Steuerungsmechanismen wird es in Zukunft für immer weniger Menschen eine nach heutigen Maßstäben gutbezahlte Arbeit geben. Das heißt: *Der allgemeine Lebensstandard wird deutlich absinken.* In unserer Wohlstandsgesellschaft mag dies für viele bedeuten: Reduktion auf das Notwendige. Aber auch in unserer Gesellschaft gibt es heute bereits viele, die jenseits der Armutsgrenze leben.

- Und selbst wenn der Ausstieg in sozial anerkannten Formen geregelt ist: der Ausgestiegene wird als »Sozialfall« der Gesamtgesellschaft angelastet. Aufgrund der gesamtwirtschaftlichen Entwicklung fehlen dieser aber zunehmend die Mittel, um derart gewaltige und laufend wachsende soziale Folgekosten zu tragen. Das heißt: Es ist mit einer *alarmierenden Verarmung breiter Bevölkerungsschichten* zu rechnen.

- Last not least: Was für soziale Spannungen diese Entwicklung mit sich bringen und auf welchem Wege der schwerwiegende soziale Konflikt ausgetragen wird – darüber kann man heute nur spekulieren.

Eine echte Lösung dieser Problematik muß im Grunde folgende Ansätze beinhalten:

Erstens, der gesetzliche Rahmen wird so gestaltet werden müssen, daß es wieder attraktiv wird, Arbeitsplätze zu erhalten bzw. neue zu schaffen, statt nur zu rationalisieren und Arbeitsplätze abzubauen. Dies könnte u. a. dadurch geschehen, daß die Sozialbeiträge von den Lohnsummen abgekoppelt und statt dessen an die Wertschöpfung gebunden werden.

Zweitens, wer von seinen Mitarbeitern Identifikation und Engagement erwartet, muß Sicherheit geben. Freilich keine Sicherheit in bezug auf eine bestimmte Form der Tätigkeit oder eine feste Höhe der Bezahlung; wohl aber Sicherheit der Zugehörigkeit zum Unternehmen und, damit verbunden, Sicherheit der Beschäftigung.

Drittens, das Prinzip der Solidarität muß in die unternehmerische Einheit eingebaut werden. Die Entlohnung muß so flexibilisiert werden, daß je nach der Höhe des wirtschaftlichen Ertrags in guten Zeiten alle mehr verdienen, in schlechten Zeiten sich alle gemeinsam einschränken. Daß dies grundsätzlich möglich ist, haben einige Unternehmen – darunter besonders erfolgreiche – bereits vorexerziert.

Von diesem Denken sind wir heute noch Lichtjahre entfernt. Oberste Manager großer Unternehmen verdienen nicht das Doppelte und nicht das Dreifache, sondern das Zehn- oder Zwanzigfache ihrer Mitarbeiter/innen an der Basis, über deren Schicksal sie letztlich entscheiden. Allein schon diese Relation ist, bei Lichte betrachtet, obszön und steht in keinem Verhältnis zur Leistung. Aber noch bemerkenswerter ist, daß keiner dieser vielen sogenannten führenden Köpfe der Wirtschaft bisher auch nur laut über solche Fragen nachgedacht hat. Da wird zwar allenthalben mit todernster Miene über Ethik in der Wirtschaft herumbramarbasiert. Aber in Tat und Wahrheit gilt letztlich für Manager ausschließlich das Marktprinzip – und der Grundsatz: »*Everybody is in business for his own.*« Nun, dies ist ja nicht ungesetzlich. Schön wäre es lediglich, wenn man sich zu den Realitäten bekennen und nicht zuviel von Ethik reden würde.

Last but not least: Um derartige Zukunftsaufgaben gemeinsam zu bewältigen, werden Arbeitnehmerorganisationen und Arbeitgeberverbände ihre ritualisierten Machtkämpfe erst mal im Museum für Gesellschaftskunde zu deponieren haben und eine neue Form der Zusammenarbeit schaffen müssen, die

- die Problemsituation nicht nach dem guten, alten Klassenkampfmodell, sondern aus *übergreifender Sicht* und *gemeinsam* angeht;

- die *Betroffenen viel direkter beteiligt* und ihre tatsächlichen Interessen und Bedürfnisse viel stärker berücksichtigt, als dies in all den vergangenen Jahrzehnten der Fall gewesen ist;

- zwar Richtlinien erläßt und Rahmenbedingungen setzt, aber nicht alles bis ins letzte regelt, sondern genügend Freiraum gewährleistet für *situativ angepaßte Lösungen* vor Ort im einzelnen Unternehmen;

- eine *lernfähige Lösung* anstrebt, die innerhalb eines allgemeinen gesetzlichen Rahmens neuen Entwicklungen flexibel angepaßt werden kann.

Dazu bedarf es einer grundsätzlichen Voraussetzung: Auf dem Hintergrund der aktuellen gesellschaftlichen Herausforderungen müssen die Rollen völlig neu definiert werden. Dies wird aber nur in dem Ausmaß möglich werden, wie Vertrauen zueinander aufgebaut und gesellschaftliche Sicherungen entwickelt werden, die den Mißbrauch und den einseitigen Ausstieg aus diesem neuen Rollenspiel verhindern.

Schnelligkeit und Konsequenz in der Umsetzung

Die Kenntnis der beschriebenen aktuellen Handlungserfordernisse und der anstehenden tiefergehenden Veränderungsnotwendigkeiten ist in nahezu allen Organisationen in irgendeiner Form vorhanden – zumindest in Form von Ahnungen oder Befürchtungen. Ebenso, wie die Therapie aussehen könnte. Was vielerorts fehlt, ist die Konsequenz, die Erkenntnisse in Handlungsprogramme umzusetzen und diese konsequent zu vollstrecken:

- Es gibt den Typus des »menschenverachtenden Sanierers« – und dieser wird gerade in den Zeiten, die auf uns zukommen, weiterhin Konjunktur haben. Doch wie sehr solche Sanierungen einem Pyrrhussieg gleichkommen, wird oft erst später ersichtlich, wenn die motivatorischen Nebenkosten und die sozialen Spätfolgen erkennbar werden.

- Wir sind der Meinung, daß zwar *radikale Konsequenz in der Umsetzung* der therapeutischen Maßnahmen erforderlich ist – aber unter ebenso konsequenter *Berücksichtigung der sozialen Bedürfnisse* der Beteiligten sowie unter *Anwendung prozeßorientierter Vorgehensweisen.* Wir sind überzeugt, daß diese drei Aspekte in hervorragender Weise integriert werden können.

Unser Buch will diesen zweiten Typus des Sanierers ermutigen und mit dem notwendigen Rüstzeug ausstatten.

Literaturempfehlungen

Beer, Michael et al.: *The Critical Path to Corporate Renewal*, Harvard Business School Press, Boston 1990

Clifford, Don/Cavanaugh, Dick: *The winning performance in a changing environment*, Bantam Books, New York/London 1985

Davidow, William H./Michael S. Malone: *Das virtuelle Unternehmen. Der Kunde als Co-Produzent*, Campus, Frankfurt/New York 1993

Drucker, Peter F.: *Die postkapitalistische Gesellschaft*, Econ, Düsseldorf 1993

Hammer, Michael/James Champy: *Business Reengineering. Die Radikalkur für das Unternehmen*, Campus, Frankfurt/New York 5. Auflage 1995

Katzenbach, Jon R./Douglas K. Smith: *Teams – Der Schlüssel zur Hochleistungsorganisation*, manager magazin Edition Ueberreuter, Wien 1993

Kiyoshi, Suzaki: *Die ungenutzten Potentiale. Maßnahmen und Werkzeuge zur kontinuierlichen Verbesserung im Produktionsteam*, Hanser, München 1994

Peters, Tom: *Jenseits der Hierarchien. Liberation Management*, Econ, Düsseldorf 1993

Schein, Edgar: *Unternehmenskultur. Handbuch für Führungskräfte*, Campus, Frankfurt/New York 1995

Senge, Peter M.: *The Fifth Discipline – The Art and Practice of the Learning Organization*, Doubleday, New York 1990

Senge, Peter M. et al.: *The Fifth Discipline Fieldbook. Strategies and Tools for Building a Learning Organization*, Doubleday, New York 1994

Sprenger, Reinhard K.: *Das Prinzip Selbstverantwortung. Wege zur Motivation*, Campus, Frankfurt/New York 1995

Ulrich, Hans/Gilbert Probst: *Anleitung zum ganzheitlichen Denken und Handeln. Ein Brevier für Führungskräfte*, Haupt, Bern 1988

Dank

Wir danken folgenden Kollegen für wertvolle Hinweise:

Dr. Klaus Hinst   *Konflikt-Management*
                        Unternehmenskultur

Benno Honold/   *Kriterien erfolgreicher Unternehmensführung*
Eckart Müller